百将传评注

上 册

（北宋）张预 编

李如龙 评注

图书在版编目（CIP）数据

百将传评注：上下册 /（北宋）张预编；李如龙评注. — 北京：商务印书馆，2021
ISBN 978-7-100-20138-4

Ⅰ.①百… Ⅱ.①张… ②李… Ⅲ.①将军－列传－中国－古代 Ⅳ.①K825.2

中国版本图书馆CIP数据核字（2021）第142657号

权利保留，侵权必究。

百将传评注
上下册

（北宋）张预 编
李如龙 评注

商 务 印 书 馆 出 版
（北京王府井大街36号 邮政编码 100710）
商 务 印 书 馆 发 行
三河市尚艺印装有限公司印刷
ISBN 978-7-100-20138-4

2021年10月第1版　　开本 880×1230　1/32
2021年10月第1次印刷　印张 24　7/8

定价：98.00 元

前 言

《百将传评注》系由北宋东光（今河北省东光县）人张预（字公立，生平事迹不可考）根据历代官修正史的军事人物传记编纂而成，是一部中国古代名将的传记合集。当时的正史包括《史记》到《新五代史》十七部史书，又称之为十七史。张预从当中摘要节录了宋以前的历代一百位著名将领（从周齐太公至五代刘郡等）的事迹，为他们分别立传，编纂成册，因此又称为《十七史百将传》或《正百将传》。作者将全书以不同的时代分为十卷，每卷又选择十个在军事上有重要建树的名将，条理十分清晰。认真学习和研究这些将领的生平事迹和用兵韬略，对于我们了解古代名将的成长历程和历史贡献，以及丰富军事历史知识都大有裨益。

在每一名将传记的最后，都依据《孙子兵法》进行简短的评价，并将其中与《孙子兵法》相契合的地方指出来，以供读者学习历史和古代兵法时参考。这种编排可谓匠心独运，它不仅有利于加深读者对于《孙子兵法》的学习和领会，而且对于提升其军事理论功底将有所帮助。不过，由于作者本人受学识以及对战争和军事的认识局限，再加上史书中对一些史实本来就存有争议，致使该书中许多史实有误，当中确有一些牵强附会之处。对于这些不足之处，《四库提要》评价说:"盖欲述古以规时,亦戴少望《将鉴论断》之类。然其分配多未确当,立说亦未免近迂。"此外,由于受时代的限制,作者看待问题的方法和视角,以现代眼光看未免有不妥之处,所以我们要用辩证分析的态度来对待之。

  我在编纂《百将传评注》的过程中更进一步认识到,这本书对普及军事历史知识、进行爱国主义教育均有一定的积极意义。以忠于原文的原则,认真对原书进行了校对,将谬误之处一一指出,并对一些异体字进行了处理。对原文中一些较难理解的字、词、句进行注释,把难认的字以同音字注音。为了便于不同文化层次和非专业的人士阅读该书,我们还将每位名将的传记翻译成白话文,并对其中的一些地名、事件进行了考证和注释,以便读者能够更好地理解原文。最后,为了便于读者阅读和理解,我们也对每位名将进行了简单评注,一是为了补充一些相关资料,二是试图更为客观地以现代人的视野对古代名将做出评价。希望这本书对读者有所裨益。

  最后,由于本人水平有限,在编译、校注和评析时难免有错误和失当之处,诸如对一些历史事件、地名和人物事迹的考证等方面;加上一些历史问题原本就存有争议,因此欢迎广大读者批评指正,我将不胜感激。

李如龙
2020 年 9 月 28 日于军事科学院

目录

上　册

001　周·齐太公
004　吴·孙武
008　越·范蠡
018　齐·孙膑
023　齐·田穰苴
028　魏·吴起
034　秦·白起
041　秦·王翦
047　燕·乐毅
054　赵·李牧
058　赵·赵奢
065　赵·廉颇
068　齐·田单
073　西汉·张良
086　西汉·韩信
110　西汉·周亚夫
117　西汉·李广

127	西汉·卫青
133	西汉·霍去病
143	西汉·赵充国
168	西汉·陈汤
180	西汉·冯奉世
189	东汉·邓禹
196	东汉·寇恂
205	东汉·冯异
214	东汉·岑彭
222	东汉·贾复
226	东汉·吴汉
237	东汉·耿弇
244	东汉·耿恭
251	东汉·王霸
256	东汉·臧宫
262	东汉·祭遵
265	东汉·马援
276	东汉·班超
290	东汉·虞诩
297	东汉·皇甫规
302	东汉·张奂
307	东汉·段纪明
317	东汉·皇甫嵩
324	东汉·朱儁
329	魏·张辽

334 魏·张郃
338 魏·徐晃
343 魏·李典
346 魏·邓艾
357 魏·司马懿
372 蜀·诸葛亮
383 蜀·关羽
388 蜀·张飞

下 册

391 吴·周瑜
398 吴·吕蒙
410 吴·陆逊
422 吴·陆抗
427 晋·羊祜
436 晋·杜预
442 晋·王濬
450 晋·马隆
456 晋·周访
463 晋·陶侃
474 晋·谢玄
480 燕·慕容恪
484 秦·王猛
489 宋·檀道济

494	宋·王镇恶
500	梁·韦睿
509	梁·王僧辩
516	陈·吴明彻
521	魏·崔浩
534	魏·于谨
541	齐·斛律光
548	周·宇文宪
556	周·韦孝宽
570	隋·杨素
578	隋·长孙晟
586	隋·韩擒
591	隋·贺若弼
596	隋·史万岁
603	唐·李孝恭
608	唐·尉迟恭
616	唐·李靖
627	唐·李勣
635	唐·苏定方
642	唐·薛仁贵
648	唐·裴行俭
656	唐·唐休璟
661	唐·张仁愿
666	唐·王晙
672	唐·郭元振

683	唐·李嗣业
688	唐·李光弼
702	唐·郭子仪
716	唐·李抱真
722	唐·李晟
739	唐·李愬
749	唐·马燧
761	唐·浑瑊
767	唐·王忠嗣
774	梁·刘鄩
780	唐·刘词

周·齐太公

【原文】

太公望吕尚者，东海上人。其先祖尝封于吕①，本姓姜氏，从其封姓，故曰吕尚。吕尚盖尝穷困年老矣，以渔钓于周西伯。西伯将出猎，卜之曰："所获非熊非螭②，非虎非罴③，所获霸王之辅。"西伯猎，果遇太公于渭之阳④，与语，大说，曰："自吾先君太公望子久矣。"故号曰太公望。载与俱归，立为师。或曰：吕尚隐海滨，周西伯拘羑里，散宜生⑤、闳夭素知而招吕尚，三人者求美女奇物献之于纣，以赎西伯。西伯归，与吕尚阴谋⑥修德以倾商政。其事多兵权与奇计，故当世之言兵及周之阴权⑦，皆宗⑧太公为本谋⑨。文王崩，武王欲修文王业，师行师尚父。将伐纣，卜龟⑩兆不吉，风雨暴至。群公尽惧，唯太公强之，遂行。武王已平商，而封师尚父于齐。

孙子曰："明君贤将能以上智为间⑪者，必成大功。"周宗太公阴权而兴王业是也。

【注释】

① 吕：吕尚先祖伯夷的封国。当为大禹时封的吕国（古属河南新蔡，今属安徽临泉），而非周穆王时封的吕国（南阳），两者相差千年。

② 螭（chī）：传说中一种没有角的龙。

③ 罴（pí）：一种熊，也叫马熊。

④ 渭之阳：阳，山之南、河之北为阳。指渭河北岸。

⑤ 散宜生：西周初年大臣。与太公望、闳夭同辅周文王，后助武王灭商。

⑥ 阴谋：秘密计谋。

⑦ 阴权：阴谋权术。

⑧ 宗：尊奉。

⑨ 本谋：基本谋略。

⑩ 卜龟：用龟甲问卜。卜，用火烧龟甲、兽骨以观察吉凶悔吝。

⑪ 间：间谍。

【今译】

太公望吕尚，是东海上（今安徽临泉姜寨，一说河南南阳）人。其先祖被封在吕国，本姓姜氏，因从其封姓，所以又称之为吕尚。吕尚年老且家境贫寒，遂借钓鱼之机以求得西伯侯赏识。西伯侯打猎之前进行问卜，卜辞说："所获猎物非熊非螭，非虎非罴，而是能够成就王霸之业的宰辅。"西伯侯打猎时，果然在渭水之北遇到了太公，双方交谈之后，西伯侯非常高兴，对吕尚说："自从我的先君太公开始希望见到你已经很久了。"所以就称吕尚为太公望。二人同车而归，立吕尚为太师。也有人说：吕尚在海滨隐居，而西伯侯当时被商纣王关押在羑里（具体地点不明，一说在今河南汤阴县北）。文王的臣子散宜生和闳夭二人平素知道吕尚有奇才，就前往拜会他，共商解救西伯侯之计。三人搜集美女珍宝献给纣王，遂将西伯侯赎了出来。西伯侯回来之后，就和吕尚暗中谋划兴周灭商大计。因此有很多涉及用兵的权谋和奇计妙策,所以后世在谈论兵法与周代的权谋时,都把姜太公尊为谋略鼻祖。文王去世之后,周武王即位,想要继承文王的遗志完成灭商大业,就尊称吕尚为尚父。在出兵讨伐纣王之前,用龟甲问卜的结果为不吉利,而暴风雨又突然大作。大家都十分害怕,不敢出征,唯有姜太公坚持出兵,大军才开拔。武王灭商之后封姜太公于齐国。

孙子说:"英明的君主和贤能的将领如果能用智谋高超的人来当间谍,就一定能够建树大功。"西周尊奉姜太公的权谋成就帝王之业就是明证。

【评析】

姜尚,又名吕尚,字子牙。号飞熊,俗称姜子牙、姜太公。西周开国元勋;著名政治家、思想家、军事家、谋略家。他辅佐周文王、周武王怀柔诸侯,制御四方,最终以少击众,打败了骄奢淫逸的商纣王,为周王朝的建立立下了汗马功劳,是建立西周王朝的第一功臣,其功业彪炳史册。姜子牙于唐肃宗上元元年(760年)被统治者推上武圣人的宝座,追谥他为"武成王",地位与"文宣王"孔子相颉颃;他实乃中国兵家的不祧之祖。《六韬》是姜子牙及其后学所著,该书以问答体形式记录了周文王、周武王与姜尚在各个时期的对话,内容涉及政治、经济、文化和军事诸多方面。这本书不仅在先秦堪称独树一帜,而且在几千年的中国军事史上也属空谷足音。至宋代,《六韬》与《孙子兵法》、《吴起兵法》、《司马法》、《尉缭子》、《三略》、《李卫公问对》共同被列为《武经七书》,为武学的必读经典著作。

吴·孙武

【原文】

　　孙武子者，齐人也。以兵法见于吴王阖庐，阖庐曰："子之十三篇，吾尽观之矣，可以小试勒兵①乎？"对曰："可。"庐曰："可试以妇人乎？"曰："可。"于是许之，出宫中美人得百八十人。孙子分为二队，以王之宠姬二人各为队长，皆令持戟②，令之曰："汝知而心与左右手背乎？"妇人曰："知之。"孙子："前则视心，左视左手，右视右手，后即视背。"妇人曰："诺③。"约束④既布，乃设铁钺⑤，即三令五申之，于是鼓之右，妇人大笑。孙子曰："约束不明，申令不熟，将之罪也。"复三令五申而鼓之左，妇人复大笑。孙子曰："约束不明，申令不熟，将之罪也。既已明而不如法者，吏士之罪也。"乃欲斩左右队长。吴王从台上观见且斩爱姬，大骇，趣使使下令曰："寡人已知将军能用兵矣，寡人非此二姬，食不甘味，愿勿斩也。"孙子曰："臣既已受命为将，将在军，君命有所不受。"遂斩队长二人以徇。于是复鼓之，妇人左右、前后、跪起皆中⑥规矩绳墨，无敢出声。于是孙子使使报王曰："兵既整齐，王可试下观之。唯王所欲用，虽赴水火犹可也。"吴王曰："将军罢休就舍，寡人不愿下观。"孙子曰："王徒好其言，不能用其实。"于是阖庐知孙子能用兵，卒以为将，西破强楚入郢，北威⑦齐晋，显名诸侯，孙子与有力焉。

孙子曰："法令孰行？"又曰："君命有所不受。"武之斩二队长是也。

【注释】

① 勒兵：勒，约束，统率，指挥军队。

② 戟：古代一种兵器。

③ 诺：应诺，答应声。

④ 约束：节制行动的约言，指纪律。

⑤ 铁钺：像斧头一样的兵器，这里指执行军法的刑具。

⑥ 中（zhòng）：恰巧合上。

⑦ 威：威胁。

【今译】

孙武本是齐国人。后因避难来到吴国，以所作兵法"十三篇"觐见吴王阖庐。阖庐说："先生所写的'十三篇'兵法，我已全部看过了，能否小试一下来练练兵？"孙武说："可以。"阖庐又问："可以用女人试试吗？"孙武回答："可以。"于是吴王从宫中派出美女一百八十人交给孙武操练。孙武将她们编成两个小队，分别任命吴王宠爱的两个妃子当队长，并命令所有人都拿上戟。孙武问她们说："你们知道心、后背、左手和右手的方向吗？"宫女们回答说："知道。"孙武说："我说向前，你们就看心所对的方向；向左，就看左手方向；向右，就看右手方向；向后，就看后背方向。"宫女们回答说："明白。"宣布纪律之后，又设立了执行军法的刑具，之后又三番五次地向宫女们宣讲纪律。于是开始击鼓传令让宫女们向右，结果宫女们却放声大笑。孙武说："纪律不明确，宣布的命令大家不熟，这是将帅的过错。"孙武又再三申明纪律，之后再击鼓传令向右。宫女们仍然大笑不止。孙武说："纪律不明确，宣布的命令不能让人熟记，是将帅的过错；既然纪律明确，命令宣布之后却不依照命令去执行，那就是下级官吏的罪过。"说着就准备将左右两队担任队长的妃子斩首。吴王从台子上看到自己的两个爱妃将被斩首，十分惊慌，赶忙派使者传话说："我已经知道将军会用兵了。如果失去这两个妃子的话，我会食不甘味的，希望将军别杀她们。"孙武说："我既然受命为将，那么将在军中，君命有所不受。"说完就下令将两名队长斩首示众。之后再次击鼓传令，宫女们前后左右移动和跪下起立全都符合军规的要求，再也没有敢出声发笑的。于是孙武派遣使者报告吴王说："队伍已经训练完毕，大王可以下来检阅一下，现在大王可以把她们派到想用她们的地方，即便要她们赴汤蹈火也在所不辞。"吴王说："将军可以停下休息了，寡人不想看了。"孙武说："大王只是喜好听人谈论兵法，却并不看重其实际本领。"阖庐由此知道孙武善于用兵，最终也任命他为将领。后来吴国向西攻破了强大的楚国，打进了楚国都城郢，往北威震齐晋两国，名声显达于诸侯之间，孙武为此做出了巨大的贡献。

孙子说："哪一方的法令可以得到贯彻执行？"又说："将在军中，君命有所不受。"孙武斩杀两位妃子就是佐证。

【评析】

孙子，名武，字长卿，春秋末期齐国人。著名军事理论家。因避乱奔吴，经伍子胥推荐，以兵法"十三篇"觐见吴王阖庐，被吴王任命为将军，帮助吴国西破强楚，北威齐晋，南服越人，为吴国称霸诸侯做出了贡献。孙武之所以名扬四海，被千古称颂，主要原因不是因为他的战功，而是由于他写出了被后人称之为《孙子兵法》的经典军事著作。《孙子兵法》是我国古代最著名的兵书，世界公认的"兵学圣典"，宋代将其列入《武经七书》之首；古今中外的很多政治家、军事家、战略家、兵学家们对这部著作都给了极高的评价。如明人毛元仪评价说："前孙子者，孙子不遗；后孙子者，不能遗孙子。"孙中山说："就中国历史来考究，二千多年的兵书。有十三篇，那十三篇兵书，便成立中国的哲学。"毛泽东说："孙子的规律，知彼知己，百战不殆，也是科学的真理。"美国国防大学战略研究所原所长约翰·柯林斯说："孙子是古代第一个形成战略思想的伟大人物……孙子十三篇可与历代名著包括二千二百年后克劳塞维茨的著作相媲美。今天没有一个人对战略的相互关系、应考虑的问题和所受的限制比他有更深刻的认识。他的大部分观点在我们的当前环境中仍然具有和当时同样重大的意义。"英国著名军事理论家利德尔·哈特说："《孙子兵法》是世界上最早的军事名作，其内容之博大，论述之精深，后世无出其右者。"日本的《战纲典令原则对照孙子论讲》则称《孙子兵法》是"东方兵学的鼻祖，武经之冠冕"等等。几千年来，《孙子兵法》一直受到人们的重视，研究著述层出不穷。据统计，世界上研究孙子的重要著述近两千种，被译成了二十多种语言，在世界各地广泛流传。

越·范蠡

【原文】

范蠡，越人也。吴王夫差日夜勒①兵，且以报越，越欲先吴未发往伐之。范蠡谏曰："不可。臣闻兵者，凶器也；战者，逆德②也；争者，事之末也。阴谋逆德、好用凶器，试身于所末，上帝③禁之，行者不利。"越王曰："吾已决之矣。"遂兴师。吴王闻之，悉发精兵击越，败之夫椒④。越王乃以余兵五千人保栖于会稽⑤。吴王追而围之，越王谓范蠡曰："以不听子，故至于此。为之奈何？"蠡对曰："持满者与天，定倾者与人，节事者以地。卑辞厚礼以遣之，不许，而身与之市。"勾践曰："诺。"乃令大夫种行成于吴，膝行顿首曰："君王亡臣勾践使陪臣种敢告下执事：勾践请身为臣，妻为妾。"吴王将许之，子胥言于吴王曰："天以越赐吴，勿许也。"种还，以报勾践。勾践欲杀妻子，燔⑥宝器，触战以死。种止勾践曰："夫吴太宰嚭⑦贪，可诱以利，请间⑧行言之。"于是勾践乃以美女宝器令种间献吴太宰嚭，嚭受，乃见大夫种于吴王。种顿首言曰："愿大王赦勾践之罪，尽入其宝器。不幸不赦，勾践将杀其妻子，燔其宝器，悉五千人触战，必有当也。"嚭因说吴王曰："越已服为臣，若将赦之，此国之利也。"吴王将许之，子胥谏，弗听，卒赦越，罢兵而归。

勾践反国，乃苦身焦思，置胆于坐，坐卧即仰胆，饮食亦尝胆也，曰："女⁹忘会稽之耻耶？"身自耕作，夫人自织，食不加肉，衣不重采，与百姓同其劳。欲使范蠡治国政，蠡对曰："兵甲之事，种不如蠡；镇抚国家，亲附百姓，蠡不如种。"于是举国政属大夫种，而使范蠡为质于吴。二岁而吴归蠡。勾践自会稽归七年，拊循其士民，士民欲以报吴。大夫逢同谏曰："鸷鸟⑩之击也，必匿其形。今吴兵加齐、晋，怨深于楚、越，名高天下，实害周室，德少而功多，必淫自矜。为越计，莫若结齐亲楚附晋，以厚吴。吴之志广必轻战，是我连其权，三国伐之，越承其弊，可克也。"勾践曰："善。"

居二年，吴王将伐齐，子胥谏曰："未可。臣闻勾践食不重味，与百姓同苦乐，此人不死，必为国患。"吴王弗听，遂伐齐，败之艾陵。越大夫种曰："臣观吴王政骄矣，请试尝之贷粟以卜其事。"请贷，吴王欲与，子胥谏勿与，王遂与之。太宰嚭谮子胥曰："伍员貌忠而实忍人，杀其父兄不顾，安能顾王？王前欲伐齐，员⑪强谏，已而有功，用是反怨王。王不备伍员，员必为乱。"因赐子胥属镂剑以自杀。勾践召范蠡曰："吴已杀子胥，导谀者众，可乎？"对曰："未可。"

至明年春，吴王北会诸侯于黄池，吴国精兵从王，惟独老弱与太子留守。勾践复问范蠡，蠡曰："可矣。"乃发习流二千人、教士四万人、君子六千人、诸御千人伐吴，吴师败，遂杀吴太子。吴告急于王，王方会诸侯于黄池，惧天下闻之，乃秘之。吴王已盟黄池⑫，乃使人厚礼以请成越，越自度亦未能灭吴，乃与吴平。其后四年，越复伐吴，吴士民罢弊，轻锐尽死于齐、晋，而越大破吴，因而留围之。三年，吴师败，越遂复栖吴王于姑苏之山。吴王使公孙雄肉袒⑬膝行而前，请成越王曰："孤臣夫差敢布腹心，异日尝得罪于会稽，夫差不敢逆命，得与君王成⑭以归。今君王举玉趾而诛孤臣，孤臣惟命是听，意者亦欲如会稽之赦孤臣之罪乎？"勾践不忍，欲许之。范蠡曰："会稽之事，天以越赐吴，吴不取。今天以吴赐越，越其可逆天乎？且夫君王早朝晏罢，非为吴邪？谋之二十二年，一旦而弃之，可乎？天与弗取，反受其咎。伐柯⑮者，其则⑯不远。君忘会稽之厄乎？"勾践曰："吾欲听子言，吾不忍其使者。"范蠡乃鼓进兵，曰："王已属政于执事，使者去，不者且得罪。"吴使者泣而去，勾践怜之，乃使人谓吴王曰："吾置王甬东⑰，君百家。"吴王谢曰："吾老矣，不能事君王。"遂自杀，乃蔽其面曰："吾无面以见子胥也。"越王乃葬吴王而诛太宰嚭。

范蠡遂去，自齐遗大夫种书曰："蜚⑱鸟尽，良弓藏；狡兔死，走狗烹。越王为人长颈鸟喙⑲，可与共患难，不可与共乐。子何不去？"种见书，称病不朝。人或谗种且作乱，越王乃赐种剑曰："子教寡人伐吴七术，寡人用其三而败吴。其四在子，子为我从先王试之。"种遂自杀。

范蠡事越王勾践，既苦身勠力，与勾践深谋二十余年，卒灭吴报会稽之耻。北渡兵于淮以临齐、晋，号令中国以尊周室，勾践以霸而范蠡称上将军。还反国，范蠡以为大名之下难以久居，且勾践为人可与共患难与处安，为书辞勾践曰："臣闻主忧臣劳，主辱臣死。昔者君王辱于会稽，所以不死，为此事也。今既以雪耻，臣请从会稽之诛。"勾践曰："孤将与子分国而有之，不然，加诛于子。"范蠡曰："君行令，臣行意。"

范蠡浮海出齐，变姓名，自谓鸱夷子皮，耕于海畔，苦身勤力，父子治产。居无几何，致产数千万。齐人闻其贤，以为相。范蠡喟然叹曰："居家则致千金，居官则致卿相。此布衣之极也，久受尊名不祥。"乃归相印，尽散其财以去，止于陶。以为此天下之中，交易有无之路通，为生可以致富矣。于是自谓陶朱公，复约要父子耕畜，候时转物，逐什一之利。居无何，则致赀⑳累巨万。范蠡三徙㉑，成名于天下，非苟去而已，所止必成名，卒老死于陶。

孙子曰："屈力殚㉒货，诸侯乘其弊而起。"蠡因吴有黄池之会而伐之。又曰："君命有所不受。"蠡谓已属政而逐吴使是也。

【注释】

① 勒：统帅。

② 逆德：违背道德。

③ 上帝：上天，当指自然之天。

④ 夫椒：具体地点不明，一说为常州大小椒山，一说是苏州太湖西洞庭山。

⑤ 会稽（kuàijī）：古地名，今浙江绍兴（秦和西汉时指今江苏苏州）。

⑥ 燔（fán）：焚烧。

⑦ 嚭（pǐ）：吴国太宰伯嚭。

⑧ 间：秘密，私下。

⑨ 女：通"汝"，你。

⑩ 鸷鸟：凶猛的大鸟。

⑪ 员：伍员，伍子胥。

⑫ 黄池：古地名，在今河南封丘西南。

⑬ 袒：脱去上衣，露出身体的一部分。

⑭ 成：和解。

⑮ 柯：斧柄。

⑯ 则：规则，这里引申为尺寸大小。

⑰ 甬东：今浙江舟山群岛。

⑱ 蜚：通"飞"。

⑲ 鸟喙（huì）：喙，嘴，鸟的嘴。

⑳ 赀：资财，钱财。

㉑ 徙：迁移。

㉒ 殚：尽，竭尽。

【今译】

  范蠡是越国人。吴王夫差每天日夜练兵准备进攻越国报父仇。越国打算趁吴国尚未行动之前先发制人讨伐吴国。范蠡向越王进谏说："不可以。臣听说兵器乃是凶器；战争是违背道德的行为；争先发动战争是最下等的事情。私下里做违背天道之事、喜欢用不祥之器，亲身参与下等之事，上天都会阻止这么做，对施行者也不利。"越王说："我已经下定决心了。"于是就兴兵伐吴。吴王听到消息之后，就调集全部精兵迎击越国军队，在夫椒大败越国。越王率五千残兵退守会稽。吴王带兵追上去将其包围，越王对范蠡说："我不听从你的劝谏才导致今天的下场，你看该怎么办？"范蠡回答说："能够完全保住功业的人，必定会效法天道的盈而不溢；能够平定倾覆的人，一定懂得人道的崇尚谦卑；能够节制事理的人，就会遵循地道而因地制宜。现在，只有用谦卑的言辞和丰厚的礼物去向吴王求和，如果他不同意，您就要亲自去侍奉他，到吴国去作人质。"勾践说："只能如此了。"于是越王勾践就派大夫文种前去向吴王求和，文种跪着一边前行一边对吴王叩首说："君王您的亡国臣民勾践让下臣文种告诉您的属下：勾践请求自己做您的臣子，他的妻子做大王的侍妾。"吴王想要同意，伍子胥对吴王说："现在上天将越国赐给了吴国，不能同他讲和。"文种回来向越王勾践汇报。勾践打算杀死妻子儿女，烧毁宝物，和吴王决一死战。文种制止勾践说："吴国太宰伯嚭贪婪，可以重礼利诱他，请允许我私下和他接触。"于是勾践就派文种用美女和宝物秘密贿赂伯嚭，伯嚭接受贿赂之后，就把文种引见给吴王夫差。文种叩首说："希望大王能够赦免勾践的罪过，接受我们献上的宝物。否则的话，勾践将杀死自己的妻子儿女，销毁宝物，带领他的五千士兵与您决一死战，您也要付出与此相当的代价。"伯嚭乘机劝说吴王："越国已经臣服，如果赦免勾践，将会对国家有利。"吴王正要同意越国的请和，伍子胥劝谏吴王不要接受，吴王不听，最终赦免了越王，撤兵回到吴国。

勾践回到越国之后，苦心经营，深思熟虑，把苦胆挂到座位上，无论坐卧都仰头尝尝苦胆，吃饭时也尝尝苦胆，还经常提醒自己说："你忘记会稽的耻辱了吗？"他亲自耕作，夫人也亲手织布，吃饭不吃荤菜，穿衣也不穿奢华的衣裳，与百姓共同劳动。越王打算让范蠡管理国家政务，范蠡说："用兵打仗，文种不如我；治理国家，让百姓亲附，我不如文种。"于是勾践把国家政务全部交给大夫文种处理，让范蠡到吴国作人质。两年后吴国才让范蠡回国。勾践从会稽回国后七年，始终抚慰自己的士兵百姓，士兵百姓想以此向吴国报仇。大夫逢同进谏说："凶猛的大鸟袭击目标时，一定先隐藏它的形迹。现在吴军在齐、晋两国作战，与楚、越两国还有深仇大恨，虽然在天下名声显赫，实际上却危害周王室，吴国缺乏道德而功劳不少，一定骄横狂妄。为越国考虑，不如结交齐国，亲近楚国，依附晋国，厚待吴国。吴国正狂妄轻敌，这样我国可以联合这三国的势力，让齐、晋、楚三国攻打吴国，越国趁吴国疲惫的时候一定可以打败它。"勾践赞叹说："妙计。"

过了两年，吴王将要讨伐齐国。伍子胥进谏说："不可以。臣听说勾践吃饭不用两样菜肴，与百姓同甘共苦，此人不死，一定成为我国的大患。"吴王不听，就出兵攻打齐国，在艾陵大败齐军。越国大夫文种说："我观察吴王为政太骄横了，请您允许我试着向他借粮来试探一下吴王对越国的态度。"越国于是向吴王请求借粮，吴王想借予，伍子胥建议不能借，吴王最终还是借粮食给了越国。太宰伯嚭进谗言诽谤伍子胥说："伍子胥表面忠厚，实际上却很残忍，他连别人杀死自己的父兄都不管，怎么能顾惜大王您呢？大王上次想攻打齐国，他极力地劝阻，后来您作战有功，他反而因此怨恨您。您若不加防备，他一定会谋反。"于是吴王就赐给伍子胥一把"属镂"剑让他自杀。勾践召见范蠡说："吴王已经杀了伍子胥，其朝中现在阿谀奉承的人很多，现在可以攻打吴国了吗？"范蠡回答说："不行。"到第二年春天，吴王到北面的黄池去和诸侯会盟，吴国的精锐部队全部跟随吴王赴会了，只有老弱残兵和太子留守吴都。勾践又问范蠡是否可以进攻吴国，范蠡说："可以了。"于是越国派出熟悉水战的士兵两千人，训练有素的士兵四万人，受过良好教育、地位较高的近卫军六千人，各类军官一千人，攻打吴国。吴军大败，越军还杀死了吴国的太子。吴国使者赶忙向吴王告急，吴王正在黄池（今河南封丘西南）会盟诸侯，怕天下人听到吴国惨败的消息，就坚守秘密。吴王在黄池与诸侯订立盟约之后，就派人带上厚礼去向越国求和。越王估计自己也不能轻易消灭吴国，就与吴国讲和了。四年之后，越国又攻打吴国。吴国军民疲惫不堪，精锐士兵都在与齐、晋的战争中战死，所以越国军队得以大败吴军，还包围了吴国的都城。围城三年之后，吴军战败，越军就把吴王夫差围困在姑苏山上。吴王派公孙雄脱去上衣露出身体跪着前往去请求与越王讲和："孤立无助的臣子夫差冒昧地表露自己的心迹，从前我曾在会稽得罪了您，我不敢违背您的命令，假如能够与您和解，就撤军回国了。现在烦劳君王您亲自前来惩罚孤臣，我将对您唯命是听，希望您能像上次会稽山我曾经对待您那样赦免我夫差的罪过吧！"勾践不忍心，想同意吴王的请求。范蠡说："过去在会稽是上天把越国赐给了吴国，吴国没有接受。现在上天又把吴国赏赐给越国，越国难道想违背上天的旨意吗？况且大王从早到晚不都是为了报吴国之仇吗？图谋了二十二年，现在能放弃吗？上天赐予的礼物不要，反而会受咎害。古语说得好：以斧伐木，取做斧柄，样式大小，眼前可见。大王难道忘了会稽之难了吗？"勾践说："我本想听你之言，但是吴国使者实在可怜。"范蠡接着击鼓进兵，说："大王已将政事交给我负责，吴国使者离开吧，不然将要得罪。"吴国使者哭着离开了。勾践怜悯吴国使者，就派人对吴王说："我把你安置在甬东，给你一百户人家终养天年。"吴王苦笑着答道："我老了，就不侍奉您了。"于是就自杀了。临死前捂着脸说："我没脸见子胥呀。"越王命人埋葬了吴王，并诛杀了太宰伯嚭。

范蠡于是就离开了越国，来到齐国。

随后，就给大夫文种写信说："飞鸟尽，良弓藏；狡兔死，走狗烹。勾践为人长颈鸟嘴，只可与他共患难，不可与他共欢乐。您怎么还不离开他呢？"文种收到书信之后，就称病不再上朝。有人诬陷文种不上朝是蓄意谋反，越王就以此为借口，赐给文种一把剑自裁，说道："你教给我伐吴的七个好计策，我只用了三个就打败了吴国。其余四个你带着去为我的先王在地下使用吧。"于是文种就自杀了。

范蠡辅佐越王勾践，费尽全力，替勾践深谋远虑二十多年，终于灭了吴国，洗刷了会稽之耻。率领军队北渡淮河征伐齐、晋两国，号令中原大国以尊奉周王朝，勾践称霸后，范蠡被封为上将军。回国之后，范蠡认为盛名之下难以久留，并且勾践的为人，只可与其共患难，不能与其共欢乐，就给勾践写了封请辞信说："我听说，君王的忧愁臣子应当分担；君王受辱，臣下应当以死谢罪。过去君王在会稽受辱，我之所以不死，就是为报此仇。现在既然已雪前耻，我请求您处治我当年在会稽时的死罪。"勾践说："我将与你共同分享国家，不会治你的罪。"范蠡说："君主您执行的是您的命令，而臣子我则想实现我自己的志向。"范蠡乘船出海到了齐国，更名改姓，自称"鸱夷子皮"，在海边耕作，吃苦耐劳，努力生产，父子合力治理产业。住了不久，积累财产达数千万。齐国人听说他德才兼备，想让他做相国。范蠡叹息道："住在家里就积累千金财产，做官也达到了卿相高位，这是平民百姓能达到的最高地位了。长久享受尊贵的名号，不吉祥。"于是归还了相印，全部散尽了自己的家产，秘密离去，到陶地住了下来。他认为这里是天下的中心，交易买卖的道路通畅，经营生意可以发财致富。于是自称陶朱公，范蠡和儿子约定都要耕种田地和畜养牲畜，根据时节买卖货物，赚取十分之一的商业利润。过了没有多长时间，就积累起巨额家产。范蠡三次搬迁，成名于天下，他并不是随意离开一个地方，他到哪个地方就一定在那个地方成名，他最后在陶地终老。

孙子说："军力耗尽，财富枯竭，国家空虚，诸侯就会趁火打劫。"范蠡趁吴国去赴黄池之会而兴兵伐吴正是如此。孙子还说："君王的命令有些也不能接受。"范蠡所说越王属政务于自己而驱逐吴国使者也是如此。

【评析】

范蠡，字少伯，楚国宛（今河南南阳）人，越国著名政治家、军事家、思想家。曾任越国大夫，是越王勾践的重要谋臣；积极辅佐勾践复国，终使越国称霸中原。他深明道家"功成、名遂、身退"之道，遂在盛名之下辞官游齐，经营产业，成为巨富，世人称其"陶朱公"，被后世商家尊为鼻祖。在军事上，他表现出了敏锐的战略眼光和高超的军事才能。其军事思想主要有："兵凶战危""先行不利"的慎战思想；"随时以行""伺机而动"的用兵原则（就是依据时机是否有利、战机是否成熟来决定作战行动）；因情用兵，力争"尽其阳节，盈吾阴节"时决战（就是根据战争的客观实际情况来决定作战行动），这些军事思想在其辅佐勾践复国的过程中都有充分体现。

齐·孙膑

【原文】

孙膑生阿、鄄①之间，孙武之后世子孙也。孙膑尝与庞涓俱学兵法。庞涓既事魏，得为惠王将军，而自以为能不及孙膑，乃阴使召孙膑。膑至，庞涓恐其贤于己，疾之，则以法刑断其两足而黥②之，欲隐勿见。齐使者如梁，孙膑以刑徒阴见，说齐使。齐使以为奇，窃③载与之齐，齐将田忌善而客待之。忌数与齐诸公子驰逐重射，孙子见其马足不甚相远，马有上中下辈。于是孙子谓田忌曰："君第重射，臣能令君胜。"田忌信然之，与王及诸公子逐射千金。及临质，孙子曰："今以君之下驷与彼上驷，取君上驷与彼中驷，取君中驷与彼下驷。"既驰三辈毕，而田忌一不胜而再胜，卒得王千金。于是忌进孙子于威王，威王问兵法，遂以为师。

其后魏伐赵，赵急，请救于齐。齐威王欲将孙膑，膑辞谢曰："刑余之人不可。"于是乃以田忌为将，而孙子为师，居辎车中坐为计谋。田忌欲引兵之赵，孙子④曰："夫解杂乱纷纠者不控卷，救斗者不搏撠⑤，批亢捣虚，形格势禁，则自为解耳。今梁、赵相攻，轻兵锐卒必竭于外，老弱罢于内。君不若引兵疾走大梁，据其街路，冲其方虚，彼必释赵而自救，是我一举解赵之围而收弊于魏也。"田忌从之。魏果去邯郸，与齐战于桂陵，大破梁军。后魏与赵攻韩，韩告急于齐。齐使田忌将而往，直走大梁。魏将庞涓闻之，去韩而归。孙子谓田忌曰："彼三晋之兵素悍勇而轻齐，齐号为怯。善战者，因其势而利导之。兵法：百里而趋利者蹶⑥上将，五十里而趣利者军半至。使齐军入魏地为十万灶，明日为五万灶，又明日为二万灶。"庞涓行三日，大喜，曰："我固知齐军怯，入吾地三日，士卒亡者过半矣。"乃弃其步军，与其轻锐倍日并行逐之。孙子度⑦其行，暮当至马陵。马陵道狭而旁多阻隘，可伏兵。乃斫大树白而书之曰："庞涓死于此树之下！"于是令齐军善射者万弩夹道而伏，期曰"暮见火举而俱发"。庞涓果夜至斫木下，见白书乃钻火烛之，读其书未毕，齐军万弩俱发，魏军大乱相失。庞涓自知智穷兵败，乃自刭，曰："遂成竖子之名。"齐因乘胜，尽破其军，虏魏太子申以归。孙膑以此名显天下，世传其兵法。

孙子曰："攻其所必救。"膑令田忌走大梁而解赵围。又曰："勇怯，势⑧也。"膑因魏轻齐而减灶示怯是也。

【注释】

① 鄄（juàn）：古地名，在今山东省。

② 黥（qíng）：古代的一种刑罚，用刀刺刻犯人的面额，再涂上墨，也叫"墨刑"。

③ 窃：偷偷地。

④ 孙子：这里指孙膑。

⑤ 掫（jǐ）：握持。

⑥ 蹶（jué）：倒下，跌倒。

⑦ 度：量长短。这里引申为揣度、推测。

⑧ 势：态势。

【今译】

　　孙膑生于齐国阿城和鄄城之间的地方，是孙武的后代。孙膑曾经和庞涓一同学习兵法。庞涓为魏国效力，在魏惠王手下当将军，自认为才能比不上孙膑，于是暗地里派人请孙膑来。孙膑到了魏国，庞涓害怕孙膑比自己有才能，就捏造罪名诬陷他，并根据法律用刑挖去了他两腿上的膑骨，并在他脸上刺字，想使孙膑一辈子无法在人前露面。有齐国使者到达魏国都城大梁，孙膑以受刑之人的身份暗中求见了齐使，向他游说。齐国使者认为孙膑是一个奇才，就偷偷地载着他回到齐国。齐国将军田忌见到孙膑很高兴，就以待客之礼招待他。田忌经常和齐国的各位公子赛马，下很大的赌注。孙膑看到田忌的马速度和对手相差不是很大。比赛的马分为上、中、下三等。于是孙膑对田忌说："您只管下大赌注，我能够使您获胜。"田忌相信孙膑，就跟齐王和诸公子下千金的赌注来赛马。快要比赛的时候，孙膑对田忌说："现在用您的下等马去和对方的上等马比赛，用您的上等马去和对方的中等马比赛，再用您的中等马和对方的下等马比赛。"三个等级的马比赛完毕，田忌输了一场却胜了两场，最终赢得了齐王的千金赌注。于是田忌就将孙膑推荐给齐威王。

　　后来魏国攻打赵国，赵国情况危急就向齐国求救。齐威王想让孙膑为将，孙膑推辞说："受过刑的人不可为将。"于是齐王就以田忌为将，以孙膑为军师，坐在车中为田忌出谋划策。田忌想带兵直奔赵国而去，孙膑说："解开缠绕在一起的乱丝不能整个抓住了去生拉硬扯，劝解打架的人也不能卷进去和他们混战搏击。要扼住敌人的要害、冲击其虚泄之处，争斗者因为形势变化而受到限制，那么危机自然就会解除。现在魏国进攻赵国，魏国的精锐部队全部都在外线作战，留在国内的都是老弱凋敝之师。将军不如带兵火速赶往魏国都城大梁，占据交通要道,冲击其力量虚泄之处,魏军必定会放弃赵国而回师自救,这样我们不仅一举解除了魏国对赵国的包围,还使魏军疲惫不堪。"田忌听从了孙膑的建议。魏军果然离开邯郸,与齐军在桂陵交战,魏军大败。后来魏国和赵国联合攻打韩国,韩国向齐国告急。齐国派遣田忌率领军队前往,齐军直奔魏国都城大梁。魏国将领庞涓听说之后,离开韩国回国。孙膑对田忌说:"三晋的军队一向强悍勇猛,看不起齐军,齐军一向被认为胆小怯懦。善战的将军应当因势利导。兵法说:强行军一百里与敌人争利就有可能折损上将军,强行军五十里与敌争利就会有一半的士兵掉队。可下令让齐军进入魏国领土时砌十万人做饭的灶,第二天减为五万人做饭的灶,第三天减为两万人做饭的灶。"庞涓率军行军三日,看到这种情况非常高兴,说:"我早就知道齐军胆怯,进入我国境内才三天,士卒逃亡就超过一半了。"于是庞涓舍弃步兵,率领轻装精锐部队日夜兼程追击齐军。孙膑计算他的行程,在天黑之时应当到达马陵。马陵道路狭窄,路旁还有很多障碍物和隘口险地,适合埋伏军队。孙膑就命人削去大树的树皮,在露出的白木头上写上:"庞涓死于此树之下!"之后命令齐军中善于射箭的一万士兵埋伏在道路两旁,并规定晚上看到树下有火光亮起就万箭齐发。庞涓当晚果然赶到砍去树皮的大树下,看见白木上有字,就点火照树干上的字,字还没有读完,齐军就万箭齐发,魏军大乱,相互失调。庞涓自知无计可施,败成定局,就自刎而死,临死前说:"倒是成就了这小子的名声!"齐军乘胜追击,将魏军彻底击溃,俘虏了魏国太子申之后返回齐国。孙膑也因此名扬天下,后世流传着他的《孙膑兵法》。

　　孙子说:"要攻打敌人必定要保护的地方。"孙膑让田忌直赴魏国都城大梁从而解除了魏军对赵国的包围。孙子还说:"部队勇敢还是怯懦,关键在于所营造的态势。"孙膑利用魏国将士轻视齐国而故意减灶以示怯懦就是如此。

【评析】

　　孙膑是战国时期齐国人。据《史记·孙子吴起列传》记载："孙武既死，后百余岁有孙膑。膑生阿、鄄之间。膑亦孙武之后世子孙也。"曾遭庞涓嫉妒和加害，受过膑刑，所以史书上称其为孙膑。他一生坎坷，刑余忍辱，身残志坚，发愤自强，成为战国中期杰出的军事家，著有《孙膑兵法》。孙膑通过指导将军田忌与齐威王的赛马表现出了非凡的才能，后经田忌推荐，深受齐威王重用。用兵善于造势，"围魏救赵""减灶赚庞涓"等都是通过谋势、造势调动敌人的经典战例，后人总结为"孙武尚智，孙膑贵势"。其深邃的军事理论和丰富的战争实践，为中国兵学理论的发展做出了卓越贡献。

齐·田穰苴

【原文】

　　司马穰苴者，田完之苗裔①也。齐景公时，晋伐阿、甄而燕侵河上，齐师败绩，景公患之。晏婴乃荐田穰苴曰："穰苴虽田氏庶孽②，然其人文能附众，武能威敌，愿君试之。"景公召穰苴，与语兵事，大说之，以为将军，将兵捍③燕、晋之师。穰苴曰："臣素卑贱，君擢④之闾伍之中，加之大夫之上，士卒未附，百姓不信，人微权轻。愿得君之宠臣、国之所尊，以监军乃可。"于是景公许之，使庄贾往。穰苴既辞，与庄贾约曰："旦日日中会于军门。"穰苴先驰至军，立表下漏待贾。贾素骄贵，以为将己之军而己为监，不甚急。亲戚左右送之，留饮，日中而贾不至。穰苴则仆表决漏，入，行军勒兵申明约束。约束既定，夕时，庄贾乃至。穰苴曰："何后期为？"贾谢曰："不佞大夫亲戚送之，故留。"穰苴曰："将受命之日，则忘其家；临军约束，则忘其亲；援枹⑤鼓之急，则忘其身。今敌国深侵，邦内骚动，士卒暴⑥露于境，君寝不安席、食不甘味，百姓之命皆垂于君，何谓相送乎？"召军正⑦问曰："军法期而后至者，云何？"对曰："当斩。"贾惧，使人驰报景公请救。既往，未及反，于是遂斩庄贾以徇⑧三军，三军之士皆振慄。久之，景公遣使者持节赦贾，驰入军中。穰苴曰："将在军，君令有所不受。"问军正曰："军中不驰，今使者驰，云何？"正曰："当斩。"使者大惧。穰苴曰："君之使不可杀之。"乃斩其仆，车之左驸⑨，马之左骖，以徇三军。遣使者还报，然后行。士卒次舍，井灶饮食，问疾医药，身自拊循⑩之。悉取将军之资粮享士卒，身与士卒平分粮食，最比其羸弱者。三日而后勒兵，病者皆求行，争奋出为之赴战。晋师闻之，为罢去；燕师闻之，度水而解。于是追击之，遂取所亡封内故境而引兵归。未至国，释⑪兵旅、解约束，誓盟而后入邑。景公与诸大夫郊迎，劳师成礼，然后反归寝。既见穰苴，尊为大司马。田氏日以益尊于齐。

已而，大夫鲍氏、高国之属害之，谮⑫于景公。景公退穰苴，穰苴发疾而死。其后，齐威王用兵行威，大放穰苴之法，而诸侯朝齐。齐威王使大夫追论古者司马兵法，而附穰苴于其中，因号曰《司马穰苴兵法》。

孙子曰："令之以文，齐之以武。"穰苴文能附众，武能威敌。又曰："法令孰行。"穰苴斩庄贾以徇三军。又曰："不战而屈人之兵。"穰苴士卒争奋而燕、晋解去是也。

【注释】

① 苗裔：后代。

② 庶孽：宗法制度下家庭的旁支。

③ 捍：抵御。

④ 擢（zhuó）：提拔，选拔。

⑤ 援枹：援，拿起；枹，鼓槌。引申为与敌人拼杀。

⑥ 暴（pù）：暴通"曝"；引申为暴露，显露。

⑦ 军正：负责军法的军官。

⑧ 徇：示众。

⑨ 驸：副马，驾副车或备用的马。此处通"辅"，指夹车木。
⑩ 拊循：也作拊巡，指安抚、慰问。
⑪ 释：排解，解除，与下文"解约束"的"解"字同意。
⑫ 谮：说坏话诬陷别人。

【今译】

　　司马穰苴是田完的后裔（因当过司马，所以也称之为司马穰苴）。齐景公时，晋国攻打阿城和鄄城，燕国又侵犯黄河，齐军战败，齐景公十分忧虑。大夫晏婴向景公推荐田穰苴说："穰苴虽然是田氏的庶支后裔，但是他却文能附众，武能威敌，希望国君试着用一下他。"齐景公就召见穰苴和他探讨兵法，交谈之后非常高兴，就任命他为将军，统率大军抵御燕、晋两国的部队。穰苴说："臣一向地位低微，国君将我从市井之中提拔起来，位在大夫之上，士卒不会信服，百姓也不相信我，人微权轻。希望国君派遣您的宠臣、受到全国尊重的人来当监军才行。"景公同意，就派庄贾去当监军。穰苴辞别景公时与庄贾约定说："明天中午在军门会面。"次日，穰苴先赶到军中，设下日晷漏壶计算时间等候庄贾。庄贾一向骄横，认为统率的是自己的军队，况且自己还是监军，所以没有把约定当回事。亲戚朋友为他送行，留下饮酒，到了中午庄贾还没有到达军门。穰苴就放倒标杆，撤掉漏壶，进入军营训练部队，申明纪律。纪律规定完了之后，到了傍晚庄贾才来到军营。穰苴问："为什么迟到？"庄贾道歉说："敝人的亲戚朋友为我送行，所以就留下饮酒了。"穰苴说："作为一个将军，他接受国君命令的那一天起，就要忘记家中的事；当他面对军队宣布命令的时候，他就必须连自己的双亲也都忘掉；等到擂响战鼓，与敌人拼杀的时候，就必须忘掉自己的安危。现在敌国深侵齐国，国内一片慌乱，将士们在边境风餐露宿，国君焦急得睡不着觉，吃不下饭，百姓们的性命也都寄托在你的手里，你还谈什么送行呢？"穰苴向负责军法的军正问道："军法规定：没有按时到达的人应如何处置？"军正回答："当斩。"庄贾害怕，派人飞驰去向景公报告请求救命。刚刚走，还没有返回，穰苴已经将庄贾斩首以警示三军，三军将士都感到震惊，害怕得发抖。不久，景公派使者持节杖来赦免庄贾，乘车闯进了军营。穰苴说："将领在军中，可以不接受国君的命令。"又问军正说："军中不允许乘车驰骋，现在使者乘车闯入，按军法该如何处置？"军正回答："当斩。"使者非常害怕。穰苴说："国君的使者不能杀。"于是就将使者的马夫处斩，砍下了马车的左立木，杀了马车左边的马，以警示三军。穰苴让使者回去禀报景公，之后才率大军出征。穰苴对士兵们的住宿、饮食以及生病医药等问题都亲自检查过问。他还将自己的将军军粮和俸禄拿出来分给将士，自己与士兵们平分粮食，而且是与分到粮食最少的士兵一样多。三天之后开始与敌交战，即便是生病的士兵都要求上阵，人人奋勇争先作战。晋军听说之后，就撤退回国了；燕军听说之后，也渡河逃走。于是穰苴率军追击，直到收复了齐国丢失的土地之后才带兵返回。大军还没有到达国都，穰苴就先解除了武装，废除了战时定下的军规，与三军盟誓忠于齐景公之后才进入临淄。齐景公与各位大夫到郊外迎候，带部队完成班师回朝的礼节之后，才返回休息。齐景公见到穰苴之后，就任他为大司马。田氏在齐国的地位越发尊贵。

不久，大夫鲍氏、高氏和国氏之辈对此心怀不满，就向景公进谗言，景公就将穰苴辞退。穰苴被辞退之后十分气愤，最终因病去世。后来，齐威王使用武力建立威名，推广穰苴的治军之法，诸侯都来朝拜齐国。齐威王命令大夫们整理古时的《司马兵法》，并将穰苴的兵法附在其中，所以就称之为《司马穰苴兵法》。

孙子说："以宽厚仁德的手段去怀柔士兵而使其知恩；用军纪法规的手段使他们畏威而步调一致。"穰苴文能使众人归附，武能威震敌军。孙子又说："比较哪一方的军纪严明？"穰苴斩杀庄贾来警示三军，显示出了严明的军纪。孙子还说："不经过战斗而使敌人屈服。"穰苴的士兵个个奋勇争先，而燕、晋两国的军队主动撤离正是如此。

【评析】

司马穰苴，姓田，名穰苴，春秋末期齐国人，是田完（陈完）的苗裔，齐国田氏家族的支庶。齐景公时，受大夫晏婴举荐，被景公委任为将军。曾以严于治军和率师逼退燕、晋联军而闻名天下，更以撰写著名兵书《司马法》而惠泽后世。齐国名相晏婴盛赞其"文能附众，武能威敌"。他之所以英名彰显，根本原因在于他整理总结了古司马兵法，并在此基础上构建了新的兵学体系《司马穰苴兵法》，这部兵法于北宋时期被列为《武经七书》之一，颁行于当时的武学。成为将校必读之书。《司马法》讨论的命题涉及军事学的各个方面，包括军事制度、军队编制、军事装备与保障、指挥联络方式、阵法与垒法、军队礼仪与奖惩措施等，带有明显的条令条例与操典的性质，是军队建设与战争实施的法典。司马穰苴的兵学理论与孙子的兵学思想相比，毫不逊色，各有千秋。这正是司马迁之所以欣赏《司马法》，在《史记·司马穰苴列传》中称道其书"闳廓深远，虽三代征伐，未能穷其义，如其文也"的缘由。

魏·吴起

【原文】

吴起者，卫人也，好用兵。尝学于曾子，事鲁君。齐人攻鲁，鲁欲将吴起。起取齐女为妻，而鲁疑之。吴起于是欲就名，遂杀其妻以明不与齐也。鲁卒以为将，将而攻齐，大破之。鲁人或恶①吴起曰："起之为人，猜忍②人也。其少时家累千金，游仕不遂，遂破其家，乡党笑之。吴起杀其谤己者三十余人，而东出卫郭③门。与其母诀，啮臂而盟曰：起不为卿相不复入卫。遂事曾子。居顷之，其母死，起终不归。曾子薄④之，而与起绝。起乃之鲁，学兵法以事鲁君。鲁君疑之，起杀妻以求将。夫鲁小国而有战胜之名，则诸侯图鲁矣。且鲁、卫兄弟之国也，而君用起，是弃卫也。"鲁君疑之，谢吴起。

起于是闻魏文侯贤，欲事之。文侯问李克曰："吴起何如人哉？"克曰："起贪而好色，然用兵司马穰苴不能过也。"于是以为将，击秦，拔五城。起之为将，与士卒最下者同衣食，卧不设席，行不骑乘，亲囊赢⑤粮，与士卒分劳苦。卒有病疽者，起为吮之。卒母闻而哭之，人曰："子，卒也，而将军自吮其疽，何哭为？"母曰："非然也。往年吴公吮其父，其父战不旋踵，遂死于敌。公今又吮其子，妾不知其死所矣，是以哭之。"文侯以吴起善用兵，廉平尽能得士心，乃以为西河守，以拒秦、韩。魏文侯既卒，起事其子武侯。武侯浮西河而下中流，顾而谓吴起曰："美哉乎山河之固，此魏国之宝也。"起对曰："在德不在险。昔三苗氏左洞庭，右彭蠡，德义不修，禹灭之。夏桀之居，左河济，右泰华，伊阙在其南，羊肠在其北，修政不仁，汤放⑥之。殷纣之国，左孟门，右太行，常山在其北，大河经其南，修政不德，武王杀之。由此观之，在德不在险。若君不修德，舟中之人尽为敌国也。"武侯曰："善。"即封吴起为西河守，甚有声名。魏置相，相田文，吴起不悦，谓文曰："请与子论功，可乎？"田文曰："可。"起曰："将三军，使士卒乐死，敌国不敢谋，子孰与起？"文曰："不如子。"起曰："治百官，亲万民，实府库，子孰与起？"文曰："不如子。"起曰："守西河而秦兵不敢东乡，韩、赵宾⑦从，子孰与起？"文曰："不如子。"起曰："此子三者皆出吾下，而位加吾上，何也？"文曰："主少国疑，大臣未附，百姓不信。方是之时，属之于子乎？属之于我乎？"起默然良久曰："属之子矣。"文曰："此乃吾所以居子之上也。"田文既死，公叔为相，尚魏公主而害吴起。公叔之仆曰："起易去也。"公叔曰："奈何？"其仆曰："起为人节廉而自喜名也，君因先与武侯言曰：夫吴起贤人也，而侯之国小，又与强秦壤界，臣窃恐起之无留心也。武侯即曰：奈何？君因谓武侯曰：试延以公主，起有留心则必受之，无留心则必辞矣，以此卜⑧之。君因召吴起而与归，即令公主怒而轻君。吴起见公主之贱君也，则必辞。"于是吴起见公主之贱魏相，果辞魏武侯。武侯疑之而弗信也。吴起惧得罪，遂去，即之楚。楚悼王素闻起贤，至则相楚，明法审令，捐⑨不急之官，废公族疏远者，以抚养战斗之士，要在强兵破驰说之言纵横者。于是南平百越，北并陈、蔡，却三晋，西伐秦，诸侯患楚之强。故楚之贵戚，尽欲害吴起。及悼王死，宗室大臣作乱而杀吴起。

孙子曰："视卒如爱子，故可与之俱死。"起与士分劳苦。又曰：

"辅周⑩则国必强。"起守西河而秦兵不敢东乡是也。

【注释】

① 恶（wù）：讨厌，不喜欢。

② 猜忍：猜，怀疑；忍，残忍。猜忌和残忍。

③ 郭：在城的外围加筑的一道城墙。

④ 薄：与"厚"相对，这里引申为看不起。

⑤ 赢：背，担。

⑥ 放：驱逐，流放。

⑦ 宾：服从，归顺。

⑧ 卜：猜测，预料。

⑨ 捐：除去。

⑩ 周：周密。

【今译】

吴起是卫国人，喜好用兵。曾经向曾子学习，为鲁国国君服务。齐国进攻鲁国，鲁国想起用吴起为将。吴起娶了齐国的女子为妻，鲁国人对他有所怀疑。吴起为了成就自己的功名，就将妻子杀死以表明自己不会倾向齐国。鲁国最后以吴起为将，带领军队攻打齐国，大败齐军。鲁国有人厌恶吴起，中伤他说："吴起是个残暴无情之人。他小时候，家有资财千金，他想通过游说获得官职却没有成功，导致家里破产，乡里人都嘲笑他。吴起就杀了三十多个诽谤他的人，之后就向东逃出卫国城门。吴起和他母亲诀别时，咬着胳膊发誓说：'吴起若不能出将入相的话，就不回卫国。'此后就跟随曾参学习。待了一段时间，他母亲去世，吴起却没有回家奔丧。曾参鄙视他的为人，就与他断绝了关系。吴起就到鲁国学习兵法以侍奉鲁君。鲁君怀疑他,他就杀妻求将。鲁国是一个小国,一旦有了战胜的名声,就会引起诸侯对鲁国的图谋。何况鲁、卫两国是兄弟之国,鲁君用吴起就是抛弃卫国。"鲁君有所疑虑,就辞谢吴起。

吴起听说魏文侯贤能,就想投奔文侯。文侯问大臣李克:"吴起为人如何?"李克说:"吴起贪婪而且好色,但是论起用兵即便是司马穰苴也不能超过他。"魏文侯于是就任命他为将军,率军攻打秦国,攻克五座城邑。吴起为将,与最下层的士兵穿同样的衣服,吃同样的食物,睡觉不铺席子,行军不骑乘车马,亲自背干粮,和士兵共担劳苦。士兵中有人生疮,吴起就用嘴为他吸脓。这个士兵的母亲听说此事后大哭起来。别人说:"你儿子是个士兵,而将军亲自为他吸取疮上的脓,你为什么还要哭呢?"士兵的母亲说:"你有所不知,往年吴公为他父亲吸过疮上的脓,他父亲作战时死战不退,结果战死沙场。现在吴公又为我儿子吸疮上的脓,我不知道他又要死到哪里了,所以我才哭。"魏文侯因为吴起善用兵,廉洁公正,得士兵拥护,就任命他为西河守将,来抵御秦、韩两国。魏文侯去世之后,吴起继续为其子魏武侯效力。魏武侯一次与吴起乘船沿西河顺流而下,船到中流,武侯说:"美哉乎山河之固,此魏国之宝也!"吴起对他说:"国家最宝贵的是君主的德行,而不在于地势的险要。从前三苗氏左边有洞庭湖,右边有彭蠡湖(今鄱阳湖),但不修品德道义,大禹把它消灭了。夏桀所处,左边有黄河和济水,右边有太华山,伊阙(今洛阳龙门)在南,羊肠(今山西晋阳西北)在北,施政却不讲仁爱,商汤将他流放了。商纣王的国家东面有孟门(古隘道名,在今河南辉县西),西面有太行山,常山(即恒山)在北,黄河在南面流过,地势也无比险要,但商纣王施政不讲道德,周武王把他杀了。由此看来,治理国家在德不在险。如果君主不讲德行，就是一条船中的人也全都会成为敌人。"武侯说："你说得很好。"吴起任西河守将时，很有威望。魏国要挑选相国，最后田文被任命为相国。吴起不满，对田文说："请您和我比一比功劳可以吗？"田文说："可以。"吴起说："统领三军，使士卒乐于为国牺牲，敌国不敢图谋进攻我们，您跟我谁强？"田文说："我不如你。"吴起说："管理百官，亲附人民，使府库资财充实，您跟我谁强？"田文说："我不如你。"吴起说："镇守西河，使秦军不敢向东进攻，韩国和赵国都遵从我们，您跟我谁强？"田文说："我不如你。"吴起说："这三方面，您都不如我，但您却位居我之上，这是为什么？"田文回答说："国君年少，全国忧虑，大臣没有亲附，百姓还不信任，在这个时候，是由你担任相国合适呢？还是由我担任相国合适呢？"吴起沉默了很久然后说："应该由你来担任相国。"田文说："这就是我职位比你高的原因。"田文死后，公叔任相国，他妻子是魏国的公主，公叔想谋害吴起。他的仆人对他说："吴起很容易除掉。"公叔问："怎么办？"仆人说："吴起为人有节操，廉洁且重视声誉，您可以先对武侯说：'吴起是个贤能的人，我们魏国属于侯国一级的小国，又和强秦接壤，臣恐怕吴起没有留魏之心。'武侯必然要问：'那怎么办呢？'您就乘机向武侯说：'国君可以把一位公主许配给吴起，他如果有心留在魏国就必定接受，如果不愿留在魏国就会推辞不受。以此就可以探知他的想法了。'然后您再把吴起召到您的府上，使公主故意发怒而轻慢您。吴起看到公主如此轻贱于您，必然会推辞而不愿娶公主为妻。"于是吴起看到公主轻慢魏相就辞谢了武侯。武侯因此对吴起有所怀疑就不再信任他了。吴起害怕获罪，就离开魏国到楚国去。楚悼王早就听说吴起贤能，吴起一到楚国就被任命为相国。他严明法令，撤除无关紧要的官吏，撤销较疏远公族的俸禄，把节省下的钱粮用以供养战士。

主要目的是加强军队建设，破除纵横家的游说。于是南面平定了百越；北面兼并了陈国和蔡国，并击退了韩、赵、魏三国的扩张；向西讨伐秦国。原来的楚国贵族都想谋害吴起，等到楚悼王死后，楚国宗室大臣作乱就杀了吴起。

　　孙子说："把士兵当作自己的爱子，士兵才会和将领同生共死。"吴起就是与士兵一起分担劳苦。又说："辅佐国家缜密周详了，国家就一定会强大。"吴起镇守西河而秦兵不敢向东进攻就是如此。

【评析】

　　吴起，卫国左氏（今山东省定陶，一说曹县东北）人。战国初期著名政治家、军事家。后世把他和孙武连称"孙吴"，著有《吴子》，《吴子》与《孙子》又合称《孙吴兵法》，在中国古代军事典籍中占有重要地位。纵观吴起出仕鲁、魏、楚三国的历程，每到一地便能富国强兵，既精于统兵又善于治国，确有过人之才。他的著述大多散佚，却仍留下"内修文德，外治武备"的谋国强军之道，并对"图国""料敌""治兵""论将""应变""励士"有独创性见解。吴起善于带兵，爱兵如子，士卒甘愿为其拼死效力。但是，在人际关系上始终都不能处理得当，他所到之处都会引发忌惮非议并最终被谋害，这固然有推行变法而得罪了既得利益豪强的因素，但个人道德上的缺失亦难辞其咎。

秦·白起

【原文】

　　白起者，郿人也，善用兵。事①秦昭王，攻韩、魏于伊阙，斩首二十四万，又虏其将公孙喜。攻魏，拔之，取城小大六十一。攻赵，拔光狼城。攻楚，拔郢，楚王东走徙陈。秦以白起为武安君。又攻魏，拔华阳，走芒卯，而虏三晋将，斩首十三万。与赵将贾偃战，沉其卒二万人于河中。攻韩，拔五城，斩首五万。伐韩之野王，野王降秦，上党道绝，其守冯亭与民谋曰："郑道已绝，韩必不可得为民。秦兵日进，韩不能应。不如以上党归赵，赵若受我，秦怒必攻赵。赵被兵必亲韩，韩、赵为一，则可以当秦。"因使人报赵，赵孝成王与平阳君、平原君计之。平阳君曰："不如勿受，受之，祸大于所得。"平原君曰："无故得一郡，受之便。"赵受之，因封冯亭为华阳君。

　　秦使左庶长王龁攻韩，取上党。上党民走赵，赵军长平以按据②上党民。龁因攻赵，赵使廉颇将。赵军士卒犯秦斥兵，秦斥兵斩赵裨将③茄，陷赵军，取二鄣四尉。赵军筑垒壁而守之。秦又攻其垒，取二尉，败其阵，夺西垒壁。廉颇坚壁以待秦，秦数挑战，赵兵不出。赵王数以为诮④，而秦相应侯又使人行千金于赵为反间曰："秦之所恶，独畏马服子赵括将耳。廉颇易与，且降矣。"赵王既怒廉颇军多失亡，军数败又反坚壁不敢战，而又闻秦反间之言，因使赵括代廉颇将以击秦。秦闻马服子将，乃阴使武安君白起为上将军，而王龁为尉裨将，令军中有敢泄武安君将者斩。赵括至则出兵击秦军，秦军佯败而走，张二奇兵以劫之。赵军逐胜追造⑤秦壁，壁坚拒不得入。而秦奇兵二万五千人绝赵军后，又一军五千骑绝赵壁间。赵军分而为二，粮道绝，而秦出轻兵击之。赵战不利，因筑壁坚守以待救至。秦王闻赵食道绝，王自之河内赐民爵各一级，发年十五以上悉诣长平，遮绝赵救及粮食。赵卒不得食四十六日，皆内阴相杀食，来攻秦垒，欲出，为四队，四五复之，不能出。其将军赵括出锐卒自搏战，秦军射杀赵括。括军败，卒四十万人降武安君。武安君计曰："前秦已拔上党，上党民不乐为秦而归赵，赵卒反覆，非尽杀之，恐为乱。"乃挟诈而尽坑杀之，遗其小者二百四十人归赵，前后斩首虏四十五万人。赵人大震。秦复定上党郡。秦分军为二：王龁攻皮牢，拔之；司马梗定太原。

韩、赵恐，使苏代厚币说秦相应侯曰："武安君禽马服子乎？"曰："然。"又曰："即围邯郸乎？"曰："然。""武安君所为秦战胜攻取者七十余城，虽周、召、吕望之功不益于此矣。今赵亡，秦王王则武安君必为三公，君能为之下乎？虽无欲为之下，固不得已矣。秦尝攻韩，围邢丘，困上党，上党之民皆反为赵，天下不乐为秦民之日久矣。今亡赵，北地入燕，东地入齐，南地入韩、魏，则君之所得民亡几何人？故不如因而割之，无以为武安君功也。"于是，应侯言于秦王曰："秦兵劳，请许韩、赵之割地以和，且休士卒。"王听之，割韩垣雍、赵六城以和。武安君闻之，由是与应侯有隙⑥。秦复发兵使五大夫王陵攻赵邯郸，是时武安君病，不任行。陵攻邯郸少利，秦益发兵佐陵，陵兵亡五校。武安君病愈，秦王欲使武安君代陵将。武安君言曰："邯郸实未易攻也，且诸侯救日至，彼诸侯怨秦之日久矣。今秦虽破长平军，而秦卒死者过半，国内空，远绝河山而争人国都，赵应其内，诸侯攻其外，破秦军必矣。不可。"秦王自命不行，乃使应侯请之。武安君终辞不肯行，遂称病。秦王使王龁代陵将，八九月围邯郸，不能拔。楚使春申君及魏公子将兵数十万攻秦军，秦军多失亡⑦。武安君言曰："秦不听臣计，今如何矣？"秦王闻之，怒，强起武安君。武安君遂称病笃⑧，应侯请之，不起。于是免武安君为士伍，迁之阴密。武安君病未能行。居三月，诸侯攻秦军急，秦军数却，使者日至。秦王乃使人遣白起不得留咸阳中。武安君既行，出咸阳西门十里，至杜邮。秦昭王与应侯群臣议曰："白起之迁，其意尚怏怏不服，有余言。"秦王乃使使者赐之剑，自裁。武安君引剑将自刭，曰："我何罪于天而至此哉！"良久，曰："我固当死，长平之战赵卒降者数十万人，我诈而尽坑之，是足以死。"遂自杀。秦人怜之，乡邑皆祭祀焉。

孙子曰："以利动之，以本待之。"起佯北⑨致赵军而以奇兵劫之。又曰："诸侯乘其弊⑩而起。"起谓赵应其内，诸侯攻其外是也。

【注释】

① 事：侍奉。

② 按据：屯兵支援。

③ 裨（pí）将：副将。

④ 诮：责备，谴责。

⑤ 造：到……去。

⑥ 隙：墙壁的裂缝，比喻感情上的裂痕。

⑦ 失亡：逃亡。

⑧ 病笃：笃，重；病重。

⑨ 佯北：假装失败。

⑩ 弊：弊病，害处。

【今译】

　　白起是郿县（今陕西眉县）人，善于用兵。为秦昭王效力，率军在伊阙打败了韩、魏两国联军，斩首二十四万，俘虏了敌军统兵大将公孙喜。接着又攻打魏国，夺取大小城池六十一座。又攻打赵国，攻克了赵国的光狼城。随后进攻楚国，攻克了郢都，楚王向东逃到了陈国。秦王封白起为武安君。之后白起再次进攻魏国，攻克华阳，魏将芒卯败逃，俘虏了韩、赵、魏三国的大将，斩首十三万。与赵国将领贾偃交战，最后将两万赵军士兵沉溺于河里。进攻韩国，攻克五座城池，斩敌首五万。秦国进攻韩国的野王地区，野王守将投降了秦国，上党通往韩国都城的道路被切断，上党郡守冯亭与百姓商议说："上党通往新郑（韩国都城）的道路已经被切断，我们已不可能继续做韩国的百姓了。秦兵每天都在逼近，韩国无法救援。不如把上党郡献给赵国，赵国如果接受我们的请求，秦国就会大怒，必定会发兵攻打赵国。赵国受到攻击之后，必定会亲近韩国，只要韩、赵两国联合，就可以抵挡住秦国的进攻。"于是就派人去和赵国联系，赵孝成王与平阳君赵豹和平原君赵胜商议此事。平阳君赵豹说："不能接受韩国的上党郡，接受了会带来大祸。"平原君赵胜则认为："平白送来的，不要白不要。"赵国接受了上党，就封冯亭为华阳君。

　　秦国派左庶长王龁攻打韩国，直取上党郡。上党郡的百姓纷纷逃往赵国，赵军进驻长平，以接应上党的百姓。王龁便趁此进攻赵国，赵国派遣廉颇为将抵抗。赵军士兵与秦军侦察兵发生遭遇战，秦国侦察兵斩杀了赵军裨将茄，秦军攻破赵军阵地，夺下两个城堡，杀了四个尉官。赵军高筑壁垒防守，秦军又进攻赵军壁垒，斩杀了两个尉官，攻破赵军阵地，夺取了西边的壁垒。廉颇就坚守营垒以待秦军，秦军屡次挑战，赵军坚守不出。赵王因此多次责备廉颇，而秦相应侯范雎又派人携带千金到赵国使用反间计，散布谣言说："秦国所害怕的只是让马服君的儿子赵括为将来统领赵军。廉颇容易对付，他很快就会投降。"赵王既怨恨廉颇多次失利，连吃败仗又坚壁固守不肯出战，而且听信秦国间谍的谣言，就派赵括替代廉颇为将抗击秦军。秦国听说赵括为将统率赵军，就暗中任命白起为上将军，王龁为尉裨将。并下令军中有胆敢泄露武安君为将者立即斩首。赵括到任之后就主动出击攻打秦军，秦军佯装败走，暗中张开两翼形成口袋阵，并派出奇兵以袭击赵军。赵军乘胜追击，一直进攻到秦军壁垒之下，秦军坚守，赵军无法攻破秦军壁垒。而秦军的二万五千奇兵切断了从壁垒中出击的赵军退路，遂将其包围，秦军又派出五千骑兵阻断赵军的壁垒，使壁垒中的赵军无法与出击的赵军联系，赵军被一分为二，粮道又被切断，而秦军又派出轻骑兵不断袭扰包围圈中的赵军。赵军作战不利，就筑壁垒坚守等待援军。秦王听说赵军粮道被切断，亲自来到河内督战，秦王封给每位百姓一级爵位，征调国内所有十五岁以上的男丁从军，到长平去阻击赵国的援兵和粮食。赵国士兵断粮四十六天，私下里开始自相残杀，去攻打秦国的壁垒，想突围，赵括将赵军编组为四队，四五次轮番冲杀，不能成功突围。于是赵括亲率精兵出战，结果被秦兵射杀。赵括的军队战败，四十万人投降了白起。白起与人商议说："先前秦国已攻陷上党，上党的百姓不愿归附秦国却归附了赵国。赵国士兵反复无常，不全部杀掉，恐怕以后又会作乱。"于是用要挟欺诈的手段，把赵国投降的士兵全部活埋，只留下二百四十个弱小者放回赵国报信。秦军先后斩杀和俘获赵军共计四十五万人，赵国为之震惊。秦军再次平定上党郡。秦军兵分两路，一路由王龁率领，进攻并占据了皮牢；一路由司马梗攻占了太原。

韩国和赵国惊恐万分，派苏代用重金贿赂秦相应侯范雎说："武安君白起已经擒杀了赵括吧？"范雎回答说："是的。"苏代说："白起为秦国攻取了七十多座城邑，即便是周公、召公、吕望的功劳也不能超过他。现在如果赵国灭亡，秦王称王，那白起必为三公，您能甘居白起之下吗？即使您不愿居于白起之下，恐怕也由不得您了。秦国曾经攻打韩国，围邢丘，困上党，上党百姓都投奔赵国，天下人不乐意为秦国百姓已经很久了。现在灭掉赵国，秦国疆土北到燕国，东到齐国，南到韩、魏两国，但您所得到的百姓却没多少。所以不如趁机让韩、赵割地求和，也不让白起再得灭赵之功。"于是范雎对秦王说："秦兵久战疲惫，请允许韩、赵两国割地求和，也让士兵得以休整。"秦昭王答应了。韩国割垣雍、赵国割六城以求和。白起听说这件事，从此与范雎结下了仇怨。秦国又发兵派遣五大夫王陵攻打赵国都城邯郸。正赶上白起生病，不能行动。王陵进攻邯郸不大顺利，秦王又增兵支援王陵，结果王陵却损失五名校尉。白起病好之后，秦王想让白起为将代替王陵，白起对昭王说："邯郸确实难以攻打，况且其他诸侯的援兵一日即到，诸侯怨恨秦国很久了。秦国虽然在长平打败了赵军，但秦军也伤亡过半，国内已空虚。我军远涉河山去争夺别国都城，若赵国从内应战，诸侯在外策应，一定能打败秦军。因此不可发兵攻打赵国。"秦昭王亲自下命令请不动白起，又派范雎去请，白起始终拒绝不肯前往，就称病不起。秦昭王就派王龁代替王陵为将，八九月围攻邯郸，久攻不下。楚国派春申君和魏公子信陵君率兵数十万攻打秦军，秦军伤亡惨重。白起就说："秦王当初不听我的建议，现在又该如何？"秦王听后大怒，强迫命令白起出兵，白起自称病重，范雎来请，仍称病不起。于是秦王免去白起官职，降为士兵，迁居到阴密。由于白起生病，未能成行。在咸阳住了三个月，这期间诸侯不断向秦军发起进攻，秦军节节败退，告急的使者每天都到咸阳。秦王派人遣送白起,命令他不得留在咸阳。白起动身离开,出咸阳西门十里到达杜邮。秦昭王与应侯范雎商议说:"白起被贬,赶出咸阳,心中怏怏不服,一定有怨恨。"于是秦昭王派使者拿了宝剑赐白起自裁。白起伏剑自刎时说:"我有什么罪老天让我到了这般田地?"良久,又说:"我确实应该死。长平之战,赵国降卒数十万人,我使诈将他们全部坑杀,这也足够死罪了。"白起于是就自杀了,秦国人怜惜白起,百姓们都祭祀他。

孙子说:"以小利来引诱调动敌军,自己则严阵以待。"白起佯装失败调动赵军,之后用奇兵袭击赵军。孙子又说:"诸侯乘其失败而进攻。"白起所说的赵国从内应战,他国救兵从外线包围就是此意。

【评析】

白起,陕西眉县人。战国时期秦国名将(战国四大名将之一),曾任左庶长、国尉、大良造等职,封号"武安君"。能征善战,身经百战,威震六国,所向披靡,被称为常胜将军,世称战神,是继孙武、吴起之后又一个杰出的军事家。长平之战,坑杀赵卒四十余万,此举虽对秦国走向统一发挥了重大作用,但也给秦国埋下了很大的后患。晚年因其不同意挂帅伐赵,被秦昭王赐死。这一冤案在数年之后终于得到昭雪。秦始皇嬴政当政时,追记其功劳,封赏其后人。纵观白起一生,我们看到的不仅仅是其显赫的战功,更有令人触目惊心的杀戮。古人云:"杀降者不祥。"任何一个具有远见卓识的将领,绝不会杀戮降者。因为杀降者造成的后果,只会留下残暴不仁的恶名,更加激起敌国的抵抗和仇恨。由于白起杀戮太重,后人往往把他称作杀人魔王;有的史学家认为,他根本就不配称作一个名将。事实上,他在世界军事历史上,都占有非常重要的地位,一生百战百胜,为秦国的统一大业立下了不世之功。其功过交织在一起,以至于有人赞叹又有人责骂。

秦·王翦

【原文】

王翦者，频阳东乡人也。少而好兵事。秦始皇攻赵，岁余遂拔赵，赵王降，尽定赵地为郡。燕使荆轲为贼①于秦，秦王位王翦攻燕，燕王喜走辽东，翦遂定燕蓟而还。秦使翦子王贲击荆，荆兵败。还击魏，魏王降，遂定魏地。秦始皇既灭三晋，走燕王，而数破荆师。

秦将李信者，年少壮勇，尝以兵数千逐燕太子丹，卒破得丹。始皇以为贤勇，于是始皇问李信："吾欲攻取荆，于将军度②用几何人而足？"李信曰："不过用二十万人。"始皇问王翦，王翦曰："非六十万人不可。"始皇曰："王将军老矣，何怯也！李将军果势壮勇，其言是也。"遂使李信及蒙恬将二十万，南伐荆。王翦言不用，因谢病归老于频阳。

李信攻平与，蒙恬攻寝，大破荆军。信又攻鄢郢，破之，于是引兵而西，与蒙恬会城父。荆人因随之，三日三夜不顿舍③，大破李信军，入两壁，杀七都尉，秦军走。始皇闻之，大怒，自驰如④频阳，见谢王翦曰："寡人以不用将军计，李信果辱秦军。今闻荆兵日进而西，将军虽病，独忍弃寡人乎？"王翦谢曰："老臣罢病悖乱⑤，唯大王更择贤将。"始皇谢曰："已矣，将军勿复其言。"王翦曰："大王必不得已用臣，非六十万人不可。"始皇曰："惟听将军计耳。"于是王翦将兵六十万人，始皇自送至灞上。王翦行，请美田宅园池甚众，始皇曰："将军行矣，何忧贫乎？"王翦曰："为大王将，有功终不得封侯，故及大王之向臣，臣亦及时以请园池为子孙业耳。"始皇大笑。王翦既至关，使使还请善田者五辈。或曰："将军之乞贷⑥，亦已甚矣。"王翦曰："不然。夫秦王怚而不信人，今空秦国甲士而专委于我，我不多请田宅为子孙业以自坚，顾令秦王坐而疑我矣。"王翦果代李信击荆。荆闻王翦益军而来，乃悉国中兵以拒秦。王翦至，坚壁而守之，不肯战。荆兵数出挑战，终不出。王翦日休士洗沐，而善饮食抚⑦循之，亲与士卒同食。久之，王翦使人问："军中戏乎？"对曰："方投石超距⑧。"于是王翦曰："士卒可用矣。"荆军数挑战而秦不出，乃引而东。翦因举兵追之，令壮士击，大破荆军，至蕲南，杀其将军项燕。荆兵遂败走，秦因乘胜略定荆地城邑。岁余，虏荆王负刍，竟平荆地为郡县，因南征百越之君。而王翦子王贲与李信破定燕、齐地。秦始皇尽并天下，王氏、蒙氏功为多，名施于后世。秦二世之时，王翦及其子贲皆已死，而又灭蒙氏。陈胜之反秦，秦使王翦之孙王离击赵，围赵王及张耳钜鹿城。或曰："王离，秦之名将也，今将强秦之兵攻新造之赵，举之必矣。"客曰⑨："不然。夫为将三世者必败。必败者何也？必其所杀伐多矣，其后受其不祥。今王离已三世将矣。"居无何，项羽救赵击秦军，果虏王离。

　　孙子曰："识众寡之用者胜。"翦谓伐荆当用六十万人。又曰："谨养勿劳，并气积力。"翦坚壁休士，投石超距而后用是也。

【注释】

　　①贼：杀害，这里指杀人者。

　　②度（duó）：估计，推测，预计。

③ 顿舍：停留止息，停下休息。

④ 如：到……去。

⑤ 罢病悖乱：罢，通"疲"；悖，惑乱，糊涂。指年老体衰，神志不清。

⑥ 乞贷：索要财物。

⑦ 抚：抚，抚慰，安抚。

⑧ 投石超距：投石，投掷石块，超距，跳远，玩投石块和跳远之类的游戏。

⑨ 客曰：客，这里不做客人解。"客曰"是设答。上文"或曰"是设问。

【今译】

王翦是频阳东乡人，年轻的时候就喜欢军事。秦始皇攻打赵国，一年多就攻陷了赵国，赵王投降，将赵国的土地全部划为郡。燕国派遣荆轲来刺杀秦王，于是秦王就派王翦攻打燕国，燕王喜败走辽东，王翦平定燕蓟之地而回到秦国。秦国派遣王翦的儿子王贲攻打楚国，楚国战败。又攻打魏国，魏王投降，魏地也被平定。秦始皇灭了韩、赵、魏三国，燕王也战败逃走，又数次打败楚国军队。

秦国有一位将军叫李信，年轻勇猛，曾经带领几千士兵追击燕国太子丹，最后打败了燕军，俘虏了太子丹。秦始皇认为李信贤能勇敢，于是秦始皇就问李信："我打算攻取楚国，将军估计需要调用多少人马？"李信回答说："最多不过二十万人。"秦始皇又问王翦，王翦回答说："非得六十万人不可。"秦始皇说："王将军老矣，竟如此胆怯！李将军才真正是英勇无畏，所言甚是。"于是就派李信和蒙恬带兵二十万向南攻打楚国。王翦的建议不被采纳，就推托有病，回到频阳家乡养老。

李信攻打平与，蒙恬攻打寝，都大败楚军。李信接着进攻鄢郢，也攻取下来，于是带领部队向西推进，要与蒙恬在城父会师。楚军趁机跟踪追击他们，三天三夜不曾停息，最后楚军大败李信军，攻陷秦军两座军营，杀死秦军七名都尉，秦军兵败撤退。秦始皇听到这个消息，大为震怒，亲自乘车快速前往频阳，见到王翦道歉说："寡人由于没采用您的建议，李信果然使秦军蒙受了耻辱。现在听说楚军每天都在向西推进，将军即便染病在身，难道就忍心抛弃寡人吗？"王翦推辞说："老臣身体衰弱神志不清，希望大王另外选择良将。"秦始皇道歉说："过去之事不必再提，将军就不要再推辞了。"王翦说："大王一定非要用我的话，非得六十万人不可。"秦始皇说："全听将军的安排。"于是，王翦率领六十万大军出征，秦始皇亲自到灞上送行。王翦出发时，请求秦始皇赏赐大量的良田美宅，秦始皇说："将军只管出发即可，难道还担忧贫穷吗？"王翦说："担任大王的将领，即使立了功，最终也不会有封侯之赏，所以趁着大王用得着我的时候，好讨要一些田宅来留做子孙的产业。"秦始皇大笑。王翦出发后，到了武关，先后派五批使者回去讨封良田。有人说："将军讨要封赏也太过分了！"王翦说："这么说是不对的。秦王性情暴躁而又不信任别人，现在倾尽全国兵力由我一人指挥，我如果不多讨要一些良田美宅封赏作为子孙的产业，以表示自己别无打算，那就会让秦王猜疑我。"王翦最后代替李信攻打楚国。楚国听说王翦增兵攻来，于是调动了全国兵力来抵抗；王翦到达前线之后，坚守营垒不与楚军交战。楚军多次挑战，王翦始终不肯出兵。王翦每天让士兵们休息沐浴，改善伙食，安抚士兵；并亲自同士兵一起吃饭。过了一段日子，王翦派人探问："军中在玩什么样的游戏？"回答说："正在玩投石、跳远之类的游戏。"王翦说："士兵们可以用了！"楚军多次挑战而秦军却不应战，于是楚军便向东转移。王翦趁机率兵追赶，命令精锐部队攻击楚军，将楚军打得大败，一直追到蕲南，杀死了楚国将军项燕。楚军因此被打败，秦军便乘胜占领了楚国各地城池。一年多之后，俘虏了楚王负刍，将楚国的土地划为秦国的郡县，还趁机征讨百越地区的国君。王翦的儿子王贲和李信共同消灭了燕国和齐国。秦始皇统一天下之后，王氏和蒙氏的功劳最大，其威名在后世得以流传。秦二世的时候，王翦和儿子王贲都已经去世，秦二世又灭了蒙氏。陈胜反秦的时候，秦国派遣王翦的孙子王离攻击赵国，将赵王张耳包围在钜鹿城。有人会说："王离是秦国的名将，现在率领强大的秦军攻打新建立的赵国，一定可以成功。"也有人会说："不是这样的，当将领超过三世的一定会失败。失败的原因是什么呢？因为他们的杀伐太重，对后代不利。现在王离已经是王氏的第三代将领。"没有多长时间，项羽为了救赵国而攻击秦军，果真俘虏了王离。

  孙子说："懂得根据兵力多少而采取不同战法的，能够取得胜利。"王翦认为攻打楚国需要用六十万人。孙子又说："注意修整部队，不要使士兵们过于疲劳；保持士气，养精蓄锐。"王翦固守营垒使士兵们得以充分休息；让士兵们玩投石、跳远的游戏以保持士气，然后再使用他们也是如此。

【评析】

  王翦，关中频阳东乡（今陕西富平频阳河）人。战国末期秦国著名战将，与白起、李牧、廉颇并列为战国四大名将。与其子王贲辅助秦始皇兼灭六国，立有大功，除韩之外，其余五国均为其父子所灭，父子一并成为秦始皇兼灭六国的最大功臣。王翦是一员智将，在伐楚之时，用请求赏赐田地来消除秦王的疑心，"王翦请田"遂成为一个典故，也成了明哲保身的代名词。王翦率六十万秦军伐楚攻百越直到班师回朝，秦王都不曾对其表示过怀疑；他的安逸终老与白起的不得善终成了鲜明的对比。王翦虽然足智多谋，但不能助秦建德，这是其一生中最大的败笔。太史公对此评价说："王翦虽被秦王尊为师，但是不能辅佐秦统治建立德政，以巩固国家统治。"他死后不久，农民起义的烈火就燃遍大江南北，其孙王离也兵败被杀。他也如白起一样，只能作为一名杰出的军事家流芳后世，而称不上是一位合格的政治家。

燕·乐毅

【原文】

乐毅者，其先祖曰乐羊，为魏文侯将，伐取中山，文侯封以灵寿，子孙因家焉。乐毅贤，好兵。齐大败燕，燕昭王怨齐，未尝一日而忘报齐也。于是屈身下士，先礼郭隗以招贤者。乐毅于是为魏昭王使于燕，燕王以客礼待之，遂委质①燕昭王以为亚卿。

时齐闵王强，南败楚相唐昧于重丘，西摧三晋于观津，遂与三晋击秦，助赵灭中山，破宋，广地千余里，与秦昭王争重为帝。已而，复归之。诸侯皆欲背秦而服于齐。湣王自矜，百姓弗堪。于是燕昭王问伐齐之事，乐毅对曰："齐地大人众，未易独攻也。王必欲伐之，莫如与赵及楚、魏。"于是使乐毅约赵惠文王，别使连楚、魏，令赵啖秦以伐齐之利。诸侯害齐湣王之骄暴，皆争合从②与燕伐齐。乐毅还报，燕昭王悉起兵使乐毅为上将军，赵惠文王以相国印授乐毅。乐毅于是并护赵、楚、韩、魏、燕之兵以伐齐，破之济西。诸侯兵罢归，而燕军乐毅独追至于临淄。齐闵王之败济西，亡走保于莒。乐毅独留徇③齐，齐皆城守。乐毅攻入临淄，尽取齐宝财物祭器，输之燕。燕昭王大说，亲至济上劳军④，行赏飨士，封乐毅于昌国，号为昌国君。于是燕昭王收齐卤获以归，而使乐毅复以兵平齐城之不下者。乐毅留徇齐五岁，下齐七十余城，皆为郡县以属燕。唯独莒、即墨未服。

会燕昭王死，子立为燕惠王。惠王自为太子时，尝不快于乐毅。及即位，齐之田单闻之，乃纵反间于燕曰："齐城不下者两城耳，然所以不早拔者，闻乐毅与燕新王有隙，欲连兵且留齐，南面而王齐。齐之所患，唯恐他将之来。"于是燕惠王固已疑乐毅，得齐反间，乃使骑劫代将，而召乐毅。乐毅知燕惠王之不善代之，畏诛，遂西降赵。赵封乐毅于观津，号曰望诸君，尊宠乐毅以警动于燕、齐。齐田单后与骑劫战，果设诈诳燕军，遂破骑劫于即墨下，而转战逐燕，北至河上，尽复得齐城，而迎襄王于莒，入于临淄。

燕惠王后悔使骑劫代乐毅，以故破军亡将失齐；又怨乐毅之降赵，恐赵用乐毅而乘燕之弊以伐燕。燕惠王乃使人让乐毅，且谢之曰："先王举国而委将军，将军为燕破齐报先王之仇，天下莫不震动，寡人岂敢一日而忘将军之功哉！左右误寡人，寡人之使骑劫代将军，为将军久暴露于外，故召将军且休计事。将军过听，以与寡人有隙，遂捐⑤燕归赵。将军自为计则可矣，而亦何以报先王之所以遇将军之意乎？"乐毅报遗燕惠王书曰："臣不佞，不能奉承王命以顺左右之心，恐伤先王之明，有害足下之义，故遁逃走赵。今足下使人数之以罪，臣恐侍御者不察先王之所以畜幸臣之理，又不白臣之所以事先王之心，故敢以书对。臣闻贤圣之君不以禄私亲，其功多者赏之，其能当者处之。故察能而授官者，成功之君也；论行而结交者，立名之士也。臣窃观先王之举也，见有高世主之心，故假节于魏，以身得察于燕。先王过举，厕之宾客之中，立之群臣之上，不谋父兄，以为亚卿。臣窃不自知，自以为奉令承教，可幸无罪，故受令而不辞。以天之道、先王之灵，受命击齐，大败齐人，轻卒锐兵长驱至国，齐王遁⑥而走莒，仅以身免，珠玉、财宝、车甲、珍器尽收入燕。五伯已来，功未有及先王者也。臣闻之：善作者不必善成，善始者不必善终。昔伍子胥说听于阖闾，而吴王远迹至郢。夫差弗是也，赐之鸱夷⑦而浮之江。吴王不寤先论之可以立功，故沈子胥而不悔；子胥不早见主之不同量，是以至于入江而不化。夫免身立功，以明先王之迹，臣之上计也；离毁辱之诽谤，堕先王之名，臣之所大恐也。临不测之罪，以幸为利，义之所不敢出也。臣闻：古之君子，交绝不出恶声；忠臣去国，不洁其名。臣虽不佞，数奉教于君子矣。恐侍御者不察疏远之行，故敢献书以闻，唯君王之留意焉。"于是燕王复以乐毅子乐间为昌国君，而乐毅往来复通燕。燕、赵以为客卿⑧。乐毅卒于赵。

孙子曰："衢地⑨则合交⑩。"毅约楚、赵、韩、魏之兵以伐齐。又曰："城有所不攻。"毅不取莒、即墨是也。

【注释】

① 委质：指初次拜见尊长时所送的礼物。引申意指臣服、归顺。

② 合从：亦称合纵，这里泛指联合。

③ 徇：带兵巡行占领的地区。

④ 劳军：慰劳军队。

⑤ 捐：抛弃，放弃。

⑥ 遁：逃走。

⑦ 鸱夷：鸱，皮革制成的袋子；夷，灭。

⑧ 客卿：对其他诸侯国来本国做官人的称呼。

⑨ 衢地：四通八达之战略要地。

⑩ 合交：合，约合；交，结交。

【今译】

乐毅的先祖叫乐羊，曾经是魏文侯的将军，曾率军攻取中山国，魏文侯就把灵寿封给乐羊，乐氏子孙也就在此定居。乐毅贤能，喜好兵法。齐国大败燕国，燕昭王怨恨齐国，时刻不忘打败齐国报仇雪恨。燕昭王礼贤下士招纳贤才，先是礼遇郭隗借此来招纳贤才。乐毅当时正好替魏昭王出使燕国，燕昭王以招待宾客的礼仪厚待乐毅，乐毅就委身于燕昭王为臣做了亚卿。

当时齐闵王统治的齐国非常强大，向南在重丘打败了楚国将领唐眛，向西在观津打败了三晋的军队，之后就与三晋联合攻秦，帮助赵国灭了中山国，打败了宋国，扩地千余里，还与秦昭王争夺帝号。不久之后，又取消了东帝的称号，仍旧称王。诸侯都打算背弃秦国而臣服于齐国。齐闵王因此而妄自尊大，百姓不堪忍受。

燕昭王就向乐毅询问兴兵伐齐之事，乐毅回答说："齐国地广人多，仅由我们一国单独去攻打很难取胜。如果大王一定要去攻打齐国，最好联合赵、楚、魏等诸侯国一起攻打。"燕昭王就派乐毅去同赵惠文王结盟攻齐，另派使者去联络楚国和魏国，并请赵国以伐齐之利诱说秦国，予以援助。各诸侯国都痛恨齐闵王骄横暴虐，都争着与燕国联合共同攻打齐国。乐毅回来汇报之后，燕昭王任命乐毅为上将军，统率燕国全部军队，赵惠文王也把赵国的相国印信授予乐毅。乐毅于是就统率赵、楚、韩、魏、燕五个诸侯国的联军攻打齐国，在济西打败了齐军。诸侯的军队就休兵回国了，而乐毅则独率燕军追击齐军到达临淄。齐闵王在济西失败之后逃到了莒城。乐毅留在齐国巡视，齐国全部都据城固守。乐毅攻入齐国都城临淄之后，将齐国的珍宝、财物和祭祀用的礼器全部运回了燕国。燕昭王非常高兴，亲自到济水来犒赏三军，慰问将士，将昌国封给乐毅，乐毅就号为昌国君。之后，燕昭王带着在齐国缴获的资财回燕国，而让乐毅继续带兵攻打齐国没有被攻下的城池。乐毅攻打齐国五年，攻下了齐国七十多座城池，把它们变成了燕国的郡县。只有莒城和即墨两座城池没有攻下。

适逢燕昭王去世，其子即位为燕惠王。燕惠王当太子的时候，就对乐毅不满。等到即位之后，齐国的田单听说有此事，就施反间计，在燕国散布流言说："齐国没有被攻破的只有两座城池，之所以没有攻克，听说是因为乐毅和燕国新国王不和，想要把部队留在齐国，自己在南面当齐王。齐国现在害怕的就是燕国派其他将领来替换乐毅。"燕惠王本来就猜忌乐毅，又中了齐国的反间计，就任命骑劫为将去替代乐毅，并召乐毅回国。乐毅知道燕惠王对自己不满，害怕被杀，就向西面的赵国投降。赵国将观津封给乐毅，号为望诸君，赵王之所以尊宠乐毅是以此来警示燕、齐，使他们不敢轻举妄动。齐国将领田单之后与骑劫作战，设计谋诳骗燕军，在即墨城下大破燕军，转而追歼燕军直到黄河边上，收复齐国所失之全部城邑，从莒迎齐襄王还都临淄。

燕惠王后悔派骑劫代替乐毅，以致军队被打败，将军被杀死，曾经占领的齐国土地又丢失了；又怨恨乐毅投奔赵国，怕赵用乐毅为将乘燕国打败仗的时候进攻燕国。于是惠王派人来请乐毅，而且向他道歉说："先王曾以举国之兵托付将军，将军为燕国大败齐军，报了先王之仇，天下人都为之震动，寡人也时刻记着将军的功劳。寡人听信左右谗言而误国。寡人之所以派骑劫代替将军，是因为将军经年累月暴露于荒郊野外，所以请将军回来休息并共议国事。将军却误听谗言，和寡人产生怨隙，抛弃燕国而投奔赵国。将军为自己打算，这样做是合宜的，可将军如何报先王的知遇之恩呢？"于是乐毅写信给燕王，乐毅写道："臣不才，不能依照大王的命令使左右满意，又恐怕有损先王的贤明和大王您的厚意，所以才逃到赵国。现在您派人来责备我，臣怕服侍您的人不了解先王收留和宠信我的道理，又不明白臣之所以为先王尽忠的心意，所以才胆敢上书解释。臣听说贤明的君主不会因为偏私就给予亲信的人丰厚的爵禄，而是给予功劳大的人赏赐，任命有才能的人担任官员。所以成功君王的做法是考察一个人的能力之后授予官职；树立名望之人要衡量一个人的品行再与之结交。我看先王的举措有超出一般君主的风范，所以就借替魏国出使的机会，为燕国效力。先王过分地抬举我，将我置身于宾客之中，位在群臣之上，没有同宗室大臣商量就任命我为亚卿。我自以为是奉先王的命令接受先王的教导，可以侥幸不获罪。所以就接受任令没有推辞。依照上天的引导和先王的英明，我受命领兵攻齐，大败齐国军队，燕军士兵长驱直入进入齐国都城临淄，齐王逃到了莒城，仅仅是自身得以逃脱，珠宝玉器、金银财宝、车甲、宝物都被燕国俘获。春秋五霸以来功劳还没有比先王更大的。臣听说：善于开创的人不一定要成功，善于开始的人也不一定要善终。当年吴王阖闾听从伍子胥的主张，结果一直打到了楚国的郢都。而吴王夫差不听从伍子胥的建议，还赐他投江自尽。吴王没有明白伍子胥之前的建议是可以立下功业的，所以让伍子胥投水自尽也不后悔；伍子胥也没有及早预见到两个君王的气量不同，以至于投身江中而死不瞑目。自身免遭灾祸还建立功业，以彰显先王的功绩，这是我最佳的选择；遭到侮辱诽谤以致先王的名声受损，是我最害怕出现的事情。遭遇不测之罪，却把幸免于难作为渔利的机会，是道义所不允许做的事情。臣听说：古代的君子，与人绝交但不说他的坏话；忠臣离开一个国家不为自己洗刷罪名。臣虽不才，也多次受到君子之风的教诲。我恐怕侍奉您的人不能明白被疏远的人的做法和我离开的原因，所以才献书给您让您明白我的心意，希望大王您能明白。"之后，燕王就又封乐毅的儿子乐间为昌国君，乐毅也和燕国交好。燕、赵两国都以乐毅为客卿。乐毅最终死在了赵国。

孙子说："四通八达之地就与之结交。"乐毅联合楚、赵、韩、魏之兵共同攻打齐国。又说:"有些城邑不宜攻取。"乐毅不攻打莒城和即墨就是如此。

【评析】

  乐毅,中山灵寿(今河北灵寿)人,魏将乐羊后裔。战国后期杰出的军事家,拜燕上将军。受封昌国君,辅佐燕昭王振兴燕国,报了强齐伐燕之仇。他富有杰出的政治智慧,曾帮助燕昭王整顿吏制,实行改革,提出"不以禄私其亲,功多者受之;不以官随其爱,能当之者处之",提倡"察能而受官"。在军事上,他提出了"约楚、魏、宋尽力,四国攻齐"的合纵主张,亲自"南使于赵",使赵"起兵随而攻齐";统帅燕、韩、秦、赵、魏五国联军攻打齐国,连续攻克七十余座城池,表现出了高超的战略智慧,创造了中国古代战争史上以弱胜强的典范。其军事指挥艺术具体表现在:在战争指导上,能够总揽全局,牢牢把握战争主动权;综合分析敌我双方的基本情况,制定适宜的战略决策和作战指导方针;根据战场情势的变化,随时调整自己的战略战术。这些都充分证明他是一位有杰出才能的军事家。

赵·李牧

【原文】

　　李牧者，赵之北边良将也。常居代雁门备匈奴，以便宜置吏，市租皆输入莫府，为士卒费。日击数牛飨士，习射骑，谨①烽火，多间谍，厚遇战士。为约曰："匈奴即入盗，急入收保，有敢捕虏者斩。"匈奴每入，烽火谨，辄入收保，不敢战。如是数岁，亦不亡失。然匈奴以李牧为怯，虽赵边兵亦以为吾将怯。赵王诮②李牧，李牧如故。赵王怒，召之，使他人代将。岁余，匈奴每来出战，数不利，失亡多，边不得田畜。复请李牧，牧杜门不出，固称疾。赵王乃复强起，使将兵。牧曰："王必用臣，臣如前乃敢奉令。"王许之。李牧至，如故约。匈奴数岁无所得，终以为怯。边士日得赏赐而不用，皆愿一战。于是乃具选车得千三百乘，选骑得万三千匹，百金之士五万人，彀者③十万人，悉勤习战，大纵畜牧，人民满野。匈奴小入，佯北不胜，以数千人委之。单于闻之，大率众来入。李牧多为奇陈，张左右翼击之，大破杀匈奴十余万骑，单于奔走。其后十余岁，匈奴不敢近赵边城。

　　赵悼襄王初，廉颇既亡入魏，赵使李牧攻燕，拔武遂、方城。后秦破赵，杀将扈辄，斩首十万。赵乃以李牧为大将军击秦，大破秦将桓齮，封李牧为武安君。赵王迁七年，秦使王翦攻赵，赵使李牧、司马尚御之。秦多与赵王宠臣郭开金为反间，言李牧、司马尚欲反。赵王乃使赵葱及齐将颜聚代李牧，李牧不受命。赵使人微捕得李牧，斩之，废司马尚。王翦因急击赵，杀赵葱，虏赵王迁及其将颜聚，遂灭赵。

孙子曰："能使敌人自至者，利之也。"牧以小利委④敌，而匈奴大至是也。

【注释】

① 谨：谨慎，小心。

② 诮：责问。

③ 彀（gòu）者：善于射箭的人。

④ 委：致送。

【今译】

李牧是赵国北方杰出的将领。他长期驻守雁门，防备匈奴进犯，并根据需要设置官吏。还将当地的财政收入都归到帅府之中充任军费。每天还杀几头牛犒赏士兵，让士兵们刻苦练习骑射之类的战斗技能，小心警戒边境上的烽火台，增加情报侦察人员，优待将士。并制定了应敌军纪："匈奴一旦来犯，立即收拾物资退入城堡固守，有擅自出去抓捕俘虏的就要处斩。"匈奴每次进犯的时候，烽火台一报警，士兵们就立即收拾物资退入城堡固守，不和匈奴交战。这样几年下来都没有什么损失。匈奴以为李牧胆小怯战，即便是赵国边境的士兵也以为自己的将领怯战。赵王为此责备李牧，李牧却依旧我行我素。赵王非常生气，就将李牧召回，派其他人代替李牧为将。此后一年多里，匈奴每次进犯，赵军都出击，多次失利，损失很大，边境地区的百姓无法正常耕种和放牧。赵王再次请李牧出山，李牧闭门称病不出。赵王又再次强行下令李牧出山担任将领。李牧说:"大王一定要用臣为将的话,就要允许臣按以前的方法行事。"赵王只得同意。李牧到达雁门之后,仍执行以前的规定。匈奴多年进犯却没有收获,但始终以为李牧胆怯。边境的将士们因为每天得到赏赐却没有为国效力的机会,都希望与匈奴作战。于是李牧精选战车一千三百辆,精选战马一万三千匹,英勇善战的将士五万人,优秀射手十万人,全部进行严格训练;又大力组织放牧,遍野都是百姓。匈奴小规模入侵时,李牧故意失败,让匈奴俘虏了数千人。单于听说之后,率大部队前来。李牧设下奇兵,张开左右两翼钳击匈奴,大破匈奴,斩杀匈奴骑兵十余万人马,单于逃走。随后的十余年,匈奴都不敢靠近赵国的边境。

赵悼襄王即位之初,廉颇逃到了魏国,赵国派李牧攻打燕国,攻占了武遂和方城。后来秦国打败赵国,杀了赵将扈辄,斩获赵军首级一万。赵国遂以李牧为大将军反击秦国,最终大败秦将桓齮,赵国就封李牧为武安君。赵王迁七年,秦国派遣大将王翦进攻赵国,赵国派遣李牧和司马尚率兵防御。秦国使用反间计,向赵王的宠臣郭开贿赂大量的金钱,郭开就向赵王进谗言说李牧和司马尚谋反。赵王就派赵葱和齐国人颜聚去接替李牧,李牧不接受这个命令。赵王就派人秘密逮捕了李牧并将其斩首,还将司马尚废黜。王翦趁机急攻赵国,大败赵军,杀了赵葱、俘虏了赵王迁和将军颜聚,灭亡了赵国。

孙子说:"能够调动敌人自己到达预设战场,是施以小利进行引诱的结果。"李牧施以小利,引诱匈奴大军前来就是对这一谋略的运用。

【评析】

李牧,嬴姓,封爵武安君,战国末期赵国名将(战国四大名将之一),东方六国最杰出的将领之一。战功显赫,平生未打过败仗;深得士兵和人民爱戴,有着崇高的威望。在作战中,他屡次重创敌军,表现出了高超的军事指挥才能。"破匈奴之战"是中国战争史上以步兵大兵团全歼骑兵大兵团的典型战例,对后世以步制骑战术有很大的启发作用;这次战役之后,慑于赵军之威,匈奴人十几年都不敢犯赵国边境。"肥之战"则是围歼战的范例,此战为赵国赢得了喘息之机;后因秦人使间,无辜被害,使赵国自毁长城,后人无不扼腕叹恨,其经历与秦国武安君白起十分相似。苏洵在《六国论》中说:"洎牧以谗诛,邯郸为郡。惜其用武而不终也。"如果不杀李牧,秦赵两国还得一较高下。唐司马贞在《史记·索隐述赞》中说:"颇牧不用,王迁囚虏。"汉文帝刘恒说:"嗟乎!吾独不得廉颇、李牧时为吾将,吾岂忧匈奴哉!"汉车骑都尉冯唐说:"天下之将,独有廉颇李牧耳。"其卓越的军事才能赢得了后世的一致赞誉。

赵·赵奢

【原文】

赵奢者,赵之田部吏也。治①国赋,民富而府库实。秦伐韩,军于阏与。王召廉颇而问曰:"可救不?"对曰:"道远险狭,难救。"又召乐乘②而问焉,乐乘对如廉颇言。及召问赵奢,奢对曰:"其道远险狭,譬之犹两鼠斗于穴中,将勇者胜。"王乃令赵奢将救之。

兵去邯郸三十里,而令军中曰:"有以军事谏者死。"秦军军③武安西。秦军鼓噪勒兵,武安屋瓦尽振。军中侯有一人言急救武安,赵奢立斩之,坚壁,留二十八日不行,复益增垒。秦间来入,赵奢善食而遣之。间以报秦将,秦将大喜曰:"夫去国三十里而军不行,乃增垒,阏与④非赵地也。"赵奢既已遣秦间,乃卷甲而趋之,二日一夜至,令善射者去阏与五十里而军,军垒成。秦人闻之,悉甲而至。军士许历请以军事谏,赵奢曰:"内之。"许历曰:"秦人不意赵师至此,其来气盛,将军必厚集其阵以待之。不然,必败。"赵奢曰:"请受令。"许历曰:"请就铁质⑤之诛。"赵奢曰:"胥后令邯郸。"许历复请谏曰:"先据北山上者胜,后至者败。"赵奢许诺,即发万人趋之。秦兵后至,争山不得上。赵奢纵兵击之,大破秦军。秦军解⑥而走,遂解阏与之围而归。

赵惠文王赐奢号为马服君,以许历为国尉。赵奢于是与廉颇、蔺相如同位。

后四年，赵惠文王卒，子孝成王立。七年，秦与赵兵相距长平。时赵奢已死，而蔺相如病笃⑦。赵使廉颇将攻秦。秦数败赵军，赵军固壁不战。秦数挑战，廉颇不肯。赵王信秦之间，秦之间言曰："秦之所恶，独畏马服君赵奢之子赵括为将耳。"赵王因以括为将代廉颇，蔺相如曰："王以名使括，若胶柱⑧而鼓瑟耳。括徒能读其父书传，不知合变也。"赵王不听，遂将之。

赵括自少时学兵法，言兵事，以天下莫能当。尝与其父奢言兵事，奢不能难，然不谓善。括母问奢其故，奢曰："兵死地也，而括易之言。使赵不将括即已，若必将之，破赵军者必括也。"及括将行，其母上书言于王曰："括不可使将。"王曰："何以？"对曰："始妾事其父，时为将，身所奉饭饮而进食者以十数所，友者以百数。大王及宗室所赏赐者，尽以予军吏士大夫。受命之日，不问家事。今括一旦为将，东向而朝，军吏无敢仰视之者。王所赐金帛归藏于家，而日视便利田宅可买者买之。王以为何如？且其父子异心，愿王勿遣。"王曰："吾已决矣。"括母因曰："王终遣之，即有如不称，妾得无随坐乎？"王许诺。

赵括既代廉颇，悉更约束，易置军吏。秦将白起闻之，纵奇兵佯败走，而绝其粮道，分断其军为二。士卒离心，四十余日，军饿。赵括出锐卒自搏战，秦军射杀赵括，括军败，数十万之众遂降秦，秦悉坑之。赵前后所亡凡四十五万。明年，秦兵遂围邯郸岁余，几不得脱。赖⑨楚、魏诸侯来救，乃得解邯郸之围。赵王亦以括母先言，卒不诛⑩也。

自邯郸围解五年，而燕用栗腹之谋曰："赵壮者尽丧于长平，其孤未壮。"举兵击赵，赵使廉颇将击，大破燕军于鄗，杀栗腹，遂围燕。燕割五城请和，乃听之。赵以尉文封廉颇为信平君为假⑪相国。

孝成王卒，子悼襄王立，使乐乘代廉颇。廉颇怒，攻乐乘，乐乘走。廉颇遂奔魏之大梁。

廉颇居梁久之，魏不能信用。赵以数困于秦兵，赵王思复得廉颇，廉颇亦思复用于赵。赵王使使者视廉颇尚可用否。廉颇之仇人郭开多与使者金，令毁之。赵使者既见廉颇，廉颇为之一饭斗米、肉十斤，被⑫甲上马，以示尚可用。赵使还报王曰："廉将军虽老，尚善饭。然与臣坐，顷之三遗矢⑬矣。"赵王以为老，遂不召。

楚闻廉颇在魏，阴使人迎之。廉颇一为楚将，无功，曰："我思用赵人。"廉颇卒死于寿春。

孙子曰："反间者，因敌间而用之。"奢因秦间之来，而善食以遣之。又曰："我得亦利，彼得亦利，为争地。"奢发万人先趋北山是也。

【注释】

① 治：治理，管理。

② 乐乘：战国时赵国名将，生卒年不详。

③ 军：驻扎。

④ 阏（yù）与：古邑名，战国韩地，后属赵，今属山西沁县侧村镇乌孙村。

⑤ 质：军令，军法。

⑥ 解：分解，零散。

⑦ 病笃：病重。

⑧ 胶柱：用胶粘住。

⑨ 赖：依靠，仰仗。

⑩ 诛：株连。

⑪ 假：非正式的。

⑫ 被（pī）：披在身上或穿在身上。
⑬ 矢：粪便。

【今译】

　　赵奢，原是赵国的田部官吏。主管全国赋税，使得百姓生活富足，国库充足。后来，秦国借故讨伐韩国，两军交战于阏与。韩国向赵国求援，赵王召见廉颇询问道："可否去救援？"廉颇答道："路途遥远、险峻且狭窄，难以救援。"赵王又召见乐乘前来征求意见，乐乘回答的和廉颇一样。等到召见并询问赵奢时，赵奢答道："道路遥远、险峻且狭窄，迫使两军交战如同两只老鼠在穴中争斗，往往将领勇猛的一方能取得胜利。"于是赵王就任命赵奢为将，前去救援。

　　赵奢率军行到离邯郸三十里后就号令全军说："今后谁敢对军事行动进言就立刻处死。"当时，秦军正驻扎在武安以西。秦军击鼓呐喊操练军队，武安所有的房瓦都被震得直响。军中有人进言立刻去救武安，赵奢立刻斩杀了他。赵奢命令军队不断坚固壁垒，军队接到命令后，二十八天没有向前推进一步，只是不断地在坚固增高壁垒。秦将派间谍潜入赵军中打探情况。赵奢用上好的食物款待后才遣送间谍离开。间谍回去将情况报告给秦将，秦将大喜道："赵奢离开国都三十里就不再前进，只是增高和加固壁垒。由此看来，阏与已不是赵国的土地了。"而赵奢送走间谍后，马上命令部队换下铠甲，率军快速前进。一天一夜后赵军到达阏与，赵奢命令弓箭手距阏与五十里驻扎，其余士兵原地修建壁垒。秦军接到赵军已至的消息后，全副武装倾巢而出。这时，有个叫许历的军士，请求为赵奢献策。赵奢说："可以。"许历说："秦军没有想到赵军已经到达阏与，他们赶到这里时肯定气势强大，将军必须以加强防御工事来对付他们，不然，我军必败。"赵奢说："那我就这样下命令了。"许历说："那请将军按军法斩杀我吧。"赵奢说："等回邯郸了再做处置。"许历又进谏道："先占据北山者必胜，后到者必败。"赵奢十分同意该主张，立刻派遣一万多人占据了北山。之后秦军到达，要争夺北山，但失败了。赵奢立即率军乘胜追击，大破秦军，秦军被打散并纷纷撤退。赵奢实现了解阏与之围的目的后班师回朝。

回国后，赵惠文王赐马服君的封号给赵奢，任命许历为国尉。于是，赵奢就与廉颇、蔺相如平起平坐了。

四年后，赵惠文王死去，其子立为赵孝成王。赵孝成王即位七年后，秦、赵两国的军队在长平交战。此时，赵奢已死，蔺相如也重病在身，赵国派出廉颇为将，率军攻打秦军。可秦军接连打败赵军，赵军开始只是防守而坚不出战，秦军虽屡次挑战，廉颇却置之不理。后来赵王听信了秦国间谍散布的谣言。秦国派人散布谣言说："秦军所害怕的，只是赵国任用马服君赵奢的儿子赵括为将而已。"赵王因此让赵括取代廉颇为将。蔺相如听到说："大王仅凭赵括的名声而任命他，就如同用胶粘住琴瑟上的调弦柱再去演奏一样不知变通。赵括只会死读他父亲的兵书而不能灵活运用。"赵王并未听从意见，坚持任命赵括为将。

赵括自小学习兵法，讨论军事，自以为天下没有人能抵得过他。一次，他与赵奢谈论兵法，赵奢也难不倒他，但赵奢并不赞赏他。赵括母亲问其原因，赵奢说："用兵打仗是关乎生死的事，而括儿将战争看得太轻松容易，假使赵国不用赵括为将便罢，要是一定让他为将，使赵国失败的一定就是他。"到了赵括快要启程时，赵括母亲上书给赵王说："赵括不能为将。"赵王问："为什么？"赵母说："当初我侍奉赵奢时，他已经是大将军了。由他捧着饮食侍候吃喝的人数以十计。结交的朋友数以百计。大王及贵族所赏赐的财物，赵奢全部分送给部下。从接受出战命令那日起，就不问家事了。如今赵括刚刚成为将领，就朝东坐着接见部下，而部下没有一个敢抬头看他的。大王所赏赐的金、帛，他都藏于家中，每天留意便宜的田宅，把能够买的都买回来。大王认为他哪里像他父亲？父子二人心志完全不同，希望大王不要派他领兵。"赵王说："我意已决。"赵母说："大王既然一定要派他领兵，如果他有不称职的地方，请大王不要株连于我就好。"赵王答应了赵母的请求。

赵括代替廉颇为将后，改变原有的口令和军纪，轻率地更换军吏。秦国将军白起听说赵括为将后，在交战中派出奇兵让一支队伍假意逃走，在赵括率兵追击时，将赵军粮草供应的道路截断。赵军被秦军一分为二。赵军士气不能统一。被困四十多天后，赵军十分饥饿。赵括亲自带领精锐部队与秦军搏战，结果赵括被秦军射死，赵军大败。数十万赵军投降了秦国。秦国将这些人全部活埋了，赵国前后共损失四十五万人。第二年，秦军就包围了邯郸，一直持续了一年多，赵国几乎不能保全，全仰仗楚国、魏国军队来救援，才得以解除邯郸之围。赵王也因为赵母之前有言在先，所以没有株连她。

邯郸之围五年后，燕国谋士栗腹向燕王献策说："赵国的精壮士兵都在长平之战中战死，而年幼者又还未长大成人，我们可于此时攻击赵国。"燕王同意此策，立即出兵攻打赵国。赵国派廉颇为将反攻燕国，大败燕军于鄗。杀死栗腹，并乘势包围了燕国。燕国只得割让五座城池求和，赵国才答应停战。赵王封廉颇为信平君和非正式的相国。

赵孝成王死后，其子悼襄王即位。悼襄王让乐乘代替廉颇为将军，廉颇大怒，攻击乐乘，乐乘只得逃跑。随后廉颇也投奔了魏国。

廉颇在魏国国都大梁住了很长时间，魏国都不能信任与重用他。赵国又屡次受到秦国部队的攻打与围困。赵王想再次启用廉颇，而廉颇也想回到赵国。赵王派使者去探视廉颇是否可以再次启用。廉颇的仇人郭开重金贿赂使者，让他诋毁廉颇。赵国使者见到廉颇后，廉颇当他的面吃下了一斗米十斤肉的一餐，还披甲上马，以示自己还可以率兵打仗。赵国使者却回报赵王说："廉将军年岁虽大，饭量不小。然而跟臣坐在一起，一会儿就上了三次厕所。"赵王就此认为廉颇已经老了，就没有再任用廉颇。

楚王听说廉颇在魏国，暗地里派人迎接廉颇到楚国。廉颇担任楚国的大将后，并没有再创造什么功业。他说："我一直想指挥赵国的士兵。"后来，廉颇在寿春去世了。

孙子说："所谓反间，就是诱使敌方间谍为我方所用。"赵奢知道有秦国间谍前来，就加以款待，让其带回虚假消息。孙子又说："我方占领就对我方有利，反之亦然的地方，就称为争地。"赵奢派一万余人提前占领北山，秦军便失去优势。北山就是争地。

【评析】

赵奢，嬴姓，战国后期赵国名将。主要生活在赵武灵王到赵孝成王时期，死后被赵王厚葬于邯郸附近的西山，时人称其为"马服君"。其子孙以马为姓，东汉名将伏波将军马援即为其后。赵奢有丰富的军事思想，在阏与之战中，采用了"告之不被，示之不能""能为敌司命""反客为主""居高临下"等战略战术；他显然吸取了孙武、孙膑的军事思想。其子赵括自幼学习兵法，聪明智识，自认为"天下莫能当"。赵奢对其不以为然，他忧虑地对妻子说："兵，死地也，而括易言之。使赵不将括即已，若必将之，破赵者必括也。"这种认识和忧虑，只有摆脱了骨肉亲情的羁绊，置国家利益于首位的人，才能具备，而他的忧虑，在长平大败中得到应验。赵括"纸上谈兵"，已成后人殷鉴。

赵·廉颇

【原文】

廉颇者,赵之良将也。伐齐,大破之,取阳晋,拜为上卿,以勇气闻于诸侯。蔺相如者,赵人也,拜为上卿,位在廉颇之右①。廉颇曰:"我为赵将,有攻城野战之大功;而蔺相如徒②以口舌为劳,而位居我上。且相如素贱人,吾羞,不忍为之下。"宣言曰:"我见相如,必辱之。"相如闻,不肯与会。相如每朝时,常称病,不欲与廉颇争列。已而,相如出,望见廉颇,相如引车避匿。于是舍人与相谏曰:"臣所以去亲戚而事君者,徒慕君之高义也。今君与廉颇同列,廉君宣恶言而君畏匿之,恐惧殊甚。且庸人尚羞之,况于将相乎?臣等不肖③,请辞去。"蔺相如固止之曰:"公之视廉将军孰与秦王?"曰:"不若也。"相如曰:"夫以秦王之威,而相如廷叱④之,辱其群臣。相如虽驽⑤,独畏廉将军哉!顾吾念之:强秦之所以不敢加兵于赵者,徒以吾二人在也。今两虎共斗,其势不俱生。吾所以为此者,以先国家之急而后私仇也。"廉颇闻之,肉袒负荆,因宾客至蔺相如门,谢罪曰:"鄙贱之人,不知将军宽之至此也。"卒相与欢,为刎颈之交。是岁,廉颇东攻齐,破其二军。居二年,复伐齐,几拔之邑。后攻魏之防陵、安阳,拔之。

孙子曰:"令素行者,与众相得。"颇之思用赵人是也。

【注释】

① 右：古代尊崇右，故以右为较尊贵的地位。

② 徒：仅仅，单单。

③ 不肖：不贤。

④ 廷叱：当庭呵斥。

⑤ 驽：劣马，比喻才能低下。

【今译】

廉颇，赵国能征善战的将领。廉颇带赵军伐齐，长驱深入齐境，攻取阳晋。廉颇班师回朝，赵王封其为上卿。廉颇以勇气超凡而闻名于诸侯之间。蔺相如，赵国人，也被赵王封为上卿，地位还在廉颇之上。廉颇认为："我作为赵国的大将，有攻城野战，扩大疆土的大功，而蔺相如只需动动口舌却位高于我。况且他出身低微，我感到羞耻，不甘心自己的职位在他之下。"他还扬言："如果让我遇见蔺相如，我一定好好羞辱他一番。"蔺相如知道后，并不想与廉颇去争高低，而是采取了忍让的态度。每次早朝，他总是称病不至，为了不使廉颇在临朝时排列于自己之下。后来，蔺相如乘车出门，如远远望见廉颇迎面而来，就索性引车躲避了。这引起了蔺相如门客的不满，门客说："当初我们之所以离开亲人投靠您，是因为仰慕先生的高贵品质。现在您官职与廉颇一样，他扬言要羞辱您，您却一直躲着他，对他感到恐惧，这些做法我们普通人都感到羞耻，何况身为将相的您呢？我们这些没本事的人，请求离去。"蔺相如制止道："你看来廉颇与秦王谁更厉害？"舍人回答道："廉颇比不了秦王。"蔺相如说："虎狼般的秦王我都敢当庭呵斥，羞辱他的群臣，我还会怕廉颇吗？我想，强秦之所以不敢出兵攻打赵国，就是因为我和廉颇同在朝中为官，如果我们相斗，就如两虎相伤，没有两全之理了。我之所以避他，无非是把国家的危难放在个人的恩怨之上，以国事为重罢了。"廉颇听到此番话后，自愧不如，他脱去上衣，身背长长的荆条，赤膊露体在门客带领下来到蔺相如门前谢罪，说："我是个浅薄卑贱的人，没想到您这么宽宏大量。"两人从此结为刎颈之交，生死与共。这一年，廉颇率军向东攻打齐国，打败齐国两支大军。又过了两年，廉颇再次讨伐齐国，将齐军打得全军覆没。他后来率领军队攻打魏国的防陵、安阳，结果都大获全胜。

孙子说："平时能够严格执行命令，将领与士兵能够万众一心，配合默契。"廉颇一直想指挥赵国军队就是因为这个原因。

【评析】

廉颇，嬴姓，山西太原人。战国末期赵国名将（与白起、王翦、李牧并称战国时期四大名将）。主要活动在赵惠文王、赵孝成王、赵悼襄王时期。赵惠文王初，东方六国以齐最为强盛，齐与秦各为东西方强国。秦国欲东出扩大势力，赵国首当其冲。为扫除障碍，秦王曾多次派兵进攻赵国；廉颇统领赵军屡败秦军，迫使秦改变策略，实行连横，与赵讲和。在六国联军共同讨伐齐国的战役中，廉颇率赵军长驱深入齐境，攻取阳晋，威震诸侯，而赵国也随之跃居六国之首。廉颇班师回朝后，拜为上卿。秦国虎视赵国而不敢贸然进攻，正是慑于廉颇的威力。此后，廉颇率军征战，守必固，攻必取，几乎百战百胜，威震列国。他为人襟怀坦白，敢于知错就改，"将相和"的故事催人泪下，感人奋发，而廉颇勇于改过，真诚率直的性格，更使人觉得其可亲可敬。司马光评价说："廉颇一生用与不用，实为赵国存亡所系。此真可以为后代用人殷鉴矣。"这一结论，既概括了廉颇一生荣辱经历的史实，又揭示了人才与国家盛衰兴亡的重要关系，确实值得后人深思。

齐·田单

【原文】

　　田单者，齐诸田疏属也。湣王时为临淄市掾①，不见知。及燕使乐毅伐破齐，湣王出奔，保莒城，燕师长驱平齐。而田单走安平，令其宗人尽断其车轴末而傅铁笼。已而，燕军攻安平，城坏，齐人走，争涂，以辖折车败，为燕所虏。唯田单宗人，以铁笼故得脱，东保即墨。燕既尽降齐城，唯独莒、即墨不下。燕军闻齐王在莒，并兵攻之。淖齿既杀湣王于莒，因坚守距燕军，数年不下。燕引兵东围即墨，即墨大夫出与战，败死。城中相与推田单曰："安平之战，田单宗人以铁笼得全。习兵，立以为将军，以即墨距燕。"

　　顷之，燕昭王卒，惠王立，与乐毅有隙②。田单闻之，乃纵反间于燕，宣言曰："齐王已死，城之不拔者二耳。乐毅畏诛而不敢归，以伐齐为名，实欲连兵南面而王齐。齐人未附，故且缓攻即墨以待其事。齐人所惧，唯恐他将之来，即墨残矣。"燕王以为然，使骑劫代，乐毅因归赵。燕人士卒忿，而田单乃令城中人，食必祭其先祖于庭。飞鸟悉翔舞城中，下食。燕人怪之。田单因宣言曰："神来下教我。"乃令城中人曰："当有神人为我师。"有一卒曰："臣可以为师乎？"因反走。田单乃起，引还，东乡坐师事之。卒曰："臣欺君，诚无能也。"田单曰："子勿言也。"因师之。每出约束，必称神师。乃宣言曰："吾唯恐燕军之劓所得齐卒，置之前行，与我战，即墨败矣。"燕人闻之，如其言。城中人见齐诸降者尽劓，皆怒坚守，唯恐见得。单又纵反间曰："吾惧燕人掘吾城外冢墓，僇③先人，可为寒心。"燕军尽掘垄墓，烧死人。即墨人从城上望见，皆涕泣，其欲出战，怒自十倍。

田单知士卒可用，乃身操版插，与士卒分功，妻妾编于行伍之间，尽散饮食飨士，令甲卒皆伏，使老弱女子乘城。遣使约降于燕，燕军皆呼万岁。田单又收民金，得千镒，令即墨富家遗燕将曰："即墨即降，愿无虏掠吾族家妻妾，令安堵。"燕将大喜，许之。燕军由此益懈④。田单乃收城中，得千余牛，为绛缯，画以五彩龙文，束兵刃于其角，而灌脂束苇于尾，烧其端，凿城数十穴。夜纵牛，壮士五千人随其后，牛尾热，怒而走燕军。燕军夜大惊，牛尾炬火光明炫耀，燕军视之皆龙文，所触尽死伤。五千人因衔枚击之，而城中鼓噪从之，老弱皆击铜器为声，声动天地。燕军大骇，败走，齐人遂夷杀其将骑劫，而齐七十余城皆复为齐。乃迎襄王于莒，入临而听政。襄王封田单，号曰安平君。

孙子曰："能愚士卒之耳目。"单托神教而使众。又曰："杀敌者怒也。"单令燕军劓齐降卒。又曰："始如处女，敌人开户；后如脱兔，敌不及拒。"单卑辞约降，而奇兵奔击是也。

【注释】

① 掾（yuàn）：古代属官的统称。

② 隙：墙交界处的裂缝，比喻感情上的裂痕。

③ 僇（lù）：侮辱。

④ 懈：松懈。

【今译】

田单是齐国田氏王族的远房本家。在齐湣王时，田单担任首都临淄佐理市政的小官，并不被齐王重用。后来，燕国派遣大将乐毅攻破齐国，齐湣王被迫从都城逃跑，不久又退守莒城。在燕国军队长驱直入征讨齐国之时，田单也离开都城，逃到安平，让他的同族人把车轴两端的突出部位全部锯下，安上铁箍。不久，燕军攻打安平，城池被攻破，齐国人争路逃亡，都因被撞得轴断车坏而被燕军俘虏。只有田单和同族人因用铁箍包住了车轴的缘故，得以逃脱，向东退守即墨。这时，燕国军队已降服了齐国大小城市，只有莒和即墨两城未被攻下。燕军听说齐湣王在莒城，就调集军队全力攻打。大臣淖齿杀死了齐湣王，坚守城池，抗击燕军，燕军几年都不能攻破该城。无奈之下，燕将带兵东行，围攻即墨。即墨的守城官员出城与燕军交战，战败被杀。即墨城中军民都推举田单当首领，说："安平那一仗，田单和同族人因用铁箍包住车轴才得以安然脱险，可见他很会用兵。拥立田单为将军，坚守即墨，抗击燕军。"

过了不久，燕昭王去世，燕惠王登位，他和乐毅有些不和。田单听到这个消息之后，就派人到燕国去行使反间计，扬言说："齐湣王已被杀死，没被攻克的齐国城池只不过两座而已。乐毅是害怕被杀掉而不敢回国，他以讨伐齐国为名，实际上是想和齐国兵力联合起来，在齐国称王。齐国人心还未归附，因此暂且拖延时间，慢慢攻打即墨，以便等待时机成熟再称王。齐国人担心的是，唯恐其他将领来带兵，即墨城就必破无疑了。"燕惠王认为这些话是对的，就派大将骑劫去代替乐毅。乐毅被免职之后就逃到赵国去了，燕军官兵都为此愤愤不平。田单又命城中军民在吃饭之前要祭祀祖先，使得众多的飞鸟因争食祭祀的食物，在城上盘旋飞舞。城外的燕军看了，都感到很奇怪。田单又扬言说："这是神仙要下界指导我们克敌制胜。"又对城里人说："一定会有神人来做我的老师。"有一个士兵说："我可以当您的老师吗？"说完扭头扬长而去。田单连忙站起来，把他拉过来，请他坐在面向东的上座，用侍奉老师的礼节来侍奉他。那个士兵说："我欺骗了您，我真是一点本事也没有。"田单说："请您不要再说了。"接着就奉他为师。每次发号施令，一定要称是神师的主意。他又扬言说："我最怕的是燕军把俘虏的齐国士兵割去鼻子，放在队伍的前列，再和我们交战，那即墨就必然被攻克。"燕军听到这话，就照此施行。城里的人看到齐国众多的降兵都被割去了鼻子，人人义愤填膺，全力坚守城池，只怕被敌人捉住。田单又派人施反间计说："我很害怕燕国人挖了我们城外的祖坟，侮辱了我们的祖先，这可真是让人寒心的事。"燕军听说之后，又把齐国人的坟墓全部挖出，并把死尸焚烧殆尽。即墨人从城上看到此情此景，人人痛哭流涕，都请求出城拼杀，愤怒的情绪增长十倍。

田单知道士兵被激起了斗志，可以作战了，就亲身拿着筑版和铁锹参加修建防御工事，和士兵分担辛劳。把自己妻妾也编在军队里服役，把所有食物全都拿来犒劳将士。命令装备整齐的精锐部队都埋伏起来，让老弱妇女上城防守，又派使者去和燕军约定投降事宜，燕军官兵都高呼万岁。田单又把民间的黄金收集起来，共得一千镒，让即墨城里有钱有势的人送给燕军，请求燕军说："即墨就要投降了，希望你们进城之后，不要掳掠我们的妻子姬妾，让我们能平安地生活。"燕国将领非常高兴，满口答应下来。燕军由此而更加松懈。田单于是在城内收集到一千多头牛，叫人做了深红色绸衣给牛穿上，上面画着五颜六色的龙形花纹，把锋利的尖刀绑在牛角上，把淋了油脂的芦苇扎在牛尾上，再把芦苇梢点燃。在城墙上挖数十个洞，半夜从此将牛放生，五千名壮士跟随在牛的后面。因为牛尾灼热，牛愤怒地冲向燕军。

半夜里，牛尾上有火把，明亮耀眼，燕军看见狂奔的火牛全身都是龙纹，被它冲撞的不是死就是伤。燕军惊吓失措，乱为一团。五千人悄然无声地杀来，而城里的人乘机擂鼓呐喊追击燕军，老弱都击打家中各种铜制器具制造声响，声音震天动地。燕军非常惊惧，失败逃走。齐国人在乱军之中杀死了燕国的主将骑劫。原来齐国的七十多座城池又都被收复。于是田单到莒城迎接齐襄王，齐襄王也就回到都城临淄来处理政务。齐襄王封赏田单，赐爵号为安平君。

孙子说："需要蒙蔽士兵的耳目。"田单利用鬼神之说让人们听从他的指挥。又说："要使士兵英勇杀敌，就要让他愤怒。"田单故意散布谣言，诱使燕军割下齐国降兵的鼻子，挖掘齐国人的坟冢，以此激怒齐人，使齐国上下士气高昂，奋勇杀敌。孙子还说："开始如淑女一样安静，让敌人放松警惕；突然像兔子一样敏捷地出击，打敌人一个措手不及。"田单先假意屈辱投降，后出奇兵攻之。

【评析】

田单，妫姓，临淄人。战国时期善于出奇制胜的军事家。初任齐都临淄的市掾（秘书），后来到赵国做将相。公元前284年，燕国大将乐毅出兵攻占临淄（今山东淄博东北），接连攻下齐国七十余城。在国破城危的极端不利态势下，他凭借孤城即墨，长期坚守，积极创造反攻条件，巧妙运用"火牛阵"，实施夜间奇袭，由坚守防御转入反攻，一举击败燕军，收复国土，成为中国古代战史上以弱胜强的出色战例。当初，他只是一位基层官员，并没有受到朝廷重视。但是，当国家面临危亡之时，他挺身而出，运用自己的智慧，以弱胜强，以寡击众，终获胜利，使国家转危为安。他不愧是中国读书人的最佳典范，值得大家敬佩与效法。

西汉·张良

【原文】

　　张良者，其先韩人也。秦灭韩，良悉以家财求客刺秦王，为韩报仇。使力士操铁椎重百二十斤，秦皇帝东游，良与客狙击秦皇帝博浪沙中，误中副车。秦皇帝大怒，大索天下，求贼甚急。良乃更姓名，亡匿下邳。尝从容步游下邳圯上，有一老父衣褐至良所，直堕其履圯下，顾谓良曰："孺子下取履。"良鄂然，欲欧①之，为其老，乃强忍，下取履。父曰："履我。"良业为取，复因长跪履之。父以足受，笑而去。良殊大惊，随目之。父去里所，复还曰："孺子可教矣，后五日平明与我会此。"良因怪之，跪曰："诺。"五日平明，良往，父已先在，怒曰："与老人期②，后何也？"去曰："后五日早会。"五日鸡鸣，良往，父又先在，复怒曰："后何也？"去曰："后五日复早来。"五日，良夜未半往。有顷，父亦来，喜曰："当如是。"出一编书曰："读此则为王者师矣。后十年兴，十三年孺子见我济北谷城，山下黄石即我矣。"遂去，无他言，不复见。旦日视其书，乃《太公兵法》也。良因异之，常习诵读之。后十年，陈涉等起兵。良亦聚少年百余人，遇沛公将数千人略地下邳西，遂属焉。良数以《太公兵法》说沛公，沛公善之，常用其策。良为他人言，皆不省。良曰："沛公殆天授。"故遂从之。沛公欲以兵二万人击秦下军，良说曰："秦兵尚强，未可轻。臣闻其将屠者子，贾竖易动以利。愿沛公且留壁，使人先行，为五万人具食，益张旗帜诸山上为疑兵，令郦食其持重宝啗③秦将。"秦将果畔④，欲连和俱西袭咸阳。沛公欲听之，良曰："此独其将欲叛耳。恐士卒不从，不从必危。不如因其懈击之。"沛公乃引兵击秦军，大破之。遂北至蓝田，再战，秦军终败，遂至咸阳。秦王子婴降沛公。沛公入秦宫，意欲留居之。良曰："夫秦为无道，故沛公得至此。夫为天下除残去暴，宜缟素为资。今始入秦即安其乐，此所谓助桀为虐。"沛公乃还军霸上。项羽至鸿门下，欲击沛公。项伯乃夜驰入沛公军，私见张良，欲与俱去。良曰："臣为韩王送沛公，今事有急，亡去，不义。"乃具以语沛公，沛公大惊曰："为将奈何？"良曰："沛公诚欲倍项羽邪？"沛公曰："鲰生⑤教我距关，无内诸侯，秦地可尽王，故听之。"良曰："沛公自度能却项羽乎？"沛公默然良久，曰："固不能也，今为奈何？"良乃固要项伯。项伯见沛公，沛公与饮为寿，结为婚，令项伯具言沛公不敢倍项羽，所以距关者备他盗也。及见项羽后，解。

汉元年，沛公为汉王，王巴蜀。汉王之国，良归韩。良因说汉王曰："王何不烧绝所过栈道，示天下无还心，以固项王意。"乃使张良还行烧栈道。良归至韩。时汉王还定三秦，良乃遗项羽书曰："汉王失职，欲得关中如约即止，不敢东。"又以齐反书遗羽曰："齐与赵欲并灭楚。"项羽以故北击齐，良乃间行归汉王。汉王亦已还定三秦矣，复以良为成信侯，从东击楚，至彭城，汉败而还。汉王下马踞鞍而问曰："吾欲捐关以东等弃之，谁可与共功者？"良进曰："九江王黥布，楚枭将，与项王有隙。彭越与齐王田荣反梁地。此两人可急使。而汉王之将，独韩信可属大事，当一面。即欲捐⑥之，捐之此三人，则楚可破也。"汉王乃遣随何说九江王黥布，而使人连彭越及魏王豹反，使韩信特将北击之，因举燕、代、齐、赵。然卒破楚者，此三人力也。良多病，未尝特将兵，尝为画策臣，时时从汉王。

二年，项羽急围汉王荥阳。汉王忧恐，与郦食其谋挠楚权。食其曰："昔汤伐桀，封其后于杞；武王伐纣，封其后于宋。今秦失德弃义，灭六国之后，使无立锥之地。陛下诚能复立六国后，其君臣百姓皆戴陛下之德，莫不乡风慕义，愿为臣妾。德义已行，陛下南乡称霸，楚必敛衽⑦而朝。"汉王曰："善。趣刻印，先生因行佩之矣。"食其未行，张良从外来谒汉王。王方食，曰："子房前，客有为我计挠楚权者。"具以郦生语告于子房，曰："何如？"良曰："谁为陛下画此计者？陛下事去矣。"汉王曰："何哉？"良曰："臣请借前箸为大王筹之。"曰："汤伐桀封其后于杞者，度能制桀之死命也。今陛下能制项籍之死命乎？"曰："未能也。""其不可一矣。武王伐纣，封其后于宋者，度能得纣之头也。今陛下能得项籍之头乎？"曰："未能也。""其不可二矣。武王入商，表商容之闾⑧，释箕子之拘，封比干之墓。今陛下能封圣人之墓，表贤者之闾，式智者之门乎？"曰："未能也。""其不可三矣。发巨桥之粟，散鹿台之钱，以赐贫穷。今陛下能散府库以赐贫穷乎？"曰："未能也。""其不可四矣。倒置干戈，覆以虎皮，以示天下不复用兵。今陛下能偃武修文，不复用兵乎？"曰："未能也。""其不可五矣。休马华山之阳，示以无所为。今陛下能休马无所用乎？"曰："未能也。""其不可六矣。放牛桃林之阴，以示不复输积。今陛下能放牛不复输积乎？"曰："未能也。""其不可七矣。且天下游士离亲戚，弃坟墓，去故旧，从陛下游者，徒欲日夜望咫尺之地。今复六国，立韩、魏、燕、赵、齐、楚之后，天下游士各归事其主，从其亲戚，反其故旧坟墓，陛下与谁取天下乎？其不可八矣。且夫楚唯无强，六国立者复挠而从之，陛下焉得而臣之？诚用客之谋，陛下事去矣。"汉王辍食吐哺骂曰："竖儒，几败乃公事！"令趣⑨销印。

汉四年，汉王追楚至阳夏，南战不利而壁固陵，诸侯期不至。良说汉王，汉王用其计，诸侯皆至。汉六年，封功臣。良未尝有战斗功，高帝曰："运筹帷幄中，决胜千里外，子房功也。自择齐三万户。"良曰："臣始起下邳，与上会留，此天以臣授陛下。陛下用臣计，幸而时中。臣愿封留足矣，不敢当三万户。"封良为留侯。上已封大功臣二十余人，其余日夜争功不决，未得行封。上在洛阳南宫，望见诸将往往相与坐沙中语。上曰："此何语？"留侯曰："陛下不知乎？此谋反耳。"上曰："天下属安定，何故反乎？"留侯曰："陛下起布衣，以此属取天下。今陛下为天子，而所封皆萧、曹故人所亲爱，而所诛者皆生平所仇怨。今军吏计功，以天下不足遍封，此属畏陛下不能尽封，恐又见疑平生过失及诛，故即相聚谋反耳。"上乃忧曰："为之奈何？"留侯曰："上平生所憎，群臣所共知，谁最甚者？"上曰："雍齿与我故，数窘辱我，我欲杀之，为其功多，故不忍。"留侯曰："今急先封雍齿以示群臣，群臣见雍齿封，则人人自坚矣。"于是上乃置酒，封雍齿为什方侯，而急趣丞相、御史定功行封。群臣罢酒，皆喜曰："雍齿尚为侯，我属无患矣。"

刘敬说帝都关中，左右大臣皆山东人，多劝上都洛阳："洛阳东有成皋，西有崤、黾，倍河，向伊、洛，其固亦足恃。"留侯曰："洛阳四面授敌，此非用武之国。夫关中左崤、函，右陇、蜀，沃野千里，南有巴、蜀之饶，北有胡苑之利，阻三面而固守，独以一面东制诸侯。诸侯安定，河渭漕挽，西给京师；诸侯有变，顺流而下，足以委输。此所谓金城千里，天府之国也。刘敬说是也。"于是高帝即日驾，西都关中，留侯从入关。汉十一年，黥布反，上自将兵而东。留侯曰："臣宜从，病甚。楚人剽疾，愿上无与楚人争锋。"十二年，上从击破布军归，留侯乃称曰："家世相韩，及韩灭，不爱万金之资，为韩报仇强秦，天下震动。今以三寸舌为帝者师，封万户，位列侯。此布衣之极，于良足矣。愿弃人间事，欲从赤松子游耳。"乃学辟谷道引轻身。卒。

子房始所见下邳圯上老父与《太公书》者，后十三年从高帝过济北，果见谷城山下黄石，取而宝祠之。

孙子曰："无约而请和者，谋也。"良请啖秦将而袭击之。又曰："智者之虑，必杂⑩于利害。"良借前箸以破郦生之说。又曰："善战者，无智名，无勇功。"良未尝有战斗功。又曰："厉于廊庙之上，以诛其事。"良运筹帷幄，决胜千里。又曰："锐卒勿攻。"良谓楚人剽⑪疾，勿与争锋是也。

【注释】

① 欧：通"殴"，殴打。

② 期：约定的时间，约会。

③ 啖：吃，引申为引诱，利诱。

④ 畔：通"叛"。

⑤ 鲰（zōu）生：短小愚陋之人。古代用为骂人之词。

⑥ 捐：捐献，捐送。

⑦ 敛衽：敛，整理；衽，衣襟。

⑧ 闾：里巷的大门。

⑨ 趣（cù）：急促。

⑩ 杂：混合，掺杂；把……放在一起。

⑪ 剽：动作轻捷。

【今译】

　　张良的祖上是韩国人。秦国灭了韩国后，张良倾尽家中钱财招募人士刺杀秦王，为韩国报仇。他选派了一名使用一百二十斤铁椎的大力士，在秦始皇东游时，在博浪沙刺杀秦始皇，但误击了随从的车辆。秦始皇大为恼怒，在全国范围内进行大规模搜捕，急于捉拿刺客。张良于是隐姓埋名，逃离秦国隐藏在下邳。张良在下邳桥上散步时，曾经有一位穿着粗布衣服的老人走到他跟前，一下子把自己的鞋扔到了桥下，回头对张良说："你下去把鞋拿上来给我。"张良十分惊讶，想打他，但念其岁数大，于是强忍了下来，到桥下把鞋子拿上来给他。老人又说："把鞋给我穿上。"张良既已为他下去拿了鞋子，就跪在地上给他穿鞋；老人伸出脚穿上鞋子，随后笑笑离去了。张良感到非常惊讶，目送他离去。老人大概走了一里多路，又回来对张良说道："你值得接受我的教导，五天后天刚透亮时在此等我。"张良对此甚为纳闷，还是跪应道："好。"五天后天刚亮时，张良前往约定地点，老人已经先到了，老人生气地说："和长辈见面怎么能迟到呢？五天后还是天亮再来吧。"五天后鸡鸣时分，张良就来到了约定地点，但老人又已经等候在这里了，老人又生气地问道："怎么又迟到了呢？你回去吧，五天后再来。"五天后，张良还没等到半夜就到了约定地点，没过多久，老人也到了，老人高兴地对他说："就应该这样做。"老人拿出一本书说："读此书可给帝王当老师。十年后起兵，第十三年时你在济水以北的谷城见我，谷城山下的黄石就是我。"随后老人就不见了，也没有说其他的话，两人也没有再相见。天亮之后，张良翻看该书，才知道是《太公兵法》。张良很感兴趣，经常学习阅读。十年后，陈涉等人发动起义。张良也召集到一百多名年轻人，在下邳以西遇到刘邦率领数千人的队伍正在作战，于是便加入了他的队伍。张良多次依据

《太公兵法》为其谋划，得到了刘邦赞许，并经常采纳他的建议。张良向其他人提建议，他人都难以理解。张良说："沛公的悟性是上天赐予的呀！"张良从此就跟随了沛公。沛公想要用两万人的军队攻打秦国驻于下邳的军队，张良劝说道："秦国军队实力还很强，不可轻视。我听说峣关的守将是屠户的儿子，市侩容易以利相诱。希望您暂且留在军中，派出先行部队，准备好五万人的部队伙食，在各个山头上多增挂旗帜，设置疑兵，叫郦食其带着贵重的宝物利诱秦军将领。"秦军将领果然叛变，想要和沛公一起向西进攻咸阳。沛公刚要听从照办，张良说："这仅是秦军将领单独叛变，恐怕底下的士兵不会跟从，那样必然会有危险。不如利用秦军懈怠趁机攻击他们。"沛公于是率领军队攻击秦军，大胜秦军。又向北攻至蓝田，再次和秦军交战，秦军最终战败，沛公的军队于是抵达咸阳。秦王子婴向沛公投降。沛公来到秦国的宫殿，想要住在这里，张良说："正是因为秦王不讲道义，所以沛公才能来到这里。我们为天下百姓铲除暴君，应如同丧服在身，把抚慰人民作为根本。现在刚进入秦国，便想安于享乐，人们所说的'助纣为虐'就会当之无愧地加在我们的头上！"于是沛公就率领军队回到了霸上。项羽领兵到了鸿门，准备攻打沛公，项伯得知消息之后，就连夜跑到沛公的军营，将此事告知张良，打算和张良一起离开。张良说："我为了韩王来护送沛公，现在事情紧急，我逃跑离开是不道义的。"于是张良就把真实情况全部告诉沛公。沛公听了大吃一惊，忙问："现在该怎么办呢？"张良说："沛公真的想背叛项羽吗？"沛公说："有浅薄无知的人让我把守住关口不要让诸侯们进来，秦国之地可全归我而称王。所以我听了他的话。"张良说："沛公您自己估量一下能打败项羽吗？"沛公沉默了好久说："当然不能，现在该怎么办呢？"张良于是硬把项伯邀请来。项伯会见沛公，沛公与项伯相互敬酒，为他祝寿，缔结婚姻，让项伯回去说明沛公不敢背叛项羽，沛公拒守关口的原因是为了防备其他入侵者。等沛公见到项羽后，便会解除关口封锁。

汉元年，沛公被封为汉王，以巴、蜀作为领地。沛公回到自己的领地，张良回到了韩国。张良趁机对汉王说："汉王为何不烧毁所有您经过的栈道，以向天下表明不会重回汉中的决心，以稳住项王的防备之心。"于是沛公派遣张良边往前走边烧栈道。张良回到了韩国。这时汉王平定了三秦之地，张良于是给项羽写信称："汉王失职，想要得到关中，若能遵循以前的约定，就立即停下来，不敢再向东前进。"又将齐国的反叛之书交给项羽，说："齐国和赵国想联合灭了楚国。"于是，项羽决定向北攻打齐国，张良就沿小路投奔了汉王。汉王也已经回到汉中，平定了三秦之地，又任命张良为成信侯，自东面进攻楚国，攻至彭城，汉军战败而归。汉王从马上下来扶着马鞍问道："我想放弃函谷关以东的所有土地，谁是能和我共成大事的人呢？"张良进见道："九江王黥布，本是楚的猛将，但是他跟项王有私仇，彭越和齐王田荣在梁国一带造反，这两人可以用来救急，而您这边的将领中，只有韩信可以委任大事，独当一面。如果您真要放弃函谷关以东的领地，不妨给这三个人，那楚项王的大军，一定可以击破的！"汉王于是就派能言善道的随何，去游说九江王黥布，又派人去联络彭越，等到魏王豹背叛汉王，汉王就可叫韩信带兵去攻打他，顺势也就拿下了燕、代、齐、赵诸国。但最终能打败项王是因为张良所推荐的这三个人的力量。张良由于体弱多病，没有亲自率兵打仗，但常常跟在汉王左右，为他出谋划策。

汉王二年，项羽突然把汉王围困在荥阳。汉王十分忧惧，和郦食其研究如何削弱楚的势力。郦食其说："从前商汤伐夏桀，封夏的后代于杞地；武王伐殷纣，封殷人的后代于宋国。而今秦国蔑弃道德仁义，消灭了六国的后代，使他们无立锥之地。您如果真能恢复六国后人的王位，六国的君臣百姓，必定都感激您的恩德，没有不归顺您，仰慕您的义行，都愿做您的部属。这样，随着施德与义行的实行，您如果要在南方称霸，楚王一定会整饬衣襟来朝拜您。"汉王说："不错，赶快去刻印，先生您在路上就佩戴上。"郦食其还没出发，张良从外地赶来拜见汉王，汉王刚要吃饭，对他说："张良你过来，有人替我策划削弱楚国势力的办法。"汉王于是就原原本本地把郦食其的话告诉了张良，问道："你觉得怎样？"张良说："是谁替您出此计谋？您的大事可完了！"汉王问："什么道理呢？"张良回答："臣请汉王准许我用您面前的筷子，替您筹划这件事。"张良接着说："当年商汤伐夏桀，把桀王的后人封在杞地，是有把握可以置桀王于死地。现在大王能够置项籍于死地么？"汉王说："还不能！"张良称："这是第一条理由。武王伐殷纣，又封殷的后人于宋，也是因为能拿下殷纣的头颅，现在大王能拿下项籍的头颅吗？"汉王说："还不行！"张良称："这是第二条理由。周武王攻入商朝，马上用特殊的标志把商容的里门标示出来，以示对贤者的尊敬，释放被拘押的箕子，整修比干的坟墓。现在大王能够去整修圣人的坟墓，标示出贤者的里门，到智者的门前去致敬吗？"汉王说："还不能！"张良说："这是第三条理由。武王把纣王存积在钜桥仓的粮食，储放在鹿台库的钱货，拿出来赐给贫穷的百姓。现在大王能把您府库里粮食、钱财，拿出来分给穷人吗？"汉王说："不能！"张良说："这是第四条理由。伐殷的战事结束后，武王把兵器倒头放置，盖上虎皮，告示天下，不再动兵打仗了。现在大王可以停止用兵作战，振兴文教，不再使用军队了吗？"汉王说："不行！"张良说："这是第五条理由。把战马放到华山的南坡下，告诉天下人不再骑马打仗了。现在大王能不再用战马打仗了吗？"汉王说："还不能！"张良说："这是第六条理由。周武王把牛赶在桃林的北面放牧，以此表明不再用于运输和积聚粮草。而今大王能放养牛群，不再使用它们运输、积聚粮草了吗？"汉王说："不能！"张良说："这是第七条理由。再说天下从事游说活动的人离开他们的亲人，舍弃了祖坟，告别了老友，跟随大王各处奔走，只是日夜盼望着想得到一块小小的封地。假如恢复六国，拥立韩、魏、燕、赵、齐、楚的后代，天下从事游说活动的人各自回去侍奉他们的君主，陪伴他们的亲人，投奔他们的旧友，返回祖坟所在的故乡，大王同谁一起夺取天下呢？这是第八条理由。当前只有使楚国不再强大，否则六国被封立的后代重新屈服并跟随楚国，大王怎么能够使他们臣服？如果真的要采用郦食其的计策，大王的大事就完了。"汉王饭也不吃了，吐出口中的食物，骂道："这个书呆子，几乎败坏了我的大事！"于是下令赶快销毁那些印信。

汉四年，汉王追击楚军到阳夏，战事不利，于是就坚守在固陵。诸侯们却没有按照约定的时间到达，张良劝说汉王，汉王采纳了他的计议，诸侯们就都来了。汉六年，汉王分封功臣，张良从来没有上过战场，取得战功，但汉高帝说："凭在帷幕里出谋划策，能决定千里之外战场的胜负，这应归功于张良。张良你自己在齐国境内选择封邑，封为三万户侯。"张良说："我从下邳起兵，跟陛下在留相会，这是上天将我赐给陛下。陛下采用了臣的计策，只是侥幸地偶然发挥效果，我只想将留作为封邑就足够了，不敢做三万户侯。"汉高帝便将张良封为留侯。汉高帝封赏了功勋卓著的臣子二十余人，但其他人日夜为封功而争吵，难以解决，也就不能定封赏。汉高帝在洛阳的南宫，看到诸将领经常一起坐在沙土地上交谈。高帝问张良："他们在说些什么？"张良说："陛下难道不知道吗？他们在讨论造反呢。"高帝问："天下刚刚安定下来，为什么要造反呢？"张良说："陛下从一个普通平民开始起兵，用这些属臣来夺得天下，现在陛下您当了天子，然而接受分封之人都是您所亲近喜爱的，像萧何、曹参等人；而您所诛罚之人，又都是平时所怨恨的仇家。现在军中正在统计战功，因为天下的土地不足，难以分封给这些臣子中的每一个人，他们怕您追究他们平时的过失，最终被杀掉，所以才聚在一起讨论如何造反呀。"高帝担忧地问道："那该怎么办呢？"张良说："在您讨厌的、而大家全都了解的人当中，谁是您最痛恨的？"高帝说："雍齿和我过去有旧仇，曾经多次令我受窘受辱，我一直想杀了他，但因为他的功劳多，所以不忍心下手。"张良说："现在您先赶快封赏雍齿，来昭示群臣。他们看到雍齿都得到了封赏，那么每个人就都有了跟随陛下的坚定信心了。"于是高帝便摆酒设宴，招待群臣，将雍齿封为什方侯，并且催促丞相、御史们尽快定功，对群臣进行封赏，群臣们从宴会上回来，都高兴地说："既然雍齿都还能封侯，我们这些人就没有什么可担忧的了。"

　　刘敬建议高帝设都于关中，但高帝身边的大臣，都来自于华山以东，所以很多人都劝高帝定都洛阳，他们说："洛阳东面有成皋，西面有殽、黾，背靠黄河，面向伊、洛两条河流，十分牢固易守。"张良说："洛阳虽然四面有这些天险，但不适合用兵打仗。至于关中，西面有殽、函，东面有陇、蜀，拥有土壤肥沃的千里平原，加上南面有富饶的巴蜀之地，北面有利于放牧的大草原，可依靠北、西、南三面险要用来固守，只需要在东边钳制各路诸侯。诸侯安定之时，可在黄河、渭水开通漕运，用于运粮，向西供应京都。如果诸侯出现叛变，则可沿着漕河而下，足以维持出征军队的物资补给。这正是我们常说的'金城千里，天府之国'呀！刘敬的建议是正确的。"于是高帝立即起程，向西定都关中。张良也跟着来到关中。西汉十一年，黥布谋反，高帝亲自率兵向东进发。张良说："我应该跟随陛下前往，但病情愈加严重。楚国人迅猛敏捷，希望陛下不要和楚国人硬拼。"到了西汉十二年，高帝跟着击败黥布的军队归来，张良于是说："我家世代为韩国宰相，一直到韩国灭亡，我不吝惜家财，为韩国向强大的秦国报仇，天下为此震动。如今我凭借三寸之舌成为帝王之师，封邑万户，位居列侯，这对一个平民而言已是最高的位置了，我张良已经非常满足了。我想抛弃世间的一切，打算跟随赤松子去云游四方。"张良于是学习辟谷之道，以求得成仙而去。后得以终老。

至于当初在下邳桥上遇见的那个给他《太公兵法》的老人，在十三年后，张良跟随高帝路过济北时，果然在谷城山下看到一块黄石，他将黄石取回，如获至宝般地供奉祭祀着它。

孙子说："敌人没有事先同我约定而突然主动前来议和的，是另有阴谋。"张良引诱秦军将领又攻打秦军。孙子又说："有智慧的人必定把利与弊辩证地分析。"张良用刘邦面前的筷子详细分析了古今不同的政治形势，否定了郦食其的观点。孙子又说："真正善于打仗的人，是没有人夸他有先见之明，没有人夸他用兵神勇的。"张良从未立过战功。孙子说："厉于廊庙之上，以诛其事。"张良在帷幄中出谋划策，能决定千里之外战场上的胜负。孙子又说："不能进攻敌人的精锐力量。"这即是张良说的楚国人迅猛敏捷，不可和其争斗作战。

【评析】

张良，字子房，汉高祖刘邦的谋臣。秦末汉初时期杰出的军事家、政治家，西汉王朝的开国元勋，"汉初三杰"（张良、韩信、萧何）之一。虽系文弱之士，不曾挥戈迎战，却以谋略家著称。司马迁对其评价说:"运筹帷幄之中,制胜于无形,子房计谋其事,无知名,无勇功,图难于易,为大于细。"(《史记·留侯世家》)刘邦曾赞扬他:"运筹于帷幄之中,决胜于千里之外,子房功也。"(《汉书·张良传》)他一生反秦扶汉,功不可灭;筹划大事,事毕竟成。历来史家,无不倾墨书载其深邃的才智,极口称赞其神妙的权谋。以出色的智谋,协助刘邦最终夺得天下。"英雄退步学神仙",他深谙保身之道,待大功告成后,及时身退,避免了韩信、彭越等功高震主惨遭杀戮的惨局。张良去世后,被谥为文成侯,后世也尊称其为谋圣。

西汉·韩信

【原文】

　　韩信者,淮阴人也。始为布衣①时,贫无行,不得推择为吏,又不能治生商贾,常从人寄饮食,人多厌之者。常数从其下乡南昌亭长寄食,数月,亭长妻患之,乃晨炊蓐食。时信往,不为具食。信亦知其意,怒,因绝去。信钓于城下,诸母漂,有一母见信饥,饭信,终漂数十日。信喜,谓漂母曰:"吾必有以重报母。"母怒曰:"大丈夫不能自食,吾哀王孙而进食,岂望报乎?"淮阴屠中少年有侮信者,曰:"若虽长大,好带刀剑,中情怯耳。"众辱之曰:"信能死,刺我;不能死,出我胯下。"于是信熟视之,俯出袴下,蒲伏。一市人皆笑信,以为怯。

　　及项梁渡淮,信杖剑从之,居麾下,无所知名。项梁败,又属项羽,以为郎中。数以策干项羽,不用。汉王之入蜀,信亡楚归汉,未得知名,为连敖。坐法当斩,其辈十三人皆已斩,次至信,信乃仰视,适见滕公,曰:"上不欲就天下乎?何为斩壮士?"滕公奇其言,壮其貌,释而不斩,与语,大说之。言于上,上拜以为治粟都尉,上未之奇也。

　　信数与萧何语,何奇之。至南郑,诸将行道亡者数十人。信度何等已数言上,上不我用,即亡②。何闻信亡,不及以闻,自追之。人有言上曰："丞相何亡。"上大怒，如失左右手。居一二日，何来谒上，上且怒且喜，骂何曰："若亡，何也？"何曰："臣不敢亡也，臣追亡者尔。"上曰："若所追者谁何？"曰："韩信也。"上复骂曰："诸将亡者以十数，公无所追；追信，诈也。"何曰："诸将易得耳，至如信者，国士无双。王必欲长王汉中，无所事信；必欲争天下，非信无可与计事者。顾王策安所决耳。"王曰："吾亦欲东耳，安能郁郁久居此乎？"何曰："王计必欲东，能用信，信即留；不能用信，信终亡耳。"王曰："吾为公以为将。"何曰："虽为将，信必不留。"王曰："以为大将。"何曰："幸甚。"于是王欲召信拜之。何曰："王素慢无礼，今拜大将如呼小儿耳，此乃信所以去也。王必欲拜之，择良日，斋戒，设坛场，具礼，乃可耳。"王许之。诸将皆喜，人人各自以为得大将。至拜大将，乃韩信也，一军皆惊。信拜礼毕，上坐。王曰："丞相数言将军，将军何以教寡人计策？"信谢，因问王曰："今东乡争权天下，岂非项王邪？"汉王曰："然。"曰："大王自料勇悍仁强孰与项王？"汉王默然良久，曰："不如也。"信再拜贺曰："惟信亦以为大王不如也。然臣尝事之，请言项王之为人也。项王喑恶叱咤，千人皆废，然不能任属贤将。此特匹夫之勇耳。项王见人恭谨慈爱，言语呕呕，人有疾病，涕泣分食饮；至使人有功当封爵者，印刓③弊，忍不能予。此所谓妇人之仁也。项王虽霸天下，不居关中而都彭城。所过无不残灭，天下多怨，百姓不亲附，特劫于威强耳。名虽为霸，实失天下心，故曰其强易弱。今大王诚能反其道，任天下武勇，何所不诛！以天下城邑封功臣，何所不服！以义兵从思东归之士，何所不散！且三秦王为秦将，将秦子弟数岁矣，所杀亡不可胜计；又欺其众降诸侯，至新安，项王诈坑秦降卒二十余万，唯独邯、欣、翳得脱。秦父兄怨此三人，痛入骨髓。今楚强以威王此三人，秦民莫爱也。大王之入武关,秋毫无所害,除秦苛法,与秦民约法三章耳,秦民无不欲得大王王秦者。于诸侯之约,大王当王关中,关中民咸知之。大王失职入汉中,秦民无不恨者。今大王举而东,三秦可传檄④而定也。"于是汉王大喜,自以为得信晚。汉王举兵东出陈仓,定三秦。二年,出关,收魏、河南,令齐、赵共击楚。至彭城,汉兵败散而还,信复发兵与汉王会荥阳,复击破楚京、索间,以故楚兵不能西。汉之败却彭城,魏王豹谒归视亲疾,至国,即绝河关反汉,与楚约和。汉王使郦生说豹,不下。以信为左丞相,击魏。信问郦生:"魏得毋用周叔为大将乎?"曰:"柏直也。"信曰:"竖子耳。"

魏王盛兵蒲坂,塞临晋,信乃益为疑兵陈船欲渡临晋,而伏兵从夏阳以木罂缶渡军,袭安邑。魏王豹惊,引兵迎信,信遂虏豹,定魏为河东郡。使人请汉王:"愿益兵三万人,臣请以北举燕、赵,东击齐,南绝楚之粮道,西与大王会于荥阳。"汉王遣张耳与信俱引兵东北击赵、代,破代兵,禽夏说阏与。信之下魏破代,汉辄使人收其精兵,诣荥阳以距楚。信与张耳以兵数万,欲东下井陉击赵。赵王、成安君陈余闻汉且袭之也,聚兵井陉口,号称二十万。广武君李左车说成安君曰:"闻汉将韩信涉西河,虏魏王,禽夏说,新喋血阏与,议欲下赵,此乘胜而去国远斗,其锋不可当。臣闻千里馈粮,士有饥色,樵苏后爨⑤,师不宿饱。今井陉之道,车不得方轨,骑不得成列,行数百里,其势粮食必在其后。愿足下假臣奇兵三万人,从间路绝其辎重;足下深沟高垒,坚营勿与战。彼前不得斗,退不得还,吾奇兵绝其后,使野无所掠,不至十日,而两将之头可致于麾下。愿君留意臣之计。否,必为二子所禽矣。"成安君,儒者也,常称义兵不用诈谋奇计,曰:"吾闻兵法:十则围之,倍则战之。今韩信兵号数万,其实不过数千,能千里而袭我,亦已罢极。今如此避而不击,后有大者，何以加之？则诸侯谓吾怯，而轻来伐我。"不听广武君策，广武君策不用。

韩信使人间视，知其不用，还报，则大喜，乃敢引兵遂下，未至井陉口三十里，止舍。半夜传发，选轻骑二千人，持一赤帜，从间道萆山而望赵军，诫曰："赵见我走，必空壁逐我，若疾入赵壁，拔赵帜，立汉赤帜。"令其裨将传飧，曰："今日破赵会食！"诸将皆莫信，佯应曰："诺。"谓军吏曰："赵已先据便地为壁，且彼未见吾大将旗鼓，未肯击前行，恐吾至阻险而还。"信乃使万人先行，出，背水陈⑥。赵军望见而大笑。平旦，信建大将之旗鼓，鼓行出井陉口，赵开壁击之，大战良久。于是信、张耳佯弃鼓旗，走水上军。水上军开入之，复疾战。赵果空壁争汉鼓旗，逐韩信、张耳。韩信、张耳已入水上军，军皆殊死战，不可败。信所出奇兵二千骑，共候赵空壁逐利，则驰入赵壁，皆拔赵旗，立汉赤帜二千。赵军已不胜，不能得信等，欲还归壁，壁皆汉赤帜，而大惊，以为汉皆已得赵王将矣，兵遂乱，遁走。赵将虽斩之，不能禁也。于是汉兵夹击，大破虏赵军，斩成安君泜水上，禽⑦赵王歇。

信乃令军中毋杀广武君，有能生得者购千金。于是有缚广武君而致麾下者，信乃解其缚，东乡坐，西乡对，师事之。诸将效首虏，休毕贺，因问信曰："兵法右倍山陵，前左水泽，今者将军令臣等反背水陈，曰破赵会食，臣等不服。然卒以胜，此何术也。"信曰："此在兵法，顾诸君不察耳。兵法不曰陷之死地而后生，置之亡地而后存？且信非得素拊循士大夫也，此所谓驱市人而战之，其势非置之死地，使人人自为战。今予之生地，皆走，宁尚可得而用之乎！"诸将皆服曰："善，非臣所及也。"

于是信问广武君曰："仆欲北攻燕，东伐齐，何若而有功？"广武君辞谢曰:"臣闻'败军之将,不可以言勇;亡国之大夫,不可以图存'。今臣败亡之虏,何足以权大事乎?"信曰:"仆闻之:百里奚居虞而虞亡,在秦而秦霸,非愚于虞而智于秦也,用与不用,听与不听也。诚令成安君听足下计,若信者亦已为禽矣。以不用足下,故信得待耳。"因固问曰:"仆委心归计,愿足下勿辞。"广武君曰:"臣闻'智者千虑,必有一失;愚者千虑,必有一得'。臣计本不足用,愿效愚忠。夫成安君有百战百胜之计,一旦而失之,军败鄗下,身死泜水上。今将军涉西河,虏魏王,禽夏说,一举下井陉,不终朝破赵二十万众,诛成安君,名闻海内,威震天下。若此,将军之所长也。然而众劳卒罢⑧,其实难用。今将军欲举倦弊之兵,顿之燕坚城之下,欲战恐久力不能拔,情见势屈,旷日粮竭,而弱燕不服,齐必距境以自强也。燕齐相持而不下,则刘项之权未有所分也。若此者,将军所短也。故善用兵者不以短击长,而以长击短。"韩信曰:"然则何由?"广武君对曰:"方今为将军计,莫如按甲休兵,镇赵抚其孤,百里之内,牛酒日至,以飨士大夫醳⑨兵,北首燕路。而后遣辩士奉咫尺之书,暴其所长于燕,燕必不敢不听从。燕已从,使喧言者东告齐,齐必从风而服。虽有智者,亦不知为齐计矣。如是,则天下事皆可图也。兵固有先声而后实者,此之谓也。"韩信曰:"善。"从其策,发使使燕,燕从风而靡。乃使使报汉,因请立张耳为赵王,以镇抚其国。汉王许之。楚方急围汉王于荥阳,汉王南出,之宛、叶间,得黥布,走入成皋,楚又复急围之。汉王出成皋,东渡河,独与滕公俱,从张耳军修武。至,宿传舍。晨自称汉使,驰入赵壁。张耳、韩信未起,即其卧内上夺其印符,以麾⑩召诸将,易置之。信、耳起,乃知汉王来,大惊。汉王夺两人军,即令张耳备守赵地,韩信为相国,收赵兵未发者击齐。

信引兵东，未渡平原，闻汉王使郦食其已说下齐，韩信欲止。范阳辩士蒯通说信曰："将军受诏击齐，而汉独发间使下齐，宁有诏止将军乎？何以得毋行也！且郦生一士，伏轼掉三寸之舌，下齐七十余城；将军将数万众，岁余乃下赵五十余城。为将数岁，反不如一竖儒之功乎？"于是信然之，从其计，遂渡河。齐已听郦生，即留纵酒，罢备汉守御。信因袭齐历下军，遂至临菑。齐王田广以郦生卖己，乃烹之，而走高密，使使之楚请救。韩信已定临菑，遂东追广至高密西。楚亦使龙且将，号称二十万，救齐。

齐王广、龙且并军与信战，未合，人或说龙且曰："汉兵远斗穷战，其锋不可当；齐、楚自居其地战，兵易败散。不如深壁，令齐王使其信臣招所亡城，亡城闻其王在，楚来救，必反汉。汉兵二千里客居，齐城皆反之，其势无所得食，可无战而降也。"龙且曰："吾平生知韩信为人，易与耳。寄食于漂母，无资身之策；受辱于袴下，无兼人之勇。不足畏也。且夫救齐，不战而降之，吾何功？今战而胜，齐之半可得，何为止？"遂战，与信夹潍水陈。韩信乃夜令人为万余囊，满盛沙，壅水上流，引军半渡击龙且，佯不胜，还走。龙且果喜曰："固知信怯也。"遂追信渡水。信使人决壅囊，水大至。龙且军大半不得渡，即急击，杀龙且。龙且水东军散走，齐王广亡去。信平齐，使人言汉王曰："齐伪诈多变反覆之国也，南边楚，不为假王以镇之，其势不定，愿为假王便。"当是时，楚方急围汉王于荥阳，韩信使者至，发书，汉王大怒，骂曰："吾困于此，旦暮望若来佐我，乃欲自立为王！"张良、陈平蹑⑪汉王足，因附耳语曰："汉方不利，宁能禁信之王乎？不如因而立，善遇之，使自为守。不然，变生。"汉王亦悟，因复骂曰："大丈夫定诸侯，即为真王耳，何以假为！"乃遣张良往立信为齐王，发其兵击楚。

楚已亡龙且，项王恐，使武涉往说齐王信曰："天下共苦㊷秦久矣，相与戮力击秦。秦已破，计功割地，分土而王之，以休士卒。今汉王复兴兵而东，其意非尽吞天下者不休，其不知厌足如是甚也。且汉王不可必，身居项王掌握中数矣，项王怜而活之。然得脱，辄倍约，复击项王，其不可亲信如此。今足下虽自以与汉王为厚交，为之尽力用兵，终为之所禽矣。足下所以得须臾至今者，以项王尚存也。当今二王之事，权在足下。足下左投则汉王胜，右投则项王胜。项王今日亡，则次取足下。足下与项王有故，何不反汉与楚连和，三分天下而王之？今释此时，而自必于汉以击楚，且为智者固若此乎！"韩信谢曰："臣事项王，官不过郎中，位不过执戟，言不听，画不用，故倍楚而归汉。汉王授我上将军印，予我数万众，解衣衣我，推食食我，言听计用，故吾得以至于此。幸与信谢项王！"武涉已去，齐人蒯通知天下权在韩信，欲为奇策而感动之，以相人说韩信曰："相君之面，不过封侯，又危不安。相君之背，贵乃不可言。"韩信曰："何谓也？"蒯通曰："当今两主之命悬于足下：足下为汉则汉胜，与楚则楚胜。臣愿效愚计，恐足下不能用也。诚能听臣之计，莫若两利而俱存之，三分天下，鼎足而居，其势莫敢先动。夫以足下之贤圣，有甲兵之众，据强齐，从燕、赵，出空虚之地而制其后，因民之欲，西乡为百姓请命，则天下风走而响应矣。盖闻天与弗取，反受其咎；时至不行，反受其殃。愿足下熟虑之。"韩信曰："汉王遇我甚厚，吾岂可以乡利背义乎？"蒯通曰："常山王、成安君为布衣时，相与为刎颈之交。后争张黡㊸、陈泽之事，二人相怨。常山王杀成安君泜水之南，头足异处，卒为天下笑。此二人相与，天下至欢也。然而卒相禽者，何也？患生于多欲，而人心难测也。今足下欲行忠信，以交于汉王，必不能固于二君之相与也，而事多大于张黡、陈泽。故臣以为足下必汉王之不危已，亦误矣。大夫种、范蠡存亡越，霸勾践，立功成名而身死亡。野兽已尽，而猎狗烹。夫以交友言之，则不如张耳之与成安君者也以忠信言之，则不过大夫种、范蠡之于勾践也。且臣闻勇略震主者身危，而功盖天下者不赏。今足下戴震主之威，挟不赏之功，归楚，楚人不信；归汉，汉人震恐。足下欲持是安归乎？夫势在人臣之位，而有震主之威，窃为足下危之。"韩信犹豫不忍背汉，又自以为功多，汉终不夺我齐，遂谢蒯通。汉王追项羽至阳夏南，止军与齐王信、魏相国越期会击楚。至固陵，不会。楚击汉军，大破之。汉王复入壁，深堑而守，谓张良曰："诸侯不从，奈何？"

张良曰："楚兵且破，未有分地，其不至固宜。君王能与共天下，可立致也。齐王信之立，非君王意，信亦不自坚。彭越本定梁地，始君王以魏豹故拜越为相国，今豹死，越亦望王，而君王不早定。今能取睢阳以北至谷城皆以王越，从陈以东傅海与信。捐此地以许两人，使各自为战，则楚易败也。"于是，汉王发使使信、越皆引兵来。项羽已破，高祖袭夺齐王军，徙齐王信为楚王，都下邳。信至国，召所从食漂母，赐千金。及下乡南昌亭长，赐百钱，曰："公小人也，为德不卒。"召辱己之少年令出下者，以为楚中尉，告诸将相曰："此壮士也。方辱我时，我宁不能杀之邪？杀之无名，故忍而就于此。"信初之国，行县邑，陈兵出入。人有上书告楚王信反。高帝以陈平计，天子巡狩发使告诸侯会陈："吾将游云梦。"实欲袭信。信谒高祖于陈，上令武士缚信，载后车。信曰："果若言'狡兔死，良狗烹；高鸟尽，良弓藏；敌国破，谋臣亡'。天下已定，我固当烹！"上曰："人告公反。"遂械⑭系信。至洛阳，赦信罪，以为淮阴侯。

信由此日怨望，居常怏怏⑮，羞与绛、灌等列。信尝过樊将军哙，哙跪拜送迎，言称臣，曰："大王乃肯临臣！"信出门，笑曰："生乃与哙等为伍！"上常从容与信言诸将能不，各有差。上问曰："如我能将几何？"信曰："陛下不过能将十万。"上曰："于君何如？"曰："臣多多而益善耳。"上笑曰："多多益善，何为为我禽？"信曰："陛下不能将兵，而善将将，此乃信之所以为陛下禽也。且陛下所谓天授，非人力也。"

陈豨拜为钜鹿守，辞于淮阴侯。淮阴侯挈其手，辟左右，与之步于庭，仰天叹曰："子可与言乎？欲与子有言也。"豨曰："唯将军令之。"淮阴侯曰："公所居，天下精兵处也；而公，陛下之信幸臣也。人言公之畔，陛下必不信；再至，陛下乃疑矣；三至，必怒而自将。吾为公从中起，天下可图也。"陈豨果反，上自将而往，信病不从。乃谋与家臣夜诈诏赦诸官徒奴，欲发以袭吕后、太子。其舍人得罪于信，信因欲杀之。舍人弟上变，吕后与萧相国谋，诈令人从上所来，言豨已得死，列侯群臣皆贺。相国绐信曰："虽疾，强入贺。"信入，吕后使武士缚信斩之。

孙子曰："校之以计而索⑯其情。"信料楚汉之长短。又曰："远而示之近。"信陈兵临晋而渡于夏阳。又曰："入深则专，十人不克。"信去国远斗，其锋不可当。又曰："置之死地而后生。"信使万人出，背水陈。又曰："不战而屈人之兵。"信暴其所长，燕从风而靡。又曰："半渡而击之，利。"信决潍水而斩龙且是也。

【注释】

① 布衣：平民，老百姓。

② 亡：逃亡。

③ 刓（wán）：圆钝无棱角的样子。

④ 檄：古代用来声讨、征召的文书。

⑤ 爨（cuàn）：烧火做饭。

⑥ 陈：通"阵"。

⑦ 禽：捕捉。

⑧ 罢（pí）：通"疲"，疲劳。

⑨ 醳（yì）：赏赐酒食。

⑩ 麾：指挥作战用的旗子。

⑪ 蹑：踩。

⑫ 苦：痛苦，这里是指受……的痛苦。

⑬ 黡（yǎn）：黑痣。这里用作人名。

⑭ 械：桎梏（gù），脚镣和手铐。

⑮ 怏怏：不满意，不服气。

⑯ 索：寻找，探求。

【今译】

韩信是淮阴人。韩信早先是平民百姓的时候，贫穷，品行不好，既不能被推选去做官，又不能做生意维持生活，经常寄人篱下，吃闲饭，人们大多厌恶他。他曾经多次到南昌乡下的亭长那里蹭饭吃，一连数月，亭长的妻子嫌恶他，就在早晨提前做好饭在床上吃掉。等韩信来的时候，不再准备饭食。韩信也明白他们的用意，一怒之下，离去不再回来。韩信在城下钓鱼，有几位老大妈漂洗衣服，其中一位老大妈看见韩信饿了，就拿出饭给韩信吃，几十天都如此，直到她漂洗完衣服。韩信很高兴，对那位老大妈说："有机会我一定重重地报答老人家。"老大妈生气地说："大丈夫不能养活自己，我是可怜你才给你饭吃，难道是希望得到报答吗？"淮阴的屠户中有个年轻人侮辱韩信说："你虽然长得高大，喜欢带刀佩剑，其实内心里是个胆小鬼。"又当众侮辱他说:"你要不怕死,就拿剑刺我;如果怕死,就从我胯下爬过去。"于是韩信仔细地打量了他一番,低下身去,从他的胯下爬了过去。满街的人都嘲笑韩信,认为他胆小。

等到项梁率军渡过了淮河,韩信持剑追随了他,但在项梁部下里没有名气。项梁战败,韩信又投奔了项羽,项羽让他做了郎中。他屡次向项羽献策,项羽均没有采纳。汉王刘邦进入蜀地,韩信从楚国出逃投奔了汉王。因为没有什么名声,只做了接待宾客的小官。韩信犯法被判处斩刑,同辈十三人都被斩杀了,轮到韩信时,他抬头向上看,正好看见滕公,说:"汉王不想成就统一天下的功业吗?为什么要斩壮士!"滕公感到他的话不同凡响,见他相貌堂堂,就释放了他,滕公和韩信交谈,非常欣赏他。滕公将韩信举荐给了汉王,汉王任命韩信为治粟都尉,可是并没有察觉他有什么出奇超众的才能。

韩信多次跟萧何交谈,萧何认为他是奇才。汉王的军队到达南郑时,在半路上逃跑的将领有几十人。韩信揣测萧何等人已多次向汉王举荐自己,汉王不予任用,他也就逃走了。萧何听说韩信逃跑了,顾不上报告汉王,亲自前去追赶他。有人报告汉王说:"丞相萧何逃跑了。"汉王大怒,如同失去了左右手。过了一两天,萧何来拜见汉王,汉王又是恼怒又是高兴,对萧何骂道:"你为什么逃跑?"萧何说:"微臣我可不敢逃跑,我是去追赶逃跑的人。"汉王问:"你追赶的人是谁?"回答说:"是韩信。"汉王又骂道:"各路将领逃跑了几十人,你一个也没去追;却去追韩信,骗人的吧。"萧何说:"那些将领容易得到。至于像韩信这样的杰出人物,普天之下找不出第二个人了。陛下要长期在汉中称王,可以用不着韩信,要想争夺天下,除了韩信就再没有可以和您计议大事的人了。就看陛下怎么下决定了。"汉王说:"我是要向东发展啊,怎么能一直待在这里呢?"萧何说:"陛下有决心向东发展的计划，若能重用韩信，韩信就会留下来，若不能，韩信终究是要逃走的。"汉王说："看在你的份上，我让他做个将军。"萧何说："即使是做将军，韩信一定不肯留下。"汉王说："任命他做大将军。"萧何说："非常好。"于是汉王想把韩信召来任命他。萧何说："陛下向来对人轻慢，不讲礼节，如今任命大将军就像呼喊小孩子一样。这就是韩信要离去的原因啊。若陛下决心任命他，要选择良辰吉日，亲自进行斋戒，设置高坛和广场，礼仪准备完备，才可以呀。"汉王答应了萧何的要求。众将领都很高兴，人人都以为自己要被任命为大将军了。等到任命大将军时，被任命的竟然是韩信，全军都感到惊讶。任命韩信的仪式行礼结束后，汉王就座。汉王说："丞相多次向我举荐将军，将军用什么计策指点我呢？"韩信谢过汉王，趁势问汉王："如今在东边争夺天下的霸权，难道不是项王吗？"汉王说："是。"韩信说："大王自己估计在勇敢、强悍、仁厚、兵力方面与项王相比，谁更强大？"汉王沉默了好长时间，说："我比不上项王。"韩信又拜了拜，赞成地说："我也认为陛下比不上他呀。然而，我曾经侍奉过他，请让我说说项王的为人吧。项王震怒咆哮时，吓得上千人都不敢动，但项王不懂任用有才能的将领，这只不过是匹夫之勇罢了。项王待人恭敬慈爱，言谈温和，遇有生病的人，他会流着眼泪将自己的食物分给他；等到有人立下战功，该加封晋爵时，项王会把刻好的大印放在手里玩摸直至失去棱角，也舍不得给予他人，这就是人们所说的女人之仁慈。项王虽然称霸了天下，但他不选择关中而选彭城为都城。项王军队所经过的地方，没有不遭到摧残毁灭的，天下百姓大都怨恨他，百姓都不愿亲近他，归附他，只不过是迫于其威势而已。项王名义上虽然是霸主，实际上却失去了民心。所以说他的优势很容易转化为劣势。如今陛下若能够反其道而行，任用天下英勇善战的人才，还有谁不能被消灭呢？陛下您将天下的城邑分封给有功之臣，又有谁不服从呢？打着正义之师的旗号，顺从官兵们东归的心愿，又有什么样的敌人不能被击败呢？况且项羽分封的三个王侯，原来都是秦国的将领，率领秦国的人民打了好几年仗，战死和逃跑的人多到无法计算，项羽又欺骗秦军将士向诸侯投降，到达新安时，项王使诈活埋了已投降的二十多万秦军将士，唯独章邯、司马欣和董翳得以逃脱。秦国的广大百姓对这三个人可谓恨之入骨。而今项羽凭借威势，强行封立这三个人为王，秦国的百姓不会爱戴他们。而陛下进入武关，没有做任何损害百姓的事，废除了秦朝的严酷法令，还与秦地百姓约法三章，秦地百姓没有不想陛下在秦地称王的。根据和诸侯订立的约定，大王理应在关中称王，关中的百姓都知道这件事，大王丧失了应得的爵位进入汉中，秦地百姓对此都感到愤愤不平。如今大王带领军队向东挺进，只要一道文书就可平定三秦之地。"于是汉王特别高兴，认为和韩信相见恨晚。汉王出兵经陈仓向东挺进，平定了三秦之地。汉二年（前205年），汉王率兵出函谷关，拿下了魏、河南之地，汉王又联合齐、赵军队一同攻打楚军。攻至彭城，汉军战败，溃散而回。韩信再次出兵与汉王在荥阳会合，在京县、索亭之间又击败楚军。因此楚军始终不能西进。汉军在彭城败退之后，魏王豹以探望病中亲人为由请假回乡，一回到封属国，立即切断黄河渡口临晋关的交通要道，反叛汉王，与楚军订立和约。汉王派郦生游说魏王豹，没有成功。汉王任命韩信为左丞相，攻打魏王豹。韩信问郦生："魏王会不会任命周叔为大将军呢？"郦生说："会任命柏直。"韩信说："他不过是毛头小子罢了。"

魏王把主力部队驻扎在蒲坂，堵塞了黄河渡口临晋关。韩信于是增设疑兵，故意排列开战船，假装要在临晋关渡河，而隐蔽的部队却从夏阳用木制的盆瓮浮水渡河，偷袭安邑。魏王豹惊慌失措，带领军队迎击韩信，韩信将其俘虏。平定魏地后改为河东郡。韩信派人请示汉王："希望增兵三万人，我请求向北进发攻打赵、代两国，击败代军，在南面断绝楚军粮道，向西在荥阳和陛下会师。"汉王派张耳和韩信一起，领兵向东北进发，攻打赵国和代国。汉军击败了代国军队，在阏与生擒了夏说。韩信攻克魏国，摧毁代国后，汉王就立刻派人调走韩信的精锐部队，调往荥阳去抵御楚军。韩信和张耳率领几十万人马，想要突破井陉口，攻击赵国。赵王和成安君陈余听说汉军将要来袭击赵国，在井陉口聚集兵力，号称有二十万大军。广武君李左车向成安君献计说："听说韩信渡过西河，俘虏魏王豹，生擒夏说，新近血洗阏与，计议要夺取赵国。这是乘胜利的锐气在本国外远征作战，其锋芒不可阻挡。可是，我听说千里运送粮饷，士兵们就会面带饥色，临时砍柴割草烧火做饭，军队就不能得到休息，吃不上饭。眼下井陉这条道路，两辆战车不能并行，骑兵不能排成行列，行进的军队连绵数百里，运粮食的队伍势必远远地落到后边，希望您临时拨给我奇兵三万人，从隐蔽小路拦截他们的粮草，您就深挖战壕，高筑营垒，坚守军营，不与交战。他们向前不得进攻，向后无法退却，我出奇兵截断他们的后路，使他们在荒野什么东西也抢掠不到，用不了十天，汉军两将的人头就可送到将军帐下。希望您仔细考虑我的计策。否则，您一定会被他二人俘虏。"成安君是信奉儒家学说的刻板书生，经常宣称正义的军队不用欺骗诡计，他说："我听说兵书上讲，兵力十倍于敌人，就可以包围敌人，超过敌人一倍就可以交战。现在韩信的军队号称数万，实际上不过数千，竟敢跋涉千里来袭击我们，已经极其疲惫。如今像这样回避不出击，强大的后续部队到来，又怎么对付呢？诸侯们会认为我胆小，就会轻易地来攻打我们。"他不听从广武君的建议，不采纳广武君的计谋。

韩信派间谍暗中打探，了解到赵军没有采纳广武君的计谋，回来报告，韩信大喜，才敢领兵进入井陉狭道。离井陉口还有三十里，停下来宿营。半夜传令出发，挑选了两千名轻装骑兵，每人拿一面红旗，从隐蔽小道上山，在山上隐蔽观察赵国军队。韩信告诫说："交战时，赵军见我军败逃，一定会倾巢出动追赶我军，你们火速冲进赵军的营垒，拔掉赵军的旗帜，竖起汉军的红旗。"又让副将传达开饭的命令。说："今天打垮了赵军举行大宴。"将领们都不相信，假意回答道："好。"韩信对手下军官说："赵军已先占据了有利地形筑造了营垒，他们看不到我们的大将军旗帜，就不会攻击我军的先头部队，怕我们到了险要的地方退回去。"韩信就派出一万人为先头部队，出了井陉口，背靠河水摆开战斗队列。赵军远远望见，大笑不止。天刚蒙蒙亮，韩信设置起大将军的旗帜，擂鼓开出井陉口。赵军打开营垒攻击汉军，激战了很长时间。这时，韩信和张耳假装抛旗弃鼓，逃回河边的阵地。河边阵地的部队打开营门放他们进去，然后再和赵军激战。赵军果然倾巢出动，争夺汉军的旗鼓，追逐韩信、张耳。韩信、张耳已进入河边阵地。全军殊死奋战，赵军无法把他们打败。韩信预先派出去的两千轻骑兵，等到赵军倾巢出动去追逐战利品的时候，就火速冲进赵军空虚的营垒，把赵军的旗帜全部拔掉，竖立起汉军的两千面红旗。这时，赵军已不能取胜，又不能俘获韩信等人，想要退回营垒，却发现营垒插满了汉军的红旗，大为震惊，以为汉军已经全部俘获了赵王的将领，于是军队大乱，纷纷落荒潜逃，赵将即使诛杀逃兵，也不能禁止将士逃跑。于是汉兵前后夹击，彻底摧垮了赵军，在河边斩杀了成安君，在泜水岸边生擒了赵王歇。

韩信传令全军，不要杀害广武君，有能活捉他的赏给千金。于是就有人捆着广武君送到军营，韩信亲自给他解开绳索，请他面向东坐，自己面向西对坐着,像对待老师那样对待他。众将献上首级和俘虏,向韩信祝贺,趁机向韩信发问:"兵法上说'行军布阵应该右边和背后靠山,前边和左边临水'。这次将军反而令我们背水列阵,说'打垮了赵军举行大宴',我等并不信服,然而竟真取得了胜利,这是什么战术啊?"韩信回答说:"这也写在兵法上,只是诸位没留心罢了。兵法上不是说'陷之死地而后生,置之亡地而后存'吗?况且我平时没有得到机会训练诸位将士,这也就是所说的'赶着街市上的百姓去打仗',在这种形势下不得不把将士们置之死地,使人人为保全自己而战不可;如果给他们留有生路,就都逃跑了,怎么还能用他们打仗并取胜呢?"将领们都佩服地说:"好。将军的谋略不是我们所能赶得上的呀。"

于是韩信问广武君说:"我要向北攻打燕国,向东讨伐齐国,怎么办才能成功呢?"广武君推辞致谢,说:"我听说'打了败仗的将领,没资格谈论勇敢,亡了国的大夫没有资格谋划国家的生存'。而今我是兵败国亡的俘虏,有什么资格计议大事呢?"韩信说:"我听说,百里奚在虞国而虞国灭亡了,在秦国而秦国却能称霸,这并不是因为他在虞国愚蠢,而到了秦国就聪明了,而在于国君任用不任用他,采纳不采纳他的意见。果真让成安君采纳了你的计谋,像我韩信也早被生擒了。因为没采纳您的计谋,所以我才能够侍奉您啊。"韩信坚决请教说:"我真心听从您的计谋,希望您不要推辞。"广武君说:"我听说'智者千虑,必有一失;愚者千虑,必有一得'。只恐怕我的计谋不足以采用,但我愿献愚诚,忠心效力。成安君本来有百战百胜的计谋,一念之间失去了它,导致军队在鄗城之下战败,自己在泜水之上阵亡。而今将军横渡西河,俘虏魏王,在阏与生擒夏说,一举攻克井陉,用不到一早晨的时间就打垮了赵军二十万,诛杀了成安君。名声传扬四海，声威震动天下。像这些，都是将军在策略上的长处。然而，眼下百姓劳苦，士卒疲惫，很难用以作战。如果将军带领疲惫的军队，停留在燕国坚固的城池之下，恐怕作战时间过长，力量不足，不能攻克城池。实情暴露，威势就会减弱，旷日持久，粮食耗尽，而弱小的燕国不肯降服，齐国一定会拒守边境，以图自强。燕、齐两国坚持不肯降服，那么，刘项双方的胜负就不能断定。像这样，就是将军战略上的短处。所以，善于带兵打仗的人不拿自己的短处攻击敌人的长处，而是拿自己的长处去攻击敌人的短处。"韩信说："虽然如此，那么应该怎么办呢？"广武君回答说："如今我为将军打算，不如按兵不动，安定赵国的社会秩序，抚恤阵亡将士的遗孤。方圆百里之内，用每天送来的牛肉美酒，犒劳将士。摆出向北进攻燕国的姿态。而后派出说客，拿着书信，到燕国显示自己战略上的长处，燕国必不敢不听从。燕国顺从之后，再派说客往东劝降齐国。齐国就会闻风而降服。即使有聪明睿智的人，也不知该怎样替齐国谋划了。如果这样，那么，夺取天下的大事就可以计议了。用兵本来就有先虚张声势，而后采取实际行动的，我说的就是这种情况。"韩信说："好。"听从了他的计策。派遣使者出使燕国，燕国听到消息果然立刻降服。韩信于是派人报告汉王，并请求立张耳为赵王，用以镇抚赵国。汉王答应了他的请求，就封张耳为赵王。楚军赶紧将汉王围困在荥阳，汉王从南面突围，到宛县、叶县一带，接纳了黥布，奔入成皋，楚军又急忙包围了成皋。六月间，汉王逃出成皋，向东渡过黄河，只有滕公相随，前往张耳驻在修武的军队。一到，就住进客馆里。第二天早晨，他自称是汉王的使臣，骑马奔入赵军的营垒。韩信、张耳还没有起床，汉王就在他们的卧室里夺取了他们的印信和兵符，用军旗召集众将，更换了他们的职务。韩信、张耳起床后，才知道汉王来了，大为震惊。汉王夺取了他二人统率的军队,命令张耳防守赵地,任命韩信为国相,让他集合赵国还没有发往荥阳的部队,去攻打齐国。

韩信领兵向东进发,还没渡过平原津,听说汉王派郦食其已经说服齐王归顺了。韩信打算停止进军。范阳说客蒯通规劝韩信说:"将军是奉诏攻打齐国,汉王只不过暗中派遣一个密使游说齐国投降,难道有诏令让将军停止进攻吗?为什么不进军呢?况且郦生不过是个读书人,坐着车子,鼓动三寸之舌,就收服齐国七十多座城邑。将军率领数万大军,一年多的时间才攻克赵国五十多座城邑。为将多年,反不如一个读书人的功劳吗?"于是韩信认为他说得对,听从他的计策,就率军渡过黄河。齐王已经听从了郦生的规劝,挽留郦生开怀畅饮,撤除了防备汉军的军队。韩信乘机突袭齐国属下的军队,很快就打到国都临菑。齐王田广认为被郦生出卖了,就把他煮死,而后逃往高密,派出使者前往楚国求救。韩信平定临菑以后,就向东追赶田广,一直追到高密城西。楚国也派龙且为将军率领大军,号称有二十万,前来救援齐国。

齐王田广和龙且的部队合兵一起与韩信作战,还没交锋,有人规劝龙且说:"汉军远离国土,拼死作战,其锋芒锐不可当。齐楚两军在本乡本土作战,士兵容易逃散。不如深沟高垒,坚守不出。让齐王派他的亲信大臣去安抚已经沦陷的城邑,这些城邑的官吏和百姓知道他们的国王还在,楚军又来援救,一定会反叛汉军。汉军客居在本国两千里之外的城邑,齐国城邑的人都纷纷起来反叛他们,那势必得不到粮食,这就可以迫使他们不战而降。"龙且说:"我一向了解韩信的为人,容易对付他。他在漂洗衣服的老大妈那里蹭饭吃,没有养活自己的办法;在他人胯下受到侮辱,没有以一敌众的勇气,没什么可畏惧害怕的。而且援救齐国,不战而使韩信投降,我还有什么功劳?

如今战胜他，齐国一半土地可以分封给我，为什么不打？"于是决定开战，与韩信隔着潍水摆开阵势。韩信下令连夜赶做一万多口袋，装满沙土，堵住潍水上游，带领一半军队渡过河去，攻击龙且，假装战败，往回跑。龙且果然高兴地说："本来我就知道韩信胆小害怕。"于是就渡过潍水追赶韩信。韩信下令挖开堵塞潍水的沙袋，河水汹涌而来，龙且的军队一多半还没渡过河去，韩信立即回师猛烈反击，杀死了龙且。龙且在潍水东岸尚未渡河的部队，见势四散逃跑，齐王田广也逃跑了。韩信就此平定了齐国，派人告诉汉王说："齐国是狡诈多变、反复无常的国家，南面的边境与楚国交界，不设立一个暂时代理的王侯来镇抚，局势一定不能稳定，希望允许我暂时代理齐王。"正当这时，楚军正在荥阳紧紧地围困着汉王，韩信的使者到了，上呈书信，汉王勃然大怒，骂道："我在这儿被围困，日夜盼着你来帮助我，你却想自立为王！"张良、陈平暗中踩汉王的脚，凑近汉王的耳朵说："目前汉军处境不利，怎么能禁止韩信称王呢？不如趁机册立他为王，很好地待他，让他自己镇守齐国。不然可能发生变乱。"汉王醒悟，又故意骂道："大丈夫平定了诸侯，就做真正的王侯罢了，何必做个暂时代理的王侯呢？"就派遣张良前往，册立韩信为齐王，征调他的军队攻打楚军。

楚军失去龙且后，项王害怕了，派盱眙人武涉前往规劝齐王韩信说："天下人受苦于秦朝的统治已经很久了，大家才合力攻打秦。秦朝破灭后，按照功劳裂土分封，各自为王，以便休兵罢战。如今汉王又兴师东进，他的意图是不吞并整个天下，不肯罢休，他不知满足，贪心到这个地步，太过分了。况且汉王不可信任，自身落到项王手中多次，是项王的怜悯使他活下来，然而一经逃脱，就背弃盟约，再次进攻项王。他是这样地不可亲近，不可信任。如今您即使自认为和汉王交情深厚，替他竭尽全力作战，最终还得被他所擒。您所以能够延续到今天，是因为项王还存在啊。当前刘、项争夺天下的胜败，举足轻重的是您。您向右边站，那么汉王胜，您向左边站，那么项王胜。假若项王今天被消灭，下一个就该消灭您了。您和项王有旧交情，为什么不反叛汉军与楚联合，三分天下自立为王呢？如今，放过这个时机，必然要站到汉王一边攻打项王，难道一个聪明睿智的人真应该这样做吗？"韩信辞谢说："我侍奉项王，做官不过郎中，职位不过是个持戟的卫士，项王不听从我的建议，不采纳我的计策，所以我背叛楚国而归顺汉王。汉王授予我上将军印，让我指挥几万人马，还脱下他身上的衣服给我穿，把好食物让给我吃，听从我的建议，采纳我的计策，所以我才能够有今天这样的建树。希望您替我辞谢项王的盛情！"武涉走后，齐国人蒯通知道决定天下胜负的关键在于韩信，想用奇计打动他，就用看人相的方法规劝韩信，说："看您的面相，位只不过封侯，而且还有危险。看您的背相，又贵不可言。"韩信说："你这话是什么意思呢？"蒯通说："当今刘、项二王的命运都握在您的手里。您协助汉王，汉王就胜利；协助楚王，楚王就胜利。我愿意披肝沥胆，敬献愚计，只恐怕您不采纳啊。若您果真能听从我的计策，不如让楚、汉双方都不受损害，同时存在下去，你和他们三分天下，形成鼎足而立的局面，就没有人敢轻举妄动了。凭借您的贤能圣德，拥有众多的人马装备，占据强大的齐国，迫使燕、赵屈从，出兵到刘、项两军的空虚地带，牵制他们的后方，顺应百姓的心愿，向西为军民百姓请求保全性命，那么，天下百姓将士就会迅速地群起而响应。我听说'苍天赐予的好处若不接受反而会受到惩罚；时机到了而不采取行动，反而要遭祸殃'。希望您仔细地考虑这件事。"韩信说："汉王给我的待遇很优厚，我怎么能够图谋私利而背信弃义呢！"蒯通说："当初常山王、成安君还是平民百姓时，结成可托付生死的交情，后来因为张黡、陈泽的事发生争执，使得二人彼此仇恨。常山王在泜水以南杀死了成安君，成安君身首异处，被天下人耻笑。这两个人的交情，可以说是天下最要好的。然而到头来，都想把对方置于死地，这是为什么呢？祸患产生于贪得无厌，而人心又难以猜测。如今您打算凭忠诚、信义与汉王结交，一定比不上张耳、陈余结交更巩固，而你们之间关联的事情又比张黡、陈泽的事重要得多，所以我认为您断定汉王不会迫害您自己，也是错误的。大夫文种、范蠡使濒临灭亡的越国保存下来，辅佐勾践称霸诸侯，功成名就之后文种自杀，范蠡逃亡。野兽已经打完了，猎犬就会被烹杀。以交情友谊而论，您和汉王就比不上张耳与成安君了，以忠诚信义而论也就赶不上大夫文种、范蠡与越王勾践了。况且我听说，勇敢、有谋略而使君主感到威胁的人，会有生命危险；而功勋卓著冠盖天下的人得不到赏赐。如今您据有威胁君主的威势，功绩极大，不能封赏。归附楚国，楚国人不信任；归附汉国，汉国人震惊恐惧。您带着这样大的功绩和声威，哪里是您可去的地方呢？身处臣子地位而有着使国君感到震动的威胁，我私下为您感到危险。"韩信犹豫再三不忍心背叛汉王，又自认为功劳大，汉王一定不会来和我争夺齐国，于是致谢了蒯通。汉王追击项羽至阳夏以南，停止追击后，和齐王韩信、魏王彭越相约合围楚军。汉王追击楚军至固陵（今河南淮阳西北），未能和韩信、彭越相会。楚军反击，汉王大败而归。汉王再次回到城中，深挖沟堑进行防守，对张良说："诸侯不听从我，怎么办呢？"

张良回答说："楚军就要被打垮了，韩信和彭越还没有得到分封的地盘，所以，他们不来当然是很自然的。汉王如果能和他们共分天下，就可以让他们立刻前来。如果不能，形势就难以预料了。汉王如果把睢阳以北到谷城的地方给彭越,将从陈县以东到海滨一带地方都给韩信。放弃这两处地方分给二人,使他们各自为战,那么楚军就容易被打败了。"于是汉王派出使者告诉韩信、彭越二人均带兵前来攻打项王。项羽被打败后,高祖用突然袭击的办法夺取了齐王的军权。改封齐王韩信为楚王,建都下邳。韩信到了下邳,召见曾经分给他饭吃的那位漂洗衣服的老大妈,赐给她黄金千两。又到下乡南昌亭亭长那里,赐给百贯铜钱,说:"你是个小人,做好事有始无终。"韩信召见曾经侮辱过自己、让自己从他胯下爬过去的年轻人,任用他做了楚军的一名中尉,并告诉各位将相说:"这是位壮士。当年侮辱我的时候,难道我真不能杀死他吗?但杀掉他没有意义,所以我忍受了一时的侮辱而成就了今天的功业。"韩信初到楚国,巡行所属县邑,进进出出都带着武装卫队。有人上书告发韩信谋反。高帝采纳陈平的计谋,假托天子外出巡视狩猎,派使臣通告各诸侯到陈县聚会,说:"我要巡视云梦泽。"其实是要袭击韩信。韩信到陈县朝拜高祖,皇上命令武士捆绑了韩信,押在随行的车上。韩信说:"果真像人们说的那样,狡兔死了,出色的猎狗就遭到烹杀;高空飞翔的鸟禽被打光了,优良的弓箭被收藏起来;敌国被击败消灭了,谋臣也就被杀了。现在天下已经平定,我是应当遭到烹杀!"高帝说:"有人告发你谋反。"就给韩信戴上了刑具。到了洛阳,赦免了韩信的罪过,改封为淮阴侯。

从此,韩信日夜怨恨,在家闷闷不乐,因和绛侯、灌婴处于同等地位而感到羞耻。韩信曾经拜访樊哙将军,樊哙跪拜送迎,自称臣子。说:"大王怎么竟肯看望小臣。"韩信出门,笑着说:"我这辈子竟然和樊哙这般人为伍了。"高帝经常平静地和韩信议论将军们的能力高低,认为各有长短。高帝问韩信:"以我的才能可统率多少部队?"韩信说:"陛下不过能统率十万。"高帝说:"你怎么样?"韩信回答说:

"我是越多越好。"高帝笑着说:"你带兵越多越好,为什么还被我俘虏了?"韩信说:"陛下不善于带兵,却善于驾驭将领,这就是我被陛下俘虏的原因。况且陛下得到上天的指点,不是人力努力能做到的。"

陈豨被任命为钜鹿郡守,向淮阴侯韩信辞行。韩信拉着他的手避开左右侍从在庭院里漫步,仰望苍天叹息说:"可以和我说说话吗?我有话想跟你谈谈。"陈豨说:"一切听任将军吩咐!"韩信说:"你管辖的地区,是天下精兵驻扎的地方;而你是高帝信任宠幸的臣子。如果有人告发说您反叛,高帝一定不会相信;再次有人告发,高帝就怀疑了;第三次有人告发,高帝必然大怒而亲自率兵前来围剿。我为你在都城做内应,就可以取得天下了。"陈豨果然反叛。高帝亲自率领军队前往,韩信托病没有随从。韩信就和家臣商量,夜里假传诏书赦免各官府服役的罪犯和奴隶,打算发动他们去袭击吕后和太子。他的一位家臣因得罪了韩信,韩信打算杀掉他。这位家臣的弟弟上书告发韩信叛变。吕后和萧何谋划,假说有人从高帝那里归来,称陈豨已被俘获处死,列侯群臣都来祝贺。萧何欺骗韩信说:"即使有病,也要强打精神进宫祝贺吧。"韩信进宫,吕后命令武士把韩信捆起来,斩杀了韩信。

孙子说:"要通过对敌我双方分析比较来探索战争胜负的情势。"韩信知晓楚军和汉军的长短之处。孙子又说:"向远处进军,要装作向近处出兵。"韩信在临晋关摆兵布阵,却在夏阳渡河。孙子又说:"深入敌军境内作战将士会专心打仗,这样敌人十倍的兵力也难以打败。"韩信离开本国,在外远征作战,军队锋芒不可抵挡。孙子说:"把军队布置在无法退却、只有战死的地方,兵士就会奋勇前进,杀敌取胜。"韩信派出万人大军,背朝河水布阵排列。孙子说:"不经交战便令敌人屈服。"韩信展示汉军的优势,燕国马上跟随投降。孙子说:"在部队渡河的半途出击最为有利。"韩信在潍水引发洪水，斩杀了龙且。

【评析】

韩信，字重言，淮阴（今江苏淮安）人，西汉开国功臣，中国历史上杰出的军事家，"汉初三杰"之一。历任大将军、左丞相、相国，封齐王、楚王，后降为淮阴侯。因其功高震主引起刘邦猜忌，被控谋反，终遭吕后及萧何诱杀。他是中国军事思想"谋战"派代表人物，被后人奉为"兵仙""战神"；可谓"王侯将相"一人全任；"国士无双""功高无二，略不世出"是楚汉时期人们对他的评价。作为军事家，韩信是继孙武、白起之后，最为卓越的将领，是中国战争史上最善于灵活用兵的将领，所指挥的井陉之战、潍水之战都是战争史上的杰作；并为后世留下了大量的战术典故：明修栈道，暗度陈仓、临晋设疑、夏阳偷渡、木罂渡军、背水为营、拔帜易帜、传檄而定、沈沙决水、半渡而击、四面楚歌、十面埋伏等。他在拜将时为刘邦所献之策成为指导楚汉战争的根本方略；作为统帅，他协助刘邦率军出陈仓、定三秦，京索之战败楚军，随后分兵北伐，擒魏、破代、灭赵、降燕、伐齐，直至垓下全歼楚军，无一败绩，天下莫敢与之相争；作为军事理论家，他与张良整兵书，并著有兵法三篇，为后世留下了宝贵的军事思想财富。

西汉·周亚夫

【原文】

　　周亚夫，绛侯勃子也。孝文帝封亚夫为条①侯，续绛氏后。文帝之后六岁，匈奴大入边。乃以宗正刘礼为将军，军②霸上；祝兹侯徐厉为将军，军棘门；以河内守亚夫为将军，军细柳，以备③胡。上自劳军，至霸上及棘门军，直驰入，将以下骑送迎。已而之细柳军，军士吏被甲，锐兵刃，彀④弓弩持满。天子先驱至，不得入。先驱曰："天子且至！"军门都尉曰："将军令曰：'军中闻将军令，不闻天子之诏。'"居无何，上至，又不得入。于是上乃使使持节诏将军："吾欲入劳军。"亚夫乃传言开壁门。壁门士吏谓从属车骑曰："将军约，军中不得驱驰。"于是天子乃按辔⑤徐行。至营，将军亚夫持兵揖曰："介胄之士不拜，请以军礼见。"天子为动，改容式车，使人称谢："皇帝慰劳将军。"成礼而去。既出军门，群臣皆惊。文帝曰："嗟乎，此真将军矣！曩者霸上、棘门军，若儿戏耳，其将固可袭而虏也。至于亚夫，可得而犯邪？"称善者久之。月余，三军皆罢，乃拜亚夫为中尉。孝文诫太子曰："即有缓急，周亚夫真可任将兵。"

　　文帝崩，拜亚夫为车骑将军⑥。孝景三年，吴、楚反。亚夫以中尉为太尉⑦，东击吴、楚，因自请上曰："楚兵剽轻，难与争锋。愿以梁委之，绝其粮道，乃可制。"上许之。

亚夫至洛阳见剧孟⑧，喜曰："七国反，吾乘传至此，不自意全，又以为诸侯已得剧孟。孟今无动，吾据荥阳，荥阳以东无足忧者。"至淮阳，问故父绛侯客邓都尉曰："策安出？"客曰："吴楚兵锐，甚难与争锋。楚兵轻，不能久。方今为将军计，莫若引兵东北壁昌邑⑨，以梁委吴，吴必尽锐攻之。将军深兵高垒，使轻兵绝淮泗口，塞吴馈饷道，使吴、梁相弊而粮食竭。乃以全制其极，破吴必矣。"绛侯曰："善。"从其策。遂坚壁昌邑南，轻兵绝吴馈道。

吴王之初发也，吴臣田禄伯为大将军。田禄伯曰："兵屯聚而西，无他奇道，难以立功。臣愿得五万人别循江淮而上，收淮南、长沙，入武关与大王会。此亦一奇也。"吴王太子谏曰："王以反为名，此兵难以籍人，人亦且反，王奈何？且擅兵而别，多他利害，徒自损耳。"吴王即不许田禄伯。吴少将桓将军说王曰："吴多步兵，步兵利险；汉多车骑，车骑利平地。愿大王所过城不下，直去，疾西据洛阳武库，食敖仓粟，阻山河之险，以令诸侯。虽无入关，天下固已定矣。大王徐行，留下城邑，汉军车骑至，驰入梁、楚之郊，事败矣。"吴王问吴老将，老将曰："此年少摧锋可耳，安知大虑？"于是王不用桓将军计。

太尉既会兵荥阳，吴方攻梁。梁急请救，太尉引兵东北走昌邑，深壁而守。梁日使使请太尉，太尉守便宜⑩不肯往。梁上书言景帝，景帝使使诏救梁。太尉不奉诏，坚壁不出，而使轻骑兵弓高侯等绝吴、楚兵后粮道。吴兵乏粮，饥，数欲挑战，终不出。夜军中惊，内相攻击扰乱，至于太尉帐下，太尉终卧不起。顷之，复定。后吴奔壁东南陬⑪，太尉使备西北。已而其精兵果奔西北，不得入。吴兵既饿，乃引而去。太尉出精兵追逐，大破之。吴王濞弃其军，而与壮士数千人亡走。因乘胜，遂尽虏之，降其兵，购吴王千金。月余，越人斩吴王头以告。凡相攻守三月,而吴、楚破平。于是,诸将乃以太尉计谋为是。

其后,匈奴王徐卢等五人降,景帝欲侯之以劝后。丞相亚夫曰:"彼背其主降陛下,陛下侯之,则何以责人臣不守节者乎?"景帝曰:"丞相议不可用。"乃悉封徐卢等为列侯。亚夫因谢病。居无何[12],召诣廷尉,呕血而死。

孙子曰:"将能而君不御[13]者胜。"亚夫严约,而天子按缙[14]徐行。又曰:"守而必固者,守其所不攻。"吴攻东南,而亚夫使备西北是也。

【注释】

① 条:县名,周亚夫封邑,在今山东德州。

② 军:驻扎。

③ 备:防备,准备。

④ 彀(gòu):把弓拉满。

⑤ 辔(pèi):驾驭牲口用的缰绳。

⑥ 车骑将军:地位仅次于上卿的将军。

⑦ 太尉:为全国军政首脑;与丞相、御史大夫并称三公。

⑧ 剧孟:当时洛阳一带有名的豪侠。

⑨ 昌邑:今山东巨野西南。

⑩ 便宜:斟酌事宜,灵活处置。

⑪ 陬(zōu):角,角落;引申为山脚。

⑫ 居无何:过了不久。

⑬ 御:驾驭,控制。

⑭ 缙:古代高级官吏的装束。

【今译】

　　周亚夫，绛侯周勃之子。汉文帝封周亚夫为条侯，以继承绛侯的爵位。汉文帝后元六年，匈奴大规模侵入汉朝边境。于是，朝廷委派宗正官刘礼为将军，驻军在霸上；祝兹侯徐厉为将军，驻军在棘门；委派河内郡太守周亚夫为将军，驻军细柳，以防备胡人侵扰。汉文帝亲自去慰劳军队。到了霸上和棘门的军营，长驱直入，将军及其属下都骑着马迎送。旋即来到了细柳军营，只见官兵都披戴盔甲，兵器锐利，开弓搭箭，弓拉满月。汉文帝的先行卫队到了营前，不准进入。先行的卫队说："汉天子即将驾到。"镇守军营的将官回答："将军有令：'军中只听从将军的命令，不听从天子的诏令。'"过不多久，汉文帝驾到，也不让入军营。于是汉文帝就派使者拿了天子的凭证去告诉将军："我要进营慰劳军队。"周亚夫这才传令打开军营大门。守卫营门的官兵对跟从汉文帝的武官说："将军规定，军营中不准纵马奔驰。"于是汉文帝也只好放松了缰绳，让马慢慢行走。到了大营，将军亚夫拿着武器拱手行礼，并说："我是盔甲在身的将士，不能跪拜，请允许我以军礼参见。"汉文帝为之动容，马上神情严肃地俯身靠在车前横木上，派人致意说："皇帝敬重地慰劳将军。"劳军礼仪完毕后就走了。出了细柳军营的大门，许多大臣都深感惊诧。汉文帝说："啊！这才是真正的将军。刚才霸上、棘门的军营，简直就像儿戏一样，那里的将军是完全可以通过偷袭而俘虏的，至于周亚夫，岂是能够侵犯他的吗？"长时间对周亚夫赞叹不已。过了一个多月，三支军队都撤防了，汉文帝就任命周亚夫做中尉。后来，汉文帝在病重弥留之际，嘱咐太子刘启也就是后来的汉景帝说："以后关键时刻可以用周亚夫，他是可以放心使用的将军。"

　　汉文帝去世后，汉景帝让周亚夫做了车骑将军。汉景帝三年（前

154年），吴王刘濞以清除晁错为名，发动叛乱。汉景帝已升周亚夫为太尉，命其领兵向东出击平叛。周亚夫上奏皇帝说："楚军素来剽悍，战斗力很强，如果正面决战，难以取胜。我打算先暂时放弃梁国，从背后断其粮道，然后伺机再击溃叛军。"汉景帝同意了周亚夫的计划。

周亚夫星夜兼程赶到洛阳后，见到了剧孟，高兴地对他说："七国造反，洛阳得以保全，这是我没有想到的，我以为诸侯已把您带走。但您没有离去，也是我意料之外的，这样看来，荥阳以东是不用发愁了。"他又来到淮阳，请教他父亲以前的门客邓都尉说："您对现在的局势有什么看法？"邓都尉答道："吴、楚两国士兵精锐，与他们直接对抗十分困难，但楚军力量不足，不能打持久战。我今天给将军献一计，将军可率军到东北方的昌邑，然后修葺壁垒，让梁国的军队先抵抗吴军，吴军必定会派其精锐来与之作战。将军大部队要坚守壁垒，派一小股行动迅速的士兵占领淮泗口，切断吴国的运粮道路，使吴国与梁国交战不久就断粮，这时，将军再派精兵强将去攻打，肯定打赢吴国。"周亚夫说："妙计。"于是就听从邓都尉的建议，在昌邑南面坚固壁垒，并派行动迅速的士兵去切断粮道。

吴王率军出发前，大臣田禄伯任大将军。田禄伯建议道："我军全部向西行进，没有机动部队，这样很难取得胜利。臣愿领五万人另走一路前行，顺着江淮而上，等到占领淮南、长沙后，与大王会师于武关。这样也算是出其不意吧。"吴国太子进谏道："现在大王有造反之名，已经不好控制手下官兵。手下的人如果再造反，大王该如何处理？而且从他路前进有诸多弊端，只是在自我消耗罢了。"吴王觉得太子言之有理，也就没同意田禄伯的建议。吴国年轻的将领桓将军向吴王劝说道："吴军多为步兵，步兵在险要的地方有优势；汉军多为车骑兵，战车在平地上有优势。希望大王在攻不下城池时，果断离开，迅速向西撤退，占据洛阳武库。那里粮食充足，地势险峻，可以号令诸侯。虽没进入关中，但天下局势也会因此而定下来的。如果汉军的战车和骑兵到此，只要进入梁、楚的郊外，也会因为那里的地势险峻而战败的。"吴王询问吴国老将的意见，老将说："这个年轻人，冲锋陷阵倒是可以，哪里会知道深谋远虑呀！"于是吴王也没有采纳桓将军的意见。

　　周亚夫刚刚会兵于荥阳，此时的梁国已被吴楚军队轮番急攻，梁王向周亚夫求援。周亚夫却派军队向东到达昌邑城，坚守不出。梁王再次派人求援，周亚夫还是不发救兵。最后梁王写信给汉景帝，汉景帝下诏要周亚夫进兵增援，周亚夫还是不为所动，坚守不进，却在暗中派军队截断了叛军的粮道，还派兵劫了叛军的粮食。吴军粮食急缺，只好先来攻打周亚夫，但几次挑战，周亚夫都不出战。一天晚上，营中突然发生混乱，嘈杂声连周亚夫的大帐里都能听见，但周亚夫始终躺在床上不动。一会儿，混乱自然就平息了。后来，叛军又大举进攻军营的东南方向，声势浩大，但周亚夫却让部下到西北方向去防御。结果在西北方向遇到叛军主力的进攻，由于有了准备，所以很快击退了叛军。叛军因为缺粮，只好退兵，周亚夫趁机派精兵追击，取得了胜利。吴王刘濞也放弃军队而自己逃走了，数千名吴国士兵只得四处逃散。周亚夫乘胜追击，将吴国士兵全部俘虏，又悬赏千金缉拿吴王。一个月后，越国将吴王的人头呈上。周亚夫攻守了三个月，而吴楚两军皆被平定。于是，大家都称赞周亚夫的计谋。

　　后来匈奴将军徐卢等五人归顺汉朝，汉景帝非常高兴，想封他们为侯，以鼓励其他人也归顺汉朝，但丞相周亚夫反对说："如果把这些背叛国家的人封侯，那以后我们如何处罚那些不守节的大臣呢？"汉景帝听了很不高兴："丞相的话迂腐不可用！"然后将那五人都封了侯。周亚夫失落地托病辞职。过了不久，周亚夫因受牵连交廷尉审理，呕血而死。

孙子说："将帅有指挥才能，而君主不加干预的军队，可以取得胜利。"周亚夫严格治军，即使天子来视察也得循章办事。孙子又曾说过："防守时，能巩固并守住阵地，是因为扼守在敌人无法攻破之处。"吴军佯攻东南方向，周亚夫却加强易丢失的西北方向的防守，果然，吴军不久就攻击西北方向了。

【评析】

周亚夫，沛县（今江苏沛县）人，西汉时期的著名将军、军事家，开国功臣周勃的次子，为巩固西汉王朝的统治立下了汗马功劳。汉文帝二年，袭父爵为绛侯。纵观其一生，做了两件辉煌的大事：一是驻军细柳，严于治军，为保卫国都长安免遭匈奴铁骑的践踏做出了贡献；二是平定七国之乱，粉碎了诸侯王企图割据的阴谋，维护了国家统一安定的政治局面。他无论出将还是入相，都把是否符合国家利益作为行动的最高准则，因而不可避免地触犯了上层某些集团的利益。一生尽职尽责，凡属于自己职责范围内的事，从不推诿，敢于表达自己真实意见，结果多次与皇帝的意见相左，造成皇权与相权的矛盾，最终被加上谋反之名，身陷囹圄，抱冤而死。

西汉·李广

【原文】

　　李广者，陇西成纪人也。广家世世受射①。孝文帝时，匈奴大入萧关，而广以良家子②从军击胡，因善骑射，杀首虏多，为武骑常侍。尝从行，有所冲陷折关及格猛兽，而文帝曰："惜乎，子不遇时。如令③子当高帝时，万户侯岂足道哉！"及孝景初，李广为陇西都尉。

　　吴、楚反时，广为骁骑都尉，从太尉亚夫击吴、楚军，取旗显功名昌邑下。以梁王④授广将军印，故还赏不行。徙为上谷太守，匈奴日以合战。属国公孙昆邪为上泣曰："李广才气天下无双，自负其能，数与虏战，恐亡之。"于是乃徙⑤为上郡太守。匈奴大入上郡，天子使中贵人从广勒习兵，击匈奴。中贵人将骑数十纵，见匈奴三人，与战。三人还射，伤中贵人⑥，杀其骑且尽。贵人走广，广曰："是必射雕者也。"广乃遂从百骑往驰三人，三人亡马步行，行数十里。广令其骑张左右翼，而广身自射彼三人者，杀其二人，生得一人。果匈奴射雕者也。已缚之上马，望匈奴有数十骑，见广，以为诱骑，皆惊，上山陈⑦。广之百骑皆大恐，欲驰还走。广曰："吾去大军数十里，今如此以百骑走，匈奴追射我立尽。今我留，匈奴必以我为大军之诱，必不敢击我。"广令诸骑曰："前。"未到匈奴陈二里所，止，令曰："皆下马解鞍。"其骑曰:"虏多且近,即有急,奈何?"广曰:"彼虏以我为走,今皆解鞍以示不走,用坚其意。"于是胡骑遂不敢击。有白马将出护其兵,李广上马与十余骑奔射杀胡白马将,而复还至其骑中,解鞍,令士皆纵马卧。是时会暮⑧,胡兵终怪之,不敢击。夜半时,胡兵亦以为汉有伏军于旁欲夜取之,胡皆引兵而去。平旦⑨,李广乃归其大军。大军不知广所之,故弗从。

武帝立,左右以为广名将也,于是广以上郡太守为未央卫尉,而程不识亦为长乐卫尉。程不识故与李广俱以边太守将军屯。及出击胡,而广行无部伍行阵,就善水草屯舍止,人人自便,不击刁斗⑩以自卫,莫府省文书,然亦远斥候⑪,未尝遇害。程不识正部曲行伍营陈⑫,击刁斗,士吏治军簿至明,军不得休息,然亦未尝遇害。不识曰:"李广军极简易,然虏卒犯之,无以禁也;而其士卒亦佚乐,咸乐为之死。我军虽烦扰,然虏亦不得犯我。"是时汉边郡李广、程不识皆为名将,然匈奴畏李广之略,士卒亦多乐从李广而苦⑬程不识。

后广以卫尉为将军,出雁门击匈奴。匈奴兵多,破败广军,生得广。单于素闻广贤,令曰:"得李广必生致之。"胡骑得广,广时伤病,置广两马间,络而盛卧广。行十余里,广佯死,睨其旁有一胡儿骑善马,广暂腾而上胡儿马,因推堕儿,取其弓,鞭马南驰数十里,复得其余军,因引而入塞。匈奴捕者骑数百追之,广行取胡儿弓射杀追骑,以故得脱。

于是至汉,赎为庶人。尝夜从一骑出,从人田间饮。还至霸陵亭,霸陵尉醉,呵止广。广骑曰:"故李将军。"尉曰:"今将军尚不得夜行,何乃故也?"止广宿亭下。居无何⑭,匈奴入杀辽西太守,败韩将军。于是天子乃召拜广为右北平太守。广即请霸陵尉与俱,至军而斩之。广居右北平,匈奴闻之,号曰"汉之飞将军",避之,数岁不敢入右北平。

广出猎，见草中石，以为虎而射之，中石没镞，视之石也。因复更射之，终不能复入石矣。广廉，得赏赐辄分其麾下，饮食与士共之。终广之身，为二千石四十余年，家无余财，终不言家产事。广为人长，猿臂，其善射亦天性也。虽其子孙他人学者，莫能及广。广讷口少言，与人居则画地为军陈，射阔狭以饮，专以射为戏。广之将兵，乏绝之处见水，士卒不尽饮，广不近水；士卒不尽食，广不尝食。宽缓不苛，士以此爱乐为用。其射，见敌急，非在数十步之内，度不中不发，发即应弦而倒。

后广以郎中令将四千骑出右北平，博望侯张骞将万骑与广俱，异道。行可数百里，匈奴左贤王将四万骑围广，广军士皆恐。广乃使其子敢往驰之。敢独与数十骑驰，直贯胡骑，出其左右而还，告广曰："胡虏易与耳。"军士乃安。广为圆陈外向，胡急击之，矢下如雨。汉兵死者过半，汉矢且尽。广乃令士持满毋发，而广身自以大黄射其裨将⑮，杀数人，胡虏益解。会日暮，吏士皆无人色，而广意气自如，益治军。军中自是服其勇也。明日，复力战，而博望侯军亦至，匈奴军乃解去。

广尝与望气⑯王朔燕语，曰："自汉击匈奴而广未尝不在其中，而诸部校尉以下才能不及中人，然以击胡军功取侯者数十人。而广不为后人⑰，然无尺寸之功以得封邑者，何也？岂吾相不当侯邪？且固命也？"朔曰："将军自念，岂尝有所恨乎？"广曰："吾尝为陇西守，羌尝反，吾诱而降，降者八百余人，吾诈而同日杀之。至今大恨⑱独此耳。"朔曰："祸莫大于杀已降，此乃将军所以不得侯也。"

后从大将军青击匈奴，既出塞，青捕虏知单于所居，乃自以精兵走之，而令广出东道。广自请曰："臣部为前将军，今大将军乃令臣出东道；且臣结发而与匈奴战，今乃不得当单于，臣愿居前，先死单于。"大将军青亦阴受主诫，以为李广老，数奇，毋令当单于，恐不得所欲，故徙广。广固辞，大将军不听。广不谢而走，意甚愠怒而就部，引兵出东道。军亡⑲导，或失道，后大将军。大将军与单于接战，单于遁走，弗能得而还。南绝幕⑳，遇前将军、右将军。广已见大将军，还入军。大将军使长史持糒醪遗广，因问广、食其失道状，青欲上书报天子失军曲折。广未对，大将军使长史急责广之幕府对簿。广曰："诸校尉无罪，乃我自失道。"广谓其麾下曰："广结发与匈奴大小七十余战，今幸从大将军出接单于兵，而大将军又徙广部行回远，而又迷失道，岂非天哉？且广年六十余矣，终不能复对刀笔之吏。"遂引刀自刭，广军士大夫一军皆哭。百姓闻之，知与不知，无老壮者皆垂涕。

孙子曰："形之，敌必从之。"广下马解鞍，而虏疑有伏。又曰："令素行，与众相得。"广法易简，而士乐为用。又曰："卒善而养之。"广以杀降而不得封侯。又曰："不用乡导，不能得地利。"广军亡导而失道是也。

【注释】

① 受射：传授射箭的技艺。

② 良家子：家世清白人家的子弟。

③ 令：使，引申为假如。

④ 梁王：汉景帝之弟刘武。

⑤ 徙：改封。

⑥ 中贵人：中，指宫中；宠幸的宦官。

⑦ 陈：通"阵"，交战时战斗列阵。

⑧ 会暮：恰好暮色降临。

⑨ 平旦：天大亮。

⑩ 刁斗：古代军中用具，白天用来烧饭，晚上用来打更。

⑪ 斥候：侦察敌情的士兵。

⑫ 陈：通"阵"。

⑬ 苦：以……为苦。

⑭ 居无何：过了不久。

⑮ 裨：副，辅助。

⑯ 望气：观人面色或观察天象以察吉凶祸福。这里用作名词，指望气者。

⑰ 后人：落后于人。

⑱ 恨：遗憾，不满意。

⑲ 亡：失散，丢失。

⑳ 南绝幕：南还，渡过沙漠。绝，横渡；幕，通"漠"。

【今译】

　　李广将军，是陇西成纪人。建元四年，匈奴大举入侵萧关，李广以良家子弟的身份从军抗击匈奴，因为精通骑马射箭，杀敌斩首和虏获众多，做了汉朝的武骑常侍。李广曾经随从皇帝出行，有冲锋陷阵抵御敌寇和与猛兽搏斗的事迹，因而文帝说："可惜呀，你未遇到好时候，假如让你生在高祖时代，封个万户侯哪还用说呢！"到了孝景帝登位后，李广任陇西都尉，后调为骑郎将。

　　吴楚起兵叛乱时，李广任骁骑都尉，随太尉周亚夫反击吴楚叛军。在昌邑城下，夺取敌人军旗，立了大功，以此名声显扬。但因梁王曾授给他将军印，战后归来，没有得到封赏。之后又调任上谷太守，天天与匈奴交战。典属国公孙昆邪哭着对皇帝说："李广的才气，天下无双,他自负本领高强,屡次与敌肉搏,恐怕会失去他。"于是调他为上郡太守。匈奴大举入侵上郡时,天子派遣亲近的宦官跟随李广训练士兵,抗击匈奴。一次,这位宦官带了几十名骑兵,纵马驰骋,遇到三个匈奴人,与他们交战。那三个人转身射箭,伤了宦官,那几十名骑兵也被射杀将尽。宦官跑到李广那里,李广对他说:"这一定是射雕的人。"李广于是带一百名骑兵,急追这三个人。那三个人没有马,徒步行走,走了几十里。李广命令骑兵散开,从左右两面包抄,并亲自射击那三人,结果射死二人,活捉一人,经审讯,他们果然是匈奴射雕的人。待捆绑好俘虏上马,忽然望见有数十个匈奴骑兵。他们看见李广,以为是诱敌的骑兵,都吃一惊,上山布阵。李广的一百骑兵也非常恐慌,想奔驰转回。李广说:"我们离大军几十里,现在以一百骑兵这样逃跑,匈奴一追赶射箭马上就全完了。现在我们若留下,匈奴人一定以为我们是为大军来诱敌的,必然不敢来袭击我们。"李广命令骑兵说:"前进!"进到约离匈奴阵地二里许停了下来,又下令说:"都下马解鞍!"他的骑兵说:"敌人多而且离得近,如果有紧急情况,怎么办?"李广说:"那些敌人以为我们会走,现在都解鞍就表示不走,可以使敌人更加坚持认为我们是来诱敌的错误判断。"于是匈奴骑兵就没敢袭击。有个骑白马的匈奴将军出阵监护他的兵卒,李广上马与十几名骑兵奔驰前去射杀了这个匈奴白马将军,然后又返回到他的骑兵中间,解下马鞍,命令士兵把马放开,随便躺卧。这时刚好天黑,匈奴兵始终觉得很奇怪,不敢出击。夜半时,匈奴兵还以为汉军有伏兵在旁边准备夜间袭击他们,而全部撤走了。天亮,李广回到大军驻地。大军不知李广在哪里,所以没有派兵去接应。

到汉武帝即位,众臣认为李广是名勇将,汉武帝于是调任李广任未央宫的卫尉,这时程不识任长乐宫的卫尉,他俩从前都以边郡太守的身份统领军队，却有截然不同的带兵方法。每当两人攻打匈奴时，李广行军没有队列阵形，随便选在有水草的地方安营扎寨；士兵人人自便，晚上也不打更巡逻来自卫，简化各种文书簿册；但会远远地设置哨兵，这样也没遇上过什么危险。程不识则不同，他与李广完全是反的，他的人马也没遇到什么大的危险。程不识说："李广军队纪律松散，治军简单，如果匈奴突然来袭将难以抵抗；李广军中将士每天安逸快活，但都乐于为他而死。我的军队虽然辛苦，军务杂扰，可匈奴人也不敢侵犯我的部队。"当时程不识和李广都是边疆地区的名将，然而匈奴人更怕李广的计谋，士卒们都喜欢跟随李广而不是程不识。

后来，李广由卫尉提为将军，率军出雁门关，攻打匈奴，由于匈奴人多，李广终因寡不敌众而受伤被俘。匈奴单于久仰李广威名，命令手下："一定要活捉李广。"匈奴骑兵便把当时受伤得病的李广放在两匹马中间，让他躺在用绳子结成的网袋里。走了十多里路，李广装死，斜眼瞧见他旁边有个匈奴少年骑着一匹好马，李广突然一跃，跳上匈奴少年的战马，把少年推下马，摘下他的弓箭，策马扬鞭向南奔驰，匈奴骑兵数百人紧紧追赶。李广边跑边射杀追兵，终于逃脱，收集余部回到了京师。

回京师后，因战败，本应处死，后出钱赎了死罪，李广成为一介平民。一次在夜间他带着一个随从骑马外出，跟别人在乡间饮酒。归来时路过霸陵亭，霸陵夜间宵禁，霸陵亭尉喝醉了酒上前大声呵斥李广不让通行。李广的随骑说："这是前任的李将军。"亭尉说："就是现任将军尚且不能夜间通过，何况是前任将军！"于是就扣留了李广等人，留宿霸陵亭下。过了不久，匈奴攻入辽西，击败了屯兵渔阳的韩安国。于是皇帝召李广，封他为右北平太守。李广随即请求汉武帝，准许派遣霸陵亭尉一同前去。到了军中李广就把亭尉杀了。李广到右北平后，匈奴畏惧，称他为"汉朝的飞将军"，竟数年不敢入侵右北平。

李广外出打猎，看到草丛中的一块石头，以为是老虎，于是开弓而射之，一箭射去把整个箭头都射进了石头里。再仔细一看，原来是块石头，过后再射，就怎么也射不进石头里去了。李广为将廉洁，常把自己的赏赐分给部下，与士兵同吃同饮。他做了四十多年俸禄二千石的官，家里却没有多余的财物，始终不谈购置家产的事，深得官兵爱戴。李广身材高大，臂长如猿，有射箭天赋，他的子孙及他人学射箭，但都不及李广。李广不善谈吐，平时与人交往时，也以射箭赌酒为乐，一生都以射箭为消遣。李广爱兵如子，总能身先士卒。行军遇到缺水断食之时，遇到水和食物，士兵不全喝到水，他不近水边；士兵不全吃遍，他不尝饭食。对士兵宽缓不苛，这就使得士兵甘愿为他拼死效力。李广射杀敌人时，要求自己箭无虚发，所以非在数十步之内不射，常常是箭一离弦，敌人应声而亡。

李广以郎中令身份率领四千骑兵从右北平出塞，与博望侯张骞的部队一起出征匈奴。李广部队前进了数百里，突然被匈奴左贤王带领的四万名骑兵包围。士兵们都非常害怕，李广就派自己的儿子李敢先入敌阵探察敌情。李敢率几十名骑兵，冲入敌阵，直冲匈奴的重围，抄出敌人的两翼而回。回来后向李广报告说："匈奴兵很容易对付。"李广的军士听了才安定下来。李广布成圆形阵势向外四面抗敌。匈奴猛攻汉军，箭如雨下，汉兵死伤过半，箭也快射光了。李广就命令士兵把弓拉满，不要发射，他手持强弩"大黄"射杀匈奴副将多人，匈奴兵将大为惊恐，渐渐散开。这时天色已晚，汉官兵都吓得面无血色，但李广却意气自如，更加致力于整饬军队。军中官兵从此都非常佩服李广的勇气。第二天，他又和敌兵奋战，这时博望侯张骞的救兵才赶到，解了匈奴之围。

一次李广与算命的王朔交谈说："自从汉军与匈奴交战以来，我参与了每场战争，校尉以下或才能不及一般人的都因抵抗匈奴而被封侯，我李广不比人差，为什么没有获得封地呢？难道是我命中不该封侯吗？这真是我的命吗？"王朔说："将军想想难道做过什么可悔恨的事情么？"李广想想说："我为陇西太守时，羌族人造反，我引诱他们投降，来降的有一百多人，在他们投降的当天我就杀了他们。至今最大的悔恨只有这事。"王朔说："罪过没有比杀俘虏更大了。这就是你不得封的原因。"

李广随卫青出征。到了塞外，卫青得知单于的驻扎地，就决定亲自带领部队正面袭击单于，而命前将军李广与右将军赵食其从东路夹击。而东路进攻道路迂远，水草很少，不利于行军。李广希望作为先锋正面对抗单于，说："我是前任将军，现在大将军竟调开我走东路包抄，况且我从年轻时就和匈奴作战，今天才得到一个机会和单于直接对敌，我愿居前锋，先和单于决一死战。"可是汉武帝认为李广年老又命数不好，出征时总是遇到各种状况，所以暗地里告诫卫青不要让李广与单于正面对阵。李广坚决拒绝调动。卫青还是不接受他的请求。李广在没有向卫青告辞的情况下就动身了，内心极其恼怒地回到营中，领兵与右将军会合，从东路出发。部队走失了向导，迷失了道路，落在大将军后面，耽误了约定的期限。大将军卫青与单于交战，单于逃跑，没能得到战功而回。到达漠南之后，遇到李广、赵食其。卫青派长史拿了干粮酒食送给李广，顺便问起李广等迷路的情况。李广没有回答，卫青便派人询问李广的部下，李广说："诸校尉无罪，是我自己迷路了。我将亲自向皇上告罪。"李广回到军部，对他的部下说："李广一生与匈奴交战大小七十多次，今日有幸随大将军出击单于。大将军已命迁回阻击匈奴，我却迷路。这难道不是天意吗？而且我李广六十多岁了，不能面对刀笔之吏的侮辱了。"说完拔刀自刎。李广所有部下，为他的死，一军皆哭。百姓闻之，无论认识与不认识他的，无论老者青年，皆为之流泪伤心。

孙子说："用假象迷惑敌人，敌人就会听从调遣。"面对匈奴的军队，李广解鞍的行为致使匈奴怀疑有埋伏而不敢前进。孙子说过："平时能严格顺利地实行命令，将领和士兵才能彼此默契。"李广的命令简单明白，士兵乐意听从。孙子说过："对于俘虏，要善待和使用。"李广就是因为杀俘虏而无法封侯。孙子说过："不使用向导的军队，不能得地利。"李广军队就因没有了向导而迷路的。

【评析】

李广，西汉时期著名将领。一生英勇善战，历经汉文帝、景帝、武帝，立下赫赫战功。武帝、匈奴单于都很敬佩他，但年纪不大却被迫自杀，许多部下及不相识的人都为他痛哭，司马迁称赞他"桃李不言，下自成蹊"。李广为将廉洁，常把自己的赏赐分给部下，与士兵同吃同饮。他做了四十多年俸禄二千石的官，家里没有多少余财，始终不购置家产，深得官兵爱戴。李广爱兵如子，凡事能身先士卒；对士兵宽缓不苛，以致士兵甘愿为其效力。李广一生与匈奴作战，其威名让匈奴不敢轻易进犯；虽然一生为国拼杀，却没有立下像卫青、霍去病那样的赫赫战功，一生终未封侯。唐朝著名诗人王勃曾在《滕王阁序》里写道"冯唐易老，李广难封"。千百年来，李广成为怀才不遇的典型，而王维更是以一句"卫青不败由天幸，李广无功缘数奇"作为这场两千年前的封侯之争的结论。

西汉·卫青

【原文】

卫青，字仲卿。尝从入至甘泉居室，有一钳徒①，相②青曰："贵人也，官至封侯。"青笑曰："人奴之生，得无笞骂即足矣，安得封侯事乎？"元光六年，拜为车骑将军，击匈奴，斩首虏数百骑，赐爵关内侯。是后匈奴仍侵犯边。

元朔元年，青复将三万骑出雁门，斩首虏数千。明年，复出云中，西至高阙，遂至于陇西，捕首虏数千、畜百余万，走白羊楼烦王，遂取河南地为朔方郡，封青为长平侯。其后匈奴比岁入代郡、雁门、定襄、上郡、朔方，所杀略甚众。

五年，青将三万骑出高阙，卫尉苏建为游击将军，左内史李沮为强弩将军，太仆公孙贺为骑将军，代相李蔡为轻车将军，皆领属车骑将军，俱出朔方。大行李息、岸头侯张次公为将军，俱出右北平。匈奴右贤王当青等兵，以为汉兵不能至此，饮醉。汉兵夜至，围右贤王。右贤王惊，夜与骑数百驰溃围北去。汉轻骑校尉郭成等追数百里，弗得，得右贤裨王十余人、众男女万五千余人、畜数千百万。于是引兵而还。

至塞，天子使使者持大将军印，即军中拜青为大将军，诸将皆以兵属，立号而归。上曰："大将军青躬率戎士，师大捷，获匈奴王十有余人，益封青八千七百户，而封青子伉为宜春侯，子不疑为阴安侯，子登为发干侯。"青固谢曰："臣幸得待罪③行间，赖陛下神灵，军大捷，皆诸校力战之功也。陛下幸已益封臣青，臣青子在襁褓④中，未有勤劳，上幸裂地封为三侯，非臣待罪行间，所以劝士力战之意也。伉等三人何敢受封！"上曰："我非忘诸校功也，今固且图之。"其秋，匈奴入代，杀都尉。

明年春，大将军青出定襄，合骑侯公孙敖为中将军，太仆贺为左将军，翕侯赵信为前将军，卫尉苏建为右将军，郎中令李广为后将军，左内史李沮为强弩将军，咸属大将军，斩首数千级而还。月余悉复出定襄，斩首虏万余人。苏建、赵信并军三千余骑，独逢单于兵。与战一日余，汉兵且尽。信故胡人，降为翕侯，见急，匈奴诱之，遂将其余骑可八百奔降单于。苏建尽亡其军，独以身得亡去，自归青。青问其罪正闳、长史安、议郎周霸等："建当云何？"霸曰："自大将军出，未尝斩裨将。今建军弃，可斩以明将军之威。"闳、安曰："不然。兵法'小敌之坚⑤，大敌之擒也'。今建以数千当单于数万，力战一日余，士皆不敢有二心。自归而斩之，是示后无反意也。不当斩。"青曰："青幸得以肺腑⑥待罪行间，不患无威，而霸说我以明威，甚失臣意。且使臣职虽当斩将，以臣之尊宠，而不敢专诛于境外，其归天子，天子自裁之。于以风⑦为人臣不敢专权，不亦可乎？"军吏皆曰："善。"遂囚建诣⑧行在所。

孙子曰："出其不意。"青夜围右贤王。又曰："小敌之坚，大敌之擒。"青不斩苏建，谓其以少击众是也。

【注释】

① 钳徒：钳，枷锁；戴枷锁的囚徒。

② 相：给某人相面。
③ 待罪：做官。谦辞。
④ 襁褓：包裹、背负婴儿用的布，指代年纪尚幼。
⑤ 坚：坚持，引申为一味硬拼。
⑥ 肺腑：心腹，比喻皇帝的亲信或亲属。
⑦ 风：教化、感化。
⑧ 诣：到……地方去。

【今译】

卫青，字仲卿。卫青曾经跟人来到甘泉宫的居室，有个脖子上戴着铁枷的犯人给卫青相面说："你是个贵人，将来官可做到封侯！"卫青笑着说："我是奴隶之子，能不挨打受骂就心满意足了，哪敢想到封侯的事！"元光六年，卫青当了车骑将军，讨伐匈奴，斩杀敌人数百人。赐爵关内侯。以后匈奴仍然侵犯边境。

元朔元年，匈奴侵犯边境，卫青当车骑将军，从雁门关出境，率领两万骑兵攻打匈奴，斩杀了几千敌人。到了第二年，车骑将军卫青从云中出发，向西去攻打匈奴，一直打到高阙。于是攻取了河南地区，直到陇西，捕获敌人几千名，缴获牲畜一百多万，打跑了白羊王和楼烦王。汉朝就把河南地区改设为朔方郡，并封卫青为长平侯。此后，匈奴接连入侵代郡、雁门、定襄、上郡、朔方，一路烧杀掠夺。

元朔五年春天，卫青率领三万骑兵，从高阙出兵，卫尉苏建做游击将军，左内史李沮当强弩将军，太仆公孙贺当骑将军，代国之相李蔡当轻车将军，他们都隶属车骑将军卫青，一同从朔方出兵；朝廷又命令大行李息、岸头侯张次公为将军，从右北平出兵。匈奴右贤王正对着卫青等人的大军，以为汉朝军队不能到达这里，便喝起酒来。晚上，汉军到来，包围了右贤王；右贤王大惊，连夜逃跑，独自同他的一个爱妾和几百个精壮的骑兵，急驰突围，向北而去。汉朝的轻骑校尉郭成等追赶了几百里，没有追上。汉军捕获了右贤王的小王十多人，男女民众一万五千余人，牲畜数千百万头，于是卫青便领兵凯旋。

卫青的军队走到边塞，汉武帝派遣使者拿着大将军的官印，就在军中任命车骑将军卫青为大将军，其他将军都率兵隶属于大将军卫青，大将军确立名号，班师回京。汉武帝说："大将军卫青亲自率领战士进攻，军队获得大捷，俘虏匈奴之王十多人，加封卫青八千七百户。"又封卫青的儿子卫伉为宜春侯，卫不疑为阴安侯，卫登为发干侯。卫青坚决推辞说："我有幸能在军队中当官，依赖陛下的神圣威灵，才使军队获得大捷，同时这也是各位校尉拼力奋战的功劳。陛下已经降恩加封我的食邑。我的儿子们年龄还小，没有征战的劳苦和功绩，皇上降恩，割地封他们三人为侯，这不是我在军队中当官而用来激励战士奋力打仗的本意啊！卫伉等三人怎敢接受封赏。"天子说："我并非忘记各位校尉的功劳，现在本来就要考虑他们的奖赏。"这年秋天，匈奴侵入代郡，杀死了都尉朱英。

第二年春天，大将军卫青从定襄出兵。合骑侯公孙敖做中将军，太仆公孙贺为左将军，翕侯赵信为前将军，卫尉苏建做右将军，郎中令李广做后将军，左内史李沮做强弩将军。他们都隶属大将军，斩杀敌人几千人而回。一个多月后，他们又全都从定襄出兵攻打匈奴，杀敌一万多人。右将军苏建、前将军赵信的军队合为一军，共三千多骑兵，遭遇匈奴单于的军队，同他们交战一天多的时间，汉军几乎全军覆灭。前将军赵信原本是匈奴人，投降汉朝被封为翕侯，如今看到军情危急，匈奴人又利诱他，于是他便率领剩余的大约八百骑兵，投降了单于。右将军苏建损失了全部军队，独自一人逃了回来，逃到大将军卫青那里。大将军卫青就苏建的罪过向军正闳、长史安和议郎周霸等征询意见,说:"怎样定苏建的罪过?"周霸说道:"自从大将军出征,不曾杀过副将。如今苏建弃军而回,可以杀苏建以立大将军军威。"闳和安两人都说:"不能这样。兵法书上说'两军交锋,军队少的一方即使坚决拼搏,也要被军队多的一方打败'。如今苏建率几千人抵御单于的几万人,奋力战斗了一天多的时间,战士全部牺牲,仍然没有背叛朝廷之心,自己战败而归。如果杀了苏建,就等于告诉战士,今后若要失败就不可返回汉朝。因此不能杀苏建。"大将军卫青说:"我侥幸以皇帝亲戚的身份在军队中为官,不担心没有威严,而周霸劝我树立个人的威严,这与我的意愿不符。况且职权所在允许我斩杀有罪的将军,我的地位虽然尊宠,却不能在国境外擅自诛杀大将,而把他交给天子,让天子自己裁决,由此而教化做臣子的不专权,不也是可以的吗?"军中官吏们都说:"好!"于是就把苏建关押起来,送往皇帝的行辕驻地。

孙子说:"出乎敌人的意料之外。"卫青靠夜袭包围右贤王,取得了胜利。孙子说:"力量小的如果只知道硬拼,就会成为力量强大敌人的俘虏。"卫青没有斩杀苏建,苏建就是以少击多战败的。

【评析】

卫青,字仲卿,河东平阳(今山西临汾)人。西汉武帝时的大将军,受封长平侯。他首次出征奇袭龙城,七战七胜,打破了自汉初以来匈奴不可战胜的神话,为北部疆域的开拓做出了重大贡献;与外甥霍去病并称"帝国双璧",为历代兵家所敬仰。司马光评说他"有将帅材""故每出辄有功"。他善于在沙漠草原上发动骑兵集团进攻战役,善于发挥骑兵的特长,实行远程奔袭,捕捉战机和包围歼敌;善于以战养战；用兵敢于深入，奇正兼长；为将号令严明，与士卒同甘共苦。受到后世军事家的一致推崇，古时常有"孙吴白韩，颇牧卫霍"（孙武、吴起、白起、韩信、廉颇、李牧、卫青、霍去病）之说。毛泽东曾评价说："作战在我不在敌，关键不拘于泥，昔汉将卫青、霍去病勇于革新战法，远渡绝漠，运动于敌之软肋，出敌不意，攻敌无备，故百战百胜。"唐朝李靖评价说："凡战者，以正合，以奇胜，正奇兼善者如孙武、卫青、诸葛亮寥寥数人耳。"

西汉·霍去病

【原文】

霍去病，大将军青姊子也。年十八，善骑射，从大将军为嫖姚校尉。与轻勇骑八百，直弃大将军数百里赴利，斩捕首虏过当，封去病为冠军侯。苏建至，上弗诛，赎①为庶人。

张骞从大将军，以尝使大夏留匈奴中久，导军、知善水草处，军得以无饥渴，因前使绝国功，封骞为博望侯。

去病侯三岁，元狩二年春为骠骑将军，将万骑出陇西，有功。上曰："骠骑将军率戎士逾乌盭，讨遬濮，涉狐奴，历五王国，辎重人众慑慴②者弗取，冀获单于子。转战六日，过焉支山千有余里，合短兵，鏖皋兰下，杀折兰王，斩卢侯王，锐悍者，诛，全甲获丑，执浑邪王子及相国都尉，捷首虏八千九百六十级，收休屠祭天金人，师率减什七，益封去病户。"

其夏，去病与合骑侯敖俱出北地，异道。博望侯张骞、郎中令李广俱出右北平，异道。广将四千骑先至，骞将万骑后。匈奴左贤王将数万骑围广，广与战二日，死者过半，所杀亦过当。骞至，匈奴引兵去。骞坐行留，当斩，赎为庶人。而去病出北地，遂深入，合骑侯失道，不相得。去病至祁连山，捕首虏甚多。上曰："骠骑将军涉钧耆，济居延，遂臻小月氏，攻祁连山，扬武乎鱳得，得单于单相酋涂王及相国都尉，以众降下者二千五百人，可谓能舍服知成而止矣，捷首虏三万二百，获五王、王母、单于阏氏、王子五十九人，相国、将军、当户、都尉六十三人，师大率减什三，益封去病户，赐校尉从至小月氏者爵左庶长。"合骑侯敖坐行留不与骠骑将军会，当斩，赎为庶人。诸宿将所将士马兵亦不如去病，去病所将常选，然亦敢深入，常与壮骑先其大军，军亦有天幸，未尝困绝也。然而诸宿将常留落不耦，由此去病日以亲贵，比大将军。

其后单于怒浑邪王居西方，数为汉所破亡数万人，以骠骑之兵也，欲召诛浑邪王。浑邪王与休屠王等谋，欲降汉，使人先要道边。是时大行李息将城河上，得浑邪王使，即驰传以闻。上恐其以诈降而袭边，乃令去病将兵往迎之。去病既渡河，与浑邪众相望。浑邪裨王将见汉军，而多欲不降者，颇遁。去病乃驰入，得与浑邪王相见，斩其欲亡者八千人，遂独遣浑邪王乘传先诣行在所，尽将其众渡河降者数万人，号称十万。既至长安，天子所以赏赐数十巨万，封浑邪王万户，为漯阴侯。上嘉去病之功，曰："骠骑将军去病率师征匈奴，西域王浑邪王及厥众萌咸奔于率，以军粮接食，并将控弦万有余人，诛獟③悍，捷首虏八千余级，降异国之王三十二。战士不离伤，十万之众毕怀集服，仍兴之劳，爰及河塞，庶几亡患，减陇西、北地、上郡戍卒之半，以宽天下繇役④。"乃分处降者于边五郡故塞外，而皆在河南⑤，因其故俗为属国。

其明年，匈奴入右北平、定襄，杀略汉千余人。上与诸将议曰："翕侯赵信为单于画计⑥，常以为汉兵不能度幕⑦轻留。今大发卒，其势必得所欲。"令大将军青、骠骑将军去病各五万骑，步兵转者踵军数十万，而敢力战深入之士皆属去病。去病始为出定襄，当单于，捕虏，虏言单于东。乃更令去病出代郡，令青出定襄。

赵信为单于谋曰："汉兵即度幕，人马罢，匈奴可坐收虏耳。"乃悉远北其辎重，皆以精兵待幕北。而适直青军出塞千余里，见单于兵陈而待。于是青令武刚车自环为营，而纵五千骑往当匈奴，匈奴亦从万骑。会日且入而大风起，沙砾击面，两军不相见，汉益纵左右翼绕单于。单于视汉兵多而士马尚强战，而匈奴不利，薄莫，单于遂乘六羸、壮骑可数百，有冒汉围西北驰去。昏，汉、匈奴相纷拿，杀伤大当。汉军左校捕虏，言单于未昏而去。汉军因发轻骑夜追之，青因随其后，匈奴兵亦散走。会明⑧，行二百余里，不得单于，颇捕斩首虏万余级，遂至寘颜山赵信城，得匈奴积粟食军。军留一日而还，悉烧其城、余粟以归。

　　青军入塞，凡斩首虏万九千级。去病骑兵车重与大将军军等，而亡裨将，悉以李敢等为大校，当裨将，出代、右北平二千余里，直左方兵，所斩捕功已多于青。既皆还，上曰："骠骑将军去病约轻赍，绝大幕，执讯获丑士万有四百四十三级，师率减什二，取食于敌，卓行殊远而粮不绝。以五千八百户益封骠骑将军。"赏赐甚多，而青不得益封。

　　两军之出塞，塞阅官及私马凡十四万匹，而后入塞者不满三万匹。乃至大司马位。大将军、骠骑将军皆为大司马。去病为人少言不泄⑨，有气敢往。上尝欲教之孙、吴兵法，对曰："顾方略何如耳，不至学古兵法。"上为治第⑩，令视之，对曰："匈奴不灭，无以家为也。"由此上益重爱之。

　　然少而侍中，贵不省士。其从军，士为遣太官，赍数十乘。既还，重车余弃粱肉，而士有饥者。其在塞外，卒乏粮，或不能自振，而去病尚穿域蹋鞠也。事多此类。青仁喜士谦退，以和柔自媚于上，然于天下未有称悉。

去病元狩六年薨，为冢象祁连山。元封五年，青薨。自青围单于后十四岁而卒，不复击匈奴者。以汉马少，又方南诛两越，东伐朝鲜，系羌西南夷，以故久不伐胡。青尚⑪平阳主，与主合葬，起冢象芦山云。大将军青凡七出击匈奴，斩捕首虏五万余级，一与单于战，收河南地，置朔方郡。其裨将及校尉侯者九人，为特将者十五人。

孙子曰："不用乡导⑫者，不能得地利。"青以张骞道军而无饥渴。又曰："兵无选锋⑬曰北⑭。"去病所将常选。又曰："强而避之。"青以武刚车自环为营。又曰："重地，吾将继其食。"去病约赍，绝幕取食于敌而粮不绝。又曰："破车疲马，十去其七。"青与去病以十四万骑出塞，而归者不满三万匹。又曰："视卒如爱子。"去病反，余弃粱肉，而士有饥者是也。

【注释】

① 赎：用财物或某种行动抵偿刑罚。

② 慑詟（zhé）：恐惧。

③ 猇（xiāo）：勇猛，凶悍。

④ 繇（yáo）役：繇，通徭；劳役。

⑤ 河南：黄河以南。

⑥ 画计：出谋划策。

⑦ 幕：通"漠"，沙漠。

⑧ 会明：黎明时分，快天亮时。

⑨ 少言不泄：沉默寡言。

⑩ 治第：置办府邸。

⑪ 尚：仰攀婚姻。

⑫ 乡导：向导。

⑬ 选锋：敢死队。
⑭ 北：打了败仗往回跑，引申为失败。

【今译】

霍去病，大将军卫青姐姐的儿子。十八岁时，因善于骑马射箭，随从大将军出征，被任命为嫖姚校尉。一次，他与八百名轻捷勇敢的骑兵，径直抛开大军几百里，寻找有利的机会攻杀敌人，结果他们所斩杀的敌兵数量超过了他们的损失。于是皇上封霍去病为冠军侯。而右将军苏建败仗归来，皇上没有杀他，赦免了他的罪过，交了赎金，成为平民百姓。

因为张骞曾经出使大夏，被扣留在匈奴很长时间。这次他随从大将军出征，为大军作向导，熟知有水草的好地方，因而使大军免于饥渴，再加上他以前出使遥远国家的功劳，封张骞为博望侯。

冠军侯霍去病被封侯三年，在元狩三年春天，皇帝封冠军侯霍去病为骠骑将军，率领一万骑兵，从陇西出击匈奴，建立军功。汉武帝说："骠骑将军亲自率领战士越过乌鳖山，讨伐遫濮，渡过狐奴河，经过五个匈奴的王国，不掠取畏惧顺从者的财物、不掠劫民众，还差点捕获单于的儿子。转战六天，越过焉支山一千余里，与敌人短兵相接，杀死了折兰王，砍掉卢侯王的头，使敌人全军覆没。抓获了浑邪王的儿子及匈奴相国、都尉，共歼敌八千九百六十人，缴获了休屠王的祭天金人。所率士卒伤亡约十分之七。加封霍去病二千户。"

这年夏天，骠骑将军与合骑侯公孙敖都从北地出兵，分道进军；博望侯张骞、郎中令李广都从右北平出兵，分道进军。他们都去攻打匈奴。李广率领四千骑兵首先到达，张骞率领一万骑兵随后到达。匈奴左贤王率领几万骑兵围攻郎中令李广，李广与敌兵战斗了两天，虽有战士牺牲人数过半，但杀敌数目超过了损失人数。等博望侯张骞领兵赶到时，匈奴军队已经撤走。张骞因犯有行军滞留而延误军机的罪过，回京都后被判为死刑，张骞交了赎金，成为平民百姓。而骠骑将军霍去病出了北地后，已远远地深入到匈奴之中，因合骑侯公孙敖走错了路，没能相会。骠骑将军越过居延泽，到达祁连山，捕获了很多敌人。汉武帝下令道："骠骑将军渡钧耆河和居延泽，到达小月氏，攻占祁连山，扬武于䚖得，俘虏单于手下的单桓王、酋涂王，还有相国、都尉率领部众投降的，共有二千五百人，真是可谓能宽大降服者，功成而知止的人。这次报捷斩首和俘虏三万零二百人，俘虏五个匈奴王以及王母、单于阏氏、王子等五十九人，相国、将军、当户、都尉六十三人。霍去病的士卒大约伤亡十分之三。加封霍去病五千四百户。赐予跟随到小月氏作战的校尉们以左庶长的爵位。"合骑侯公孙敖因行军滞留未能够与骠骑将军会师，应当斩首，后赎罪为民。许多老将率领的兵马也不如霍去病。霍去病率领的士卒常常选拔骁勇善战的人补充，他自己也敢深入敌区，常和精壮士卒奔驰在大军的前面。他的部队也是有老天保佑的，从没遭遇过很大的危险。可是那些老将却常常落在后面，不能得到良好的战机。从此霍去病日益受到汉武帝的宠爱而显贵，地位也与大将军卫青等同了。

后来，匈奴单于对浑邪王驻守西面而多次被汉军所败十分愤怒，浑邪王损失了几万士卒，都是遭到骠骑将军的打击，他想把浑邪王召来杀掉。浑邪王就和休屠王等商量投降汉朝，派人先约汉方代表在边境上商谈。这时大行令李息正准备在黄河岸边修筑城堡，俘获浑邪王使者，立刻派人乘传车报告皇上。汉武帝担心匈奴是用诈降的手段乘机偷袭边境，就命令霍去病率军前去迎接。霍去病的部队渡过黄河，与浑邪王的军队遥遥相望，浑邪王下属的裨王、裨将看到汉军，很多人又不想投降，纷纷逃跑。霍去病立即飞马冲入匈奴军营，与浑邪王相见，杀死要逃的八千人，让浑邪王乘驿车先到皇帝巡行的住处，又率浑邪王的部众渡过黄河。投降的匈奴人有数万，号称十万。他们到了长安，天子用来作为赏赐的钱财货物价值数十万。封给浑邪王一万户的食邑，封漯阴侯。汉武帝表彰霍去病的功劳，说："骠骑将军霍去病率领部队征伐匈奴，西面的浑邪王部及其臣民都来投降，去病用军粮援助他们，并率领弓箭手万余人，诛杀那些骁悍凶恶的敌人，杀敌八千多，降服异国之王三十二人。我军战士没受损伤，却使十万人诚心归服。由于骠骑将军屡次作战的功劳，使得黄河上游的边塞地区几乎没有忧患。裁减陇西、北地、上郡守边士卒的一半，以减轻天下人民的徭役负担。"把投降的匈奴人分别安置在西北五郡的关塞以外黄河以南的地方，让他们保持自己的风俗习惯，将这些地方作为汉朝的属国。

　　第二年，匈奴入侵右北平和定襄郡，杀死和掳掠汉朝一千余人。武帝和诸将商议道："翕侯赵信为单于出谋划策，总认为汉朝的士卒不能横穿沙漠轻易停留，现在我们发大军出征，一定会取得胜利。"武帝派大将军卫青、骠骑将军霍去病各率领五万骑兵，另有步兵和运输部队紧随其后有数十万人，而那些敢于死战不怕深入敌阵的士卒都属于霍去病。霍去病开始准备从定襄出发，直指单于部。后因捉到俘虏，俘虏说单于在东面，于是皇帝改令霍去病从代郡出发，令卫青从定襄出发。

　　赵信为单于出计谋说："汉朝军队就是渡过大漠，兵马也很疲乏了，我们可以坐收俘虏。"于是单于把辎重都运送到北方很远的地方，只将精兵部署在沙漠北面等待汉军。这时恰好卫青的部队出塞一千多里，看到单于率军在等待汉军，卫青即命士兵用武刚车环绕布成阵营，派出五千骑兵前去冲击匈奴军，匈奴也派一万余骑兵来攻。这时正是日落时分，刮起大风，沙砾扑面，两军互相看不见，汉军派出左右两侧部队包抄单于。单于看见汉兵众多，而且兵强马壮，打下去对匈奴不利，便趁着黄昏乘着六匹骡拉的车，带着几百名精壮骑兵冲破汉军的包围向西北逃去。这时天已昏黑，汉军和匈奴军相互混战，双方伤亡相当。汉军的左校卫捉到俘虏，供说单于已经在天未黑时逃离。汉军于是派轻骑兵连夜追击，卫青紧随在后面。匈奴兵四散逃跑。在天亮时，汉军追了二百多里，没有追上单于，捕杀敌人一万多，到达寘颜山赵信城后，将获得的匈奴积蓄的军粮供给部队食用。大军在这里停留了一天才返回，行前将赵信城和剩余的粮食全部烧毁。

卫青回到边塞以内。卫青共杀敌一万九千多人。霍去病所率领的骑兵和辎重与大将军卫青的相等，而没有副将。全都任用李敢等人为大校，当作副将。他从代郡和右北平郡出击两千余里，直指匈奴左贤王的军队，斩杀和俘虏敌人的功劳超过卫青。出征回来以后，皇上说："骠骑将军霍去病少带器物，深入大漠，抓获俘虏七万零四百四十三人，自己的士卒大约伤亡十分之二。又向敌人夺取军粮，行军极远而粮草不断。以五千八百户加封骠骑将军。"霍去病部队的官兵升官和受赏的很多，而卫青没有得到加封。

卫青、霍去病两支部队出征塞外时，边塞官吏检阅官马和私人的马共有十四万匹，而战后回到塞内的马不足三万匹。朝廷就设置大司马的职位，让卫青和霍去病都为大司马。霍去病为人沉默寡言，有勇气，敢作敢为。武帝曾经要他学习吴起、孙武的兵法，他回答说："打仗是看谋略，不必学习古代的兵法。"武帝替他修建了一座宅第，让他去看看，他回答说："匈奴不消灭，就无以为家。"因此汉武帝更加重视和宠爱他。

但是霍去病很小就在皇帝身边任侍中，贵宠惯了，不大关心士兵。他率领部队出征时，皇帝还要专门派太官为他带数十车生活用品，回来时丢掉剩余的米和肉，而士兵却有挨饿的。在塞外作战时，士兵们缺乏军粮，有的人饿得爬不起来，而霍去病却还要开辟场地，踢球玩乐。此类事情很多。大将军卫青为人仁慈，热爱士兵，谦和礼让，靠和善柔顺来讨好皇上，但天下却没有称赞他的人。

霍去病于元狩六年去世。为他修筑的坟墓形状像祁连山。元封五年，卫青去世。自卫青围歼单于后至他去世的十四年中，这期间之所以没有再击匈奴，是由于汉朝军马少，又加上南伐两越，东讨朝鲜，西击羌人，征西南夷，因此长期没有攻打匈奴。卫青娶了平阳公主，死后又合葬一处，修起的坟像庐山一样。大将军卫青总计七次出击匈奴，斩杀、俘获五万余人。与匈奴一战，便收复河套以南的地区，设置了朔方郡。副将及校尉中封侯的有九人，委以重任的将军有十五人。

孙子说："军队没有向导，就不能得到地利。"卫青就是启用熟悉地理的张骞为部队向导，行军才没迷路，战士才不用忍受饥渴。孙子说："将领不会挑选骁勇善战的将士就会失败。"霍去病在打仗前常常认真挑选将士。孙子说："敌人强大就要避其锋芒。"卫青看到匈奴加强防备，就命令军队就地休整，不与敌交战。孙子说："深入敌后要保证军粮的供给。"霍去病轻装前进，从千里之外的敌军处获取粮草，供应部队需求。孙子说："战车破损、马匹生病等军资消耗会占消耗的一大部分。"卫青与霍去病率十四万骑兵进攻匈奴，最终返回的人却不到三万人。孙子说："对待士兵要像对待自己的爱子那样呵护。"霍去病并没有做到这点，虽有富余的粮肉，可还有士兵挨饿。

【评析】

　　霍去病,河东平阳(今山西临汾)人,名将卫青的外甥。西汉武帝时期杰出的军事家,大司马骠骑将军。一生四次领兵出击匈奴,每战皆胜,深得武帝信赖,战功比卫青还要显赫。在中国军事史上,霍去病是彪炳千秋的传奇将领。他用兵灵活,注重方略,不拘古法,勇猛果断,善于长途奔袭。但他却不长于军事理论,甚至对古代兵法不感兴趣。汉武帝曾经有心教他学习《孙子兵法》和《吴起兵法》,但他却说:"顾方略何如耳,不至学古兵法。"然而,他却做到了战无不胜,功勋卓著。为了褒奖其战功,汉武帝曾经为他修建过一座豪华的府第,却遭其婉拒。他说:"匈奴未灭,何以家为?"这句千古名言震撼人心,一直镌刻在历代将士们的心中。从某种意义上说,霍去病正是因为具有卓越的军事才能和为国忘家的高尚品格,才能够在战场上屡建奇功,并赢得了后世的一致赞誉。

西汉·赵充国

【原文】

赵充国，字翁孙，陇西上邽①人也。始为骑士，以六郡良家子善骑射补羽林。为人沉勇，有大略。少好将帅之节而学兵法，通知四夷②事。

武帝时，以假司马从贰师将军击匈奴，大为虏所围。汉军乏食数日，死伤者多，充国乃与壮士百余人溃围陷阵，贰师引兵随之，遂得解，身被二十余创。武帝亲见，视其创，嗟叹之，拜为中郎，迁车骑将军长史。

昭帝时，击匈奴，获西祁王，擢③为后将军。匈奴大发十余万骑，南旁塞，至符奚芦山，欲入为寇。亡者题除渠堂降汉言之，遣充国将四万骑屯缘边九郡，单于闻之，引去。

是时，光禄大夫义渠安国使行诸羌，先零豪言愿时渡湟水北，逐民所不田处畜牧。安国以闻。充国劾安国奉使不恭。是后，羌人旁缘前言，抵冒渡湟水，郡县不能禁。先零遂与诸羌种豪二百余人，解仇交质盟诅。上闻之，以问充国，对曰："羌人所以易制者，以其种自有豪，数相攻击，势不壹也。往三十余岁，西羌反时，亦先解仇合约攻令居，与汉相距，五六年乃定。至征和五年，先零豪封煎等通使匈奴。匈奴使人至小月氏，传告诸羌曰：'汉贰师将军众十余万人降匈奴，羌人为汉事苦，张掖、酒泉本我地，地肥美，本可共击居之。'以此观匈奴欲与羌合，非一世也。间者匈奴困于西方，闻乌桓来保塞，恐兵复从东方起，数使使尉黎、危须诸国，设以子女貂裘，欲沮解之。其计不合。疑匈奴更遣使至羌中，道从沙阴地，出盐泽，过长坑，入穷水塞，南抵属国，与先零相直。臣恐羌变未止此，且复结联他种，宜及未然为之备。"

后月余，羌侯狼何果遣使至匈奴藉兵，欲击鄯善、敦煌以绝汉道。充国以为：狼何，小月氏种，在阳关西南，势不能独造此计。疑匈奴使已至羌中，先零、罕、开乃解仇作约，到秋马肥，变必起矣。宜遣使者行边兵豫为备，敕视诸羌，毋令解仇，以发觉其谋。于是两府复白遣义渠安国行视诸羌，分别善恶。安国至，召先零诸豪三十余人，以尤桀黠，皆斩之；纵兵击其种人，斩首千余级。于是诸降羌及归义羌侯杨玉等恐怒，亡所信乡，遂劫略小种，背畔犯塞，攻城邑，杀长史。安国以骑都尉将骑三千屯备羌，至浩亹，为虏所击，失亡车重兵器甚众。安国引还，至令居，以闻。时充国年七十余，上老之，使丙吉问谁可将者，充国对曰："亡逾于老臣者矣。"上遣问焉，曰："将军度羌虏何如，当用几人？"充国曰："百闻不如一见，兵难遥度，臣愿驰至金城，图上方略。然羌戎小夷，逆天背畔，灭亡不久。愿陛下以属老臣，勿以为忧。"上笑曰："诺。"

充国至金城，须兵满万骑，欲渡河，恐为虏所遮，即夜遣三校衔枚先渡，渡辄营陈，会明，毕，遂以次尽渡。虏数十百骑来，出入军傍。充国曰："吾士马新倦，不可驰逐。此皆骁骑难制，又恐其为诱兵也。击虏以殄④灭为期，小利不足贪。"令军勿击。遣骑候四望狭中亡虏，夜引兵上至落都，召诸校司马，谓曰："吾知羌虏不能为兵矣。使虏发数千人守杜四望狭中，兵岂得入哉！"

充国常以远兵候为务，行必为战备，止必坚营壁，尤能持重，爱士卒，先计而后战。遂西至西部都尉府，日飨⑤军士，士皆欲为用。虏数挑战，充国坚守。捕得生口，言羌豪相数责曰："语汝亡反，今天子遣赵将军来，年八九十矣，善为兵。今请欲一斗而死，可得邪！"

充国子右曹郎中将卬，将期门佽飞、羽林孤儿、胡越骑为支兵，至令居。虏并出绝转道，卬以闻。有诏将八校尉与骁骑都尉、金城太守合疏捕山间虏，通转道津度。

初，䍐、开豪靡当儿使弟雕库来告都尉曰："先零欲反。"后数日果反。雕库种人颇在先零中，都尉即留雕库为质。充国以为亡罪，乃遣归告种豪："大兵诛有罪者，明白自别，毋取并灭。天子告诸羌人，犯法者能相捕斩，除罪。斩大豪有罪者一人，赐钱四十万，中豪十五万，下豪二万，大男三千，女子及老小千钱，又以其所捕妻子财物尽与之。"充国计欲以威信招降䍐、开及劫略者，解散虏谋，徼极乃击之。酒泉太守辛武贤奏言："今虏朝夕为寇，土地寒苦，汉马不能冬，屯兵在武威、张掖、酒泉万骑以上，皆多羸瘦。可益马食，以七月上旬赍三十日粮，分兵并出张掖、酒泉合击䍐、开在鲜水上者。虏以畜产为命，皆离散，兵即分出，虽不能尽诛，直夺其畜产，虏其妻子，复引兵还，冬复击之，大兵仍出，虏必震坏。"

天子下其书充国，令与校尉以下吏士知羌事者博议。充国以为："武贤欲轻引万骑，分为两道出张掖，回远千里。以一马自驼负三十日食，为米二斛⑥四斗，麦八斛，又有衣装兵器，难以追逐。勤劳而至，虏必商军进退，稍引去，逐水草，入山林，随而深入。虏即据前险，守后厄，以绝粮道，必有伤危之忧，为夷狄笑，千载不可复。而武贤以为可夺其畜产，虏其妻子，此殆空言，非至计也。先零首为畔逆，它种劫略。故臣愚册，欲捐䍐、开暗昧之过，隐而勿章，先行先零之诛以震动之，宜悔过反善，因赦其罪，选择良吏知其俗者抚循和辑，此全师保胜安边之策。"天子下其书。公卿议者咸以为先零兵盛，而负罕、开之助，不先破罕、开，则先零未可图也。

上乃拜侍中乐成侯许延寿为强弩将军，即拜酒泉太守武贤为破羌将军，赐玺书嘉纳其册。以书敕诮⑦充国曰："皇帝问后将军，甚苦暴露。今张掖以东粟石百余，刍藁束数十，转输并起，百姓烦扰。将军将万余之众，不早及秋共水草之利争其畜食，欲至冬，虏皆当畜食，多藏匿山中依险阻，将军士寒，手足皲瘃，宁有利哉？将军不念中国之费，欲以岁数而胜微，将军谁不乐此者！今诏破羌将军武贤将兵六千一百人，敦煌太守快将二千人，长水校尉富昌、酒泉侯奉世将婼、月氏兵四千人，亡虏万二千人，赍⑧三十日食，以七月二十二日击罕羌，入鲜水北句廉上，去酒泉八百里，去将军可千二百里。将军其引兵便道西并进，虽不相及，使虏闻东方北方兵并来，分散其心意，离其党与，虽不能殄灭，当有瓦解者。已诏中郎将印将胡越倓飞射士、步兵二校，益将军兵。今五星出东方，中国大利，蛮夷大败。太白出高，用兵深入敢战者吉，弗敢战者凶。将军急装，因天时，诛不义，万下必全，勿复有疑。"

充国既得诮，以为将任兵在外，便宜有守，以安国家。乃上书谢罪，因陈兵利害，曰："臣窃见骑都尉安国前幸赐书，择羌人可使使罕，谕告以大军当至，汉不诛罕，以解其谋。恩泽甚厚，非臣下所能及。臣独私美陛下盛德至计亡已，故遣开豪雕库宣天子至德，罕、开之属皆闻知明诏。今先零羌杨玉将骑四千及煎巩骑五千，阻石山木，候便为寇，罕羌未有所犯。今置先零，先击罕，释有罪，诛亡辜，起壹难，就两害，诚非陛下大计也。臣闻兵法'攻不足者，守有余'。又曰'善战者，致人，不致于人'。今罕羌欲为敦煌、酒泉寇，宜饰兵马，练战士，以须其至，坐得致敌之术，以逸击劳，取胜之道也。

今恐二部兵少不足以守，而发之行攻，释致虏之术而从为虏所致之道，愚以为不便。先零羌虏欲为背畔，故与罕、开解仇结约。然其私心不能亡，恐汉兵至而罕、开背之也。臣愚以为其计常欲先赴罕、开之急，以坚其约，先击罕羌，先零必助之。今虏马肥，粮食方饶，击之恐不能伤害，适使先零得施德于罕羌，坚其约，合其党。虏交坚党合，精兵二万余人，迫胁诸小种，附著者稍众，莫须之属不轻得离也。如是，虏兵寖多，诛之用力数倍。臣恐国家忧累繇十年数，不二三岁而已。臣得蒙天子厚恩，父子俱为显列。臣位至上卿，爵为列侯，犬马之齿七十六，为明诏填沟壑，死骨不朽，亡所顾念。独思惟兵利害至熟悉也，于臣之计，先诛先零已，则罕、开之属不烦兵而服矣。先零已诛而罕、开不服，须正月击之，得计之理，又其时也。以今进兵，诚不见其利，唯陛下裁察。"

玺书报从充国计焉。充国引兵至先零在所。虏久屯聚，解弛，望见大军，弃车重，欲渡湟水，道厄^⑨狭，充国徐行驱之。或曰逐利行迟，充国曰："此穷寇，不可迫也。缓之则走不顾，急之则还致死。"诸校皆曰："善。"虏赴水溺死者数百，降及斩首五百余人，虏马牛羊十万余头，车四千余两。兵至罕地，令军毋燔聚落刍牧田中。罕羌闻之，喜曰："汉果不击我矣！"豪靡忘使人来言："愿得还复故地。"充国以闻，未报。靡忘来自归，充国赐饮食，遣还谕种人。护军以下皆争之，曰："此反虏，不可擅遣。"充国曰："诸君但欲便文自营，非为公家忠计也。"语未卒，玺书报，令靡忘以赎论。后罕卒不烦兵而下。

充国病，上赐书曰："将军年老加疾，朕甚忧之。今诏破羌将军诣屯所，为将军副，急因天时大利，吏士锐气，以十二月击先零羌。即疾剧，留屯毋行，独遣破羌、强弩将军。"时羌降者万余人矣。充国度其必坏，欲罢骑兵屯田，以待其敝。作奏未上，会得进兵玺书，中郎将印惧，使客谏充国曰："诚令兵出，破军杀将以倾国家，将军守之可也。即利与病，又何足争？一旦不合上意，遣绣衣来责⑩将军，将军之身不能自保，何国家之安？"充国叹曰："是何言之不忠也！往者举可先行羌者，吾举辛武贤，丞相、御史复白遣义渠安国，竟沮败羌。金城、湟中谷斛八钱，吾谓耿中丞，三百万斛谷，羌人不敢动矣。耿中丞请籴百万斛，乃得四十万斛耳。义渠再使，且费其半。失此二册，羌人故敢为逆。失之毫厘，差以千里，是既然矣。今兵久不决，四夷卒有动摇，相因而起，虽有知者不能善其后，羌独足忧邪！吾固以死守之，明主可为忠言。"遂上屯田奏曰："臣闻兵者，所以明德除害也。故举得于外，则福生于内，不可不谨。臣所将吏士马牛食，月用粮谷十九万九千六百三十斛，盐千六百九十三斛，茭槀二十五万二百八十六石。难久不解，徭役不息。又恐它夷卒有不虞之变，相因并起，为明主忧，诚非素定庙胜之册。且羌虏易以计破，难用兵碎也，故臣愚以为击之不便。计度临羌东至浩亹，羌虏故田及公田，民所未垦百二千顷。愿罢骑兵，留弛刑应募，及淮阳、汝南步兵与吏士私从者，合凡万二百八十一人，用谷月二万七千三百六十三斛，盐三百八斛，分屯要害。田事出，赋人二十亩。至四月草生，发郡骑及属国胡骑伉健各千，倅马⑪什二，就草，为田者游兵。以充入金城郡，益积畜，省大费。今大司农所转谷至者，足支万人一岁食。谨上田处及器用簿，唯陛下裁许。"

上报曰："欲罢骑兵万人留田，即如将军之计，虏当何时伏诛，兵当何时得决？孰计其便，复奏。"

充国上状曰："臣闻帝王之兵，以全取胜，是以贵谋而贱战。战而百胜，非善之善者也。故先为不可胜，以待敌之可胜。蛮夷习俗虽殊于礼义之国，然其欲避害就利，爱亲戚，畏死亡，一也。今虏亡其美地荐草,愁于寄托远遁,骨肉离心,人有畔志,而明主班师罢兵,万人留田,顺天时因地利,以待取胜之虏,虽未即伏辜,兵决可期月而望。臣谨条不出兵留田便宜十二事。步兵九校,吏士万人,留屯以为武备,因田致谷,威德并行,一也。又因排折羌虏,令不得归肥饶之地,贫破其众,以成羌虏相畔之渐,二也。居民得并田作,不失农业,三也。军马一月之食,度支田士一岁,罢骑兵以省大费,四也。至春省甲士卒,循河湟漕谷至临羌,以视羌虏,扬威武,传世折冲之具,五也。以闲暇时,缮治邮亭,充入金城,六也。兵出,乘危徼幸,不出,令反畔之虏窜于风寒之地,离霜露疾疫瘃堕之患,坐得必胜之道,七也。亡经阻远追死伤之害,八也。内不损威武之重,外不令虏得乘间之势,九也。又亡惊动河南大开、小开使生它变之忧,十也。治湟狭中道桥,令可至鲜水,以制西域,信威千里,从枕席上过师,十一也。大费既省,徭役豫息,以戒不虞,十二也。留屯田得十二便,出兵失十二利。臣充国材下,犬马齿衰,不识长册,唯明诏博详公卿议臣采择。"

上复赐报曰:"将军言十二便,闻之。虏虽未伏诛,兵决可期月而望。期月而望者,谓今冬邪,谓何时也?将军孰计复奏。"

充国奏曰:"臣闻兵以计为本,故多算胜少算。先零羌精兵今余不过七八千人,失地远客,分散饥冻。罕、开、莫须又颇暴略其羸弱畜产,畔还者不绝,皆闻天子明令相捕斩之赏。臣愚以为虏破坏可日月冀[12],远在来春,故曰兵决可期月而望。窃见北虏自敦煌至辽东万一千五百余里,乘塞[13]列隧[14]有吏卒数千人,虏数大众攻之而不能害。今留步士万人屯田,地势平易,多高山远望之便,部曲相保,为堑垒木樵,校联不绝,便兵弩,饰斗具。烽火幸通,执及并力,以逸待劳,兵之利者也。臣愚以为屯田内有亡费之利,外有守御之备。骑兵虽罢，虏见万人留田为必禽之具，其上崩归德，宜不久矣。从今尽三月，虏马羸⑮瘦，必不敢损其妻子于它种中，远涉河山而来为寇。又见屯田之士精兵万人，终不敢复将其累重还归故地。是臣之愚计，所以度虏且必瓦解其处，不战而自破之册也。臣闻，战不必胜，不苟接刃；攻不必取，不苟劳众。而释坐胜之道，从乘危之势，贬重而自损，非所以视蛮夷也。臣窃自惟念，奉诏出塞，引军远击，穷天子之精兵，散车甲于山野，虽亡尺寸之功，偷得避慊之便，而亡后咎余责，此人臣不忠之利，非明主社稷之福也。臣幸得奋精兵，讨不义，久留天诛，罪当万死。陛下宽仁，未忍加诛，令臣数得熟计。愚臣伏计熟甚，不敢避斧钺之诛，昧死陈愚，唯陛下省察。"

充国奏每上，辄下公卿议臣。初是充国计者什三，中什五，最后什八。有诏诘前言不便者，皆顿首服。丞相魏相曰："臣愚不习兵事利害，后将军数画军册，其言常是，臣任其计可必用也。"上于是报充国曰："将军计善。其上留屯田及当罢者人马数。将军强食，谨兵事，自爱！"上以破羌、强弩将军数言当击，又用充国屯田处离散，恐虏犯之，于是两从其计，诏两将军与中郎将卬出击。强弩出，降四千余人，破羌斩首二千级，中郎将卬斩首降者亦二千余级，而充国所降复得五千余人。诏罢兵，独充国留屯田。

明年，充国奏请罢屯兵。奏可，充国振旅⑯而还。所善浩星赐迎说充国，曰："众人皆以破羌、强弩出击，多斩首获降，虏以破坏。然有识者以为虏势穷困，兵虽不出，必自服矣。将军即见，宜归功于二将军出击，非愚臣所及。如此，将军计未失也。"充国曰："吾年老矣，爵位已极，岂嫌伐一时事以欺明主哉！兵势，国之大事，当为后法。老臣不以余命壹为陛下明言兵之利害，卒死，谁当复言之者？"卒以其意对，上然其计，罢遣辛武贤归酒泉太守官，充国复为后将军卫尉。

其秋，羌若零、离留、且种、儿库共斩先零大豪犹非、杨玉首，及诸豪弟泽、阳雕、良儿、靡忘皆帅煎巩、黄羝之属四千余人降。汉封若零、弟泽二人为帅众王，离留、且种二人为侯，儿库为君，阳雕为言兵侯，良儿为君，靡忘为献牛君。初置金城属国，以处降羌。

诏举可护羌校尉者，时充国病，四府举辛武贤小弟汤，充国遽起奏："汤使酒，不可典蛮夷。不如汤兄临众。"时汤已拜受节，有诏更用临众。临众病免，五府复举汤，汤数醉拘羌人，羌人反畔，卒如充国之言。朝廷每有四夷大议，常与参兵谋，问筹⑰策焉。年八十六薨⑱。

初，充国以功德与霍光等列，画未央宫。成帝时，西羌常有警⑲，上思将帅之臣，追美充国，乃召杨雄即充国图画而颂之，曰："明灵惟宣，戎有先零。先零昌狂，侵汉西疆。汉命虎臣，惟后将军，整我六师，是讨是震。既临其域，谕以威德，有守矜功，谓之弗克。请奋其旅，干、罕之羌，天子命我，从之鲜阳。营平守节，屡奏封章，料敌制胜，威谋靡亢。遂克西戎，还师于京，鬼方宾服，罔不有庭。昔周之宣，有方有虎，诗人歌功，乃列于雅。在汉中兴，充国作武，纠纠桓桓，亦绍厥后。"

孙子曰："能因敌变化而取胜者，谓之神⑳。"充国谓兵难隃度。又曰："以虞㉑待不虞者，胜。"充国常远斥候。又曰："取敌之利者，货也。"充国以钱诱羌，令诸捕斩。又曰："主曰必战无战，可也。"充国谓便宜有守以安国家。又曰："致人而不致于人。"充国练战士以须其至。又曰："威加于敌，则其交不得合。"充国攻先零而罕羌服。又曰："穷寇勿迫㉒。"充国缓驱先零。又曰："以饱待饥。"充国谓籴三百万斛谷，羌不敢动。又曰："进不求名，退不避罪。"充国以死守便宜是也。

【注释】

① 上邽（guī）：古地名，甘肃天水西南。

② 四夷：泛指少数民族。

③ 擢（zhuó）：提拔，选拔。

④ 殄：消灭，灭绝。

⑤ 飨（xiǎng）：用酒食招待人。

⑥ 斛（hú）：古量器名，也是容量单位。十斗为一斛，南宋末年改为五斗一斛。

⑦ 诮：责备，谴责。

⑧ 赉：赏赐。

⑨ 厄：通"隘"，狭隘。

⑩ 责：询问。

⑪ 倅马：倅，副，指备用之马。

⑫ 冀：希望。

⑬ 塞：要塞。

⑭ 燧：烽火台。

⑮ 羸：瘦弱。

⑯ 振旅：振，整顿；整顿军队。

⑰ 筹：谋划，计划。

⑱ 薨：古代称侯王死叫"薨"。

⑲ 警：紧急情况。

⑳ 神：变化莫测。

㉑ 虞：意料，预料。这里指事先谋划好，有准备。

㉒ 迫：逼迫。

【今译】

赵充国，字翁孙，陇西上邽（今甘肃省天水市）人，起初是骑兵，因是六郡中的良家子弟，并善于骑射，被补为羽林卫士，侍卫皇帝。他为人沉着勇敢，富有大略，从小就仰慕将帅的志节，因而好学兵法，通晓周边蛮夷的情况。

汉武帝时，赵充国以假司马的身份跟随贰师将军李广利攻打匈奴，被敌人重兵包围。汉军断粮好几天，死伤很多人，赵充国与一百多名壮士突破包围、攻陷敌阵，贰师将军带领士兵跟随其后，才得以突围。在这次战争中，赵充国身受二十多处伤，汉武帝知道后，亲自接见并探视其伤情，赞叹他的勇敢，并且授其官职中郎，又提升其任车骑将军长史。

汉昭帝时，他率军攻打匈奴，俘获了西祁王，被提升为后将军。匈奴大举发动十多万骑兵，南下逼近汉朝边塞，到达符奚芦山，准备入侵抢掠。有个从匈奴逃亡的名叫题除渠堂的人，投降汉朝后报告了这一情况。汉朝就派遣赵充国率领四万骑兵驻守在边境的九个郡（五原、朔方、云中、代郡、雁门、定襄、北平、上谷、渔阳）上。匈奴王得知赵充国有准备之后，就把人马撤了回去。

这时，光禄大夫义渠安国出使巡视各羌人部落，先零的酋长表示希望适当的时候渡河到湟水北岸，在汉民所不耕种的地方放养牲畜。义渠安国没有奏请就答应了这件事。于是，赵充国就弹劾义渠安国这次奉命出使不负责任。从此以后，羌人仅凭义渠安国所应，遂渡过湟水，占领土地，当地郡县无法制止。先零遂与各羌人的酋长二百多人解除了怨仇，交换了人质，之后订立盟誓。皇上知道这件事之后，就征询赵充国意见，赵充国回答说："羌人之所以容易控制，是因为他们各部落都有自己的首领，他们经常互相攻击，形不成统一势力。三十多年以前，西羌人造反时，也是事先解除仇怨，订立盟约才攻打令居，同汉朝相对抗，五六年后才得以平定。到汉武帝征和五年时，先零首领封煎等派人出使匈奴，匈奴再派人到小月氏，制造谣言传告各羌人部落说：'汉朝的贰师将军带领十多万人投降了匈奴。羌人为汉朝服役很苦。张掖、酒泉本来是我们的地方，土地肥美，我们联合起来一同攻打，就可以占有那里。'由此可以看出，匈奴想和羌人联合，不是一时的事了。不久前匈奴的西面受困，听说乌桓前来保卫边塞，又害怕战事从东面开始，就多次派遣使者到尉黎、危须各国，答应送给他们人口和貂皮衣服，企图离间他们和汉朝的友好关系。这个计划没有实现。我怀疑匈奴又会派使者到羌人部落中，从沙阴地区取道出盐泽，过长坑后，进入穷水要塞，从南面到达匈奴的属国，同先零联合。臣恐怕羌人的举动并不止这些，而且他们将会勾连其他部落，应该赶在事情没有发生之前做好充分准备。"

几个月后，羌侯狼何果然派遣使者到匈奴借兵，准备攻打鄯善、敦煌以断绝大汉与西域各国来往的通道。赵充国认为："狼何、小月氏部落在阳关的西南，势必难以单独完成这样的计划，我怀疑匈奴的使者已经到达羌人部落中，先零、䍐、开等羌人部落才解除仇怨订立盟约。等到秋天战马膘肥体壮，变乱必然会发生。应当派遣使者巡视边防部队，预先做好准备，并下令各羌人部落，不要让他们结盟，以便遏阻他们的阴谋。"于是两府又请示派遣义渠安国出使巡视各羌人部落，区分善恶。义渠安国去那里后，就召集先零各部落首领三十多人，把特别凶暴狡诈的，一齐杀了头。又发兵攻打他们的部落，杀了一千多人。于是原来归顺汉朝的羌人部落以及归义羌侯杨玉等都既害怕又怨愤，遂对汉朝失去了信任，他们就胁迫、劫持弱小的部落，背叛汉朝侵犯边塞，攻打城邑，杀死地方长官。义渠安国以骑都尉的身份，率领三千骑兵,在边境驻扎,以防备羌人。他到达瘗浩时,被敌人袭击,损失了很多车辆、辎重和兵器。义渠安国就带兵撤了回来,到令居之后,将情况上报给皇上。当时,赵充国已经七十多岁,皇上认为他老了,就派御史大夫丙吉去问他谁可以领兵,赵充国答道:"还没有超过老臣的人。"皇上又派人来问道:"将军估计羌敌会怎么样,应当使用多少人?"赵充国说道:"百闻不如一见。军事情况难以遥测,臣希望尽快赶到金城,制定出作战方案后送呈御览。羌戎只不过是弱小的夷族,违反天意背叛国家,不久就会灭亡,希望陛下把这件事交给老臣,不要担忧。"皇上笑着说:"可以。"

　　赵充国到达金城,等到军队集结一万骑兵,就准备渡过黄河,但担心被敌人拦截,就在夜间先派三校人马衔枚渡河。渡过河后,立即摆好阵式。等到天亮时,阵式已经摆好,这才开始按次序全部渡过了黄河。有百十名敌人的骑兵前来,在军营前转来转去。赵充国就说:"我们的军马正疲倦,不能驰马追逐。这些都是敌人的骁勇骑兵,难以制服,又恐怕是敌人的诱兵之计。攻击敌人以全歼为目标,微小的利益不值得去贪求。"赵充国就传令叫军队不要出击。派遣骑兵到四望狭侦察,没有发现敌人。于是夜晚赵充国带兵上行到达落都,然后召集各校的司马,说道:"我已经知道羌人不会用兵了。假使敌人派几千人在四望陋中坚守阻拦,我们的部队又怎么能进去呢!"

　　赵充国十分注重派侦察兵到远处侦察,行军时一定做好战斗准备,驻扎时一定加固营垒,特别谨慎稳重,爱护士兵,事先计划好后再进行战斗。于是赵充国一直向西到西部都尉府,每天与军士一起吃住,士兵都愿意为他效力。敌人几次来挑战,赵充国都坚守不出。有一次捉到了一个俘虏,招供说羌人首领都几次互相责怪说:"叫你不要造反,如今皇帝派赵将军来,他有八九十岁了,最会打仗。现在想找他拼命,哪里还有可能啊?"

赵充国的儿子右曹中郎将赵印,率领期门饮飞、羽林孤儿、胡越骑兵作为分支部队,到达令居。敌人同时出击断绝了汉军运输道路,赵印把此事上奏朝廷。皇上下诏命令他率领八个校尉和骁骑都尉、金城太守合力搜捕藏在深山里的敌人,以确保粮道和渡口的畅通。

当初,罕羌、开羌的首领靡当儿,派遣他的弟弟雕库来向都尉告密说:"先零羌想造反",过了几天后,先零羌果然造反了。雕库部落有很多人在先零部落中,都尉就把雕库扣留作为人质。赵充国认为雕库无罪,就放他回去告诉其他羌人首领说:"汉朝大军只杀有罪的羌人,分别对待,要他们不要和有罪的人混在一起,自取灭亡。汉朝天子告谕各部羌人,犯法的人能够捕获斩杀其他罪犯,可免罪。斩杀有罪的大首领一人,可得到四十万钱的赏赐,斩杀中等首领的,可得到十五万,斩杀下等首领的,可得到二万,斩杀成年男子的,可得到三千,斩杀妇女、老人和小孩的,可得到一千,还要把他所捕获的妇女、孩子以及钱财物品都奖赏他。"赵充国计划用恩威并施来招降罕、开部落以及其他被胁迫叛乱的羌零部落,瓦解粉碎敌人的阴谋,等到他们精疲力竭之时再实施攻击。酒泉太守辛武贤上奏书说道:"现在敌人早晚骚扰,土地又寒冷贫瘠,这样下去,汉朝的马匹必不能熬过这里的冬天,驻扎在武威、张掖、酒泉的一万多匹战马,大多数都瘦弱不堪。回去可增加马的饲料,等到七月上旬携带三十天的粮草,同时从张掖、酒泉分别派兵一同攻打罕、开部落在鲜水上游的部队。敌人把牲畜视为命根,那时都已离散放牧,我军再火速分兵出击,即使不能全部诛杀干净,也可以夺得他们的牲畜,俘虏他们的妻子儿女,再退兵返回,等到冬天再发起进攻,大部队频繁作战,敌人必定崩溃无疑。"

汉宣帝就把这份奏书交给赵充国，叫他同校尉以下了解羌人情况的官兵广泛讨论。赵充国认为："辛武贤轻率想带领一万骑兵分两路从张掖出发，来回就有千里之远。以一匹马自身驮负三十天粮食计算，就要带二斛四斗米，八斛麦，还要带上行李兵器，马就难以追逐奔跑了。等到艰辛疲惫地赶到，敌人一定计算好了军队的行程，逐渐撤退离去，沿着水草之地进入山林之中。如果跟随敌人而深入进军，敌人就会占据前面的险阻，把守后面的要塞，来断绝我方的粮道，这样一来一定会出现伤亡倾危的忧患，被夷狄所耻笑，永远都不可挽回。而辛武贤认为可以夺取敌人的牲畜，俘虏他们的妻子儿女，这不过是一句空话，并非是至好的计策。先零首先发动叛乱，其他部落只是被它所劫持。所以臣有一个愚计，打算不计较罕、开昏庸愚昧的过错，用隐晦不张扬的方式，把先零先消灭后，用此来震慑他们，让他们悔过自新，借此赦免他们的罪行，然后选派懂得羌人民俗的官员去安抚团结他们，这才是保全军队稳操胜券的安边之策。"宣帝把这封奏书交给百官商讨。公卿大臣们都认为先零兵势强盛，又依仗罕、开的援助，如果不首先攻破罕、开，先零就不容易对付。

皇上听后，授任侍中乐成侯许延寿为强弩将军，就地任命酒泉太守辛武贤为破羌将军，赐给他盖有玺印的诏书嘉许采纳他的计策。汉宣帝又下书责备赵充国说："皇帝问候后将军，行军在外极为劳苦。现在张掖以东地区粮食一石卖到一百多钱，干草秸秆一捆卖到几十钱。各处一同运输粮草，就给老百姓增添了烦扰。将军率领一万多人的大部队，不及早趁秋天共享水草的便利之机争夺其牲畜和粮食，想等到冬天，敌人都已经积蓄了粮食，他们大多依靠险阻隐藏在山中，将军的士卒由于寒冷，手足冻裂，难道还会有利吗？将军不以国家的耗费为念，想用几年的时间来打败敌人，凡为将军的，谁愿意这样做呢？

现在我已诏令破羌将军辛武贤带兵六千一百人，敦煌太守快带兵二千人，长水校尉富昌、酒泉侯奉世率领蜡、月氏兵四千人，共计不下一万二千人。带上三十天的粮草，在七月二十二日进攻罕羌，进入鲜水北岸的拐弯处，离酒泉八百里，离将军一千二百里。将军就带兵从便道向西同时推进，虽不能相会合，但能使敌人听说东方和北方的军队一同前来，可以分散敌人的斗志，离散他们的党羽，即使不能全歼敌人，也可以瓦解他们。我已诏令中郎将赵印率领胡、越饮飞射士、步兵二校人马，增加将军的兵力。现在金、木、水、火、土五星同时出现在东方，预兆汉军大胜，蛮夷大败。太白星出现在高处，预示用兵深入敢于作战的吉利，不敢作战的凶险。将军赶紧打点行装，凭借天时，讨伐不义之羌，一定会万无一失，将军不要再迟疑。"

　　赵充国收到责备他的诏书后，认为将领带兵在外，应依据实际情况坚持自己的主张，以便保卫国家。于是他就上书谢罪，借此陈述自己用兵的利害关系，他说："臣私下见到陛下前不久赐给骑都尉安国的诏书，让他选择羌人中可以出使罕羌的人，宣布大军就要到了，汉朝将不诛杀罕羌部落，以此瓦解先零部落的阴谋。皇上对罕羌的恩泽深厚，不是臣下所能及的。臣下私下赞美陛下的盛德，妙计无与伦比，所以就派遣开羌首领雕库宣传天子的大德，罕、开羌各部落都听到了您英明的诏令。如今先零羌的杨玉率领骑兵四千人以及煎巩骑兵五千人，以山石树木作为险阻，等候时机来入侵，罕羌却没有侵犯的行动。现在把先零羌放在一边，先去攻打罕羌，开释有罪的，诛杀无辜的，引起一方危难，却受到两方祸害，这实在不是陛下原来的计划。臣听说兵法有'进攻力量虽不足，但进行防守则绰绰有余'，又说'善于战斗的人能够控制别人，而不被别人所控制'。如今罕羌想去入侵敦煌、酒泉，我们就应整治武器马匹，训练战士，等待他们到来，坐等制敌，以养精蓄锐的军队去攻打疲于奔命的敌人，才是取胜之道。如今恐怕敦煌、酒泉两郡的兵力不足以防守，而发动他们进行攻击，放弃制服敌人的战术而选择为敌所制的计策，臣下愚蠢地认为这不妥当。先零羌的敌人想背叛汉朝，所以就同䍐羌、开羌解除前仇订立盟约，但他们的心里也害怕汉军到后，䍐、开羌的部落会背弃他们。臣下愚以为先零羌的计谋总是想先置䍐羌、开羌于危难之中，以此加强他们的盟约。如果先攻打䍐羌，先零必定会出来援助。现在敌人马正肥，粮草正丰盛，我们攻打䍐羌恐怕不能对其造成伤害，反而使先零布施恩德给䍐羌，使他们坚固了盟约，相互纠合在一起。敌人如果盟约坚固，同党联合的话，精锐部队可以达到二万多人，再去胁迫其他弱小部落，归附的人就会逐渐增多，像莫须羌之类的小部落也不会轻易离开他们。如果是这样的话，敌人的兵力将会越来越多，要征伐他们就要用几倍的力量，臣恐怕国家的忧患和负担要用十年来计算，不仅仅只是两三年的事了。臣下得蒙天子的厚恩，父子同为朝廷要员。臣下官位居上卿。爵位到列侯，年龄也有七十六了，为奉行英明的诏令而抛尸沟壑，虽死不朽，我没有什么可以顾虑的。只是考虑到自己对用兵的利害最为熟悉，所以为臣之计，先讨伐先零羌后，䍐羌、开羌之类不须用兵就可以制服。如果先零羌被诛灭之后，䍐羌、开羌仍不臣服，等到正月再去攻打它，既符合用兵的道理，又合于用兵的时机。以现在的时机进军，实在看不到有利可图，希望陛下明察决断。"

皇上回文书给赵充国同意依从他的计策。赵充国带兵到达先零羌的地方。敌人驻兵已久，放松了警惕，见到大部队，就丢弃了车辆辎重，想渡过湟水；但由于道路狭窄，赵充国就慢慢地行军追赶敌人。有人对赵充国说，追敌取胜宜快，汉军行进太慢。赵充国就说："这就是所谓的穷寇勿迫。缓慢追赶，他们就会逃跑而不回头，追急了他们就会回头决一死战。"各校尉听了都说:"对。"敌人投水被淹死的有数百人,投降以及被斩首的有五百多人,俘获马牛羊十多万头,车子四千多辆。军队到了罕羌的地方,赵充国下令军队不许焚烧村落和在田里割草放牧。罕羌的人听说这些后,高兴地说:"汉军果然不攻击我们!"罕羌首领靡忘派人来说:"希望能够返回到原来的地方。"赵充国将情况上报给天子,没有得到回答。靡忘亲自前来归顺,赵充国赐给他饮食,遣送他回去告谕同族的人。护军以下的军官都出来同赵充国争论,说:"这是造反的敌寇,不可以擅自遣送回去。"赵充国说:"各位只想完全依从公文而为自己打算,并不是为国家忠心着想。"话没说完,皇帝的文书就下来了,命令将靡忘按赎罪论处。后来罕羌果然不用兵而被征服。

后来,赵充国生病了,皇上赐书说:"将军年迈再加疾病,朕对此很忧虑。现下诏令破羌将军到你驻军的地方,作为将军的副手,赶紧趁天时大利,官兵锐气正旺,在十二月攻打先零羌。如果你病情加重,就留在驻地不必出行,只派破羌、强弩将军前去就可以了。"这时羌人投降的已有一万多人。赵充国考虑到敌人一定会失败,就准备撤回骑兵进行屯田,以此等待敌人的疲竭。写好奏书还没有上报,正好得到要求进军的诏书,中郎将赵印害怕赵充国不敢进兵,就派门客去劝谏赵充国说:"命令军队出击,肯定使军队招致失利,将领遭到杀害,而使国家面临倾覆的危险,将军固守是可以的。如果只是从利弊关系出发,那又有什么可以争论的呢?一旦您的意见不合皇上的旨意,皇上派绣衣御史来责问将军,将军将自身难保,哪里还有什么国家的安全呢?"赵充国听了叹息说:"你这话是何等的不忠啊!以前如果听了我的话,羌敌怎么能是今天的局面?当初我推举能先到羌族中安抚的人,我推举了辛武贤,丞相御史请求皇上派遣义渠安国,结果败坏了对羌的计划。金城、湟中等地的谷子每斛八钱,我告诉耿中丞,只要买来二百万斛谷子,羌人就不敢妄动了。耿中丞报请皇上只买一百万斛谷子,实际上只得到四十万斛。义渠安国两次出使,耗费了将近一半。由于这二人的失策,所以羌人才敢于叛逆。失之毫厘,差以千里,这已成了事实。如今战事旷日持久,不能结束,万一四方夷狄突然发动叛乱,乘机而起,即使有很深智谋的人也不能善理后事,哪里只是羌人值得担忧呢!我坚定地以死来坚持自己的主张,贤明的君主是可以听从忠言的。"于是呈上关于屯田的奏书说:"臣下听说军队是用来彰明道德惩除祸害的,所以用兵得胜在外面,那么福德就显现在内,所以不可不谨慎从事,臣所率领的官兵、马、牛的粮草,一个月要用粮谷十九万九千六百三十斛,盐一千六百九十三斛,干草秸秆二十五万零二百八十六石。战争灾难长久不能解除,各种徭役就不会停止。又怕其他夷狄突然有不可预料的变乱,如果祸乱一起发生,成为明君的忧患,实在不是朝廷历来商议胜敌之策。况且羌敌容易用计来攻破,难以用兵力去粉碎,所以臣下认为出击不利。估计从临羌向东到浩亹,羌敌原来的旧田及朝廷的公田,百姓还没有开垦的,大约在二千顷以上,中间的驿站大多已被毁坏而破败。臣下希望撤回骑兵,留下减刑的犯人和应募的士兵,以及淮阳、汝南的步兵和官兵的私人随从,一共有一万零二百八十一人,一个月用谷二万七千三百六十三斛,盐三百零八斛,分别驻扎在要害之地。耕作开始后,每人可以授田二十亩。到四月牧草长出,征发郡县骑兵以及所属部落的胡人骑兵中强健的各一千人,配上十分之二的备用战马,到那里放牧吃草,作为保卫耕田人的流动部队。把屯田的收入用来充实金城郡,增加积蓄,可以节省庞大开支。加上大司农所运来的粮食,足以维持一万人一年的食用。谨呈屯田的地点以及所需器具用品的账簿,希望陛下裁夺准许。"

皇上回书说："将军所说的撤退骑兵留一万人屯田，如果按将军的计策，敌人当何时可以消灭，兵事当何时能够解决？请仔细计虑它的便利之处，然后再给我回报。"

赵充国把情况上报说："臣听说帝王的军队，以能保全自己而取胜，所以它重视谋略而轻视战争。能百战百胜，并不是最好的，所以首先就要使敌人不能战胜我方后，再来等待时机去战胜敌人。蛮夷的习俗虽然不同于礼仪之邦，但他们在趋利避害，爱护亲戚，害怕死亡方面，都是一样的。如今敌人失去肥沃土地、茂盛草原，愁于寄居他乡，远离故土，骨肉离心，人人怀有背叛的心意，而这时英明的君主班师罢兵，留下万人屯田，这是顺应天时，利用地利，来等待可以战胜敌人的机会，即使敌人没有即时服罪，战事的解决可以在一年之内完成。臣下逐条陈述十二点不出兵而留守屯田的好处。步兵九校，官兵共万人，留守屯田作为武装防卫，靠田收谷，恩威并施，这是第一。又因为乘机排挤羌敌，使他们不能回到肥沃富饶之地，使他们贫困破产不能团结在一起，逐渐形成羌敌自相叛离的局面，这是第二。当地的居民能够和屯田士兵在一起耕作，不失务农本业，这是第三。军马一个月的粮草，估计可供屯田的士兵用一年，撤回骑兵用来节省大笔开支，这是第四。到春天时检阅武装的士兵，沿着黄河、湟水运送粮食到临羌，向羌敌显示我方兵精粮足，奋扬雄威武力，是可以传世的克敌制胜的法宝，这是第五。用闲暇时间运出所砍伐的树木来修缮邮站亭驿，充实金城郡，这是第六。军队出击，乘敌之危才能侥幸取利，不出击，也可让反叛之敌逃窜于凄风寒冷之地，遭受霜露、疾病、瘟疫、冻疮、断指之苦，而我们轻易就能取胜，这是第七。没有经历险阻和长途追赶而造成死伤的危害，这是第八。对内没有破坏国家威武的形象，对外没有使敌人得到可乘之机，这是第九。同时又没有惊动黄河以南大、小开羌，没有使他们产生变乱的忧患，这是第十。修治了湟狭一带的道路桥梁，使道路直达鲜水，以此控制西域，扬威千里，就像从枕席上通过军队那样安全方便，这是第十一。大量的费用节省下来，百姓的徭役减轻，从而防备不测，这是第十二。留守屯田可以得到十二项好处，出兵就会失去这十二项好处。我赵充国才能低下，年老体衰，不懂长远之策，恳请陛下下诏，让公卿大臣详细讨论，做出选择。"

皇上又赐诏回复说："将军所说的十二项好处，我已知道。你说敌人虽然没有被消灭，战事结束有望一年就行了。一年就行，是指今年冬天结束战事，还是指别的什么时间呢？望将军仔细考虑后再报告给我。"

赵充国上奏书说："臣听说用兵以计谋为根本，因此多算胜于少算。先零羌的精锐部队现在剩下的不超过七八千人，丢失土地，客居远方，分崩离析、忍饥挨冻，罕、开、莫须诸羌又时常抢劫他们年老体弱的人和牲畜财产，反叛先零羌而归顺的人络绎不绝，这全靠天子奖赏反戈一击的英明诏令。臣认为破敌指日可待，最迟明年春天即可成功，所以说战事解决可望在一年之内。我看到北边从敦煌到辽东长达一万一千五百多里，而守卫沿边要塞和烽火台的官兵只有几千人，敌人多次用大部队来攻打也无济于事。现在我们留步兵一万人屯田，地势平坦，四面高山远望方便，各个部队之间互相保卫，修筑壕沟壁垒，高筑木楼，九校联系络绎不绝，备置武器剑弩，整修作战用具。烽火一举，兵势相及，力量集中，以逸待劳，这是用兵的有利条件。臣认为屯田对内有不花军费的好处，对外还有防守抵抗的准备。我们的骑兵即使撤走了，但敌人看到有一万人留守屯田作为擒敌的准备，他们土崩瓦解、归附朝廷的日子也不会太远了。从现在起不超过三个月，敌人马匹瘦弱，必定不敢把他们的妻子儿女放在其他部落中，远途跋山涉水前来入侵。又看到屯田的兵士有精兵一万，最终不敢再带着他们的妻子儿女重新返回故地。臣下的这个计策，是估计到敌人将会就地瓦解、不用战斗就可自行败亡之策。臣听说出不能获胜，就不要轻易交锋；进攻不能必取，就不要随便兴师动众。现在既不能禁止敌人小规模的入侵，又要放弃坐等取胜的方法，采取冒险之势；前往与敌作战，最终不会得利，却使内部空虚，自己疲惫，削减实力而自我损耗，这并不是用来向蛮夷示威的好办法。臣私下考虑，奉诏出塞，率军远征，用尽天子的精兵，将车马武器抛散在荒山野地上，即使没有点滴功劳，也可得到避嫌的好处，并且没有事后的过失和责罚，这只是对人臣忠于职守有利，对明主和国家都是没有好处的。臣下有幸得以率领精兵，讨伐不义，却长期拖延上天对敌人的惩罚，罪该万死。陛下宽大仁慈，不忍心杀我，让臣几次得到仔细考虑的机会。现在臣的计划已制定好了，不敢畏避斧钺之刑，冒死陈述愚见，望陛下明察。"

赵充国每次上奏，汉宣帝都会交给公卿大臣讨论。刚开始赞同赵充国计策的人有十分之三，中期占十分之五，最后达到十分之八。皇上下诏质问先前说赵充国计策不好的人，他们都磕头认错。丞相魏相说："臣下愚蠢不懂得军事上的利害关系，后将军几次定立军策，他说的都是正确的，臣下担保他的计策一定可行。"宣帝于是回书给赵充国说："将军的计策不错。请把留守屯田以及应当撤回的人马数上报给我。将军应多进饮食，谨慎用兵，善自珍重！"由于破羌、强弩两位将军多次说应当出击，又因赵充国屯田的地方分散，怕遭到敌人侵犯，于是汉宣帝同时采纳了他们两方的计策，诏令两位将军同中郎将赵印出兵攻打敌人。强弩将军的部队出击，降服四千多敌人，破羌将军出兵杀敌二千人，中郎将赵印杀敌以及俘虏敌人也有二千多，而赵充国所俘虏的人又有五千多。宣帝下诏撤军，只留下赵充国等人屯田。

到了第二年，赵充国请求撤走屯田的部队。上报的奏章得到批准，赵充国就班师回朝。赵充国的好友浩星赐迎接他并劝说道："大家都以为破羌、强弩两位将军出兵攻敌，大量杀敌收降，敌人才得以消灭。但有见识的人都认为敌人处境穷困，军队即使不出击，敌人也一定会自己降服。将军如见到皇上，最好把功劳归于两位将军的出击，说两位将军不是臣下所能比得上的。如果这样，将军就不会失策了。"赵充国说："我年纪已老了，爵位也到了极点，难道还因避一时之嫌而欺骗圣明的君主吗！如何正确用兵关乎国家大事，应当成为后代效法的榜样。老臣如果不在有生之年全部明白地告诉陛下用兵的利害关系，一旦突然死去，有谁还能再对他说呢？"结果赵充国还是按照自己的本意对皇上说了。皇上肯定了他的计策，最后罢免了辛武贤破羌将军的职位，仍让他回酒泉任太守之职，赵充国仍任后将军兼卫尉之职。

这一年秋天，羌人若零、离留、且种、儿库一起杀了先零大首领犹非、杨玉，和其他的首领弟泽、阳雕、良儿、靡忘一起率领煎巩、黄羝的部众四千多人归降汉朝。若零、弟泽两人被封为帅众王，离留、且种两人被封为侯，儿库被封为君，阳雕被封为言兵侯，良儿被封为君，靡忘被封为献牛君。开始设置金城属国来安排投降的羌人。

宣帝诏令推举可以担任护羌校尉的人选，当时赵充国身患疾病，丞相、御史、车骑将军、前将军四府都推举辛武贤的弟弟辛汤。赵充国立即起床上奏道："辛汤酗酒使性，不可掌管蛮夷事务，不如辛汤的哥哥辛临众合适。"当时辛汤已经接受了任命的符节，于是又下诏令改任辛临众。后来辛临众因为生病免官，五府重又举荐辛汤，辛汤当了护羌校尉之后，多次酗酒谩骂羌人，羌人由此反叛，最后应了赵充国的话。每当朝廷有关于四方夷狄的重大商议,经常请他参与军事谋划,向他询问计策。甘露二年去世,享年八十六岁。

当初,赵充国因为功劳德行同霍光相当,就把他的像画在未央宫中。汉成帝时,西羌方向经常告急,皇上思念平定羌乱的将帅大臣,追思并赞美赵充国,于是就召黄门郎杨雄,在赵充国的画像边写文称颂。颂文写道:"在英明圣灵的汉宣帝时代,有戎狄先零羌。先零非常猖狂,侵犯汉朝的西部边疆。汉朝任命荚武的虎将,这就是后将军赵充国。他统率我汉朝的六师,讨伐叛逆,威震西羌。赵充国到达羌域以后,恩威并重。有酒泉太守辛武贤贪图功劳,说赵充国不能克敌制胜,请求皇上挥师出击,先攻打罕羌。天子下令,命赵充国跟从辛武贤出兵,讨伐罕羌于鲜水之上。营平侯赵充国坚持自己的主张,屡次上报奏章,料敌如神,稳操胜算,智勇双全,无人能挡。终于平定了西戎,班师回京,四方蛮夷臣服,没有不来朝见汉朝的。往昔西周到了宣王时,有功臣方叔、邵虎,诗人对他们歌功颂德,列入《大雅》、《小雅》之中。现在汉朝中兴,赵充国显示威武,气宇轩昂,方叔、邵虎后继有人。"

孙子说:"能够根据敌情变化而取胜的,可以称其为用兵如神。"赵充国认识到军队很难攻破芊度,所以开始就没有直接进攻。孙子说:"用我方的充分准备对付敌方的没有准备,就一定能够取得胜利。"赵充国经常侦察诸侯各国的情况,为以后交战做好准备。孙子说:"要让军队夺取敌人的物资,就必须奖励士兵。"赵充国用钱引诱犯罪的强人,以此将作乱的人斩杀。孙子说:"将领要根据实际情况来判断,不能取胜的仗,即使皇帝认为一定要打,主帅也可以不打。"所以赵充国认为垦田守卫比带兵剿灭具有更大的好处。孙子说:"要善于调动敌人,而不被敌人所调动。"赵充国率兵打仗、训练士兵都遵循了这个原则。孙子说:"甲兵之威,远远胜于敌国,则诸侯惊惧,不敢互相结盟。"赵充国攻打实力最强的先零,结果其他叛羌纷纷归附。孙子说:"到了穷途末路的敌人,就不要再紧逼。"赵充国取胜后,缓慢地追击敌人就是这个道理。孙子说:"用自己部队粮食充足来对付敌人的粮尽人饥。"赵充国就是因为这个道理才要求买进三百万斗谷,以使羌人不敢作乱。孙子说:"进攻不搏求战胜的功名,退却不回避违命的罪责。"赵充国到死时都还坚持自己的正确主张。

【评析】

赵充国,西汉时期著名军事家,在数次平定西北少数民族叛乱的战争中,他实行恩威并重、分化瓦解、集中打击顽固之敌的方针,对于能和平解决的民族矛盾,决不付诸武力,充分践行了孙子的"全胜"战略智慧,展现出了其非凡的政治素养和卓越的军事才能。由于他出生在边境地区,对少数民族的情况十分熟悉,因而他所采取的民族政策都非常成功。他上书宣帝的《不出兵留田便宜十二事》之策,确为深谋远虑之大略;在西北留兵屯田,既可保卫边疆,又可解决军需。这一策略的施行,对于稳定西北边境地区发挥了重大作用。这不仅在当时具有战略意义,而且对后世也影响深远,至今仍然值得我们借鉴。

西汉·陈汤

【原文】

陈汤，字子公，山阳瑕丘人也。少好书，博达善属文。家贫匄①贷无节，不为州里所称。后以荐为郎，数求使外国。久之，迁西域副校尉，与甘延寿②俱出。

先是，宣帝时匈奴乖乱，五单于争立。呼韩邪单于与郅支单于俱遣子入侍，汉两受之。后呼韩邪单于身入朝见，郅支以为呼韩邪破弱降汉，不能自还，即西收右地。会汉发兵送呼韩邪单于，郅支由是遂西破呼偈、坚昆、丁令，兼三国而都之。怨汉拥护呼韩邪而不助己，困辱汉使者江迺③使等。

初元四年，遣使奉献，因求侍子，愿为内附，汉遣卫司马谷吉送之。既至，郅支单于怒，竟杀吉等。自知负汉，又闻呼韩邪益强，遂西奔康居。汉遣使三辈至康居，求谷吉等死。郅支困辱使者，不肯奉诏，而上书言："愿归计强汉，遣子入侍。"建昭二年，汤与延寿出西域。汤为人沉勇有大虑，多策谋，喜奇功，每过城邑山川，常登望。既领外国，与延寿谋曰："郅支单于虽所在绝远，蛮夷无金城强弩之守，如发屯田吏士，驱从乌孙众兵直指其城下，彼亡则无所之，守则不足自保，千载之功可一朝而成也。"延寿欲奏请之，汤曰："国家与公卿议大策，非凡所见，事必不从。"延寿犹豫不听。会其久病，汤独矫制，发城郭诸国兵、车师戊己校尉、屯田吏士。延寿闻之，惊起，欲止焉。汤怒按剑叱延寿曰："大众已集，子欲沮众邪？"延寿遂从之。汉兵胡兵合四万余人，延寿、汤上疏自劾，奏矫制，陈言兵状。即日引军分行，别为六校，其三校从南道逾葱岭经大宛④，其三校都获⑤自将。发温宿国，从北道入赤谷，过乌孙，入康居东界，令军不得为寇。

间呼其贵人屠墨见之，谕以威信，与饮盟遣去。径引行，未至单于城，可六十里止营。复捕得康居贵人贝色子男开牟，以为导。贝色子即屠墨母之弟，皆怨单于，由是具知郅支情。明日引行，未至城三十里止营。单于遣使问汉兵何以来？应曰："单于上书言愿归计强汉，身入朝。天子哀悯单于弃大国屈意康居，故使都护将军来迎，恐左右惊动，故未敢至城下。"延寿、汤因责之："我为单于远来，而至今无名正大人见将军受事者，何单于忽大计，失客主之礼也？"明日，前至郅支城三里，止营敷陈。望见单于城上立五彩幡帜，数百人被甲乘城，又出百余骑往来驰城下，步兵百余人夹门鱼鳞陈，讲习用兵。城上人更招汉军曰："斗来。"延寿、汤令军闻鼓音皆薄城下，四面围城，各有所守。穿堑塞门户，卤盾为前，戟弩为后，仰射城中楼上人，楼上人下走。土城外有重木城，从木城中射，颇杀伤外人。外人发薪烧木城。夜，数百骑欲出，外迎射杀之。初，单于闻汉兵至，欲去，疑康居怨己，为汉内应，又闻乌孙诸国兵皆发，自以无所之。郅支已出，复还，曰"不如坚守，汉兵远来，不能久攻。"单于乃被甲在楼上，诸阏氏夫人数十皆以弓射外人。外人射中单于鼻，诸夫人颇死。单于下骑，传战大内。夜过半，木城穿，中人却入土城，乘城呼。时康居兵万余骑分为十余处，四面环城，亦与相应和。夜，数奔营，不利，辄却。平明，四面火起，吏士喜，大呼乘之，钲鼓声动地。康居兵引却。汉兵四面推卤盾,并入土城中。单于男女百余人走入大内。汉兵纵火,吏士争入,斩单于首,得汉使节二及谷吉等所赍帛书。诸卤⑥获以畀得者。凡斩阏氏、太子、名王以下千五百一十八级,生虏百四十五人,降虏千余人,赋予城郭诸国所发十五王。

于是,延寿、汤上疏曰:"郅支单于惨毒行于民,大恶通于天。臣延寿、汤将义兵,行天诛,赖陛下神灵,阴阳并应,天气精明,陷陈克敌,斩郅支首及名王以下。宜县头槁街蛮夷邸间,以示万里,明犯强汉者,虽远必诛。"汤素贪,所掳获财物入塞多不法。司隶校尉移书道上,系吏士按验之。汤上疏言:"臣与吏士共诛郅支单于,万里振旅,宜有使者迎劳道路。今司隶收系按验,是为郅支报仇也!"上立出吏士。

既至,论功,石显以为:"延寿、汤擅兴师矫制,幸得不诛,如复加爵土,则后奉使者争欲乘危徼幸,生事于蛮夷。"议久不决。故宗正⑦刘向上疏曰:"郅支单于囚杀使者吏士以百数,事暴扬外国,伤威毁重,陛下赫然欲诛之,意未尝有忘。西域都护延寿、副校尉汤承圣旨,倚神灵,出百死,入绝域,斩郅支之首,扫谷吉之耻,万夷慴⑧伏,莫不惧震。呼韩邪单于见郅支已诛,且喜且惧,愿守北藩,累世称臣。昔周大夫方叔、吉甫为宣王诛猃狁而百蛮从,其诗曰:显允方叔,征伐猃狁,蛮荆来威。吉甫之归,周厚赐之,其诗曰:吉甫宴喜,既多受祉,来归自镐,我行永久。千里之镐犹以为远,况万里之外,其勤至矣!延寿、汤既未获受祉之报,反屈捐命之功,久挫于刀笔之前,非所以劝有功厉戎士也。昔齐桓前有尊周之功,后有灭项之罪,君子以功覆过而为之讳行事。贰师将军李广利捐五万之师,靡亿万之费,经四年之劳,而仅获骏马三十匹,虽斩宛王毋鼓之首,犹不足以复费,其私罪恶甚多。孝武以为万里征伐,不录其过。今康居国强于大宛，郅支之号重于宛王，杀使者罪甚于留马，而延寿、汤不烦汉士，不费斗粮，比于贰师，功德百之。且常惠②随欲击之乌孙，郑吉⑩迎自来之日逐，犹皆裂土受爵。故言威武勤劳则大于方叔、吉甫，列功覆过则优于齐桓、贰师，而大功未著，小恶数布。臣窃痛之！"乃封延寿为义成侯，赐汤爵关内侯。

后汤上言康居王侍子非王子也。按验，实王子也。汤下狱当死。大中大夫谷永上疏讼汤曰："臣闻楚有子玉⑪得臣文公为之侧席而坐；赵有廉颇、马服，强秦不敢窥兵井陉；近汉有郅都、魏尚，匈奴不敢南乡⑫沙幕。由是言之，战克之将，国之爪牙，不可不重也。窃见关内侯陈汤，前使副西域都护，忿郅支之无道，闵王诛之不加，屠三重城，斩郅支之首，报十年之逋诛，雪边吏之宿耻，威震百蛮，武畅四海。汉元以来，征伐方外之将，未尝有也。"书奏，天子出汤，夺爵为士伍。后数岁，西域都护段会宗为乌孙兵所围，驿骑上书，愿发城郭敦煌兵以自救。丞相王商、大将军王凤及百僚议，数日不决。凤言："汤多筹策，习外国事，可问。"上召汤，示以会宗奏。汤对曰："臣以为此必无可忧也。"上曰："何以言之？"汤曰："夫胡兵五而当汉兵一。何者？兵刃朴钝，弓弩不利。今闻颇得汉巧，然犹三而当一。又兵法曰：'客倍而主人半，然后敌。'今围会宗者人众不足以胜会宗，唯陛下勿忧！且兵轻行五十里，重行三十里。今会宗欲发城郭敦煌，历时乃至，所谓报仇之兵，非救急之用也。"上曰："奈何？其解可必乎？度何时解？"汤知乌孙瓦合，不能久攻，故事不过数日，因对曰："已解矣！"诎指计其日，曰："不出五日，当有吉语闻。"居四日，军书到，言已解。汤卒于长安。

孙子曰："将能而君不御者，胜。"汤矫制发兵，而汉帝不诛。又曰："取敌之利者，货也。"汤以虏获赋与诸国。又曰："知彼知己，百战不殆。"汤谓胡兵五而当汉兵一。又曰:"知战之地,知战之日。"汤料乌孙围兵五日必解是也。

【注释】

①匄:同"丐"。

②甘延寿:西域校尉,正式官职名为西域都护骑都尉。

③迺:同"乃",江乃使也有称为江乃始的。

④大宛:西域国名,在今中亚费尔干纳盆地,属邑大小七十余城。

⑤都获:此处"获"应为"护"字之误。

⑥卤:通"虏"。

⑦宗正:官名,中国秦至东晋朝廷掌管皇帝亲族或外戚勋贵等有关事务之官。

⑧憎:通"慴"。

⑨常惠:活跃在汉武帝、汉昭帝、汉宣帝三朝的外交活动家,跟从苏武一同出使匈奴。

⑩郑吉:汉朝廷任命的第一任西域都护。

⑪子玉:春秋时楚国令尹成得臣的字,成得臣,芈姓,成氏,名得臣,字子玉。

⑫乡:通"向"。

【今译】

陈汤,字子公,山阳瑕丘(今山东兖州)人。陈汤年少时喜好读书,博学多识,善于写文章。陈汤家境贫寒常依靠乞讨借贷度日,有时赖账不还,所以不为乡里所称道。后被推荐担任郎官,他多次主动要求出使外国。后来被任命为西域都护府副校尉，配合校尉甘延寿出使西域。

汉宣帝时匈奴内乱，五个单于争夺最高领导权。其中呼韩邪单于和郅支单于都送了一个儿子到汉朝做人质，汉朝都接受了。后来呼韩邪单于亲自赴汉朝廷朝见汉元帝，郅支单于就认为呼韩邪单于衰败而投降了汉朝，他自己也无法返回故地，于是就向西侵占了呼韩邪单于的领地。恰好遇上汉朝派遣军队护送呼韩邪单于返回故地，郅支单于就向西发展，攻破呼偈、坚昆和丁令三国，兼并了三国。郅支单于怨恨汉朝帮助呼韩邪单于而不帮助自己，就囚禁并侮辱汉朝使者江乃始等人。

汉元帝初元四年（前45年），郅支单于派遣使者携带贡品来汉朝朝贡，并趁机请求把做人质的儿子带走，称愿意归附汉朝，汉朝就派遣卫司马谷吉去送单于的儿子。到了单于处之后，郅支单于大怒，竟然杀了谷吉等人。郅支单于自知有负于汉朝，又听说呼韩邪单于越来越强大，就又向西迁徙至康居。汉朝三次派遣使者到康居索要使者谷吉等人的尸体。郅支单于扣押并侮辱汉使，不肯奉诏交出尸体，还给汉元帝上书以嘲讽的口吻说："我愿意归附强大的汉朝，并把儿子送去做人质。"建昭二年（前37年），陈汤与甘延寿出使西域。陈汤为人沉稳勇敢，深谋远虑、奇计迭出，每次经过城镇山川，都会登高观察地形。到西域（当时的西域都护府府治在乌垒城，今新疆轮台附近）之后，陈汤就与甘延寿商量说："郅支单于虽然栖身在非常遥远的地方，但是没有坚固的城池供其固守，也缺乏善于使用强弩的将士，如果我们召集起屯田戍边的士兵，再调用乌孙（乌孙国游牧区包括今伊塞克湖南岸至伊犁河流域一带，国都赤谷城）等国的兵力直接去攻击郅支，他想逃跑却没有可逃之处，想守却守不住，这正是我们建功立业千载难逢的大好时机啊！"甘延寿想奏请朝廷同意后再行动，陈汤说："那些朝廷公卿都是些凡庸之辈，一经他们讨论，必然认为不可行。"甘延寿犹豫不听陈汤的建议。恰巧他病得久了，陈汤就利用代理的机会假传圣旨，调集城内的部队、在车师屯田的戊己校尉和汉朝的屯田戍卒准备行动。甘延寿听到这一消息时大吃一惊，从病榻上爬起来想去制止陈汤，陈汤愤怒地手握剑柄，叱责甘延寿："大军已集结至此，你小子还想阻挡众人吗？"甘延寿只好依从陈汤。征集的汉军和各族军队兵力共有四万多人，甘延寿和陈汤向汉帝上书弹劾自己的矫诏之罪，奏明假传圣旨的事情又详细阐述了当前的军事情况。随后就带兵分别出发，他们将大军分为六路兵，三校走南道（塔里木盆地南缘），翻越葱岭（喀喇昆仑山西部帕米尔高原）经由大宛向康居进军。另外三校由都护亲自率领走北道（塔里木盆地北缘），从温宿国（今新疆阿克苏地区）出发，进入乌孙国首都赤谷城，横穿乌孙之后进入康居国东界，并严令部队不得沿途抢掠。

陈汤沿途秘密召见康居贵族屠墨，向他说明汉军的军威和信誉，并和他饮酒结盟。在康居向导的指引下，大军没有直接到达郅支单于所在的单于城，而是在城外六十里的地方扎营。汉军后来又捕获康居贵族贝色子的儿子开牟，并让他做向导带路。贝色子就是屠墨母亲的弟弟，他们都对单于充满了怨恨，于是就向汉军详细介绍了郅支单于的情况。第二天治军进军，在距离单于城三十里的地方扎营。单于派遣使者来询问大军此行的目的。汉军回答说："单于向汉帝上书说愿意归顺汉朝并亲自入朝拜见汉帝。大汉天子怜悯单于离开大国故地而屈尊居住在康居，就特意派遣都护将军来迎接单于，害怕左右惊动单于，所以未敢直接来到城下。"甘延寿和陈汤责备使者说："我们因为单于才远道而来，但却至今没有见到有人来正式拜见将军商议正事，单于为什么忽略大事,丢掉了宾主的礼仪?"第二天大军便前进直抵郅支城,在距城三里远的地方安营布阵观察情况。只见单于城城头彩旗飘展,数百名披甲兵士登高戒备,还有一百余名骑兵来城下往来驰骋,一百多名步兵在城门两侧摆成鱼鳞阵的阵形,做好了战斗准备。城上还有人挑逗汉军来战。甘延寿与陈汤命令部队听到进军的鼓声就冲到城下将城四面包围,各部队都要严守自己的方位。穿过堑壕,堵塞对方的门户,卤盾在前,戟弩在后,用弓箭向上仰射城楼上的守城兵士,楼上的匈奴部队不敌汉军只得下撤。匈奴的土城外面还有一重用木头修建的栅栏城池工事,射手躲在里面向外射箭,给外面的进攻部队造成较大伤亡。外面的进攻部队就用火烧毁了木城。夜里,有数百名匈奴骑兵想要突围,进攻部队出击迎战并将他们射杀。最初,郅支单于听到汉军到达的消息时,想要逃跑,由于担忧康居人对他怀恨在心,可能做汉军内应,又听说乌孙等国也发兵参战,便有走投无路之感。于是带着一些人逃走后又回来了,说:"不如坚守。况且汉兵远道而来,不能打持久战。"单于就亲自身披铠甲登城楼作战,他的数十个阏氏夫人也参加战斗用弓箭向外射击。进攻部队射中了单于的鼻子,他的妻妾也伤亡惨重。单于跑下城楼,骑马逃回宫室。半夜过后,木城被攻破,汉军趁机冲入土城,登上城头大声呼喊。当时康居还有一万多骑兵分散配置在十几个地方,将城四面包围,对攻城部队形成反包围之势,并和匈奴军队相呼应。康居军队还趁夜向攻城的部队发起多次进攻,都没有成功,就撤退了。第二天清晨,单于城里四面起火,进攻部队将士大喜,大喊着向单于城发起进攻,战鼓声惊天动地。康居兵撤退之后,汉军从四面八方用大盾牌做掩护攻城,汉军攻入土城之中。单于和身边的一百多男女退入单于的宫殿之中。汉兵四面放火,汉军将士争相冲进单于宫中,将郅支单于斩首,救出汉朝两位被扣押的使节并缴获遇害使节谷吉所带的文书信件。缴获的东西也都赏赐给缴获之人。此战共计斩杀单于的阏氏、太子和封的有名号的王一千五百一十八人，俘虏官吏一百四十五人，投降的俘虏兵有一千余人，汉军将俘虏全部送给发兵攻打匈奴的周边十五个小国。

之后，甘延寿和陈汤向皇帝上书称："匈奴郅支单于惨毒行于民，大恶通于天。臣甘延寿、陈汤率领义兵替天行道，前去征讨。赖陛下英明，阴阳并应，天气顺利，陷阵克敌，斩杀郅支单于及其以下官吏。应当将其首级高悬于蛮夷居住的街巷示众，以示说明犯强汉者，虽远必诛。"陈汤一向比较贪婪，所缴获的财物很多都不按法度分配而装入自己的腰包。朝中派遣的司隶校尉（检察官）在大路上拦住陈汤进行检查，因为有将士举报陈汤有私吞战利品之嫌。陈汤向皇帝上书说："臣与将士们一同诛杀了郅支单于，扬威万里，朝廷应当派遣使者前来劳军慰问，犒赏三军。现在却让司隶校尉来拘捕和审查我们，难道是要为郅支单于报仇吗？"皇帝就撤回司隶校尉，命沿途各县准备酒食慰劳大军。

等到回到朝廷之后，要论功行赏，中书令石显认为："甘延寿和陈汤假传圣旨，擅自调用军队，走运才没有被诛杀，如果再授以爵位和封地，那么以后奉旨出使的人都想和周边国家发生争端。"因此这个事讨论了很久也没有做出决定。以前的宗正刘向上书说："郅支单于扣押和杀害汉朝使者、官员和士兵数百人，而且这些事情都被国外知道，汉朝的威信受到极大的损害，陛下您早就想杀了他，一天也没有忘记。西域都护将军甘延寿、副校尉陈汤贯彻您的意图，仰仗神灵的庇佑，出生入死，深入偏远的地区斩得郅支单于的首级，一举扫除谷吉被杀带给汉朝的耻辱，万夷慑伏，都感到害怕和震惊。呼韩邪单于看到郅支单于被杀，既感到高兴又感到恐惧，表示愿意为大汉朝廷镇守北方边界，永远称臣。以前周代的大夫方叔和吉甫为周宣王诛杀猃狁，百蛮都主动跟从，颂扬此事的诗写道：'显允方叔，征伐猃狁，蛮荆来威。'吉甫班师回朝之后，周天子也丰厚地赏赐他，写这件事情的诗里写道：'吉甫宴喜，既多受祉，来归自镐，我行永久。'对于千里之外的镐尚且还觉得路途遥远，更何况万里之外呢？两人劳苦功高。但是甘延寿和陈汤不但没有得到封赏，反而舍生忘死立下的功劳，还要受到文人们的质疑，这样是无法激励将士们建功立业的。以前的齐桓公先是尊崇周王室有功，之后却又有灭顶之罪，君子认为他功劳大于过错而对他的行为进行讳饰。贰师将军李广利西征大宛，丧师五万，耗资亿万，经过四年的征战，也只不过获得了三十匹骏马，虽然斩得大宛王毋鼓的首级，但也不足以抵销巨额军费的花销，而且他个人的过错也很多。汉武帝认为他不远万里前去征讨，就没有追究他的过失。现在康居国的实力比大宛还强，郅支单于的名号也比大宛国王的名号要重要得多，杀害使者的罪名比扣留骏马的罪名更大，但是甘延寿和陈汤没有调用国内的军队，也没有消耗国内的资财，相对而言，功劳要比贰师将军大得多。况且常惠只是跟从本身就想同匈奴打仗的乌孙前去征讨，郑吉只是去迎接自己来归降的匈奴日逐王，这些人尚且还裂土封侯。所以说甘延寿、陈汤二人威武勤劳大于方叔、吉甫，功劳大于过失还优于齐桓公和贰师将军。但是现在却大功不赏，反而在小恶上斤斤计较，臣对此十分心痛！"于是汉元帝就封甘延寿为义成侯，陈汤为关内侯。

　　后来陈汤上书称康居王送来做人质的王子并不是真王子。汉成帝经过核实，确实是真王子。陈汤就被关进监狱并被判处死刑。大中大夫谷永上书为陈汤求情说："臣听闻楚国因为有子玉得臣，晋文公也要为之侧席而坐；赵国因为有廉颇、马服（马服君赵奢），强秦不敢窥兵井陉关；汉景帝之时因为有郅都、魏尚，匈奴不敢向南侵扰汉朝边境。由是言之，战克之将，国之爪牙，不能不重视。窃见关内侯陈汤，以前出使为副西域都护，由于痛恨，郅支单于无道，又怕皇帝您不忍心诛杀郅支单于，遂屠三重城，斩郅支之首，报十年之逋诛，雪边吏之宿耻，威震百蛮，武畅四海。汉元帝以来，征伐外国的将领，还没有过这么大的功绩。"这篇上书被汉成帝看到之后，天子就赦免了陈汤，削夺了他的爵位，降为普通士兵。后来过了几年，西域都护段会宗被乌孙国的军队包围，驿骑传来他求救的文书，请求征发西域各国的城郭兵和敦煌的军队出兵相救。丞相王商、大将军王凤和百官商议，几天都没能做出决定。王凤说："陈汤有谋略，又熟悉国外的情况，可以问问他的意见。"皇帝就召见陈汤，并给他看了段会宗的奏折。陈汤回答说："我认为这件事没有什么可以忧虑的。"皇帝说："为什么这么说？"陈汤说："五个胡兵才相当于一个汉兵。为什么？因为胡兵的武器不行，兵刃笨重，弓箭也不锋利。现在听说学会了一些汉军的技术，即便如此三个胡兵才相当于一个汉兵。兵法上还说：'进攻一方的兵力要是防御一方的一倍，然后才可以进攻。'现在包围段会宗的乌孙军队不足以战胜他，所以请陛下不必担忧！况且轻装部队一天行军不过五十里，重装部队行军不过三十里。现在段会宗想征发城郭兵和敦煌的军队，需要很久才能到达，那就成了去给他报仇雪恨的军队，而不是救急的军队。"皇帝问："那怎么办？乌孙一定会解除包围吗？你估计什么时候会退兵？"陈汤知道乌孙军队都是一些乌合之众，无法打持久战，所以不过几天就会退兵，就回答说："包围已经解除了！"掰着指头算了一下时间，说："不出五天，就会有退兵的好消息传来。"过了四天，军队的文书传到，说包围已经解除了。陈汤最后死在了长安。

孙子说："将领有才能而国君又不乱加干涉的就能够取胜。"陈汤假传圣旨发兵，而汉帝没有杀他。孙子又说："要想使士卒们争相缴获敌人的物资，就要用缴获的物资来赏赐将士。"陈汤用俘获的人员和财物送给诸国。孙子还说："要知道交战地点的地形，交战的时机。"陈汤料定乌孙的包围部队五天之内必然解围而去就是这样。

【评析】

陈汤，西汉著名将领。因和甘延寿在西域率军袭杀匈奴郅支单于而立下大功，又因一句"犯强汉者，虽远必诛"而名满天下。陈汤等人的行为，因为属于擅自行动而遭受朝廷非议。从客观效果上讲，陈汤和甘延寿发动的突袭，消灭了匈奴郅支单于的势力，结束了匈奴南北分裂的局面，稳定了汉朝的西北边疆，为汉王朝立下一大奇功。原先归降的呼韩邪单于也因此更加臣服，表示愿守北藩，累世称臣；汉匈之间实现了长期的和平。陈汤发动袭击的缘由是郅支单于有罪于汉在前，荼毒西域各国在后。此举在西域地区为西汉朝廷扬威，可谓是"立千载之功，建万世之安"。在当时交通信息传递不便的情况下，地方封疆大吏应有专制之权。陈汤等人所展现出的勇于冒犯，为朝廷立功的豪迈气概正是汉唐气象中非常突出的一点，也是建立这种气象所需要的一种社会风气。汉元帝对陈汤等人的处理更是巧妙，折中两派意见，封延寿为义成侯，拜为长水校尉，赐陈汤关内侯，拜为射声校尉。陈汤为人不拘小节，又有贪污不法之举；但他精于西域事务，为人有胆略，属于有事可堪大用之才。

西汉·冯奉世

【原文】

　　冯奉世，字子明，上党潞人也。以良家子①选为郎。昭帝时，补武安长。失官，年三十余矣，方学《春秋》涉大义，读兵法。前将军韩增奏以为军司空令，从军击匈奴。先是时，汉数出使西域，多辱命不称，或贪汙②，为外国所苦。是时，乌孙大有击匈奴之功，而西域诸国新辑，汉方善遇，欲以安之，选可使外国者。前将军增举奉世以卫侯使，持节送大宛诸国客。至伊脩③城，都尉宋将言莎车与旁国共攻杀汉所置莎车王万年，并杀汉国使者奚充国。时匈奴又发兵攻车师城，不能下而去。莎车遣使扬言：北道诸国已属匈奴矣。于是攻劫南道，与歃盟畔汉，从鄯善以西皆绝不通。都护郑吉、校尉司马意皆在北道诸国间。奉世与其副严昌计，以为不亟击之则莎车日强，其势难制，必危西域。遂以节谕告诸国王，因发其兵，南北道合万五千人进击莎车，攻拔其城。莎车王自杀，传其首诣长安。诸国悉平，威震西域。奉世乃罢兵以闻。宣帝召见韩增，曰："贺将军所举得其人。"奉世遂西至大宛。大宛闻其斩莎车王，礼之异于他使。得其名马象龙而还，上甚说，下议封奉世。

　　丞相、将军皆曰："《春秋》之义，大夫出疆，有可以安国家，则颛之可也。奉世功效尤著，宜加爵土之赏。"少府萧望之独以："奉世奉使有指，而擅矫制常命，发诸国兵，虽有功效，不可以为后法。即封奉世，开后奉使者利，以奉世为比，争遂发兵，要功万里之外，为国家生事于夷狄。渐不可长，奉世不宜受封。"上善望之议，以奉世为光禄大夫、水衡都尉。常惠薨，奉世代为右将军典属国。永光二年秋，陇西羌彡姐旁种反，诏召丞相韦玄成、御史大夫郑洪④、大司马车骑将军王接、左将军许嘉、右将军奉世入议。是时，岁比不登，四方饥馑，朝廷方以为忧，而遭羌变，玄成等漠然莫有对者。奉世曰："羌虏近在境内背畔⑤，不以时诛，亡以威制远蛮。臣愿帅师讨之。"上问用兵之数，对曰："臣闻善用兵者，役不再兴，粮不三载，故师不久暴而天诛亟决。往者数不料敌，而师至于折伤；再三发轫，则旷日烦费，威武亏矣。今反虏无虑三万人，法当倍用六万人。然羌戎弓矛之兵耳，器不犀利，可用四万人，一月足以决。"丞相、御史、两将军皆以为民方收敛时，未可多发；发万人屯守之，且足。奉世曰："不可。天下被饥馑，士马羸耗，守战之备久废不简，夷狄皆有轻边吏之心，而羌首难。今以万人分屯数处，虏见兵少，必不畏惧，战则挫兵病师，守则百姓不救。如此，怯弱之形见，羌人乘利，诸种并和，相扇而起，臣恐中国之役不得止于四万，非财弊所能解也。故少发师而旷日，与一举而疾决，利害相万也。"固争之，不能得。有诏益二千人。于是遣奉世将万二千骑，以将屯为名。典属国任立、护军都尉韩昌为偏裨，到陇西，分屯三处：典属国为右军，屯白石；护军都尉为前军，屯临洮；奉世为中军，屯首阳西极上。前军到降同阪，先遣校尉在前与羌争地利，又别遣校尉救民于广阳谷。羌虏盛多，皆为所破，杀两校尉。奉世具上地形部众多少之计，愿益三万六千人乃足以决事。书奏，天子大为发兵六万余人，拜大常弋阳侯任千秋为奋武将军以助焉。奉世上言："愿得其众，不须烦大将。"因陈转输之费。上于是以玺书劳奉世，且谪之，曰："皇帝问将兵右将军，甚苦暴露。羌虏侵边境，杀吏民，甚逆天道，故遣将军帅士大夫行天诛。以将军材质之美，奋精兵，诛不轨，百下百全之道也。今乃有畔⑥敌之名，大为中国羞。以昔不闲习之故邪？以恩厚未洽，信约不明也？朕甚怪之。且兵，凶器也。必有成败者，患策不豫⑦定，料敌不审也，故复遣奋武将军。兵法曰：大将军出必有偏裨，所以扬威武，参计策。将军又何疑焉？夫爱吏士，得众心，举而无悔，禽敌必全，将军之职也。若乃转输之费，则有司存，将军勿忧。须奋武将军兵到，合击羌虏。"

十月，兵毕至陇西。十一月，并进。羌虏大破，斩首数千级，余皆走出塞。上曰："羌虏破散创艾，亡逃出塞，其罢吏士，颇留屯田，备要害处。"明年二月，奉世还京师，更为左将军。其后录功，赐奉世爵关内侯。后岁余，奉世病卒。

居爪牙官前后十年，为折冲宿将，功名次赵充国。奉世死后二年，西域都护甘延寿以诛郅支单于封为列侯。杜钦上疏，追讼奉世前功曰："前莎车王杀汉使者，约诸国背畔。左将军奉世以卫侯便宜发兵诛莎车王，策定城郭，功施边境。议者以奉世奉使有指⑧，春秋之义亡⑨遂事，汉家之法有矫制，故不得侯。今匈奴郅支单于杀汉使者，亡保康居，都护延寿发城郭兵屯田吏士四万余人以诛斩之，封为列侯。臣愚以为比罪则郅支薄，量敌则莎车众，用师则奉世寡，计胜则奉世为功于边境安，虑败则延寿为祸于国家深。其违命而擅生事同，延寿割地封，而奉世独不录。臣闻：功同赏异则劳臣疑，罪钧刑殊则百姓惑。愿下有司议。"上以先帝时事，不复录。

孙子曰："将能而君不御者，胜。"奉世矫制发兵而汉帝议封。又曰："兵闻拙速，未睹巧之久。"奉世谓少发师而旷日，与一举而即决利害相万。又曰："不知三军之权而同三军之任，则军士惑。"奉世以谓不须烦大将是也。

【注释】

① 良家子：汉制，凡从军不在七科谪内者谓之良家子。
② 汙：同"污"。
③ 脩：同"修"。
④ 郑洪：也称为郑弘。
⑤ 畔：通"叛"。
⑥ 畔：此作回避讲。
⑦ 豫：通"预"。
⑧ 指：通"旨"。
⑨ 亡：通"无"。

【今译】

　　冯奉世字子明，是上党地区潞（今山西潞城东北）人。以良家子弟的身份被选为郎官。汉昭帝时，增补为武安长。三十多岁时因故免职，这才开始学习《春秋》，了解一些大道理，也学一些兵法。前将军韩增上奏朝廷任命他担任军司空令（为将军的属员），跟随大军出击匈奴。以前，汉朝也多次派出使臣出使西域，但多数都不称职，还有很多趁机贪污腐败，西域诸国多痛恨这些官吏。当时，乌孙由于随同汉军攻打匈奴有功，而西域诸国也都新归附安定下来。汉朝决定派使者前去慰问安抚，就选择能够出使西域的人。前将军韩增举荐冯奉世为卫侯，充当使臣，持使节护送大宛等国的使臣回国。走到伊修城（今新疆鄯善境内）的时候，汉朝驻扎此地的都尉宋将报告称莎车国（今新疆莎车）贵族和邻国部落相勾结叛乱，共同杀害了汉朝任命的莎车王万年,还一同杀害了汉朝派遣护卫万年回国的使臣奚充国。当时匈奴又发兵攻打车师城(西域城郭国,属都护,国都交河城的遗址在今新疆吐鲁番西北),没有攻陷就退兵了。莎车派遣使者向各国宣称:"西域天山南麓的北道各国都已经臣服于匈奴了。"于是就进攻南道诸国,莎车与匈奴结盟共同对抗汉朝,因此从鄯善向西去的道路都不通。汉朝的西域都护郑吉、校尉司马意也都被困在北道的各国中间。冯奉世与副手严昌商议,认为不及早消灭莎车新王那么莎车就会日益强大,到时的形势难以将其制服,必定会危及整个西域的安全稳定。冯奉世就使用符节通告西域各国的国王,要他们出兵,共征发南北两道各国兵马一万五千人进攻莎车,一举攻陷其都城,莎车新王呼屠征自杀,冯奉世派人将他的首级送到长安。西域各国也随之全部安定下来,汉军也威震西域。冯奉世撤兵并将此事上报朝廷。汉宣帝召见韩增,说:"恭喜将军举荐了一位人才。"冯奉世向西到达大宛。大宛听说他斩杀了莎车王,对他极为礼遇,远好过招待其他的使节。冯奉世回国之时,大宛还赠送该国名为象龙的宝马,皇帝看到后十分高兴,就下旨让大臣们商议如何封赏冯奉世。

丞相和将军都说:"《春秋》里说,大夫出疆,如果可以使国家安定的话,是可以专权处置事情的。冯奉世功劳显著,应当授予爵位,加封封地。"少府萧望之不同意,说:"冯奉世奉旨出使,却擅自发布命令,调集各国兵马,虽然立下功劳,但不能作为后人效法的榜样。如果加封冯奉世的话,将来的使臣会贪功逐利,与冯奉世相互攀比,争相发兵,在万里之外用武力求取功名,这样就会在外国寻衅滋事并为国家惹是生非。不能助长这种风气,所以冯奉世不能受封爵位。"汉宣帝认为萧望之说得有道理,就任命冯奉世为光禄大夫、水衡都尉。常惠去世之后,冯奉世就接替他担任右将军典属国(负责少数民族事务）。永光二年（前42年）秋季，陇西的羌族支系多姐部被逼造反，皇帝下诏召集丞相韦玄成、御史大夫郑洪、大司马车骑将军王接、左将军许嘉、右将军冯奉世一齐入朝，讨论对策。当时汉朝连年遭受自然灾害，出现全国性饥荒，朝廷十分忧虑此事，此时又遭遇羌变，韦玄成等人都茫然不知如何是好。冯奉世说："羌人最近在国内叛乱，如果不及时剿灭，那就没有办法威慑到远方的民族。臣愿意率军征讨他们。"皇帝又问他需要多少兵马，他回答说："臣听说善于用兵的将领，只要兵士们服一次兵役就可以解决问题，所需军粮转运三次也就足够了，所以不用长期用兵而致使部队遭天灾杀伤。以前对敌人的兵力估计不足，以至于军队遭到败绩；之后再多次调集部队，就造成用兵旷日持久，耗费巨大，军威受损。现在叛乱的敌军不过三万人，按照兵法所用兵力要比敌人加倍的原则应当用六万人。但是羌人兵器只有弓箭长矛，武器落后，我用四万人马，一个月的时间就能平息叛乱。"丞相、御史和另外两位将军却认为此时正好赶上百姓秋收，不能过多地征发部队；他们认为征发一万人去屯田驻守就足够了。冯奉世说："不能这样。现在全国饥荒，士兵、战马和各种战备物资都十分缺乏，边境各少数民族都有轻视边境官吏的思想，只是羌人首先发难。现在只派出一万人分别屯驻到多个地点，敌人看到汉军兵少，一定不会害怕，如果出击交战则不能取胜，如果固守则无法解救百姓。这样一来，我方力量弱小的情况就会显现出来，羌人乘机利用我们力量弱小，煽动其他部落一起造反，臣恐怕国内要征发服兵役的人就不止四万了，也不是因财政困难就可以解决问题的。所以派出的军队少了就会导致旷日持久的战争，而派出大量军队可以一次性迅速解决问题，这中间的差别是十分巨大的。"尽管冯奉世坚持己见，据理力争，但是他的意见却没有被采纳。皇帝只下诏同意增加两千人。于是就派遣冯奉世率领一万两千军队，以屯田为名向陇西进军。典属国任立和护军都尉韩昌二人担任副将，到达陇西之后，分别屯驻在三处：典属国任立率领一部担任右军，屯驻在白石县（今甘肃临夏）；护军都尉韩昌率领一部为前军，屯驻在临洮县（今甘肃岷县）；冯奉世亲率中军，屯驻在首阳县（今甘肃渭源）的西极山上。前军到达降同坂之后，先派出一名校尉前出与羌人争夺有利地形，又派出一名校尉解救在广阳谷中的百姓。结果由于反叛的羌人众多，两路军队都被击败，两名校尉也被杀死。冯奉世赶紧上书汇报当地地形、羌人部落有多少人，写出自己的作战计划，请求朝廷增兵三万六千人，这样就可以成功。皇帝看到奏书之后，就任命太常弋阳侯任千秋为奋武将军，统领六万援兵前去支援冯奉世。冯奉世又赶紧上书称："只需要援兵即可，不敢劳动朝中大将前来。"并上陈了转运粮草辎重所需花费的钱财。皇帝就派使者带玺书去慰劳冯奉世，还同时责备他说："皇帝慰问统领大军的右将军，征战辛苦。现在羌虏侵犯边境，杀死官员百姓，违背天道，所以皇帝派遣将军率领士大夫行天道，诛灭敌人。同时也是因为将军天资过人，统率精兵，诛灭不轨之徒，百战百胜，这是件很有把握的事情。如今将军却有避敌之名，使汉朝蒙羞。是因为此前一向没有练兵习武的原因呢？还是因为恩惠未洽于士卒、约誓不明的原因呢？朕十分奇怪。况且兵器，本身就是凶器。出兵打仗必会有胜败，朕担心你们计划没有制定好，料敌不全，因此才又派奋武将军前去。兵法上说：大将出马一定会配有副将，这样才能张扬武威，出谋划策。将军有什么可疑虑的吗？爱护将士，得到众人拥护，做出决定不后悔，将敌人全部擒获，这是将军的职责。至于转运物资所需的花费，有相关部门负责，将军不用担心。等到奋武将军率领的援兵赶到，合兵共同攻打羌人。"

十月，援军全部到达陇西。十一月，汉军合兵前进。大败反叛的羌人，斩取敌人的首级数千，其余的羌人都逃往塞外。皇帝说："羌虏遭到重创，四散而逃，一部分逃到塞外，如今可以撤回大军，留下部分军队屯田驻守要害之处。"第二年二月，冯奉世回到京师，改任左将军。后来论功行赏，皇帝赐冯奉世为关内侯。又过了一年多，冯奉世因病去世。

冯奉世担任统兵大将前后近十年，是有名的猛将，功名仅次于赵充国。冯奉世去世后两年，西域都护甘延寿因诛杀郅支单于被封为列侯。杜钦上书，要求为冯奉世追记功劳，说："此前莎车国王杀汉朝使者，煽动诸国背叛汉朝。左将军冯奉世以卫侯的身份，根据便利条件发兵诛杀莎车国王，平定叛乱，功劳施于边境。朝中议事的大臣认为冯奉世奉圣旨出使西域，应该严守职责，且《春秋》之义要求士大夫不要随便生事，汉朝制度也规定，擅自矫皇帝的诏命，即便有功也不加赏。可如今匈奴郅支单于杀汉使者，逃至康居，西域都护甘延寿征发西域各小国的城郭兵以及屯田的吏士四万人将其诛杀，被封为列侯。臣以为以罪相比，郅支的罪恶要小，而以敌人的数量来比较的话，则莎车的人数较多，从所动用的军队来看则冯奉世所动用的兵力较少。考虑获胜的结局则冯奉世立功可以安定边境，从一旦失败的后果来看甘延寿若是失败对国家造成的损害更大。两人都是擅自做主出兵击敌这一点又相同。如今甘延寿裂地封侯而冯奉世的功劳却得不到彰显。臣听说：'功劳相同却赏赐不同就会使大臣产生疑惑，罪名相同处罚不同就会让百姓感到困惑。'希望陛下将此事交给有司再商议一下。"皇帝因为这是先帝时的事情，就不再商议了。

孙子说："将帅有才能而君主又不加干预的就能取得胜利。"冯奉世矫诏发兵而汉帝让大臣们商议封赏。孙子说："只听说过将领缺乏才能导致无法速胜的，没听说过将帅贤能却巧于持久作战的。"冯奉世认为少动用军队就会使战事旷日持久，而应当动用大军一举解决问题，利害相关极大。孙子还说："不知道军队指挥的权宜变化却要干预军队的指挥，将士们就会疑惑。"冯奉世要求不要派大将前来就是如此。

【评析】

冯奉世，西汉名将。以卫侯身份出使大宛，大败莎车而留名青史。冯奉世也是矫诏发兵攻打莎车，为汉朝廷立下大功。只是冯奉世立功之时没有遇上汉元帝这样的皇帝，也没有像陈汤那样写下"犯强汉者，虽远必诛"这样的豪言壮语，因此虽然论功冯奉世为大，论品德和为国尽忠的思想也以冯奉世为高，但功不得封，在历史上的名气也小于陈汤。冯奉世精通用兵之道，深谋远虑，特别是对形势的判断和把握非常精准；在对西羌用兵时，熟知朝廷和羌人的情况，提出了出重兵一劳永逸解决问题的办法，最终未被采纳。评价名将的一条标准就是孙子所说的"进不求名，退不避罪，唯民是保"，冯奉世出兵莎车是为了避免整个西域沦落敌手，并非是为个人功名，而且妥善地处理了汉朝与西域各国之间的关系，反映出他很高的政治素养。对羌人用兵时，也是从国家的长远利益考虑，没有随波逐流，而是与皇帝和重臣们据理力争要求出重兵解决问题。少府萧望之不同意加封冯奉世就是担心后世将领没有冯奉世之大德，却擅自效法冯奉世之所为，惑乱边疆。

东汉·邓禹

【原文】

邓禹，字仲华，南阳新野人也。更始立，豪杰多荐举禹，禹不肯从。及闻光武安集河北，即杖策北渡，追及于邺。光武见之甚欢，谓曰："我得专封拜，生远来，宁欲仕乎？"禹曰："不愿也。"光武曰："即如是，何欲为？"禹曰："但愿明公威德加于四海，禹得效其尺寸，垂功名于竹帛耳。"光武笑，因留宿。禹进说曰："诸将皆庸人崛起，志在财币，争用威力，朝夕自快而已，非有深虑远图，欲尊主安民者也。明公素有盛德大功，为天下所向服，军政齐肃，赏罚明信。为今之计，莫如延揽英雄，务悦民心，立高祖之业，救万民之命。以公而虑天下，不足定也。"光武大悦，因令左右号禹曰邓将军。常宿止于中，与定计议。时任使诸将，多访于禹。禹每有所举者，皆当其才，光武以为知人。及赤眉西入关，更始使王匡、成册、刘均以拒之。光武筹赤眉必破长安，欲乘衅并关中，而方有事山东，未知所寄。以禹沈深有大度，故授以西讨之略。乃拜为前将军持节，中分麾下精兵二万人，遣西入关，令自选偏裨以下可与俱者。建武元年，禹自箕关将入河东，河东都尉守关不开。禹攻十日，破之，获辎重千余乘。进围安邑，数月未能下。更始大将军樊参将数万人，度①大阳欲攻禹，禹遣诸将逆击于解南，大破之，斩参首。王匡、成册②、刘均等人合军十余万，复共击禹。禹军不利，会日暮，战罢，诸将见兵势已摧，皆劝禹夜去，禹不听。明日癸亥，匡等以六甲穷日不出，禹因得更理兵勒众。明旦，匡悉军出攻禹。禹令军中无得妄动，既至营下，因传发诸将鼓而并进，大破之。匡等皆弃军亡走，禹率轻骑急迫，获刘均，遂定河东。光武即位，使使者持节拜禹为大司徒，封为酂侯。禹时年二十四。

是时，三辅连覆败，赤眉所过残贼，百姓不知所归。闻禹乘胜独克而师行有纪，皆望风相携负以迎军，降者日以千数，众号百万。禹所止辄停车驻节，以劳来之。父老童稚，垂发戴白，满其车下，莫不感悦，于是名震关西。

帝嘉之，数赐书褒美。诸将豪杰皆劝禹径攻长安，禹曰："不然。今吾众虽多，能战者少。前无可仰之积，后无转馈之资。赤眉新拔长安，财富充实，锋锐未可当也。夫盗贼群居，无终日之计，财谷虽多，变故万端，宁能坚守者也？上郡、北地、安定三郡，土广人稀，饶谷多畜，吾且休兵北道，就粮养士，以观其弊，乃可图也。"于是引军北至栒邑。禹所到，击破赤眉别将诸营堡，郡邑皆闻门归附。帝以关中未定，而禹久不进兵，下敕曰："司徒，尧也；亡贼，桀也。长安吏人，遑遑无所依归。宜以时进讨，镇慰西京，系百姓之心。"禹犹执前意，遣冯愔、宗歆守栒邑。二人争权相攻，愔遂杀歆，因反击禹，禹遣使以闻帝。帝问使人："愔所亲爱为谁？"对曰："护军黄防。"帝度愔、防不能久和，势必相忤，因报禹曰："缚冯愔者，必黄防也。"乃遣尚书宗广持节降之。后月余，防果执愔，将其众归罪。

时赤眉西走扶风，禹乃南至长安，军昆明池，大飨士卒。率诸将斋戒，择吉日，修礼谒祠高庙，收十一帝神主，遣使奉诣洛阳，因循行园陵，为置吏士奉守焉。禹引兵与延岑战于蓝田，不克，复就谷云阳。自冯愔反后，禹威稍损，又乏食，归附者离散。而赤眉复还入长安，禹与战，败走至高陵，军士饥饿者，皆食枣菜。帝乃召禹还，敕曰："赤眉无谷，自当来东，吾折棰笞之，非诸将忧也。无得复妄进兵。"禹惭于受任而功不遂，数以饥卒徼战，辄不利。后与车骑将军邓洪③击赤眉，遂为所败，众皆死散，独与二十四骑还诣宜阳。延岑与秦丰寇顺阳间，遣禹护复汉将军邓晔击破岑于邓。追至武当，复破之。岑奔汉中，余党悉降。十三年，天下平定封禹为高密侯。薨。

孙子曰："杂于利而务可伸。"禹因贼不出而更得理兵。又曰："修道而保法。"禹师行有纪而降者日众。又曰："军有所不击。"禹不攻长安以避其锐是也。

【注释】

① 度：通"渡"。
② 成册：应为"成丹"之误。
③ 邓洪：也作邓弘。

【今译】

邓禹，字仲华，南阳新野人。刘玄称更始帝（王莽末年农民战争爆发后，公元23年，绿林军将领拥立刘汉宗室刘玄为帝，建元更始，是为更始帝），乡里的豪杰多推举邓禹为官，邓禹不从。等到他听说更始帝派刘秀前往河北平定各地并镇抚州郡，就执鞭驱马北渡，追至邺地（今河北省临漳县西南），与刘秀相见。刘秀见到他之后大喜，对他说："我在此有权任免官员，先生远道而来，可是为了做官？"邓禹说："绝非如此。"刘秀就问："既然如此，那你意欲何为？"邓禹说："只希望明公威德能够加于四海，而我有机会为您效犬马之劳，从而留名史册。"刘秀大喜,就留其同宿,彻夜长谈。邓禹进言说:"现在更始帝手下诸将皆是平庸之辈,不过是图些钱财而已,且只会一味使用武力,只图一时之快,他们都不是有深谋远虑,想要尊奉明主,辅佐社稷,安定天下的豪杰。明公你一向有大德之名,且功勋卓著,天下都有心归顺。各项军政制度纪律严明,赏罚明信。为今之计,不如招集和笼络天下英雄,收买民心,建立汉高祖那些的帝王之业,拯救万民于水火。以明公您来谋求天下,天下不难平定啊。"刘秀听后大喜,就命令左右称呼邓禹为邓将军。刘秀经常让邓禹在自己屋里留宿,商议问题,做出决策。这期间刘秀选任将领也多征询邓禹的意见,邓禹推荐的人也都非常称职,刘秀认为邓禹知人善任。更始二年(24年),赤眉军(西汉末年的农民起义军)西入函谷关,更始帝派遣定国上公王匡、襄邑王成丹、抗威将军刘均前往御敌。刘秀判断长安必为赤眉军所破,就意图乘机夺取关中,只是当时山东(河南崤山以东)要自己亲自经营,就想派人去夺取关中。刘秀知邓禹沉稳而有大度,就向其讲授西讨的方略,并任命邓禹为前将军统领精兵两万,持节西征,还允许邓禹自己挑选偏将裨将以下的人与其同去。建武元年(25年),邓禹率军由西向东翻越太行山,出箕关(今河南济源县西,王屋山南)进取河东(山西南部地区)。河东都尉闭关拒守,邓禹率军攻城十日,大破守军,夺获大批物资补给。继而又率军包围安邑(河东郡郡治,今山西省夏县西北),但耗时数月却未能攻下。更始大将军樊参率数万人,渡过大阳津(今山西省平陆县西南,大阳津古称茅津,汉后因地属大阳县,故通称大阳津)欲攻打邓禹,邓禹派诸将在解南(山西太原附近)主动出击迎战,大破敌军,斩杀樊参。于是更始帝的大将王匡、成丹、刘均等合军十余万,共击邓禹。初次交战,邓禹失利,正巧赶上天黑,然后双方停战,诸将见战况不利,气势已挫，都主张乘夜退兵撤走，邓禹不从。第二天是癸亥日（古代以干支纪日，干支末一天为癸亥，称"六甲穷日"。古人迷信，认为这一日不吉利），王匡等人觉得这一天是"六甲穷日"，出战不吉利，就没有出战。邓禹趁机重新组织队伍，调整部署。第三天清晨，王匡全军出动攻打邓禹，邓禹严令军队坚守不出，不得妄动，严阵以待。待王匡军至营垒前，突然下令诸将击鼓进军，全师杀出，大破王匡军。王匡等人皆弃军而逃，邓禹亲率轻骑急追，俘虏刘均，河东遂定。同月，刘秀在鄗邑即皇帝位，派使者持节拜邓禹为大司徒，封为酂侯，邓禹当时只有二十四岁。

当时，三辅之地（京畿之地称为三辅）接连遭到倾覆灭亡，赤眉军进入长安之后，军纪不佳，所过之处都遭到劫掠，百姓不知所归。听闻只有邓禹连续获胜并且军纪严明，都望风争相欢迎邓禹的军队，每天来归降的有数千人，号称聚集了百万之众。邓禹每到一个地方就停下车来办公，慰问来降之人。老人和儿童聚集在他的车下，都感到欢欣鼓舞，邓禹于是名震关西（函谷关以西）。

汉光武帝刘秀非常高兴，多次下诏书褒奖邓禹。邓禹的部将和当地豪杰都劝邓禹直接攻取长安。但邓禹却说："不然。现在虽然我们人数众多，但能战者少，前方无可靠的储备，后方又缺乏转运的物资。赤眉军则新占长安，财富充实，锋芒正劲，锐气难当。不过他们是乌合之众，没有长远计划，财谷虽多，变故万端，无法长久。上郡、北地、安定三郡，地广人稀，物产丰富，我们暂且罢兵北去经略此三郡，垦治土地，休养士卒，静观其变，必可成功。"于是就引军北至栒邑（今陕西旬邑县），所过郡县击败了当地的赤眉军，各地陆续归附。光武帝因关中未定，而邓禹又久不进兵，就下诏催促邓禹进兵长安，镇抚西京，诏曰："邓司徒你就像是古代的尧；而敌人就像是暴君桀。长安的官吏百姓,惶惶不可终日,无所依靠。你应当趁机进讨,镇抚西京长安,关怀百姓之心。"但邓禹仍旧坚持原定方案。派军攻取上郡(今陕西榆林东南)诸县,留下将军冯愔、宗歆守枸邑。自统主力平定北地(今甘肃庆阳和宁夏吴忠一带)。但冯愔、宗歆二人争权夺利,相互攻打,冯愔杀宗歆,并因此反击邓禹。邓禹遣使向光武帝汇报,光武帝问使者:"冯愔最要好的人是谁?"使者回答说:"护军黄防。"光武帝判断冯愔、黄防二人不能久和,必生事端,就让人对邓禹说:"黄防一定会捉拿冯愔的。"光武帝派遣尚书宗广持节将黄防招降。一个月后,黄防果然抓住冯愔,收编了他的部众向光武帝请罪。

赤眉军向西退守扶风(今陕西兴平东南)。邓禹探得长安空虚,就率军向南直入长安,屯兵于昆明池(今西安市西南),犒赏士卒。邓禹率领诸将斋戒之后,选择黄道吉日,按礼仪拜谒西汉皇帝的宗庙,整理西汉十一位皇帝的灵位,派遣使者护送到洛阳,按照规制修建陵园,并派遣士供奉守卫。后来邓禹引兵与延岑战于蓝田,没有取胜。就再次到云阳修整,解决军粮问题,自从冯愔反叛之后,邓禹的威信就受到损伤,又缺乏粮草,归附的人又相继离散。此时赤眉军再次进攻长安,邓禹与之交战失利败退至高陵(蓝田、云阳和高陵均在陕西),军士饥饿,以枣菜为食。光武帝让邓禹撤军,告诫邓禹说:"赤眉军缺粮,自当向东而来,我可轻而易举将其击败,诸将不要担忧。也不要擅自进军。"但是邓禹因为羞愧于"受任而无功",竟多次以疲弊之卒与赤眉军交战,结果战事不利。后来邓禹又和车骑将军邓洪一起向赤眉军进攻,也被击败,部队也被打散,只有二十四骑与邓禹逃回宜阳(今河南洛阳宜阳县)。延岑自败于东阳后,与秦丰联合进攻顺阳(今河南省淅川县附近区域)。光武帝派遣邓禹随复汉将军邓晔大败延岑于邓(今河南邓县)。大军追击延岑的残兵至武当,再次将其击败。延岑逃到了汉中，其余的部属全部投降。建武十三年（37年），天下平定，光武帝封邓禹为高密侯。邓禹后来去世。

孙子说："在有利的情况下考虑到不利的方面，事情就可以顺利进行。"邓禹利用敌军没有出战而趁机整肃部队得以击败敌人。孙子又说："修明政治，保守法纪。"邓禹率领的部队纪律严明，引得归顺的人越来越多。孙子还说："对某些敌人不要去进攻。"邓禹不取长安避敌之锋芒便是如此。

【评析】

邓禹，东汉开国名将，位列"云台二十八将"④之首。文能运筹帷幄，决胜千里；武能冲锋陷阵，克敌制胜。在平定河北、河东和建立东汉政权的过程中，他发挥了重要的作用。邓禹提出的"延揽英雄，务悦民心，立高祖之业，救万民之命"方略，被誉为"图天下策"，成为光武帝刘秀中兴的基本方略。宋代何去非在《何博士备论》中称赞邓禹："昔者汉光武被命更始，安集河北，始得邓禹于徒步之中，恃之以为萧何者，以其言足以就大计，其智足以定大业，且非群臣之等夷也。遂以西方之事委之，而禹亦能胜所属任，所向就功。"南宋奇士陈亮也说其"起身徒步，仗策军门，一见光武，遂论霸王大略，陈天下之计，此其胸中有过人者矣。连兵西讨，所当者破，既定河北，复平关中，威声响震，敌人破胆"。他不仅像萧何那样替刘秀出谋划策，提供军需，还举荐贤才，连光武帝都称赞他"知人"。

云台二十八将：指的是汉光武帝刘秀麾下助其一统天下、重兴汉室江山的二十八员大将。汉明帝永平年间，明帝追忆当年随其父皇打下东汉江山的功臣宿将，命绘二十八位功臣的画像于洛阳南宫的云台，故称"云台二十八将"。

东汉·寇恂

【原文】

寇恂,字子翼,上谷昌平人也。初为郡功曹,太守耿况甚重之。王莽败,更始立,使使者徇郡国,曰:"先降者复爵位。"恂从耿况迎使者于界上。况上印绶,使者纳之,一宿无还意。恂勒兵入见使者,就请之。使者不与,曰:"天王使者,功曹欲胁之邪?"恂曰:"非敢胁使君,窃伤计之不详也。今天下初定,国信未宣,使君建节衔命,以临四方,郡国莫不延颈倾耳,望风归命。今始至上谷而先堕大信,何以号令它郡乎?且耿府君在上谷,久为吏人所亲。今易之,得贤则造次未安,不贤则只更生乱。为使君计,莫若复之以安百姓。"使者不应,恂叱左右以使者命召况。况至,恂进取印绶带况。使者不得已,乃承制诏之,况受而归。

及王郎起,遣将徇上谷,急发况兵。恂说况曰:"邯郸拔起,难可信向。大司马刘公尊贤下士,士多归之,可攀附也。"况曰:"邯郸方盛,力不能独拒,如何?"恂对曰:"今上谷完实,控弦万骑。请东约渔阳,齐心合众,邯郸不足图也。"况然之,乃遣恂到渔阳,结谋彭宠。恂还,至昌平,袭击邯郸使者,杀之,夺其军,遂与况子弇等俱南及光武于广阿。拜恂为偏将军。

数与邓禹谋议,禹奇之。光武南定河内,而更始大司马朱鲔等盛兵据洛阳。又并州未安，光武难其守，问于邓禹曰："诸将谁可使守河内者？"禹曰："寇恂文武备足，有牧人御众之才，非此子莫可使也。"乃拜恂河内太守，行大将军事。光武谓恂曰："河内完富，吾将因是而起。昔高祖留萧何镇关中，吾今委公以河内，坚守转运，给足军粮，率厉士马，防遏它兵，勿令北度①而已。"光武于是复北征燕、代。恂移书属县，讲兵肄射，伐淇园之竹，为矢百余万，养马二千匹，收租四百万斛，转以给军。朱鲔闻光武北而河内孤，使讨难将军苏茂、副将贾强将兵三万余人，度巩河攻温。檄书至，恂即勒军驰出，并移告属县，发兵会于温下。军吏皆谏曰："今洛阳兵度河，前后不绝，宜待众军毕集，乃可出也。"恂曰："温，郡之藩蔽，失温则郡不可守。"遂驰赴之。旦日合战，而偏将军冯异遣救及诸县兵适至，士马四集，幡旗蔽野。恂乃令士卒乘城鼓噪，大呼言曰："刘公兵到！"苏茂军闻之，悚动，恂因奔击，大破之，追至洛阳，遂斩贾强。茂兵自投河死者数千，生获万余人。恂与冯异过河而还。自是洛阳震恐，城门昼闭。时光武传闻朱鲔破河内，有顷恂檄至，大喜曰："吾知寇子翼可任也！"诸将军贺，因上尊号，于是即位。

　　时军食急乏，恂以辇车骊驾转输，前后不绝，尚输升斗以赡百官。帝数策书劳问恂，同门生茂陵董崇说恂曰："上新即位，四方未定，而君侯以此时据大郡，内得人心，外破苏茂，威震邻敌，功名发闻，此逸人侧目怨祸之时也。昔萧何守关中，悟鲍生之言而高祖悦。今君所将，皆宗族昆弟也，无乃当以前人为监戒。"恂然其言，称疾不视事。

　　帝将攻洛阳，先至河内，恂来从军。帝曰："河内未可离也。"数固请，不听，乃遣兄子寇张、姊子谷崇将突骑愿为军锋。帝善之，皆以为偏将军。颍川人严终、赵敦聚众万余，与密人贾期连兵为寇。拜恂颍川太守，与破奸将军侯进俱击之。数月，斩期首，郡中悉平定。

封恂雍奴侯。

执金吾贾复在汝南，部将杀人于颍川，恂捕得戮之于市。复以为耻，还过颍川，谓左右曰："吾与寇恂并列将帅，而今为其所陷，大丈夫岂有怀侵怨而不决之者乎？今见恂，必手剑之。"恂知其谋，不欲与相见。谷崇曰："崇，将也。得带剑侍侧，卒有变，足以相当。"恂曰："不然。昔蔺相如不畏秦王而屈于廉颇者，为国也。区区之赵，尚有此义，吾安可以忘之乎？"乃敕属县盛供具，储酒醪，执金吾军入界，一人皆兼二人之馔。恂乃出迎于道，称疾而还。贾复勒兵欲追之，而吏士皆醉，遂过去。恂遣谷崇以状闻，帝乃召恂。恂至引见，时复先在坐，欲起相避。帝曰："天下未定，两虎安得私斗？今日朕分之。"于是并坐极欢，遂共车同出，结友而去。

恂归颍川。遣使者即拜为汝南太守。盗贼清静，郡中无事。恂素好学，乃修乡校，教生徒，聘能为《左氏春秋》者，亲受学焉。代朱浮为执金吾。从车驾击隗嚣，而颍川盗贼群起。帝乃引军还，谓恂曰："颍川迫近京师，当以时定。惟念独卿能平之耳。"恂对曰："颍川剽轻，闻陛下远逾阻险，有事陇、蜀，故狂狡乘间相诖误耳。如闻乘舆南向，贼必惶怖归死。臣愿执锐前驱。"即日车驾南征，而恂从至颍川，盗贼悉降，而竟不拜郡。百姓遮道曰："愿从陛下复借寇君一年。"

初，隗嚣将高峻拥兵万人，据高平第一。及嚣死，峻据高平，坚守。建威大将军耿弇等围之，一岁不拔。帝自征之，进军及汧，峻犹不下。帝议遣使降之，乃谓恂曰："为吾行也。若峻不即降，引耿弇等五营击之。"恂奉玺书至第一，峻遣军师皇甫文出谒，辞礼不屈。恂怒，将诛文。诸将谏曰："高峻精兵万人，率多强弩，西遮陇道，连年不下。今欲降之而反戮其使，无乃不可乎？"恂不应，遂斩之。遣其副归告峻曰："军师无礼，已戮之矣。欲降，急降；不欲，固守。"峻惶恐，即日开城门降。诸将皆贺，因曰："敢问杀其使而降其城，何也？"恂曰："皇甫文，峻之腹心，其所取计者也。今来，辞意不屈，必无降心。全之则文得其计，杀之则峻亡其胆，是以降耳。"诸将皆曰："非所及也。"恂经明行修，名重朝廷，所得秩奉，厚施朋友故人及从吏士。常曰："吾因士大夫以致此，其可独享之乎！"时人归其长者，以为有宰相器。卒。

孙子曰："三军可夺气。"恂扬言刘公兵至而敌陈动。又曰："军无粮食则亡。"恂转输不绝以继军食。又曰："上兵伐谋。"恂斩使降城是也。

【注释】

① 度：通"渡"。

【今译】

寇恂，字子翼，上谷昌平人（今北京昌平），年轻时担任郡里的功曹，上谷太守耿况对他非常器重。王莽败亡后，更始称帝，派遣使者到各地巡视，称："先降者官复原职。"寇恂跟随太守耿况到郡国边界恭迎使臣，耿况向使者交上印绶。然而，使臣收取印绶后，过了一夜，仍无发还之意。寇恂即率兵入见使臣，请示归还印绶。使臣不从，说："我乃天子使臣，功曹想胁迫我吗？"寇恂说："非敢胁迫使君，只是为您考虑不周而感到惋惜。今天下初定，国家的威信尚未广为宣扬，使君您领命持节代表天子巡视四方，各郡国无不伸长脖子洗耳恭听，等着归顺朝廷。如今使君刚刚来到上谷便自毁信誉，阻断归顺之心，逼生叛乱之意，又将如何来号令其他州郡呢？况且耿太守在上谷郡时日已久，与官吏百姓相熟，如果撤掉耿太守，即使是换一个贤能的人尚且短期难以安定，若是不贤之人更是催生祸乱。我替使君您考虑，还是将印授交还耿太守以安百姓之心。"使者不应，寇恂当即命令手下，以使臣名义召见耿况。耿况进见，寇恂自己向前取回印绶交还给他，使臣见事已如此，只好奉诏任命耿况担任原职，耿况受命而归。

后王郎在邯郸起事，派将领巡视上谷，逼迫耿况发兵响应。寇恂向耿况进谏："王郎在邯郸突然起事，难以令人信任归附。大司马刘秀刘公，礼贤下士，士人多有归附，我们也可以去投奔。"耿况犹豫不决，说："王郎气势正盛，我们无法单独抵挡，该当如何？"寇恂回答说："如今上谷地域完整，实力强劲，还有骑兵上万骑。我们可到东边去联合渔阳郡，齐心协力共拒邯郸，王郎不足为虑。"耿况采纳了他的主张，就派他到渔阳与彭宠结盟。寇恂自渔阳（今北京密云西南）回到昌平后，袭击了邯郸王郎派来的使臣，将其杀死并统领了他的军队，然后跟耿况之子耿弇到广阿（治所在今河北隆尧东）去投奔刘秀。刘秀任命寇恂为偏将军。

寇恂在军中，多次与邓禹商议大事。邓禹认为他是奇才。光武帝刘秀南定河内，但更始帝的大司马朱鲔盛兵占据洛阳，并州（今太原）也未平定，光武帝不知派谁镇守。便去问邓禹："诸将之中有谁可以镇守河内（河内郡是今河南黄河以北地区，郡治在今河南武陟以西）？"邓禹说："寇恂文武双全，有牧人御众之才，镇守河内非他莫属。"刘秀便任命寇恂为河内太守，行大将军事（代行大将军之职）。刘秀向寇恂嘱托道："河内富庶，我也会凭借此地而崛起。当年汉高祖留萧何镇守关中，我今日也委托公镇守河内，坚守城池，转运辎重，给足军粮，奖励将士，防范其他兵马，不要使他们向北渡黄河即可。"刘秀北伐燕、代之地（河北、山西北部）。寇恂统领属县，训练士卒，伐淇园（在今河南淇县）之竹，造箭百万支，养马两千匹，收租四百万斛，转运前线,以供大军使用。朱鲔听闻光武帝北伐而河内空虚,便命讨难将军苏茂、副将贾强率兵三万多,渡过巩河进攻温(今河南温县)。檄书战报刚刚传来,寇恂就率军出击,并传令所属各县,发兵至温与其会师。部将劝谏说:"今洛阳朱鲔的大军渡过黄河,前后不绝,应当等各路军马集结完毕之后,再向敌人出击。"寇恂说:"温地,乃是河内郡的屏障,一旦丢失则河内不保。"于是就率军奔赴温。第二天两军会战,此时偏将军冯异派遣的援兵及诸县兵马也恰好赶到,士马云集,旌旗蔽野。寇恂就命令士卒登城摇旗呐喊,大声呼喊说:"刘公的援兵到了!"苏茂军听闻之后一阵慌乱,寇恂趁机出击,大破苏茂军,追至洛阳,斩杀贾强。苏茂军士兵投河溺死者数千,被俘上万人。寇恂、冯异乃渡黄河北还。自此洛阳震恐,白天也紧闭城门。光武帝听到传言称朱鲔已攻破河内,但很快寇恂的报捷文书就到了。光武帝大喜,说:"我就知道寇子翼能担当此任!"诸将纷纷向刘秀祝贺,并劝刘秀即位称帝,刘秀从之,是为光武帝。

当时光武帝军粮不足,寇恂用辇车辗转运输,前后不绝于路。向前线运送军粮,保证文武百官的粮草供应。光武帝在前线却多次写信慰问寇恂。寇恂的同学茂陵董崇就赶紧劝他说:"皇帝新即位而四方未定,君侯此时统领大郡,内得人心,外破苏茂,威震邻敌,功名显赫,此乃招人谗言、惹下祸患之时啊!昔日萧何镇守关中,听从鲍生之言贪污受贿而汉高祖大悦。如今使君所统率之人,都是你的宗族兄弟,难道不应该从古人那里吸取一点经验教训吗?"寇恂听从他的建议,称病不再处理公务。

光武帝将要攻打洛阳,先回河内,寇恂请求随军出征。光武帝说:"河内不可轻离。"寇恂多次请求,光武帝仍不同意。于是,寇恂便派侄儿寇张、外甥谷崇率精锐骑兵做光武帝的先锋。光武帝很高兴,任命二人为偏将军。颍川（郡治在今河南禹州）人严终、赵敦聚集上万人，与密（今河南密县）人贾期联合作乱。光武帝任命寇恂为颍川太守，与破奸将军侯进一道进军剿灭。几个月以后，将贾期击败斩杀，颍川平定。光武帝封寇恂为雍奴侯，食邑一万户。

当时执金吾将军贾复在汝南（郡治在今河南汝南），部下在颍川杀人犯法，寇恂将罪犯逮捕并当众处决。贾复以此为耻，率军过颍川之时对下属讲："我与寇恂同为将帅，而今为其所辱，大丈夫岂有怀有怨恨，而不做决断的吗？如今见到寇恂，必手剑之。"寇恂知道他的打算，就不想与他相见。谷崇说："谷崇亦为战将，愿带剑侍奉君侯之侧，倘若突生变故，足以为君侯抵挡。"寇恂说："不然。昔者蔺相如不畏秦王而忍让廉颇，就是为国考虑。区区赵国相国尚且知晓此等大义，我又怎敢忘记。"寇恂下令属下各县准备好酒菜，贾复的军队一进入颍川境内，每个人都供应了两个人分量的酒食。寇恂也亲自到路上迎接，之后就称病离开。贾复调集部队打算追击，却发现手下的士兵全都喝醉了，大军顺利通过了颍川。寇恂派遣谷崇将此事向光武帝汇报，光武帝就召见寇恂。寇恂觐见光武帝时，发现贾复已先到并就位在坐，就打算回避。光武帝说："今天下未定，两虎怎能相斗？今日朕将你二人的仇怨化解。"两人一同坐下，关系融洽，之后同车而出，结为朋友。

寇恂回到颍川之后，光武帝即派使者任命他为汝南太守。郡中因盗贼清静，没有多少公务。寇恂一向好学，就大兴教育，办乡学，教学生，聘请能讲解《左氏春秋》的人为师，并且亲自学习。寇恂后来代替朱浮为执金吾，跟随光武帝讨伐割据陇西的隗嚣，结果颍川盗贼蜂起。光武帝率军回师，对寇恂说："颍川迫近京师，应当尽快平定。恐怕只有爱卿你能平定此地。"寇恂回答："颍川之人轻浮，听闻陛下远征陇蜀,一些狂妄狡黠之人乘机欺蒙他人叛乱而已。如果听说陛下将南下亲征颍川,叛军必惶惶不可终日。臣愿率精兵为前锋。"光武帝随即南征,而寇恂也跟随大军至颍川,叛军见状纷纷向汉军投降,根本不用再任命寇恂为郡守去征讨。百姓拦在路上对光武帝说:"希望从陛下手中再借寇君一年来治理颍川。"

隗嚣刚刚叛乱的时候,部将高峻拥兵万人,据守高平(今宁夏固原县),势力最大。隗嚣死后,高峻继续占据高平,坚守城池。建威将军耿弇等率军围城,一年不克。光武帝亲征,进军至汧水,高峻仍然拒守。光武帝决定派遣使者劝降高峻,就对寇恂说:"你去为我办理此事。如果高峻不降,就率耿弇等五路军马攻打。"寇恂带着诏书到达高平的城池,高峻派遣军师皇甫文出来接洽,言辞礼节不恭。寇恂怒,要杀皇甫文。诸将劝谏说:"高峻手下精兵万人,并且有很多强弩,控制着向西去的陇道,连年未克。如今想要招降此人却斩杀其使者,恐怕不妥。"寇恂不听,将皇甫文斩杀,之后让皇甫文的副将回去禀报高峻说:"你的军师傲慢无礼,已被斩杀。你若打算投降则速速投降,不降的话就固守城池。"高峻害怕,当日即开城门投降。诸将向寇恂祝贺,并趁机讨教:"为什么杀了高峻的使者却还能使其投降?"寇恂说:"皇甫文是高峻的心腹,高峻多听从他的计谋。他现在过来谈判,言辞傲慢,必无降心。若不杀之则高峻就会听从他的意见不降,将其斩杀则高峻丧失坚守之胆气,因此就投降了。"诸将都说:"我们不如将军啊。"寇恂通晓经学,品行端正,名重朝廷,所得俸禄,经常送给朋友故人及手下官吏。寇恂常说:"我因有这些士大夫才能有如此的地位,怎可独享俸禄。"时人将其归入长者行列,认为他有宰相的气度。寇恂后来去世。

孙子说:"可以挫敌方三军的锐气,使其丧失士气。"寇恂扬言刘秀大军已经到达，而敌军阵脚大乱。孙子又说："军队没有粮食供给就无法生存。"寇恂转运粮食供应军粮。孙子还说："最高明的军事行动是以谋略来挫败对手。"寇恂斩杀使者而使一城归降即是如此。

【评析】

　　寇恂，东汉名将，"云台二十八将"之一，出身世家大姓，有勇略。他能深谋远虑，不为一时的假象所迷惑，能够正确预测当时几股势力的未来发展，遂率军投奔刘秀；不仅在战场上勇猛有谋略，也深谙政治斗争和人际关系之道。发现自己据大郡，得人心就赶紧听从谋士的劝告称病避免光武帝起疑心，又巧妙地处理与执金吾将军贾复的矛盾，这是他政治上成熟的标志。寇恂治理地方很有政绩，每次为官一方都得到当地百姓的爱戴。他能够屈己为国，顾全大局，显现出了长者之风，有宰相器量。史书上评论寇恂称："喜怒以类者鲜矣。夫喜而不比，怒而思难者，其唯君子乎！"孔子评价伯夷、叔齐时，认为他们"不念旧恶"，这在寇恂的身上得到了充分体现。

东汉·冯异

【原文】

冯异，字公孙，颍川父城人也。好读书，通《左氏春秋》、《孙子兵法》。光武为司隶校尉，道经父城，异开门奉牛酒迎，光武以异为主簿。

及王郎起，光武自蓟东南驰，晨夜草舍，至饶阳芜蒌亭。时天寒冽，众皆饥疲，异上豆粥。明旦，光武谓诸将曰："昨得公孙豆粥，饥寒俱解。"及至南宫，遇大风雨，光武引车入道旁空舍，异抱薪，邓禹热火，光武对灶燎衣。异复进麦饭菟肩。因复渡滹沱河至信都，使异别收河间兵。还，拜偏将军。从破王郎，封应侯。

异为人谦退不伐，行与诸将相逢，辄引车避道。进止皆有表识，军中号为整齐。每所止舍，诸将并坐论功，异常独屏树下，军中号曰"大树将军"。及破邯郸，乃更部分诸将，各有配隶。军士皆言愿属"大树将军"，光武以此多之。

时更始遣舞阴王李轶、大司马朱鲔将兵号三十万，与河南太守武勃共守洛阳。光武将北徇燕、赵，以魏郡、河内独不逢兵，而城邑完，仓廪实，乃拜寇恂为河内太守，异为孟津将军，统二郡军河上，与恂合势，以拒朱鲔等。异乃遗李轶书曰："愚闻明鉴所以照形，往事所以知今。昔微子去商而入周，项伯畔楚而归汉，周勃迎代王而黜少帝，霍光尊孝宣而废昌邑。彼皆畏天知命，睹存亡之符，见废兴之事，故能成功于一时，垂业于万世也。苟令长安尚可扶助，延期岁月，疏不问亲，远不逾近，季文岂能居一隅哉？今长安坏乱，赤眉临郊，大臣乖离，纲纪已绝。萧王经营河北，英俊云集，百姓风靡，虽西岐慕周，不足以喻。季文诚能觉悟成败，亟定大计，转祸为福，在此时矣。如猛将长驱，严兵围城，虽有悔恨，亦无及已。"轶乃报异书曰："轶本与萧王首谋造汉，唯深达萧王，愿进愚策，以佐国安人。"轶自通书之后，不复与异争锋，故异因此得北攻天井关，拔上党两城，又南下河南成皋已东十三县。武勃将万余人与异战于士乡下，异斩勃获首五千余级，轶又闭门不救。异见其信效，具以奏闻。光武故宣露轶书，令朱鲔知之。鲔怒，遂使人刺杀轶。由是城中乖离，多有降者。

建武二年（26年）春，定封异阳夏侯。时赤眉、延岑暴乱三辅，郡县大姓各拥兵众，大司徒邓禹不能定，乃遣异代禹讨之。敕异曰："三辅遭王莽、更始之乱，重以赤眉、延岑之酷，元元涂炭，无所依诉。今之征伐，非必略地屠城，要在平定安集之耳。诸将非不健斗，然好虏掠。卿本能御吏士，念自修敕，无为郡县所苦。"异顿首受命，引而西。异与赤眉遇于华阴，相拒六十余日，战数十合，降其将刘始、王宣等五千余人。三年春，遣使者即拜异为征西大将军。会邓禹率车骑将军邓洪等引归，与异相遇，禹、洪要异共攻赤眉。异曰："异与贼相拒且数十日，虽屡获雄将，余众尚多，可稍以恩信倾诱，难卒用兵破也。上今使诸将屯黾池①要其东，而异击其西，一举取之，此万成计也。"禹、洪不从。洪遂大战移日，赤眉伪败，弃辎车走。车皆载土，以豆覆其上，兵士饥，争取之。赤眉引还击洪，洪军溃乱。异与禹合兵救之，赤眉小却。异以士卒饥倦，可且休，禹不听，复战，大为所败，死伤者三千余人。禹得脱归宜阳。异弃马步走上回溪阪，与麾下数人归营。复壁，收其散卒，招集诸营堡数万人，与贼约期会战。使壮士变服与赤眉同，伏于道侧。旦日，赤眉使万人攻异前部，异裁出兵以救之。贼见势弱，遂悉众攻异，异乃纵兵大战。日昃，贼气衰，伏兵卒起，衣服相乱，赤眉不复识别，众遂惊溃。追击，大破之，降男女八万人。余众尚十余万，东走宜阳降。玺书劳异曰："赤眉破平，士吏劳苦，始虽垂翅回溪，终能奋翼黾池，可谓失之东隅收之桑榆。方论功赏，以答大勋。"

异自以久在外，不自安，上书思慕阙廷，愿亲帷幄，帝不许。后人有上章言异专制关中，威权至重，百姓归心，号为"咸阳王"。帝使以章示异。异惶惧，上书谢曰："臣受任方面，以立微功，皆自国家谋虑，愚臣无所能及。臣伏自思：惟以诏敕战攻，每辄如意；时以私心断决，未尝不有悔。臣以遭遇，托身圣明，在倾危溷淆之中尚不敢过差，而况天下平定，上尊下卑，而臣爵位所蒙，巍巍不测乎？诚冀以谨敕，遂自终始。见所示臣章，战栗怖惧。"诏报曰："将军之于国家，义为君臣，恩犹父子。何嫌何疑，而有惧意？"

六年春，异朝京师。引见，帝谓公卿曰："是我起兵时主簿也。"诏曰："仓卒，芜蒌亭豆粥，滹沱河麦饭，厚意久不报。"异稽首谢曰："臣闻管仲谓桓公曰：愿君无忘射钩，臣无忘槛车，齐国赖之。臣今亦愿国家无忘河北之难，小臣不敢忘巾车之恩。"

后，诸将为隗嚣所败，乃诏异军栒邑。未及至，隗嚣乘胜使其将王元、行巡将二万余人下陇，因分遣巡取栒邑。异即驰兵，欲先据之。诸将皆曰："虏兵盛而新乘胜，不可与争。宜止军便地，徐思方略。"异曰："虏兵临境，忸忕小利，遂欲深入。若得栒邑，三辅动摇，是吾忧也。夫攻者不足，守者有余。今先据城，以逸待劳，非所以争也。"潜往闭城，偃旗鼓。行巡不知，驰赴之。异乘其不意，卒击鼓建旗而出。巡军惊乱奔走，追击数十里，大破之。异后病发，薨于军。

孙子曰："亲而离之。"异致书李轶以间朱鲔。又曰："乱而取之。"异变服相乱而胜赤眉。又曰："先处战地以待敌者，逸。"异先据邑以待行巡。又曰："微乎微乎，至于无形。"异偃旗卧鼓而敌不知是也。

【注释】

① 黾池：今称渑池。

【今译】

冯异，字公孙，颍川父城（今河南宝丰东）人。好读书，精通《左氏春秋》、《孙子兵法》等著作。光武帝刘秀在担任更始帝司隶校尉的时候，经过父城，冯异打开城门迎接并以酒食招待（史载，初，冯异为王莽守父城，为刘秀所执，回去替刘秀劝降守将苗萌），刘秀就任命冯异为父城主簿。

等到王郎起事，刘秀自蓟（今北京西南地区）向东南逃跑（王郎起事之后，原广阳王之子刘接在蓟起兵响应王郎），昼夜南逃，不敢在城市住宿，就随便在路边草棚里休息，到了饶阳芜蒌亭（今河北省饶阳县滹沱河滨）。当时天寒地冻，军士饥寒交迫，冯异献上豆粥。第二天清晨，刘秀对诸将说："昨日得到公孙的豆粥喝才得以驱走饥寒。"逃到南宫（今河北南宫）之时，遇到暴雨，刘秀引车进入路旁的空房之中，冯异抱柴火，邓禹生火，刘秀对着火烘干衣服。冯异又呈上麦饭。大军再次渡过滹沱河到达信都（今河北邢台附近），刘秀命冯异收编河间地区（河北中部）的部队。冯异回来之后，被拜为偏将军。在跟随刘秀击败王郎之后，冯异被封为应侯。

冯异为人谦让不自夸，路上与其他将领相逢，总是把道路让开，让对方先行。冯异的部队进退都有标识，在军中以纪律严格而闻名。每当扎营休息之时，诸将都坐下来讨论谁的功劳大，而冯异则独自坐在大树之下不参与争论，军中称之为"大树将军"。攻破邯郸王郎之后，刘秀整编部队，重新调整将领所统属的部队。军士们都愿意跟随"大树将军"，刘秀因此对他更加赏识。

时更始帝派舞阴王李轶、大司马朱鲔统率大军，号称三十万，与河南太守武勃一起驻守洛阳。刘秀想向北巡视燕赵之地，认为唯独魏郡、河内（河北南部与河南北部地区）没有遭遇兵灾，而且城池完整，物资充足，就任命寇恂为河内太守，冯异为孟津将军，让其统率魏、河内二郡的部队，驻扎在黄河，与寇恂共同抵御朱鲔等人。冯异写信给李轶说："我听说镜子可以看到人的容貌，历史可以借鉴今天。昔日微子离开殷商，投奔西周，项伯背叛西楚霸王项羽而归降汉高祖刘邦，周勃废黜少帝而迎立代王为帝，霍光拥立孝宣皇帝（汉宣帝刘询）而废黜昌邑王刘贺（汉废帝刘贺在位27天被废）。这些人都敬天知命，目睹了很多生死存亡，治乱兴衰之事，所以才能建功于当时，流芳于百世。假使长安更始帝真能成大事，过了这么长时间，疏不间亲，远不逾近，季文（李轶字季文）你又怎会固守一隅呢？如今长安更始政权坏乱，赤眉军逼临城郊，大臣背离，纲纪气数已尽。而萧王刘秀经营河北，聚揽英才，安抚百姓，深得民心，即便是与当年西岐之地的百姓拥护西周相比也不为过。季文你如果真能认清形势，看到成败，定下归降之计，转祸为福，就在此时啊。再往后如果精兵猛将围城而战，你悔之晚矣。"李轶给冯异回信称："当年我和萧王最先谋约共同恢复汉室，为萧王效劳，今愿献愚策，以佐国安民。"李轶自从和冯异通过书信往来之后，就不再与冯异交兵，冯异因此也得以集中力量向北攻打天井关（在今山西晋城以南，为晋豫两省要冲），攻陷了上党郡两座城池，又向南攻取河南成皋（黄河以南的荥阳）以东十三座县城。武勃率领一万多人的军队与冯异在士乡（今洛阳以东）交战，冯异斩杀包括武勃在内的五千余人，大获全胜，而李轶这时也闭门不救。冯异见书信起到效果，就将此情况上报刘秀。刘秀就故意向外泄露李轶的书信，让朱鲔得知。朱鲔大怒，就派人将李轶刺杀。于是洛阳城中人心惶惶，一片混乱，很多人开始投降刘秀。

建武二年（26年）春，刘秀封冯异为阳夏侯。当时赤眉军和延岑在三辅作乱，各郡县的豪门大族也都拥兵自重，大司徒邓禹无法平定关中，光武帝刘秀就派冯异代替邓禹前去征讨。刘秀亲送冯异至河南并对他嘱托道："三辅之地连遭王莽、更始帝的战乱，又遭受赤眉和延岑的祸害，生灵涂炭，百姓无所依附。如今派你前去讨伐，重点不是攻城略地，杀人屠城，主要是为了平定叛乱，安抚百姓。诸将并非不是善战之人，但都喜好虏掠。爱卿你一向能约束部下，管理部属，谨慎守法，不要再让郡县百姓受苦。"冯异叩首领命，率军向西。冯异与赤眉军在华阴相遇，双方对峙六十多天，交战数十次，冯异迫降赤眉军大将刘始、王宣等所辖五千余人。建武三年（27年）春，刘秀派使者拜冯异为征西大将军。邓禹率领车骑将军邓洪（邓弘）等人引军东归，与冯异相遇。邓禹、邓洪二人就邀约冯异共同进攻赤眉军。冯异说："我与敌军相持已经数十日，虽然俘获对方一些大将，但其余众尚多，应当以恩惠信义来招降，仓促用兵难以取胜。皇帝现在派诸将屯驻渑池（今河南渑池县附近）拦截其东部，而我则攻击其西部，我们一举将其攻破，这才是万全之计。"邓禹和邓洪二人不听。邓洪与赤眉军大战整日，赤眉军佯装败退，丢弃运送物资的车辆逃跑。车上装的全都是土，表面覆盖豆子，邓洪士卒饥饿，争相取食。赤眉军突然回军攻击邓洪，邓洪军一下溃乱。冯异与邓禹联合前去救援，赤眉军稍稍退却。冯异认为士卒饥渴倦怠，应当暂且停战休整，邓禹不听，再次与赤眉军交战，为赤眉军所大败，死伤三千余人。邓禹逃回宜阳，冯异弃马徒步逃回溪阪（今河南渑池县南），最后跟麾下数人逃回大营。以后重修壁垒，收容溃散的士卒并招集各营堡的守军，共得兵数万人。于是就和赤眉军约定日期再战。冯异预先派遣精兵换了赤眉军的服装，埋伏于道路两侧。第二天，赤眉军派出万人攻打冯异，冯异故意示弱，等到赤眉军攻到大营前部的时候才派出援兵。赤眉军见冯异势力弱小，就全军尽出攻打冯异，冯异也纵兵与敌大战。战至下午，赤眉军气势衰弱，冯异趁机命令伏兵突然杀出，由于伏兵衣服与赤眉军相同，赤眉军无法识别，遂惊慌失措，大败溃散。冯异率军追击，大破敌军，俘获敌军男女八万人。残存的赤眉军有十几万人，向东败退到宜阳，最终也向冯异投降。光武帝刘秀下诏慰劳冯异："赤眉破平，士吏劳苦，最初虽败退回溪阪，最终破敌渑池，可谓是失之东隅，收之桑榆。当论功行赏，以筹大功。"

　　冯异因为自己久在外担当要职，心里担心皇帝猜忌，就上书表明心迹，称因想念朝廷，想回京任职。光武帝以其职责重大而不许。后来有人上书皇帝称冯异在关中专制，斩长安令，而且百姓归心，称之为"咸阳王"。光武帝派人将奏章交给冯异看。冯异非常害怕，上书谢罪："臣受任为一方的封疆大吏，能够立下一点功劳，皆是出自国家陛下的谋略，愚臣无所能及。臣自思：只要用陛下诏敕之法作战，每战都如意；有时以自己的私心断决，没有不后悔的。臣以遭遇，托身圣明，在时局动荡混乱之时尚不敢有所过错，何况天下平定，上尊下卑，而臣爵位所蒙，巍巍不测乎？臣自始至终都谨遵陛下的旨意行事。见到陛下给臣所看的奏章，战栗怖惧。"皇帝下诏称："将军之于国家，义为君臣，恩犹父子。何嫌何疑，而有惧意？"

建武六年（30年）春，冯异入京（洛阳）朝见皇帝。光武帝接见他时对公卿说："冯异是我起兵时的主簿。"又下诏说："当年仓促南逃，芜蒌亭豆粥，滹沱河麦饭，厚意久不报。"冯异叩首称谢："臣听闻管仲对齐桓公说：愿国君勿忘当年我箭射君王带钩之事，臣也不忘被装于槛车之事。齐国因此而获益。臣今也希望陛下不忘河北之难，微臣也不敢忘巾车之恩。"

后来，皇帝派去讨伐公孙述的诸将皆为叛将隗嚣所败。光武帝就下诏命冯异率军进驻栒邑（今陕西旬邑县）。还未等大军到达，隗嚣就乘胜先派遣将领王元、行巡二人率领两万兵马出陇西，并分兵派遣行巡去夺取栒邑。冯异得知此消息后，命令部队火速赶往栒邑，想抢先占据栒邑。众将都说："敌军强大并且新近获胜，不可与之相争。应当在便宜之处驻军，慢慢谋划方略。"冯异不同意，说："敌军逼近我境，偶获小利，因此意图深入。若栒邑为敌所得，将动摇三辅，这才是我所忧虑的。兵法有云：攻者不足，守者有余。我们现在先抢占城池，以逸待劳，并非与其相争斗。"冯异率军悄悄赶到栒邑之后，关闭城门，偃旗息鼓。行巡不知冯异已占据栒邑，也快速赶赴栒邑。冯异趁行巡不备，突然击鼓建旗出击。行巡所部惊惶失措，四散而逃，冯异率军追击数十里，大破其军。冯异后来因病在军中去世。

孙子说："敌人关系密切就要离间他们。"冯异致书李轶借以离间他和朱鲔之间的关系。孙子说："乱则取之。"冯异命令士卒变换服装趁着混乱而战胜了赤眉军。孙子说："抢先占据交战地点等待敌人而来，就是以逸待劳。"冯异就先抢占栒邑等待行巡。孙子还说："神奇精妙啊，竟然看不到形迹。"冯异偃旗息鼓而敌人没有将其发现就是如此。

【评析】

冯异,东汉将领,"云台二十八将"之一。他平定关中,为刘秀统一天下立有大功,是一位文武全才的将领。在战争中,他指挥作战讲究谋略,料敌决胜,同时治军严明,得到将士们的拥护。他原本是王莽的旧臣,在投奔刘秀之后得到了刘秀极大的信任,到了谗言不能进的地步,这不仅是他与刘秀曾经共患难,后来又有平赤眉、定关中之功,更是因为他高尚的人格魅力和道德情操博得了刘秀的信任。由于是儒生出身,冯异懂得政治清明对于安抚百姓、延揽人才的重要性,光武帝因此派其平定关中。他能够约束部下,严明军纪,深得民心,在长久动乱的关中站稳脚跟,而后出奇兵大破敌军。史称其在关中时,"怀来百姓,申理枉结,出入三岁,上林成都"。冯异为人谦逊,从不居功自傲,虽然他在东汉王朝的建立过程中立下大功,却从不争名夺利,有"大树将军"的美誉,堪称一代良将。

东汉·岑彭

【原文】

　　岑彭，字君然，南阳棘阳人也。汉兵起，攻拔棘阳，彭归宛，与严说共城守。汉兵攻之数月，城中粮尽，人相食，彭乃与说举城降。诸将欲诛之，大司徒伯升曰："彭，郡之大吏，执心坚守，是其节也。今举大事，当表义士，不如封之，以劝其后。"更始乃封彭为归德侯，令属伯升。

　　及伯升遇害，彭复为大司马朱鲔校尉。会光武徇河内，彭因进说曰："今赤眉入关，更始危殆，权臣放纵，矫称诏制，道路阻塞，四方蜂起，群雄竞逐，百姓无所归命。切①闻大王平河北，开王业，此诚皇天佑汉，士人之福也。彭幸蒙司徒公所见全济，未有报德，旋被祸难，承恨于心。今复遭遇，愿出身自效。"光武深接纳之。更始大将军吕植将兵屯淇园，彭说降之，于是拜彭为刺奸②大将军，从平河北。

　　光武即位，拜彭廷尉，行大将军事。与吴汉等围洛阳数月，朱鲔等坚守不肯下。帝以彭尝为鲔校尉，令往说之。鲔在城上，彭在城下，相劳苦欢语如平生。彭因曰："彭往者得执鞭侍从，蒙荐举拔擢，常思有以报恩。今皇帝受命，平定燕赵，尽有幽冀之地，百姓归心，贤俊云集，亲率大兵，来攻洛阳。天下之事，逝其去矣。公虽婴城③固守，将何待乎？"鲔曰："大司徒被害时，鲔与其谋，又谏更始无遣萧王北伐，诚自知罪深。"彭还，具言于帝。帝曰："夫建大事者，不忌小怨。鲔今若降，官爵可保，况诛罚乎？河水在此，吾不食言。"彭复往告鲔，鲔从城上下索曰："必信，可乘此上。"彭趣索欲上。鲔见其诚，即许降。后五日，鲔将轻骑诣彭。乃面缚，与彭俱诣河阳。帝即解其缚，召见之，复令彭夜送鲔归城。明旦，悉其众出降，拜鲔为平狄将军，封扶沟侯。

南郡人秦丰据黎丘，自称楚黎王。迁彭征南大将军，令率傅俊、臧宫、刘宏等三万余人，南击秦丰，拔黄邮④。丰与其大将蔡宏拒彭等于邓，数月不得进。帝怪以诰彭，彭惧，于是夜勒兵马，申令军中，使明旦西击山都。乃缓所获虏，令得逃亡，归以告丰，丰即悉其军西邀彭。彭乃潜兵渡沔水，击其将张杨于河头山，大破之。从川谷间伐木开道，直袭黎丘，击破诸屯兵。丰闻大惊，驰归救之。彭与诸将依东山为营，丰与蔡宏夜攻彭，彭豫为之备，出兵逆击之，丰败走，追斩蔡宏。

更封彭为舞阴侯。彭从车驾破天水，与吴汉围隗嚣于西城。时公孙述将李育将兵救嚣，守上邽，帝留盖延、耿弇围之，而车驾东归。敕彭书曰："两城若下，便可将兵南击蜀虏。人苦不知足，既平陇，复望蜀。每一发兵，头须为白。"彭遂壅谷水灌西城，未没尺余，嚣将行巡、周宗将蜀救兵到，嚣得出还冀。汉军食尽，烧辎重，引兵下陇，延、弇亦相随而退。嚣出兵尾击诸营，彭殿为后拒，故诸将能全师东归。

后公孙述遣其将任满、田戎、程汎⑤，将数万人拔夷道、夷陵，据荆门、虎牙，横江水起浮桥、斗楼，立攒柱绝水道，结营山上，以拒汉兵。彭数攻之，不利，于是装直进楼船、冒突露桡数千艘。彭与吴汉发南阳、武陵、南郡兵，又发桂阳、零陵、长沙委输棹卒，凡六万余人，骑五千匹，皆会荆门。吴汉以三郡棹卒多费粮谷，欲罢之。彭以为蜀兵盛，不可遣，上书言状。帝报彭曰："大司马习用步骑，不晓水战。荆门之事，一由征南公为重而已。"彭乃令军中募攻浮桥，先登者上赏。于是偏将鲁奇应募而前。时大风狂急，鲁奇船逆流而上，直冲浮桥，而欑柱钩不得去，奇等乘势殊死战，因飞拒焚之，风怒火盛，桥楼崩烧。彭复悉军顺风并进，所向无前，蜀兵大乱，溺死者数千。斩任满，生获程泛，而田戎亡保江州。彭长驱入江关，令军中无得虏掠。所过，百姓皆奉牛酒迎劳。彭见诸耆老，为言大汉哀愍巴蜀久见虏役，故兴师远伐，以讨有罪，为人除害，辞不受其牛酒。百姓大悦，争开门降。彭到江州，以田戎食多，难卒拔，留冯骏守之，自引兵乘利直指垫江，攻破平曲。公孙述使其将延岑、吕鲔、王元及其弟恢悉兵拒广汉及资中，又遣将侯丹率二万余人拒黄石。彭乃多张疑兵，使护军杨翕与臧宫拒延岑等，自分兵浮江下还江州，溯都江而上，袭击侯丹，大破之。因晨夜倍道兼行二千余里，径拔武阳。使精骑驰广都，去成都数十里，势若风雨，所至皆奔散。初，述闻汉兵在平曲，故遣大兵逆之。及彭至武阳，绕出延岑军后，蜀地震骇。述大惊，以杖击地曰："是何神也！"彭所营地名彭亡，闻而恶之，欲徙，会日暮，蜀刺客诈为亡奴降，夜刺杀彭。彭首破荆门，长驱武阳，持军整齐，秋毫无犯。

孙子曰："近而示之远。"彭申令西击，而潜兵渡沔。又曰："神乎神乎，至于无声。"彭军忽至而蜀地震骇是也。

【注释】

①切：应为"窃"。

②敕奸：也有作刺奸。

③ 婴城：指环城。
④ 黄邮：《后汉书》作黄邮水，南阳新野有黄邮水，黄邮聚。
⑤ 汎：同"泛"。

【今译】

岑彭，字君然，南阳棘阳（今河南南阳新野）人。王莽时为棘阳县县长，更始帝兴汉起兵之后攻陷棘阳，岑彭就逃到了宛城（今河南南阳），和严说一起守城。汉军攻城数月，城中断粮，人们开始吃人肉，岑彭就和严说两人献城投降。汉军诸将因岑彭固守，想将其杀掉，大司徒伯升（刘縯，也写作刘演，字伯升，刘秀的哥哥，与刘秀等人一同率众起事。）说："岑彭乃是郡中要员，意志坚定，坚守城池，是个有气节之人。现今我等图谋大业，当表彰义士，不如封赏他，以劝进后人。"更始帝就封岑彭为归德侯，归刘縯领导。

后来刘縯为更始帝所杀，岑彭又做了大司马朱鲔的校尉。等到刘秀巡行河内（今河南北部黄河以北地区）之时，岑彭随河内太守韩歆向其投降，岑彭趁机向刘秀进谏说："今赤眉入关，更始危急，权臣放纵，矫称诏制，道路阻塞，四方群雄竞起，百姓无所归依。听闻大王平河北，开王业，此诚皇天佑汉，士人之福也。岑彭幸为司徒公（刘縯）所救，未及报德，而司徒遇难，常抱憾于心。今日又遇明公，愿为明公效犬马之劳。"刘秀大喜，接纳了岑彭。更始帝之大将军吕植率军屯驻淇园，岑彭将其劝降，刘秀就拜岑彭为刺奸大将军，跟随刘秀平定河北。

刘秀即位之后，拜岑彭为廷尉，代理大将军之职。岑彭与大司马吴汉等人围攻洛阳数月，朱鲔等坚守不降。刘秀因为岑彭曾为朱鲔之校尉，就派其去劝降。朱鲔在城上，岑彭在城下，两人相互问候谈笑一如平常。岑彭趁机劝说:"岑彭昔日曾有机会侍奉将军左右,得蒙将军举荐提携,常有报恩之意。今皇帝受命于天,平定燕赵,尽有幽冀之地,百姓归心,贤俊云集,如今皇帝亲率大军,来攻洛阳。天下归刘,大势所趋。公即便是绕城固守,难道还有什么可指望的吗?"朱鲔说:"大司徒(刘縯)被害之时,朱鲔我曾参与谋划,还曾劝谏更始帝勿遣萧王(刘秀当时是萧王)北伐,我深知自己罪责深重,故不敢投降。"岑彭回来后向光武帝详细汇报了情况。光武帝说:"成大事者,不忌小怨。朱鲔今若归降于我,官爵都可保全,何谈诛伐之事。今对河(黄河)发誓,吾绝不食言。"岑彭又去见朱鲔,朱鲔从城上放下绳索说:"若真有信义,当乘此而上。"岑彭毫不犹豫,拉过绳索就向上攀。朱鲔见其诚信,即答应投降。五天后,朱鲔带轻骑兵去见岑彭,并将自己反绑起来,与岑彭一同到河阳(今河南孟县附近)面见刘秀。光武帝当即解开朱鲔的绳索,好言抚慰,又令岑彭连夜将其送回洛阳以免城中生变。第二天,朱鲔即率众投降。刘秀拜朱鲔为平狄将军,封扶沟侯。

南郡(治所在今湖北荆州)人秦丰占据黎丘(今湖北宜城西北),自称楚黎王。刘秀任命岑彭为征南大将军,令其带领傅俊、臧宫、刘宏等将领和三万余人马,南击秦丰,大军攻克黄邮(南阳新野县有黄邮水、黄邮聚)。秦丰与其大将蔡宏在邓(今河南邓县)抵御岑彭等人,岑彭连攻数月却没有进展。光武帝下诏责备岑彭,岑彭恐惧皇帝怪罪,连夜召集兵马,下令明日西击山都(今湖北襄阳西北),然后故意将所俘获的秦丰军之俘虏放跑,让他们回去报告秦丰。秦丰当即率全军向西,意图袭击岑彭。岑彭率军悄悄渡过沔水(今汉水),在河头山(今襄阳西)大破秦丰部将张杨。之后从山谷间伐木开道,直扑秦丰的大本营黎丘,击败其留守部队。秦丰大惊,急忙回师救援。

岑彭与诸将依东山扎营。秦丰和蔡宏趁夜攻打岑彭，岑彭预有准备，出兵迎击，秦丰败走，蔡宏被杀。

光武帝封岑彭为舞阴侯。岑彭跟随皇帝攻破天水，又和吴汉一同将隗嚣（割据陇上的势力）包围在西城（今甘肃天水西南）。当时公孙述（割据蜀地）手下将领李育率军来救，困守上邽（天水郡的一个县）。光武帝命盖延、耿弇将其包围，自己率军东归，并写信给岑彭说："西城、上邽（均在今甘肃天水附近）两城若被攻下，即可率军南下伐蜀。人心苦于不知足，既得陇，复望蜀。每一次发兵，须发尽白。"岑彭堵塞山谷，积水以灌西城。城中只有数尺未被水淹没。隗嚣的将领行巡、周宗率领蜀地救兵前来救援，隗嚣这才得以逃出西城回到冀地。汉军军粮用尽，于是烧毁辎重，率兵撤出陇地而回，盖延、耿弇也相随而退。隗嚣派兵尾随追击各营。岑彭殿后担任后卫，保证诸将顺利东归。

后来公孙述派任满、田戎（也有称为田戍的）、程泛率领几万人攻克夷道（今湖北宜都）、夷陵（今湖北宜昌东南），占据荆门、虎牙二山（今湖北宜昌东南隔江相望之二山）。他们在江面上架起浮桥、斗楼，并在水下立起密集的柱桩，断绝水道，而大军则在山上扎营，抵拒汉兵。岑彭几次进攻，均失利。于是便建造直进楼船、冒突、露桡（楼船、冒突、露桡均是战船之名）数千艘。岑彭又和吴汉征发南阳、武陵、南郡的兵马。还征发桂阳、零陵、长沙三郡的委输棹卒（运输之船工）六万多人，战马五千匹，会集荆门（湖北中部）。吴汉认为三郡的棹卒消耗太多的粮草，提议解散。岑彭则认为蜀军势大，棹卒不可解散，并将此上奏皇帝，说明情况。光武帝对岑彭说："大司马（吴汉）习用步骑兵，不晓水战，荆门之事，一由征南公（岑彭）主要负责。"于是，岑彭便在军中招募抢攻敌人浮桥的勇士，并重赏率先登桥的勇士。偏将军鲁奇应募。时大风狂急，鲁奇率勇士驾船逆流而上，直冲浮桥。但江中木桩阻挡住战船，难以前行。鲁奇一面率军殊死作战，一面用火把焚烧木桩。风大火盛，桥楼被烧毁崩塌。岑彭率全军顺风并进，所向无前。蜀兵大乱，溺死者数千人。汉军斩杀任满，生擒程泛，只有田戎逃往江州（今重庆嘉陵江北岸）。岑彭率军长驱直入，进占江关（四川奉节东，瞿塘关），并整肃军纪，严令军士不得掳掠百姓。所到之处，百姓都奉献牛酒，迎接犒劳部队。岑彭接见当地德高望重的长者，对他们说，汉帝哀悯巴蜀之人久被奴役，故兴师远伐，以讨有罪，为人除害。并坚决推辞礼物，不受牛、酒等物。百姓皆大为喜悦，争相开门归降。岑彭进军江州，因田戎粮草众多，短期内难以攻克。便留冯骏驻防，自己则率兵乘胜直指垫江（今四川合川），攻破平曲（今四川合川东）。公孙述派遣延岑、吕鲔、王元和他的弟弟公孙恢一起拒守广汉、资中（今四川资阳），又派侯丹率两万余人拒守黄石（今四川涪陵东北横石滩）。岑彭见状，多设疑兵，虚张声势，命护军杨翕和臧宫抵御延岑等人，自己则分兵由水路顺江而下回江州，之后溯都江而上，突袭侯丹，大破其军。接着，昼夜兼程两千余里，一举攻克武阳（今四川彭山东），并派精锐突袭广都（今四川成都双流），大军距成都不过数十里，其势如疾风骤雨，所到之处，势如破竹，敌军四下溃散。开始，公孙述听说汉军在平曲，便派大军迎击。等到岑彭到达武阳，一下绕到延岑的后方，蜀地大为震惊。公孙述大惊失色。以手杖顿地说："是何方神圣啊！"岑彭驻扎之地叫彭亡。岑彭闻此地名不悦，本想移营，正赶上天黑就没有移营。公孙述派一刺客，谎称是逃亡投降之人，趁夜间将岑彭刺杀。岑彭最初攻破荆门，后长驱直入武阳，在此过程中，军纪严明，秋毫无犯。

孙子说："欲攻打近处就要装作攻打远处。"岑彭下令向西攻击中，之后悄悄率军渡过沔水。孙子又说:"多么神奇玄妙啊,竟能不走漏一点消息。"岑彭率军突然出现在武阳,蜀地震动即是如此。

【评析】

岑彭,东汉著名将领,"云台二十八将"之第六位。在东汉王朝建立和巩固过程中,他参加过几乎所有作战(如平定河北,攻关东、洛阳,统一关中,战隗嚣,直至灭蜀)。他是当时极少数能独当一面的将领。《后汉书·岑彭传》对其评价说:"中兴将帅立功名者众矣,惟岑彭、冯异建方面之号,自函谷以西、方城以南两将之功,实为大焉。"他不但作战勇敢,奇计迭出,而且信义素著,以德怀人。岑彭游说朱鲔时,敢于孤身一人去见朱鲔,展现了其大勇与大信之德。岑彭有勇有谋,只是最后被刺客所杀,令人扼腕悲叹。

东汉·贾复

【原文】

贾复，字君文，南阳冠军人也。少好学，习《尚书》。事舞阴李生，李生奇之，谓门人曰："贾君之容貌志气如此，而勤于学，将相之器也。"王莽末，为县掾，迎盐河东，会遇盗贼，等比十余人皆放散其盐，复独完以还县，县中称其信。

光武在河北，复因邓禹得召见。光武奇之，禹亦称有将帅节，于是以复为破虏将军督盗贼。复马羸，光武解左骖以赐之。从击青犊于射犬①，大战至日中，贼陈坚不却。光武传召复曰："吏士皆饥，可且朝饭。"复曰："先破之，然后食耳。"于是被羽先登，所向皆靡，贼乃败走。诸将咸服其勇。又北与五校战于真定，大破之。复伤创甚，光武大惊曰："我所以不令贾复别将者，为其轻敌也。果然，失吾名将。"病寻愈，追及光武于蓟，相见甚欢，大飨士卒，令复居前，击邺贼，破之。

光武即位，拜为执金吾，封冠军侯。更始郾王尹尊及诸大将在南方未降者尚多，帝召诸将议兵事，未有言，沉吟久之，乃以檄叩地曰："郾最强，宛为次，谁当击之？"复率然对曰："臣请击郾。"帝笑曰："执金吾击郾，吾复何忧！大司马当击宛。"遂遣复击郾，连破之。月余，尹尊降，尽定其地。

复从征伐，未尝丧败，数与诸将溃围解急，身被十二创。帝以复敢深入，希令远征，而壮其勇节，常自从之，故复少方面之勋。诸将每论功自伐，复未尝有言。帝辄曰："贾君之功，我自知之。"定封胶^②东侯。

复知帝欲偃干戈，修文德，不欲功臣拥众京师，乃与高密侯邓禹并剽兵甲，敦儒学。帝深然之。朱祐等荐复宜为宰相，帝方以吏事责三公，故功臣并不用。是时列侯唯高密、固始、胶东三侯与公卿参议国家大事，恩遇甚厚。建武二十一年卒。

孙子曰："无虑而易敌者，必禽于人。"复常轻敌而光武不令别将。又曰："择人而任之。"复请击郾，而光武以谓"吾复何忧"是也。

【注释】

① 射大：应为"射犬"，指河内郡射犬聚，在今河南武陟县西北地区，一说在今河南沁阳。

【今译】

贾复，字君文，南阳郡冠军（今河南邓县西北）人。年少之时好学习，修习《尚书》。师从舞阴（今河南社旗县东南）李生，深受李生器重，李生对门人说："贾君容貌志气不凡，而又勤于学习，将相之才也。"王莽末年为本县之掾属（小吏），奉命到河东地区（今山西西南部）运盐，途中遇盗贼，同僚十余人皆弃盐而逃，只有贾复将盐完好地运回本县，县中之人都称赞其有信义。

后来刘秀在河北发展势力，贾复通过邓禹的推荐而得以拜谒刘秀。刘秀认为贾复有奇才，邓禹也称赞贾复有将帅之才，于是就任命贾复为破虏将军督盗贼（官职名）。刘秀见贾复所乘之马瘦弱，即解自己驾车所用之良马赐之。贾复跟从刘秀在河内郡射犬聚（今河南武陟县西北地区，一说在今河南沁阳）镇压青犊农民起义军，双方激战至中午，敌军军阵坚固，无败退之象。刘秀向贾复传令说："军士饥饿疲惫，可以先吃饭休息之后再战。"贾复回答："先击破敌军，再吃饭。"于是贾复亲自掌旗，一马当先，率领所部冲锋陷阵，所向披靡，敌军败退，诸将皆佩服贾复之勇。后来，他又与五校农民起义军大战于真定（今河北石家庄市东北），大破敌军，但由于身先士卒，以致身负重伤。刘秀闻讯大惊，说："我之所以不令贾复单独统兵出战，就是因为其勇猛而轻敌。果然，失吾名将。"伤愈后，就赶赴蓟城（今北京附近）追随刘秀，双方相见甚欢，犒赏三军，刘秀让贾复为先锋，攻破邺城（今河北临漳附近），消灭更始政权在河北的势力。

　　光武帝刘秀即位后，任命贾复为统领禁军的执金吾，封冠军侯。但当时更始政权的郾王尹尊及诸大将在南方未降者尚多，光武帝召集诸将讨论出兵攻打之事，无人发言，光武帝沉吟良久，以檄书（兵书之竹简）叩地说："郾城实力最强，宛城次之，有谁愿去攻打？"贾复自愿请求攻打郾城（今河南郾城）。光武帝笑着说："执金吾将军亲自去攻打郾城，我还有什么可忧虑的！大司马吴汉当去攻打宛城（今河南南阳）。"贾复攻打郾城，连战连捷，一个多月之后，尹尊投降，平定了他割据的地盘。

　　贾复跟从光武帝外出征伐，未尝有败绩，多次与诸将突围救急。身上有十二处重伤。光武帝因为贾复英勇敢于深入敌境作战，所以很少令其远征，又欣赏他勇猛有节，就常命他随从车驾左右，因此贾复很少立下独当一面的大功。诸将每次论功夸耀自己的功勋之时，贾复都没有什么可说的。光武帝就说："贾君的功劳，我心里知道。"建武十三年（37年），光武帝封贾复为胶东侯。

贾复知道光武帝在统一全国之后，想要偃干戈、修文德，不愿诸功臣拥兵京师，就主动和高密侯邓禹解除兵权，倡导儒学。光武帝深以之为然。朱佑等人推荐贾复为宰相，而光武帝当时正实行三公负责政务，原有功臣只享受高官厚禄却无实权并且不参与朝政的政策，但还是让高密侯邓禹、固始侯李通和胶东侯贾复与公卿一道参与国家大事，对他们几个恩宠甚厚。建武三十一年（55年）贾复去世。

孙子说："那种无深谋远虑而又轻敌之人，必为敌人所擒。"因为贾复轻敌，所以光武帝不令贾复单独统兵。孙子又说："要择人善任。"贾复主动请求攻打郾城，而光武帝说"不复忧虑"就是如此。

【评析】

贾复，东汉著名将领，"云台二十八将"之一。虽出身儒生，有较高的文化修养，但他却是一位以勇猛而闻名的骁将。史载他在攻射犬时"被羽先登，所向皆靡，诸将咸服其勇"。由于他对刘秀忠心耿耿，而又经常轻敌以身犯险，所以刘秀经常将贾复留在身边做护卫。出身儒生的贾复比其他起于卒伍的将领更能认清政治形势，在国家统一之后，领会到光武帝"欲偃干戈，修文德，不欲功臣拥众京师"的意图，对这种马下治天下的政治制度设计，贾复主动予以配合，表现出很高的政治修养。他主动解除军职，以列侯加封进奉朝请，并和高密侯邓禹一道倡导儒学，"阖门养威重，受《易经》，知大义"，也正是由于贾复、邓禹和李通三位功臣有较高的政治修养，光武帝才特意让他们参与国家大政。

东汉·吴汉

【原文】

　　吴汉，字子颜，南阳宛人也。王莽末，以宾客犯法，乃亡命至渔阳。闻光武长者，独欲归之，乃说太守彭宠曰："渔阳、上谷突骑，天下所闻也。君何不合二郡精锐，附刘公击邯郸，此一时之功也。"宠以为然。官属皆欲附王郎，宠不能夺。汉乃辞出，止外亭，念所以谲众，未知所出。望见道中有一人似儒生者，汉使人召之，为具食，问以所闻。生因言刘公所过，为郡县所归，邯郸举尊号者，实非刘氏。汉大喜，即诈为光武书，移檄渔阳，使生赍以诣宠，令具以所闻说之，汉随后入。宠甚然之，于是遣汉将兵与上谷诸将并军而南，所至击斩王郎将帅。及光武于广阿，拜汉为偏将军。既拔邯郸，赐号建策侯。

　　汉为人质厚少文，造次不能以辞自达。邓禹及诸将多知之，数相荐举。及得召见，遂见亲信，常居门下。光武将发幽州兵，夜召邓禹，问可使行者。禹曰："间数与吴汉言，其人勇鸷有智谋，诸将鲜能及者。"即拜汉大将军，持节北发十郡突骑。更始幽州牧苗曾闻之，阴勒兵，敕诸郡不肯应调。汉乃将二十骑先驰至无终。曾以汉无备，出迎于路，汉即摇兵骑，收曾斩之，而夺其军。北州震骇，城邑莫不望风靡从。遂悉发其兵，引而南，与光武会清阳。诸将望见汉还，士马甚盛，皆曰："是宁肯分兵与人邪？"及汉至莫府，上兵簿，诸将人人多请之。光武曰："属者恐不与人，今所请又何多也？"诸将皆惭。

初，更始遣尚书令谢躬率六将军攻王郎，不能下。会光武至，共定邯郸，而躬裨将虏掠不相承禀，光武深忌之。虽俱在邯郸，遂分城而处，然每有以慰安之。躬勤于职事，光武常称曰："谢尚书真吏也。"故不自疑。躬既而率其兵数万，还屯邺。时光武南击青犊，谓躬曰："我追贼于射犬，必破之。尤来在山阳者，势必当惊走。若以君威力，击此散虏，必成禽也。"躬曰："善。"及青犊破，而尤来果北走隆虑山，躬乃留大将军刘庆、魏郡太守陈康守邺，自率诸将军击之。穷寇死战，其锋不可当，躬遂大败，死者数千人。光武因躬在外，乃使汉与岑彭袭其城。汉先令辩士说陈康，康然之。于是康收刘庆及躬妻子，开门内汉等。及躬从隆虑归邺，不知康已反之，乃与数百骑轻入城。汉伏兵收之，手击杀躬，其众悉降。

光武北击群贼，汉常将突骑五千为军锋，数先登陷陈。及河北平，汉与诸将奉图书，上尊号。光武即位，拜为大司马。建武二年，击檀乡贼于邺东漳水上，大破之，降者十余万人。帝使使者玺书定封汉为广平侯。率骠骑大将军杜茂、强弩将军陈俊等，围苏茂于广乐。刘永将周建别招聚收集得十余万人，救广乐。汉将轻骑迎与之战，不利，堕马伤膝，还营，建等遂连兵入城。诸将谓汉曰："大敌在前而公伤卧，众心惧矣。"汉乃勃然裹创而起，椎牛飨士，令军中曰："贼众虽多，皆劫掠群盗，胜不相让，败不相救，非有伏节死义者也。今日封侯之秋，诸君勉之。"于是军士激怒，人倍其气。旦日，建、茂出兵围汉。汉选四部精兵黄头①吴河等，及乌桓突骑三千余人，齐鼓而进。建军大溃，反还奔城。汉长驱追击，争门并入，大破之，茂、建突走。汉留杜茂、陈俊等守广乐，自将兵助盖延围刘永于睢阳。永既死，二城皆降。

而鬲县五姓②共逐守长,据城而反。诸将争欲攻之,汉不听,曰:"使鬲反者,皆守长罪也。敢轻冒进兵者斩。"乃移檄告郡,使收守长,而使人谢城中。五姓大喜,即相率归降。诸将乃服,曰:"不战而下城,非众所及也。"冬,汉又率建威大将军耿弇、汉中将军王常等,击富平、获索二贼于平原。贼率五万余人夜攻汉营,军中惊乱,汉坚卧不动,有顷乃定。即夜发精兵出营突击,大破其众。因追讨余党,遂至无盐,进击勃海,皆平之。

八年,从车驾上陇,遂围隗嚣于西城。帝敕汉曰:"诸郡甲卒但坐费粮食,若有逃亡,则沮败众心,宜悉罢之。"汉等贪,并力攻嚣,遂不能遣,粮食日少,吏士疲役,逃亡者多。故公孙述救至,汉遂退败。

十一年春,与公孙述将魏党、公孙永战于鱼涪津,大破之,遂围武阳。述遣子婿史兴将五千人救之。汉迎击兴,尽殄其众,因入犍为界。诸县皆城守。汉乃进军攻广都,拔之。遣轻骑烧成都市桥,武阳以东诸小城皆降。帝戒汉曰:"成都十余万众,不可轻也。但坚据广都,待其来攻,勿与争锋。共不敢来,公转营迫之,须其力疲,乃可击也。"汉乘利,遂自将步骑三万余人进逼成都,去城十余里,阻江北为营,作浮桥,使副将武威将军刘尚将万余人屯于江南,相去二十余里。帝闻大惊,让汉曰:"比敕公千条万端,何意临事勃③乱!既轻敌深入,又与尚别营,事有缓急,不复相及。贼若出兵缀公,以大众攻尚,尚破,公即败矣。幸无它者,急引兵还广都。"诏书未到,述果使其将谢丰、袁吉将众十许万,分为二十余营,并出攻汉。使别将万余人劫刘尚,令不得相救。汉与大战一日,兵败,走入壁,丰因围之。汉乃召诸将厉之曰:"吾与诸君逾越险阻,转战千里,所在斩获,遂深入敌地,至其城下。而今与刘尚二处受围,势既不接,其祸难量。欲潜师就尚于江南,并兵御之。若能同心一力,人自为战,大功可立;

如其不然，败必无余。成败之机，在此一举。"诸将皆曰："诺。"于是飨士秣马，闭营三日不出，乃多立幡④旗，使烟火不绝，夜衔枚引兵与刘尚合军。丰等不觉，明日，乃分兵拒水北，自将攻江南。汉悉兵迎战，自旦至晡，遂大破之，斩谢丰、袁吉。于是引还广都，留刘尚拒述，具以状上，而深自谴责。帝报曰："公还广都，甚得其宜，述必不敢略尚而击公也。若先攻尚，公从广都五十里悉步骑赴之，适当值其危困，破之必矣。"自是汉与述战于广都、成都之间，八战八克，遂军于其郭中。述自将数万人出城大战，汉使护军高午、唐邯将数万锐卒击之。述兵败走，高午奔陈刺述，杀之。旦日，城降，斩述首传送洛阳。

汉性强力，每从征伐，帝未安，常侧足而立。诸将见战陈不利，或多惶惧，失其常度。汉意气自若，方整厉器械，激扬吏士。帝时遣人观大司马何为，还言方修战攻之具叹曰："吴公差强人意，隐若一敌国矣！"每当出师，朝受诏，夕即引道，初无办严之日。故能常任职，以功名终。及在朝廷，斤斤谨质，形于体貌。汉常出征，妻子在后买田业。汉还，责之曰："军师在外，吏士不足，何多买田宅乎！"遂尽以分与昆弟外家。二十一年，薨。

孙子曰："杀敌者，怒也。"汉激怒军士而破建军。又曰："屈人之兵，而非战也。"汉收守长而降五姓。又曰："军无粮食则亡。"汉兵食少而退败。又曰："我专而敌分。"汉与刘尚分屯，而光武大惊是也。

【注释】

① 黄头：因土克水，所以船夫多着黄帽，故以黄头代指水军。

② 五姓：指当地的豪强势力。

③ 勃：通"悖"。

④ 旛：通"幡"。

【今译】

吴汉，字子颜，南阳宛（今河南南阳）人。吴汉原在本县任亭长，王莽末年，因为手下宾客犯法，就逃到渔阳（今北京密云西南）。吴汉后为安乐令，听闻刘秀贤能，有长者之风，就意图归顺，于是就劝说太守彭宠："渔阳、上谷之骑兵，天下闻名。使君何不合二郡之精锐骑兵，归附刘秀攻击邯郸的王郎，这必是大功一件。"彭宠深以为然。无奈下属官员都想依附王郎，彭宠难以强行抚逆众意。吴汉只得告辞郡守外出，到了外亭，想欺骗那些官员，可一时难觅良策。恰逢路上有一儒生模样之人，吴汉就请人将其召来，请其吃饭，向他打听路上的见闻。儒生说刘秀所到之处，郡县归心；还说邯郸称帝者实际并非汉宗室刘子舆，而是王郎。吴汉大喜，马上伪造了一封刘秀给渔阳的檄文，让儒生带着去拜见彭宠，并具言路上之见闻。吴汉随后再入渔阳见彭宠。彭宠深以吴汉所言为然，就派吴汉率军与上谷诸将合兵向南，所过之处，攻打王郎任命的将帅。刘秀到了广阿（治所在今河北隆尧东），就拜吴汉为偏将军。等到消灭了邯郸王郎之后，赐吴汉一个封号为建策侯。

吴汉由于为人质朴且读书较少，又是初到汉营，很少有机会因为言辞让刘秀注意自己。邓禹和诸将知道他的情况，就多次推荐。得到刘秀召见之后，很快就得到刘秀的赏识信任，常居刘秀门下。刘秀想征发幽州兵马，连夜召见邓禹，询问他谁能担当此任。邓禹回答说："闲暇之时多次与吴汉相谈，此人勇猛而有谋略，诸将之中很少有能比得上他的人。"刘秀便任命吴汉为大将军，持节到北方去征调十郡突骑（精锐骑兵）。更始帝任命的幽州牧苗曾听到吴汉要来征发骑兵，便暗中约束部队，下令各郡兵马不得应调。吴汉率领二十骑先行赶到无终（治所在今蓟县），苗曾以为吴汉对他没有防备，就到路上迎接。吴汉一见其面，便指挥部下擒住苗曾并将其斩首，夺其军权。这一举动，震动北方各州郡，各城邑皆望风而降。吴汉便调发十郡之兵南下，和刘秀在洧阳（今河南南阳市南）会师。诸将见吴汉调兵而还，兵强马壮，都说："如此精兵，难道也肯分给别人吗？"等到吴汉回到幕府，呈上登记兵员的兵薄册子，诸将又人人请求刘秀给自己多分配一些士兵。刘秀说："这些兵归你们各自统属之后，怕是就不愿再分给别人了吧，现在怎么都要这么多呢？"诸将都有惭愧之色。

起初，更始帝派遣尚书令谢躬率领六将进攻王郎，久攻不下。直到刘秀率军赶来，才共同将其平定，但谢躬手下将领不守军纪，经常掳掠百姓，刘秀深为不满。两军虽共驻邯郸，但却分城而处，刘秀还常常去慰问谢躬的部队。谢躬勤于公务，刘秀常称赞他说："谢尚书真是一位好官啊。"谢躬因此对刘秀深信不疑。不久谢躬率其数万大军移驻邺城。这时刘秀向南进军攻击青犊农民军，对谢躬说："我追击敌军于射犬，必破之。尤来（农民军的一支）在山阳（今河南焦作），必惊恐而走。以你的军威，击此溃兵，必可擒之。"谢躬连连称是。等到刘秀击败青犊军，尤来也果然向北逃向隆虑山。于是，谢躬留大将军刘庆、魏郡太守陈康留守邺城，自己率军追击尤来部众。此时尤来已为穷寇困兽，拼死力战，锐不可当。谢躬大败，死者数千人。刘秀趁谢躬领兵在外，命吴汉和岑彭袭击邺城。吴汉派说客进城说降陈康，陈康便收捕刘庆和谢躬的妻子和儿女，打开城门放吴汉入城。谢躬从隆虑败归邺城，不知陈康已降，率领数百骑入城。吴汉埋伏人马，擒获谢躬，亲手杀死，并收降了他的部众。

刘秀亲自率军北征各路敌军，吴汉常率五千精锐骑兵为先锋，屡次率先登城破阵。河北平定之后，吴汉和诸将一起拥立刘秀即皇帝位，光武帝刘秀即位后封吴汉为大司马。建武二年（26年）春，吴汉率军在邺城以东漳水上大败檀乡农民军，收降十余万人。光武帝派使者封吴汉为广平侯。吴汉率骠骑大将军杜茂、强弩将军陈俊等人在广乐（今河南虞城县西）包围了苏茂（当时苏茂叛刘秀而投刘永）。刘永部将周建招聚十万兵马，赴广乐救援苏茂。吴汉率领轻骑兵迎战，失利，不慎坠马，摔伤膝盖，收兵回营之后，周建得以与苏茂会合，进入广乐城中。诸将对吴汉说："大敌当前而你有伤病卧床不起，将士们恐惧不已。"吴汉勃然裹伤而起，巡视军营，杀牛犒劳士兵，对将士们下令说："敌军虽众，但都是一些劫掠盗贼之辈，胜不相让，败不相救，缺乏坚守节操、为义而死之人。如今正是立功封侯之时，诸君当共同努力图之。"将士们闻听此言，慷慨激昂，士气倍增。第二天，周建、苏茂出兵包围吴汉。吴汉挑选黄头（船夫）吴河等四部精兵和乌桓精锐骑兵三千多人，擂鼓同时进击。周建大败，逃回广乐。吴汉纵兵追击，部下与周建败卒争门并入。苏茂、周建突围逃跑。吴汉留下杜茂、陈俊等人驻守广乐，自己亲率大军协助盖延将刘永包围在睢阳（今河南商丘）。刘永死后，两座城（广乐、睢阳）都投降了。

这时鬲县（今山东德州东南）五大姓氏（当地豪强）共同驱逐了镇守的官员，占据城池反叛。诸将争相表示愿去攻打鬲县，吴汉不听，说："鬲县反叛，全因镇守的官员逼迫所致，有胆敢贸然进兵者斩。"吴汉一方面向郡里下公文，命他们逮捕肇事官吏，一面派人入城道歉安抚百姓。五姓之人大喜，相继归降。诸将乃服，说："不战而下城，吾等不及。"同年冬天，吴汉率建成大将军耿弇、汉忠将军王常等人，在平原郡（治所在今山东平原县西南）讨伐富平、获索的农民军。敌军五万人趁夜攻击吴汉军营垒，军中惊惶失措，大乱，吴汉却非常镇定，按兵不动，不一会儿，军营便安定下来。吴汉当夜就发精兵出营攻击敌军，大获全胜。之后追击其残部，一直追至无盐，并进攻勃海，将这些地区全部平定。

建武八年（32年），吴汉随光武帝进攻割据陇地的隗嚣，大军将隗嚣围困于西城。光武帝对吴汉说："诸郡征发而来的士兵只是在这时空耗粮食，如果再有人逃亡，则动摇军心士气，可将其尽数遣散。"但吴汉等将领贪功，全力进攻隗嚣，并未遣散士卒，后来粮食日渐减少，将士疲弊，逃亡者多。等到公孙述来救隗嚣之时，吴汉无力应敌，遂败。

建武十一年（35年）春，吴汉和征南大将军岑彭等征讨割据蜀地的公孙述。岑彭遇刺后，由吴汉统率其军马，吴汉在鱼涪津（今四川省乐山市北）大败公孙述守将魏党、公孙永，包围武阳城（今四川省彭山县东）。公孙述派女婿史兴率军前来救援，遭吴汉全歼。汉兵乘胜进入犍为（犍为郡，治所在今四川宜宾西南）。所属各县都闭城自守，不敢阻挡兵锋。于是吴汉挥师直扑广都（今成都市南），将其攻克，并派轻骑兵烧毁成都市桥，武阳以东的小城纷纷投降。光武帝告诫吴汉说："成都有十余万人守城，不可轻敌。只要坚守广都，以逸待劳，等敌军来进攻即可，不可与之争锋交兵。若敌军不来，你再进军逼迫，等到敌军疲惫衰微之时才可进攻。"吴汉并未听从，竟乘胜自己率步骑兵三万余人进逼成都。吴汉在成都城十余里外之江水北岸扎营，并于江上架设浮桥，派副将武威将军刘尚率万余人屯驻于江水南岸，南北两营相距二十余里。光武帝得知吴汉部署之后大惊，下诏书斥责："近来告诫您千言万语，哪里想到遇事时竟这样违背事理、举止错乱呢！既轻敌深入，又和刘尚分开扎营，一旦出现了紧急情况，就不能相互救援顾及了。敌军如果出兵将您牵制住，派遣大部队攻打刘尚，而刘尚一旦被击破，您也就随之失败了。希望不会有其他的祸患，赶紧带兵回到广都城吧。"但诏书未到，公孙述已派将领谢丰、袁吉率十余万兵马，分为二十多营进攻吴汉。又派将率万余兵马袭击刘尚营寨，使汉军无法相互相救。吴汉率军与敌大战一天，兵败而退回营垒，谢丰乘势包围了吴汉。吴汉见形势危急，召集众将激励他们说："我和诸君一起逾越险阻，千里辗转作战，所到之处都有所斩获，因此能够深入敌境，并攻到敌人的城下。而今我们和刘尚两处都受到围困，两边的兵力已经不能会合，这其中的祸患是难以预料的。现在准备秘密出兵大江南岸，靠近刘尚，和他兵合一处，共同御敌。如果大家能够同心协力，人人各自作战，大功可立；如果不能这样，必会失败。成败之机，在此一举。"众将皆曰："诺。"于是，吴汉飨士秣马，休整部队，闭营三日不出，并在营内遍插旌旗，使烟火不绝，以迷惑蜀军。第三天夜里，吴汉率军潜出营垒衔枚缄口而走，悄悄过江与刘尚会合。谢丰等人竟然没有发觉。第二天，谢丰仍分兵一部防备江北汉军，自己则亲率主力进攻江南汉军。吴汉率全军奋力作战，一直从早晨战斗到傍晚，终于大败敌军，斩杀敌将谢丰、袁吉。吴汉乘胜率军退守广都，留下刘尚率军继续抵御公孙述。吴汉将战况写成奏章上报光武帝，而且痛责自己的过失。光武帝批复道："公回到广都城，确实很合乎情理，公孙述一定不敢越过刘尚向你发起攻击了。如果他先攻击刘尚，你从广都城距刘尚只有五十里的地方悉数率领步、骑兵赶去援救，假如正值他危困的时候，击破他是确定无疑的。"此后，吴汉率军同公孙述军在广都至成都之间交战，八战八捷，并进军至成都外城。公孙述亲率数万人出城与吴汉交战，吴汉派护军高午、唐邯率领数万精锐部队迎击公孙述。公孙述兵败逃走，高午追击至敌阵将公孙述刺死（一说公孙述被刺负重伤，回城后当天死去）。第二天，成都投降，吴汉斩公孙述首级送到洛阳。

吴汉禀性坚忍自若，每次随光武帝征战，光武帝不休息，吴汉常常侧足而立。很多将领一见战事失利就垂头丧气，惶恐不安，平日的风度威严尽失。吴汉此时却意气风发，修整军械武器，鼓励将士。一次光武帝派人去看吴汉在干什么。回报说，大司马（吴汉）正在修治攻战之具。光武帝感慨："吴公确实很能振奋人心，威严庄重得可以匹敌一个国家了！"每次出兵，吴汉早上接受命令，晚上就可上路，根本不用什么整顿准备的时间；所以能够常常尽职尽责，终其一生享有功名。吴汉在朝廷任职的时候，明察秋毫而谨严质朴，言谈举止也中规中矩。一次吴汉出征在外，妻子就在后方买了一些田产，吴汉归来之后，责备说："军队在外作战，军吏和士卒们供给不足，为什么要大量购置田宅呢！"吴汉将田产都分给了自己的兄弟和他妻子的兄弟们。建武二十一年（45年），吴汉去世。

孙子说："要使士兵们奋力杀敌，就必须激怒他们。"吴汉激怒士兵之后大破周建。孙子说："善于用兵者，不用打仗就能使人屈服。"吴汉命人收捕了守长就使五姓降服。孙子说："军队没有粮食供应就无法生存。"汉军因缺粮而败退。孙子还说："我军兵力集中而敌军则兵力分散。"吴汉与刘尚分兵屯驻，结果光武帝大惊失色就是如此。

【评析】

吴汉，东汉中兴名将，"云台二十八将"中居第二位。他早年以贩马为业，喜好结交天下豪杰，时人称其为"天下奇士，可与计事"。吴汉有豪强之风，行事不拘一格，往往能行非常之事。在用兵方面，他并非倚仗豪气一味猛攻猛打，也注重分析形势，利用敌人之间的矛盾，游说敌军，力争实现"不战而屈人之兵"。吴汉性情强悍而又沉稳，善于激励士卒，振奋士气；在困难的情况下能够转危为安，反败为胜；其性格中凶残的一面也十分突出，放纵部下劫掠乡里，残害百姓，没有"吊民伐罪"的政治理想，也缺乏名将"唯民是保"的高尚品德。他的暴行甚至到了逼反大将邓奉的地步，后世邓艾平蜀之后也以他为类比，对蜀国士大夫们说："诸君赖遭某，故得有今日耳。如遇吴汉之徒，已殄灭矣。"吴汉有领兵之才，能与士卒同甘共苦，两军对垒，既能冲锋陷阵，又能出奇计破敌。但他离孙子的为将五德去之甚远，德行上有所亏损，为人所诟病。

东汉·耿弇

【原文】

　　耿弇，字伯昭，扶风茂陵人也。父况，以明经为郎。少好学，习父业。常见郡尉试骑士，建旗鼓，肄驰射，由是好将帅之事。及光武在卢奴，乃驰北上谒，光武留为门下史。及光武即位，封好畤侯。

　　建武五年，诏弇进讨张步。弇悉收集降卒，结部曲，置将吏，率骑都尉刘歆、大①山太守陈俊引兵而东。张步闻之，乃使其大将军费邑军历下，又分兵屯祝阿，别于泰山钟城列营数十以待弇。弇渡河先击祝阿，自旦攻城，未中而拔之，故开围一角，令其众得奔归钟城。钟城人闻祝阿已溃，大恐惧，遂空壁亡去。费邑分遣弟敢守巨里。弇进兵先胁巨里，使多伐林木，扬言以填塞坑堑。数日，有降者言邑闻弇欲攻巨里，谋来救之。弇乃严令军中趣修攻具，宣敕诸部：后三日当悉力攻巨里城。阴缓生口，令得亡归。归者以弇期告邑，邑至日果自将精兵三万余人来救之。弇喜谓诸将曰："吾所以修攻具者，欲诱致邑耳。今来，适其所求也。"即分三千人守巨里，自引精兵上冈阪，乘高合战，大破之，临阵斩邑。既而收首级以示巨里城中，城中凶惧，费敢悉众亡归张步。弇复收其积聚，纵兵击诸未下者，平四十余营，遂定济南。

　　时张步都据②，使其弟蓝将精兵二万守西安，诸郡太守合万余人守临淄，相去四十里。弇进军画中，居二城之间。弇视西安城小而坚，且蓝兵又精，临淄名虽大而实易攻，乃敕诸校会，后五日攻西安。蓝闻之，晨夜儆守。至期夜半，弇敕诸将皆蓐食，会明至临淄城。护军荀梁等争之，以为宜速攻西安。弇曰："不然。西安闻吾欲攻之，日夜为备；临淄出不意而至，必惊扰，吾攻之一日必拔。拔临淄即西安孤，张蓝与步隔绝，必复亡去。所谓击一而得二者也。若先攻西安不卒下，顿兵坚城，死伤必多。纵能拔之，蓝引军还奔临淄，并兵合势，观人虚实，吾深入敌地，后无转输，旬月之间，不战而困。诸君之言，未见其宜。"遂攻临淄，半日拔之，入据其城。张蓝闻之惧，遂将其众亡归剧。弇乃令军中无得妄掠剧下，须张步至乃取之，以激怒步。步闻，大笑曰："以尤来、大彤十余万众，吾皆即其营而破之。今大耿兵少于彼，又皆疲劳，何足惧乎！"乃与三弟蓝、洪、寿及故大彤渠帅重异等兵号二十万，至临淄大城东，将攻弇。弇先出淄水上，与重异遇，突骑欲纵，弇恐挫其锋，令步不敢进，故示弱以盛其气，乃引归小城，陈兵于内。步气盛，直攻弇营，与刘歆等合战，弇升王宫坏台望之，视歆等锋交，乃自引精兵以横突步陈于东城下，大破之。飞矢中弇股，以佩刀截之，左右无知者，至暮罢。弇明日复勒出。是时帝在鲁，闻弇为步所攻，自往救之，未至，陈俊谓弇曰："剧虏兵盛，可且闭营休士，以须上来。"弇曰："乘舆且到，臣子当击牛醻酒以待百官，及欲以贼虏遗君父邪？"乃出兵大战，自旦及昏，复大破之，杀伤无数，城中沟堑皆满。弇知步困将退，豫置左右翼为伏以待之。人定时，步果引去，复兵起纵击，追至钜昧水上，八九十里僵尸相属，收得辎重二千余两。步还剧，兄弟各分兵散去。后数日，车驾至临淄，自劳军，群臣大会。帝谓弇曰："昔韩信破历下以开基，今将军攻祝阿以发迹，此皆齐之西界，功足相方。而韩信袭击已降，将军独拔勍③敌，其功乃难于信也。将军前在南阳建此大策，常以为落落难合，有志者事竟成也！"又曰："横烹郦生，及田横降，高帝诏，卫尉不听为仇。张步前亦杀伏隆，若步来归命，吾当诏大司徒释其怨，又事尤相类也。"弇因复追，步奔平寿，乃肉袒负斧锧于军门。弇传步诣行在所，而勒兵入剧其城。立十二郡旗鼓，令步兵各以郡人诣旗下，众尚十余万，辎重七千余两，皆罢遣归乡里。弇复引兵至城阳，降五校余党，齐地悉平，振旅还京师。

弇凡所平郡四十六，屠城三百，未尝挫折。每有四方异议，辄召入问筹策。永平元年，卒。

孙子曰："善战者，致人而不致于人。"弇逼巨里而致费邑。又曰："善攻者，敌不知其所守。"弇攻西安而拔临淄是也。

【注释】

① 大：通"太""泰"。

② 据：也有作"剧"，指剧县。

③ 勒：同"劲"。

【今译】

东汉大将耿弇，字伯昭，扶风茂陵（今陕西兴平东北）人。父亲是耿况，以明经之学而为郎官，后为上谷太守。耿弇年少好学，精修父亲的学业。由于经常看到郡里的都尉考核骑士时张旗设鼓，练习骑射的场景，由此开始喜好将帅之类的军事。耿弇听说光武帝刘秀（当时为更始政权的大司马）在卢奴（今河北定县），就骑马北上前去投奔，刘秀就把他留在府中任职（长史）。刘秀即位之后就封耿弇为好时候。

建武五年（29年），光武帝刘秀下诏命令耿弇去讨伐割据齐地的张步。耿弇做好战争准备，收容降卒，安排部曲，任免将官，之后率骑都尉刘歆、太山（泰山）太守陈俊引兵东进。张步得知汉军来攻，派其大将军费邑驻军历下（今山东省济南市历城区西南），又分兵屯驻祝阿（今山东省济南市长清区东北），此外，还在泰山钟城（今山东省禹城市东南）列营数十，严阵以待，以逸待劳。耿弇渡河（济水）后，首先进攻祝阿。早晨开始攻城，未及中午即破。耿弇见势故意解开包围圈的一角，令城中士卒得以逃归钟城。钟城守军听说祝阿已破，极为恐惧，纷纷弃营而逃。费邑派其弟弟费敢分兵守巨里（今山东省章丘市西），耿弇先进军威逼巨里，派人到处伐木，扬言用来填塞坑堑，以便攻城。数日后，有人从费邑处投降而来，说费邑得知耿弇要攻巨里，正准备前来救援。耿弇立即命令部下迅速修治攻城器具，并公开命令各部：三日后全力进攻巨里城。接着，故意对俘虏放松看守，让他们逃跑。逃回的俘虏把耿弇的进攻时间报告费邑，三天后费邑果然率领精兵三万赶赴巨里相救。耿弇大喜，对诸将说："吾之所以整修攻城器具，就是为了引诱费邑来救。今其领兵而来，正合我意。"耿弇随即分兵三千包围巨里，自己则亲率精兵抢占山坡高地上的有利地形，居高临下与费邑交战，大败费邑军，并阵斩费邑。之后将费邑的首级展示给巨里城中的百姓看，城中众人恐惧，费敢弃城而逃，率军逃至张步处。耿弇缴获费邑的物资，之后纵兵攻击尚未投降的敌军，连下四十余营，一举平定了济南地区。

张步建都在剧县（今寿光东南），闻听济南失守，命其弟张蓝率精兵两万守西安（今山东淄博市东北），另派诸郡太守合兵一万多人守临淄，两城相距四十里。耿弇进军画中（临淄西南），位于二城之间。耿弇发现，西安城小，却坚固难攻，张蓝之兵也勇猛善战；临淄城大，却易于攻破。于是传令各校尉，五日后攻打西安。张蓝闻讯，日夜戒备，不敢懈怠。五日后的半夜时分，耿弇命令将士吃饱饭后，乘夜进军，天亮至临淄城。扩军苟梁等人却认为应当速攻西安。耿弇不同意："不能如此，西安城中闻听我军将要攻城，日夜戒备。我们此时出其不意突至临淄，临淄城中必然惊扰，我军一日之内必定可以攻陷。临淄城破则西安孤立，张蓝与张步相互隔绝，必定逃亡而去。这正所谓是击一而得二者也。若先攻西安，仓促之间难以速胜，长期攻坚，兵疲城坚，伤亡必大。即便城破，张蓝率军回撤临淄，双方合兵一处，观我军虚实，而我军深入敌境，后勤运输困难，旬月之间，不战就会困顿。诸君之言，未见当中的便宜之处。"大军随即进攻临淄，不过半日，临淄即被攻克，耿弇率军占据临淄。张蓝闻之大惊，率军逃归剧县。为激怒张步，耿弇约束将士不准侵扰虏掠剧县，等张步到来之时，再纵兵劫掠其地。张步听闻之后，大笑道："即便是尤来、大肜（是两股农民起义军）十余万众，我都一接近就将其击破。如今耿弇与之相比，兵少将微，又十分疲劳，何足惧乎！"于是，张步和三个弟弟张蓝、张弘、张寿以及从前大肜起义军的大将重异一起，率领部队，号称二十万，开拔至临淄大城东部，准备和耿弇决战。耿弇出兵淄水，与重异遭遇。部下突骑（精锐骑兵）请求出击进攻，耿弇恐怕挫伤敌军锐气，使张步不敢进军，于是故意示弱以骄纵敌人，就率军退入临淄小城内，陈兵严阵以待。张步气势正盛，直攻耿弇军营，与耿弇部将刘歆交战，耿弇自己则登上原齐国宫殿残破的高台瞭望战况。耿弇见刘歆等人已经与敌人交战，便亲自率领精锐部队杀出东门，横向直击张步的军队，张步大败。战斗中，一支箭射中了耿弇的大腿，耿弇用佩刀削断箭杆，继续指挥作战，左右随从无人知晓他受伤。战到天黑，双方各自收兵。第二日早晨，耿弇又要率军出击。这时光武帝在鲁地，听闻张步调集全部军队进攻耿弇，马上亲率大军赶来救援。援兵还在半路。陈俊对耿弇说："敌军兵盛，可以暂且闭门不战，休养士卒，等待皇帝的援军。"耿弇说："皇帝车驾马上就到，臣子当杀牛滤酒以招待百官，怎么能让君父来亲自攻打贼寇呢？"于是出兵大战，从早晨一直战至黄昏，再次大破敌军，杀伤无数，尸体填满城中的水沟和战壕。耿弇判断张步支撑不住，将要撤兵，预先在其左右两翼埋下伏兵。深夜，张步果然率军撤退，耿弇伏兵尽起，一直追杀到钜昧水边，前后八九十里，死尸相连，缴获张步的辎重车辆两千余辆。张步退还剧县，兄弟也都各自率军分散而去。数日后，光武帝车驾至临淄，光武帝亲自犒赏三军，群臣大会。光武帝对耿弇说："昔韩信破历下以开基业，今将军攻祝阿以发迹，此二地都是齐地之西界，你二人功劳相仿。但韩信袭击已降之军，而将军却力克劲敌，将军立此功难于韩信。将军此前在南阳郡献平定齐地之策，我等皆以为此事困难重重，认知竟是有志者事竟成啊！"光武帝又说："田横曾烹杀郦生，等到田横投降之时，汉高祖刘邦下诏，卫尉不得为郦生报仇而杀田横。张步此前亦曾杀伏隆，若张步愿前来归降，吾亦当下诏令大司马（吴汉）释其怨气，此二事又相似也。"耿弇接着率兵再追张步，张步逃往平寿（在今潍坊市西南），无路可走，只好"肉袒负斧锧"于耿弇大军军门之前向耿弇投降。耿弇传令张步到光武帝行在（行宫）谒见，之后自己率军进驻城中。张步之众还有十余万人，辎重车辆七千余辆，耿弇使命人竖起十二个郡的旗鼓，令张步的士卒各自到本郡的旗帜下集合，之后将这些士卒悉数遣散，使他们回归乡里。耿弇又带兵到城阳，收降了五校农民军余众。齐地遂平，耿弇也整顿军队，班师回京。

耿弇平定的郡有四十六个，攻破城池三百座，未曾遭遇败绩。光武帝平定天下之后，削功臣之权柄，奉以高官厚禄，但国家大事有疑难之时，四方争论不休，难以决定之时，仍然召见耿弇入朝咨询方略。永平元年（58年），耿弇去世。

　　孙子说："善战者，应当调动敌人而避免被敌人调动。"耿弇兵逼巨里而引诱费邑来援。孙子还说："善攻者，敌人不知在哪里防守，不知如何防守。"耿弇攻西安而拔临淄就是如此。

【评析】

　　耿弇，东汉著名将领，中兴功臣，"云台二十八将"中排名第四的名将；出身官宦之家，父亲耿况是上谷太守。他少时本来修习儒学，却因为看到郡尉考核骑士而自此喜好将帅之事，这样奠定了他文武全才的基础，这样的教育背景也使他有了治国平天下的政治理想。他勇猛果敢富有谋略，在刘秀犹豫不决之时敢于直陈方略，帮刘秀定下决心。善于灵活用兵，将指挥艺术发挥得淋漓尽致。围城打援，声东击西都是其常用之法。史载耿弇自起兵跟随光武到天下统一，"凡所平郡四十六，屠城三百，未尝挫折焉"，光武帝称其为"韩信第二"。史书上评论称："淮阴廷论项王，审料成势，则知高祖之庙胜矣。耿弇决策河北，定计南阳，亦见光武之业成矣。然弇自克拔全齐，而无复尺寸功。夫岂不怀？将时之度数，不足以相容乎？三世为将，道家所忌，而耿氏累叶以功名自终。将其用兵欲以杀止杀乎？何其独能隆也！"耿弇能得以善终，当与光武帝设计的政治制度（避免杀戮功臣）有很大关系。

东汉·耿恭

【原文】

耿恭,字伯宗。慷慨多大略,有将帅才。骑都尉刘张出击车师,请恭为司马,与奉车都尉窦固及从弟驸马都尉秉破降之。始置西域都护、戊己校尉,乃以恭为戊己校尉,屯后王部金蒲城;谒者关宠为戊己校尉,屯前王柳中城。屯各置数百人。

恭至部,移檄乌孙,示汉威德。大昆弥已下皆欢喜,遣使献名马,愿遣子入侍。恭乃发使赍金帛,迎其侍子。明年,北单于遣左鹿蠡王二万骑击车师。恭遣司马将兵三百人救之,道逢匈奴骑多,皆为所败。匈奴遂破杀后王安得,而攻金蒲城。恭乘城搏战,以毒药傅矢,传语匈奴曰:"汉家箭神,其中疮者必有异。"因发强弩射之。虏中矢者,视创皆沸,遂大惊。会天暴风雨,随雨击之,杀伤甚众。匈奴震怖,相谓曰:"汉兵神,真可畏也!"遂解去。恭以疏勒城傍有涧水可固,乃引兵据之。匈奴复来攻恭,恭募先登数千人直驰之,胡骑散走。匈奴遂于城下拥绝涧水。恭于城中穿井十五丈不得水,吏士渴乏,笮马粪汁而饮之。恭仰叹曰:"闻昔贰师将军拔佩刀刺出①,飞泉涌出。今汉德神明,岂有穷哉!"乃整衣服向井再拜,为吏士祷。有顷,水泉奔出,众皆称万岁。乃令吏士扬水以示虏。虏出不意,以为神明,遂引去。

时焉耆、龟兹攻殁都护陈睦，北匈亦围关宠于柳中。车师复畔，与匈奴共攻恭。恭厉士众击走之。数月，食尽穷困，乃煮铠弩，食其筋革。恭与士推诚同死生，故皆无二心，而稍稍死亡，余数十人。单于知恭已困，欲必降之，复遣使招恭曰："若降者，当封为白屋王，妻以女子。"恭乃诱其使上城，手击杀之，炙诸城上。匈官属望见，号哭而去。单于大怒，更益兵围恭，不能下。

初，关宠上书求救，时肃宗新即位，乃诏公卿会议。司空第五伦以为不宜救。司徒鲍昱议曰："今使人于危难之地，急而弃之，外则从蛮夷之暴，内则伤死难之臣。诚令权时后无边事可也，匈奴如后犯塞为寇，陛下将何以使将？又二部兵人裁各数十，匈奴围之，历旬不下，是其寡弱尽力之效也。可令敦煌、酒泉太守各将精骑二千，多具幡帜，倍道兼行，以赴其急。匈奴疲极之兵，必不敢当，四十日间，足还入塞。"帝然之。遣段彭②与谒者王蒙、皇甫援发张掖、酒泉、敦煌三郡及鄯善兵，合七千余人，会柳中击车师，攻交河城。北匈惊走，车师复降。会关宠已殁，蒙等闻之，便欲引兵还。先是恭遣军吏范羌至敦煌迎兵士寒服，羌因随王蒙军俱出塞。羌固请迎恭，诸将不敢前，乃分兵二千人与羌，从山北迎恭，遇大雪丈余，军仅能至。城中夜闻兵马声，以为虏来，大惊。羌乃遥呼曰："我范羌也，汉遣军迎校尉耳。"城中皆称万岁。开门，共相持涕泣。明日，遂相随俱归。虏兵追之，且战且行。吏士素饥困，发疏勒时尚有二十六人，随路死殁，至玉门唯余十三人。衣屦穿决，形容枯槁。中郎将郑众为恭已下洗沐易衣冠，上疏曰："耿恭以单兵固守孤城，当匈奴之冲，对数万之众，连月逾年，心力困尽。凿山为井，煮弩为粮，出于万死无一生之望。前后杀伤丑虏数千百计，卒全忠勇，不为大汉耻。恭之节义，古今未有。宜蒙显爵，以厉将帅。"及恭至洛阳，鲍昱奏恭节过苏武，宜蒙爵赏。

于是拜为骑都尉，范羌为其丞。明年，迁长水校尉。其秋，金城、陇西羌反，恭上疏言方略，诏召入问状。乃遣恭副车骑将军马防讨西羌。初，恭出陇西，上言："窦融昔在西州，甚得羌胡腹心。今大鸿胪固，即其子孙。前击白山③，功冠三军。宜奉大使，镇抚凉部。令车骑将军防屯军汉阳，以为威重。"由是大忤于防。及防还，监营谒者李谭承旨奏恭不忧军事，被诏怨望。免官，卒。

孙子曰："兵以诈立。"恭以毒药傅矢，而谓汉家箭神。又曰："出其不意。"恭扬水以示虏而围解是也。

【注释】

① 刺出：可能是"刺山"之误。

② 段彭：多数说法为"秦彭"。

③ 白山：指窦固率军在西域蒲类海击败北匈奴的白山部。

【今译】

耿恭，字伯宗，扶风茂陵（今陕西兴平东北）人（耿恭的伯父即为耿弇）。耿恭为人慷慨而有方略，有将帅之才。永平十七年（74年）冬，骑都尉刘张率兵出击车师，请耿恭担任司马，耿恭与奉车都尉窦固及从弟驸马都尉耿秉（耿弇弟耿国之子，耿恭之堂弟）破降车师。破降车师后，东汉朝廷才得以重新设立西域都护和戊己校尉（官名，掌屯田，属西域都护）。朝廷任命耿恭为戊己校尉，驻扎在车师后王部的金蒲城（今新疆吉木萨尔县境内，一说在今新疆奇台西北）；同时也任命谒者关宠戊己校尉，屯驻在车师前王部的柳中（今新疆鄯善县境内）城，两人各率屯田兵卒数百人。

耿恭到任，发布文告晓示乌孙，宣扬汉室威德，乌孙国中，从国王大昆弥以下，都非常高兴。派使者向汉廷进献名马，并愿派王子入朝侍奉汉朝皇帝。第二年（75年），北匈奴单于派左鹿蠡王率两万骑兵进攻车师，耿恭派司马带兵三百前往救援，路上，遭遇匈奴骑兵，因寡不敌众而全军尽没。北匈奴杀死车师后王（治所在务涂谷，今新疆吉木萨尔南博格多山中）安得，又转兵攻打金蒲城。城中兵少，形势危急。耿恭亲自登城，指挥作战，命人用毒药涂抹箭头，对匈奴喊话说："此乃汉家神箭，中箭者伤口必有异常。"之后用强弩射箭。敌军中箭之人伤口溃烂，匈奴大惊。适逢天降暴雨，汉军趁雨进攻，匈奴死亡惨重。匈奴人震惊感到恐怖，相互传言："汉军有神相助，非常可怕。"匈奴兵随即解除包围后撤。耿恭判断匈奴兵日后必定还会再来，就抓紧时间做好战争准备。耿恭认为疏勒城（在新疆奇台县境内，非西汉时代疏勒国之疏勒城）旁边有涧水经过，水源充足，便于固守，便率军据守该城。匈奴又来进攻耿恭，耿恭派先前招募的数千人出击冲击敌阵，匈奴骑兵四下散逃。匈奴人见强攻不成，就在城下阻断涧水，断绝城内水源。耿恭命人在城中掘井，但挖地十五丈仍不见水，将士口渴难耐，榨马粪喝粪汁。耿恭仰天长叹说："听闻当年贰师将军李广利拔配刀刺山，飞泉涌出；今汉德神明，怎么会困窘呢。"于是，整顿衣裳，对井再拜，为将士们祈祷。不一会，飞泉涌出，军士们喜悦无比，山呼万岁。耿恭令军士在城上向下扬水给匈奴看。匈奴兵看到后大惊，认为汉军有神明相助，就撤军了。

这一年，焉耆、龟兹趁汉明帝病逝而背叛汉，发兵攻杀西域都护陈睦。北单于也趁机发兵围攻关宠于柳中（今新疆鄯善境内）。车师又再次叛汉，与北匈奴一同围攻耿恭。耿恭激励将士们奋勇抵抗，多次打退敌军。汉军坚持数月，粮食吃尽，就煮铠甲、弓弩上的皮革吃。耿恭与将士们推心置腹，愿同生共死，所以将士们都没有二心，汉军人数不断减少，只剩下了数十人。北单于知道耿恭处境困难，想要将其招降，就再次派遣使者去招降耿恭，使者对耿恭说："如果投降，就封你为白屋王，并将公主嫁给你。"耿恭就假意同意，诱骗使者上城，之后亲手将其杀死，放在城墙之上。匈奴使者的下属看到后，哭喊着回去报告。单于大怒，增兵围攻耿恭，仍不能攻克。

关宠起初刚被围困时，就向朝廷上书请求发兵救援，当时汉肃宗（汉章帝）刚刚即位，得到奏章后，就召集公卿商议。司空第五伦认为不宜出兵救援。司徒鲍昱不同意，说："朝廷派人到危难之地，却在关键时刻抛弃了他们。如此一来，外长蛮夷之势，内伤忠臣之节。以后边疆无事则已，倘若日后匈奴再兴兵犯边塞，陛下派何人为将出征呢？况且耿恭、关宠每人只剩军士数十人，匈奴包围数十天未下，足见他们虽势单力薄，却尽心报国。应该下令让敦煌、酒泉太守各率领精锐骑兵两千人，多张旗帜，迷惑敌人，昼夜兼程，前往救援。匈奴军队已经疲惫不堪，必不敢抵挡，四十天之内足以将他们接应入塞。"汉章帝依议，派遣征西将军耿秉屯驻酒泉，代理太守之职；派段彭（亦称秦彭）与谒者王蒙、皇甫援调发张掖、酒泉、敦煌三郡及鄯善兵共七千人，到柳中进攻车师，攻打河城（车师国都）。北匈奴见势遁逃，车师国又归降了汉朝。但关宠业已阵亡，王蒙等人见此便想抛弃耿恭而撤军回师。先前耿恭曾派遣所部军吏范羌回敦煌领取军士过冬的寒衣，所以也在军中随王蒙出征。此时诸将欲退，范羌抵死不从。诸将又不敢前进，无奈只得分兵两千给范羌去营救耿恭。范羌从天山北麓进军救援耿恭，遇大雪深一丈有余。大军历尽艰辛才得以到达疏勒城下。城中夜间听到兵马声，以为匈奴攻城，大惊。范羌在城下大呼："我乃范羌，朝廷派遣大军接应校尉。"城中皆呼万岁。城中之人打开城门，与援军抱头痛哭。第二天，耿恭等随范羌东归。沿途，敌兵尾随袭扰，汉军且战且行，将士们饱尝饥困之苦。耿恭的人马从疏勒出发时尚有二十六人，由于将士们一路上忍饥挨饿，不断有人死去，到玉门关时，仅剩十三人，而且衣衫褴褛，形容枯槁。中郎将邓众安排耿恭等人沐浴更衣。并上奏章给皇帝，希望表彰耿恭："耿恭以单兵固守孤城，当匈奴之要冲，对数万之众，连月逾年，心力困尽。凿山为井，煮弩为粮，出于万死无一生之望。前后杀伤丑虏数千百计，忠勇尽显，为我大汉之荣。耿恭之节义，古今未有。宜加官进爵，以激励将帅。"耿恭回到洛阳后，朝廷任命他为骑都尉，范羌为其丞。

建初二年（77年），耿恭任长水校尉。同年秋天，金城、陇西羌人叛汉。耿恭上疏指陈方略，皇帝下诏召他入宫询问情况。朝廷派他担任车骑将军马防的副将征讨西羌。耿恭最初出征陇西之时，对皇帝说："窦融当年在西州（凉州，代指河西之地）的时候，得到羌人的拥护爱戴。如今大鸿胪窦固是窦融的子孙。此前率军进攻白山（指窦固率军在西域蒲类海击败北匈奴的白山部），功冠三军。应当以其为使节，镇抚凉州（治在凉州城，即今甘肃武威）各部。可令车骑将军马防屯军汉阳（地点不明），以为威慑。"耿恭此言严重违逆了马防（推荐窦固而严重削弱了马防的权力）。马防班师回朝之后，监军谒者李谭秉承马防的旨意上奏朝廷弹劾耿恭不关心军事，接到诏书时抱怨不已。耿恭就因此被免官，后耿恭死于家中。

孙子说："用兵是要靠诡诈出奇方可制胜。"耿恭用毒药涂抹在箭头之上，对匈奴说这是汉军的箭神。孙子还说："用兵要出其不意。"耿恭扬水给匈奴看，而敌军因此撤退就是这样。

【评析】

耿恭，东汉时期大将，出身名门，自幼慷慨多大略，有将帅之才。

他名垂青史的原因，是其在极其困难的情况下率军在西域与匈奴激战。耿恭面对的是一种内外交困的局面，这种环境是对将领综合素质的最高检验。后世史家评论："自永平十八年三月金蒲城被围，至建初元年三月入玉门关，前后历时两年整。耿恭兵不满百，孤悬塞外，抱必死之心，坐困穷城。前有数万之敌，屡挫其锋；后无匹马之援，终无异志。士卒至死而不离不弃，虽古之名将不能过之。"耿恭困守孤城，屡败敌军，有勇有谋；面对匈奴的威逼利诱，矢志不移，又与部下同生共死，有节有义。后世称其"节过苏武，义重于生"。

东汉·王霸

【原文】

　　王霸，字元伯，颍川颍阳人也。光武为大司马，以霸为功曹令吏。及王郎起，光武在蓟，郎移檄①购②光武。光武令霸至市中募人，将以击郎。市人皆大笑，举手邪揄之，霸惭懅而还。光武即南驰至下曲阳。传闻王郎兵在后，从者皆恐。及至滹沱河，候吏还白河水流澌，无船，不可济，官属大惧。光武令霸往视之。霸恐惊众，欲且前，阻水，还即诡曰："冰坚可渡。"官属皆喜。光武笑曰："候吏果妄语也。"遂前。北至河，河冰亦合，乃令霸护渡，未毕数骑而冰解。光武谓霸曰："安吾众得济免者，卿之力也。"霸谢曰："此明公至德，神灵之祐，虽武王白鱼之应，无以加此。"光武谓官属曰："王霸权以济事，殆天瑞也。"

　　常与臧宫、傅俊共营，霸独善抚士卒，死者脱衣以敛之，伤者躬亲以养之。光武即位，以霸晓兵爱士，可独任，拜为偏将军，并将臧宫、傅俊兵，而以宫、俊为骑都尉。建武二年，更封富波侯。

　　帝使霸与捕虏将军马武东讨周建于垂惠。苏茂将五校③兵四千余人救建，而先遣精骑遮击马武军粮，武往救之。建从城中出兵来击武，武恃霸之援，战不甚力，为茂、建所败。武军奔过霸营，大呼求救。霸曰："贼兵盛，出必两败，努力而已。"乃闭营坚壁。军吏皆争之，霸曰："茂兵精锐，其众又多，吾吏士心恐，而捕虏与吾相恃，两军不一，此败道也。今闭营固守，示不相援，贼必乘胜轻进，捕虏无救，其战自倍。如此，茂众疲劳，吾承其弊，乃可克也。"茂、建果悉出攻武。合战良久，霸军中壮士路润等数十人断发请战。霸知士心锐，乃开营后，出精骑袭其背。茂、建前后受敌，惊乱败走，霸、武各归营。

贼复聚众挑战，霸坚卧不出，方飨士作倡乐。茂雨射营中，中霸前酒樽，安坐不动。军吏皆曰："茂前日已破，今易击也。"霸曰："不然。苏茂客兵远来，粮食不足，故数挑战，以徼一功之胜。今闭营休士，所谓不战而屈人之兵，善之善者也。"茂、建既不得战，乃引还营。其夜，建兄子诵反，闭城拒之，茂、建遁去，诵以城降。

时卢方与匈奴、乌桓连兵，寇盗尤数，缘边愁苦。诏霸将弛刑徒六千余人，与杜茂治飞狐道，堆石布上，筑起亭障，自代至平城三百余里。与匈奴、乌桓大小数百战，颇识边事，数上书言宜与匈奴结和亲，又陈委输可从温水漕，以省陆转输之劳。事皆施行。封淮陵侯。永平二年，以病卒。

孙子曰："能愚士之耳目。"霸诡言冰合而得济。又曰："不得已则斗。"霸不救马武而使之力战。又曰："屈人之兵而非战。"霸闭营休士而屈茂、建是也。

【注释】

① 檄（xí）：告示、公文。

② 购：悬赏缉拿。

③ 校（xiào）：古代军队编制单位。校尉：统带一校的军官。

【今译】

　　王霸,字元伯,颍川颍阳(今河南许昌西)人。刘秀任大司马时,任命王霸为功曹令吏。后来,王郎在邯郸称帝起兵,刘秀在蓟,王郎贴出告示,悬赏捉拿刘秀。刘秀派王霸到市中招募兵士,准备攻击王郎,以解燃眉之急。王霸到市上一说,市人大笑,认为这太过荒唐,举手揶揄嘲弄。王霸惭愤而回。刘秀立即率军南驰到下曲阳。传闻王郎兵在后,跟从的人都害怕。等到了滹沱河,侦察的官吏回来报告河水水流湍急,还漂着冰块,无船只,不能渡河。官属们听后大惧。刘秀令王霸前去看看。王霸担心惊吓了众人,想先渡过河却被水拦住,不得过。回来王霸只好诈称说:"冰坚可渡。"官属听后都放下心来。刘秀也笑说:"侦察的官吏果然是瞎说。"于是前往,催促军队向前进发。等部队行进到河边,河冰已经冻合,刘秀命令王霸保护大家渡河,只剩数骑未上岸时,河冰又解冻了。光武对王霸说:"安定部众、使大军得以安全渡河,是你的功劳啊。"王霸辞谢说:"这是因为明公您品德高尚,得到了神灵的庇佑。旧时有白鱼之应的周武王,也比不上您呀。"刘秀对官属们说:"王霸因权诈以济事,真是天降祥瑞于我啊。"

　　王霸常与臧宫、傅俊一起领兵打仗,只有王霸特别善待与抚慰士卒。士卒死了,他脱下自己的衣服让士卒得以安殓;士卒伤了,他亲自照料他们养伤。刘秀即位后,认为王霸爱护士卒,通晓军事,可以独当重任,便任命他为偏将军,把傅俊、臧宫的部下合在一起,也由他统管。而命臧宫、傅俊为骑都尉。建武二年,光武帝再次封王霸为富波侯。

　　光武帝派遣王霸与捕虏将军马武向东讨伐周建于垂惠。梁王的另一骁将苏茂率领五校兵,共四千余人来救援周建,并先派遣精锐骑兵拦截马武的粮草。马武前往救护,周建乘机从城中出兵夹击马武,马武依仗有王霸的援助，作战时，并未倾尽全力，被苏茂、周建击败。马武率军奔至王霸的营垒，大声呼救。王霸说："贼兵现在士气强盛，现在出战咱俩都得失败，现在你只有靠自己努力抵抗了！"于是关闭营门坚壁而守。王霸手下的军吏都争着要出战，王霸说："苏茂有精锐的士兵，其部众又多，马武的官兵心中又都很恐惧，而捕虏将军的部队与我军互相依赖却不能统一起来，不久必败。现在我军闭营固守，表示出不想救援的姿态，贼兵必然乘胜进攻，捕虏将军眼见没有救援，也必将加倍苦战。这样，等到苏茂军众疲劳，我们再乘胜出击，攻其疲惫，肯定会战胜的。"苏茂、周建果然倾巢出动进攻马武军队。马武与之激战很长时间。此时，王霸营中路润等数十名将士群情激奋，纷纷请战。王霸见部下锐气已盛，便率领精锐骑兵冲出营垒，猛袭敌军后阵。周建、苏茂见前后受敌便惊乱败走。王霸、马武也各自归营。

不久，敌人重新聚集兵力到营前挑战。王霸坚守不出并在营中设宴，犒赏将士，饮酒作乐。苏茂命部下向营中射箭，箭密如雨，把王霸面前的酒杯都射中了，王霸依然安坐不动。军吏们都说："苏茂前日吃了败仗，现在容易击溃。"王霸说："不然，苏茂的军队从远处来，粮食不足，所以几次挑战，以求侥幸一时之胜。我今闭营休士，正所谓是不战而屈人之兵，这是最好的战术。"苏茂、周建求战不得，只好引军回营垒。这天夜里，周建的侄儿周诵在城中起事，紧闭城门，不放苏茂、周建入城。二人只好偷偷逃走，周诵献城降汉。

这时，卢芳与匈奴、乌桓联合作乱，侵掠抢劫更频繁，边疆愁苦。光武帝诏令王霸率解除枷锁的刑徒六千余人，与杜茂共同治理飞狐道，堆石头布土方，筑起的亭障从代城（今河北蔚县东）一直延伸到平城（今山西大同），全长三百多里。王霸屡屡与匈奴、乌桓作战，比较了解边疆事务。他曾数次上书，提出应与匈奴和亲交好。还曾提出可以从温水（今广西武鸣河—南宁市邕江—贵港市郁江段）漕运，以节省陆运转输之劳苦，这些都被朝廷采纳实行。朝廷封王霸为淮陵侯。永平二年，王霸因病去世。

孙子说："有时要蒙蔽士兵才能达到目的。"王霸谎称河水结冰未化，才使军心稳定，从而得以安稳渡江。孙子说："士兵只有在不得已的情况下才会奋勇杀敌。"王霸不救马武而让他独自面对敌军，迫使他不得不奋力苦战。孙子说："不通过战争而要使敌人屈服。"王霸用闭营休士来击退苏茂、周建。

【评析】

王霸，东汉名将，"云台二十八将"之一。王霸生性喜欢法律，年轻时做过狱官。因常常感叹不愿做小官吏，他父亲觉得他不一般，于是派他西上长安求学。汉兵起事时，光武路过颍阳，王霸带门客见光武，说："将军起义兵，我不自量力，仰慕您的威信品德，愿意在您军中当兵。"光武说："我做梦都在想与有才德之人一起建立功业，哪有二心呢！"从此之后，王霸长期戍守北部边疆，"疾风知劲草"是光武对王霸的评价。王霸很忠心，很聪明，但这些优点不足以使他成为一个杰出的军事将领，其最大的优点，是在危险面前所表现出的淡定与冷静。这正是杰出的军事将领所必备的优秀品质。

东汉·臧宫

【原文】

臧宫,字君翁,颍川郏人也。从光武征战,诸将多称其勇。光武察宫勤力少言,甚亲纳之。及至河北,以为偏将军,从破群贼,数陷陈却敌。光武即位,以为侍中、骑都尉。

建武十一年,将兵至中庐,屯骆越。是时公孙述将田戎、任满与征南大将军岑彭相拒于荆门,彭等战数不利,越人谋畔从蜀。宫兵少,力不能制。会属县送委输车数百乘至,宫夜使锯断城门限,令车声回转出入至旦。越人候伺者闻车声不绝,而门限断,相告以汉兵大至。其渠帅乃奉牛酒以劳军。宫陈兵大会,击牛酾酒,飨赐慰纳之,越人由是遂安。

宫与岑彭等破荆门。岑彭下巴郡,使宫将降卒五万,从涪水上平曲。公孙述将延岑盛兵于沅水。时宫众多食少,转输不至,而降者皆欲散畔,郡邑复更保聚,观望成败。宫欲引还,恐为所及。会帝遣谒者将兵诣岑彭,有马七百匹,宫矫制取以自益,晨夜进兵,多张旗帜,登山鼓噪,左步右骑,挟船而引,呼声动山谷。岑不意汉军卒至,登山望之,大震恐。宫因纵击,大破之。斩首溺死者万余人,水为之浊流。延岑奔成都,其众悉降,尽获其兵马珍宝。自是乘胜追北,降者以十万数。

军至平阳乡,蜀将王元举众降。进拔绵竹,破涪城,斩公孙述弟恢，复攻拔繁、郫。时大司马吴汉亦乘胜进营逼成都。宫连屠大城，兵马旌旗甚盛，乃乘兵入小雒郭门，历成都城下，至吴汉营，饮酒高会。汉见之甚欢，谓宫曰："将军向者经虏城下，震扬威灵，风行电照。然穷寇难量，还营愿从他道矣。"宫不从，复路而归，贼亦不敢近之。进军咸阳门，与吴汉并灭公孙述。帝以蜀地新定，拜宫为广汉太守，封邟侯。

十九年，妖巫维汜弟子单臣、傅镇等，复妖言相聚，入原武城，劫吏人，自称将军。于是遣宫将北军及黎阳营数千人围之。贼谷食多，数攻不下，士卒死伤。帝召公卿诸侯王问方略，皆曰："宜重其购赏。"时显宗为东海王，独对曰："妖巫相劫，势无久立，其中必有悔欲亡者。但外围急，不得走尔。宜少延缓，令得逃亡，逃亡则一亭长足以禽矣。"帝然之。即敕宫撤围缓贼，贼众分散，遂斩臣、镇等。宫还，迁城门校尉。

宫以谨信质朴，故常见任用。

后匈奴饥疫，自相分争，帝以问宫，宫曰："愿得五千骑以立功。"帝笑曰："常胜之家，难与虑敌，吾方自思之。"二十七年，宫乃与马武上书曰："匈奴贪利，无有礼信，穷则稽首，安则侵盗，缘边被其毒痛，中国忧其搪突。虏今人畜疫死，旱蝗赤地，疫困之力，不当中国一郡。福不再来，时或易失，岂宜固守文德而堕武事乎？今喻告高句骊、乌桓、鲜卑攻其左，发河西四郡、天水、陇西羌胡击其右。如此，北虏之灭，不过数年。"诏报曰："黄石公记曰：柔能制刚，弱能制强。故曰：有德之君，以所乐乐人；无德之君，以所乐乐身。乐人者其乐长，乐身者不久而亡。舍近谋远者，劳而无功；舍远谋近者，逸而有终。逸政多忠臣，劳政多乱人。故曰：务广地者荒，务广德者强；有其有者安，贪人有者残。残灭之政，虽成必败。今国无善政，灾变不息，百姓惊惶，人不自保，而复欲远事边外乎？诚能举天下之半以灭大寇，岂非至愿？苟非其时，不如息人。"自是诸将莫敢复言兵事者。宫卒。

孙子曰："形之，敌必从之。"宫令车声不绝，而敌疑汉兵大至。又曰："昼战多旌旗。"宫多张旗帜，登山鼓噪而敌震恐。又曰："围师必阙。"宫彻围缓贼而斩臣、镇。又曰："非危不战。"宫欲灭匈奴，光武以谓不如息人是也。

【今译】

臧宫，字君翁，是颍川郡郏（今属河南）县人。他追随刘秀征战时，诸将都夸他勇敢。刘秀见他话语不多，做事勤勉，很器重他，把他收纳为亲信。后来刘秀进兵河北，任命臧宫为偏将军。臧宫跟从刘秀击退群贼，屡次陷阵破敌，立有战功。刘秀即位后，任命臧宫为侍中、骑都尉。

建武十一年，臧宫率军到中庐县（今湖北襄樊市），驻军在骆越人聚集之地。当时，蜀地割据者公孙述的将领田戎、任满正与汉征南大将军岑彭在荆门对峙。由于岑彭等人屡次出战失利，骆越人心浮动。有人准备叛汉归蜀。臧宫手中的兵力单薄，估计难以控制局面。正好恰逢汉朝的几个县运送粮草的数百辆车赶到，臧宫一见，顿生巧计。他让人乘夜锯断城门的门槛，命令运输车辆来而复往，出入城门，穿梭不停。于是，车声辚辚，整整响了一夜。骆越派来打探消息的人，听到一夜车声不绝，看到城门门槛也断了，就传话给族人，说汉军大部队来了。骆越的首领闻讯，不敢再怀二心，送来牛、酒犒劳汉军。臧宫排兵列阵，杀牛摆酒，款待、抚慰来人和犒劳部队。骆越地方这才安定下来。

臧宫和岑彭等人攻破荆门后，岑彭进军巴郡，他命令臧宫率领五万投降过来的士兵，从涪水向平曲进发。此时，公孙述的部将延岑已率领大军在沉水进行阻截，声势浩大。而臧宫的情况却很艰难。他手下人多,粮食少,运输跟不上,补给困难。好多士兵心存去意,总想借机会反叛逃散。郡内各县的地方势力见此情形,也聚集自保,准备观察成败后,再决定究竟投向哪一边。臧宫本想率部撤回,可又担心部下反叛和被敌人追杀,一时犹豫难决。适逢光武帝派近侍率兵去支援岑彭,战马就有七百匹。臧宫当机立断,假传圣旨,把这些兵调到了自己麾下,壮大自己的声势。他命令部队晨夜行军,日夜兼程并故意打出许多旗帜,派人登上山冈擂鼓呐喊。行军时,左岸是步兵,右岸是骑兵,夹拥着战船浩然而进,呼声震动山谷。延岑没有料到汉军来得如此突然,急忙登山瞭望,看到汉军阵容强大、兵马鲜明,他十分震惊。臧宫乘势纵兵出击,大败延岑,延岑部众被斩首和落水溺死的有一万多人,江水都变得混浊了。延岑只身逃往成都,其部众悉数投降,臧宫俘获了大量敌军的兵马珍宝。臧宫继续乘胜追击,最后投降了十万余人。

　　臧宫进军到平阳乡,蜀将王元率众投降。接着,又进军攻占绵竹县(今四川省德阳县北),击破涪县城(今四川省绵阳县东),斩杀了公孙述的弟弟公孙恢。又攻克了繁县(今四川彭县西北)、郫县。当时,大司马吴汉也已统兵乘胜进逼成都(公孙述正盘踞在此)。臧宫连屠大城,兵马雄壮,旌旗甚盛。就纵兵入小雄郭门,耀武扬威地经过成都城下,到吴汉营中饮酒高谈,相谈甚欢。酒后,吴汉对臧宫说:"将军来时经贼兵城下,震扬了军威,行走如风,照耀如电。然而走投无路的贼兵实难预料,回去时希望你改行他道。"臧宫心气高傲,哪里肯听,他仍从原路返回营地。贼兵也不敢接近。接着,臧宫率部进军咸阳门,与吴汉共灭公孙述。光武帝因蜀地刚刚平定,任命臧宫为广汉太守,封他为鄡侯。

　　建武十九年,妖巫维汜的弟子单臣、傅镇等人传播谣言,聚众滋事。他们攻进原武城,劫持官吏百姓,自称将军。光武帝派臧宫率领北军及黎阳营将士数千人围剿原武城。当时单臣等贼兵粮草丰足，汉军几次攻打都未能攻克，士卒多有死伤。光武帝召集大臣来咨询方略，公卿、诸侯王们都说："应加重悬赏。"只有当时为东海王的显宗回答说："妖巫劫持吏民，其民心不会长久。他们内部一定有因后悔而想逃跑的。只不过由于围城太急，他们没有机会出逃罢了！为今之计，最好是略缓城围，让他们得以逃出城去。一逃，一个亭长就足以擒获敌军了（就可以轻松擒获叛贼了）。"光武帝采纳东海王的建议，命令臧宫撤出部分兵力，暂缓城围，敌人果然分散逃出。臧宫等斩杀了单臣、傅镇等人，平息了叛乱。臧宫回朝，升任城门校尉。

臧宫因为人谨慎诚实质朴，所以常常被任用。

后来匈奴发生饥荒病疫，内部也自相纷争，光武帝问臧宫对此的看法。臧宫说："臣愿率五千名骑兵趁势立功。"光武帝笑说："你是常胜将军，根本不把敌人放在眼里。也难以考虑其他因素，我自己考虑此事吧。"建武二十七年，臧宫与马武上书奏说："匈奴贪小利，没有礼仪信义，贫穷的时候俯首称臣，安定的时候侵略盗窃。大汉边境常被其骚扰，大汉常常担忧它会顶撞冒犯。匈奴现在人畜病死，干旱和蝗虫将地上之物食尽，正病疫困顿，其力量抵不上大汉的一个郡。时机易失，福不重来，怎么能固守文德而废弃武事呢？现在直接命令高句丽、乌桓、鲜卑发兵攻匈奴左侧，发河西四郡、天水、陇西羌胡的兵马攻击其右侧。这样，几年之内即可消灭北方的匈奴。"光武帝回答说："《黄石公记》上说：'柔能制刚，弱能制强。'所以说有德之君，用他所喜乐的来使别人快乐；无德之君，用他所喜乐的来让自己快乐。能使别人快乐的人，自己的快乐会长久；只使自己快乐的人不久就会灭亡。舍弃眼前而谋求远方的，往往劳而无功；舍弃远方而谋求眼前的，往往安逸并得以善终。仁政就多忠臣，苛政就多乱贼。所以说力求扩大地盘的人反而国土荒芜，力求推行德政的人才会国家强盛。因自己所有而满足的人得到安定，贪图人家所有的人导致毁灭。残暴的政治，即使一时成功最终也必败。现在国家没有良好的政治，灾害、叛变不停，百姓惊惶，不能自保，还会想要远征边外吗？能举天下一半的力量来消灭大敌，难道不是我最大的愿望吗？但如果时机不成熟，不如让百姓休养生息。"此后，将领们再也没有人提起用兵黩武之事了。臧宫去世。

孙子说："用假象迷惑敌人，敌人信以为真时就会听从你调遣。"臧宫令车声不绝于耳，让敌人认为汉军主力已到而不敢反叛。孙子说："白天作战要多用旌旗。"臧宫命令部下多树立旌旗，登山呐喊，从而慑住敌军。孙子说："包围敌人要留缺口。"臧宫解除城围，叛贼大乱，臧宫趁机斩杀了单臣、傅镇等叛臣。孙子说："不处于危险中，不要轻易用兵。"臧宫想要灭匈奴，而光武帝认为匈奴不是当前大患，颐养民生才是要紧的大事，拒绝了他的请求。

【评析】

臧宫，东汉中兴名将，"云台二十八将"之一。他年轻时，曾任县中亭长、游徼等职；后来率领宾客参加下江兵（绿林军的一支），任校尉，得以追随光武征战。在政治上，臧宫实干、谨慎、诚实、质朴，深得光武信任，被予以重用。在军事上，臧宫曾与吴汉以疑兵之计，屡破强敌。他还富有胆略，曾率领不多的随从，走了很远的路，去吴汉营中探望。吴汉劝臧宫回营时别走旧路，因为当时还处在与公孙述交战状态，很难说臧宫的行程是否暴露，公孙述是否会派人沿路截杀。但臧宫不在乎，原路返回，史书上说："贼亦不敢近之。"短短数语，写尽了臧宫的英雄气概。在东汉建立后，匈奴仍是边患，臧宫曾数次请缨围剿，都因光武帝不同意而作罢。

东汉·祭遵

【原文】

祭遵，字弟孙，颍川颍阳人也。光武破王寻等，还过颍阳，遵以县吏数进见，留为门下史。

从征河北，为军市令。舍中儿犯法，遵格杀之。光武怒，命收遵。时主簿陈副谏曰："明公常欲众军整齐，今遵奉法不避，是教令所行也。"光武乃贳之，以为刺奸将军。谓诸将曰："当避祭遵！吾舍中儿犯法尚杀之，必不私诸卿也。"拜征虏将军，定封颍阳侯。南击弘农、厌新、柏华蛮中贼。弩中遵口，洞出流血，众见遵伤，稍引退，遵呼叱止之，士卒战皆自倍，遂大破之。

时新城蛮中山贼张满，屯结险隘为人害。诏遵攻之。遵绝其粮道，满数挑战，遵坚壁不出。而厌新、柏华余贼复与满合，遂攻得霍阳聚，遵乃分兵击破降之。张满饥困，城拔，生获之。初满祭祀天地，自云当王，既执，叹曰："谶文误我！"乃斩之。

复令进屯陇下。及公孙述遣兵救嚣，吴汉、耿弇等悉奔还，遵独留不却。卒于军。

遵为人廉约小心，克己奉公，赏赐辄尽与士卒，家无私财。制御士心，不越法度。所在吏人，不知有军。遵为将军，取士皆用儒术，对酒设乐，必雅歌投壶。虽在军旅，不忘俎豆，可谓好礼悦乐，守死善道者也。其后会朝,帝每叹曰:"安得忧国奉公之臣如祭征虏者乎!"遵之见思若此。

孙子曰:"法令执行。"遵杀舍中儿而光武知其不可犯。又曰:"修道而保法。"遵之所在,吏人不知有军是也。

【今译】

祭遵,字弟孙,是颍川颍阳(今许昌市襄城县颍阳镇)人。刘秀在昆阳击败王寻后,回军经过颍阳。祭遵以县吏的身份几次觐见,刘秀便任命他为门下史官。

后来,他随军进攻河北,担任军市令。一次,刘秀的一个家人犯了法。祭遵当场处死了他。刘秀得知后十分恼怒,下令逮捕祭遵并加以惩处。当时任主簿的陈副劝阻说:"您常想让众军整肃。现在祭遵奉行法令不避权势,这正是教化与法令所需要的行为呀。"刘秀这才赦免了祭遵,任命他为刺奸将军。并对诸将说:"你们要防备点祭遵,我的家人犯法他都敢杀,更别说你们了。"不久,光武帝任命祭遵为征虏将军,定封颍阳侯。向南攻打弘农、厌新、柏华、蛮中的敌兵。作战中,敌人的弩箭射中祭遵的嘴,伤口流血不止。众将士见祭遵受伤,萌生退意,阵脚渐乱。祭遵不顾伤痛,大声呵止。众人见祭遵如此刚强,勇气倍增,最终大破敌兵。

盘踞在新城、蛮中一带的山贼张满,屯驻险要地方,危害百姓。光武帝命祭遵前去讨伐。祭遵先断绝了张满的粮道。张满几次挑战,祭遵都坚守营垒,坚壁不出。这时,厌新、柏华等地的残敌又和张满呼应,准备攻占霍阳聚。祭遵抓住有利时机,分兵将他们各个击破。此时,张满无衣无食,饥饿困倦,陷入困境。祭遵趁势攻破城邑,生擒了张满。当初,张满祭祀天地时说自己能当王;现在被捉,不禁叹道:"谶文害死我呀!"说完就被处死了。

后来,光武帝又令祭遵进驻陇下。等到公孙述派兵援救隗嚣时,吴汉、耿弇等将领全都撤军逃回,只有祭遵留在驻地,没有退却。最后,祭遵病死在军中。

祭遵为人廉洁,行为谨慎,克己奉公,所得赏赐常常尽数发给士卒,不治产业,家无余财。他能统御士兵,使他们不逾越法度;军队驻地的官吏民众不知当地驻扎有军队。祭遵身为将军,选拔人才都用儒术,对酒设乐,必唱雅诗而畅饮。虽身在军旅,不忘祭祀,可说是遵守礼仪、喜欢礼乐、恪守善道的人了。后来,光武帝每次会朝时都会感叹道:"怎样能再得到像祭遵那样忧国奉公的大臣呢?"足见祭遵如此地被光武帝思念。

孙子说:"法令一定要切实执行。"刘秀的家人犯法,祭遵不留情面地处死了他,刘秀也不能相救。孙子说:"要修明德行和确保法制。"祭遵的军队奉公守法,以至于驻地的百姓官吏竟不知有军队在此驻扎。

【评析】

祭遵,东汉大将,"云台二十八将"之一。祭遵身为武将,却笃好儒学。他选拔人才,全用儒术。连饮酒时的娱乐,也只用儒家的雅歌投壶,确实是员难得的儒将。祭遵竭诚奉公,尽忠为国。他一生戎马倥偬,纵横南北,屡立殊勋。他带兵有方,"制御士心,不越法度"(《后汉书·祭遵列传》)。而且秋毫无犯,致使所在吏人,不知有军。祭遵为人廉洁小心,克己奉公,他得到赏赐,都分给部下,不治产业,家无余财。自己一生,穿皮裤,盖布被。夫人也裳不加缘,简朴至极。临死时,他告诉家人将自己用牛车拉回,薄葬洛阳。问他家中之事,他一句也不说。祭遵一生,很受光武帝刘秀重用。

东汉·马援

【原文】

马援，字文渊，扶风茂陵人也。其先赵奢为赵将，号曰"马服君"，子孙因为氏。援少有大志，为郡督邮，送囚至司命府，囚有重罪，援哀而纵之，遂亡命北地。遇赦，因留牧畜。转游陇汉间，常谓宾客曰："丈夫为志，穷当益坚，老当益壮。"因处田牧，至有牛马羊数千头，谷数万斛。既而叹曰："凡殖货财产，贵其能施赈也，否则守钱虏耳。"乃尽散以班昆弟故旧，身衣羊裘皮绔。

援留西州，隗嚣甚敬重之，以援为绥德将军，与决筹策。是时公孙述称帝于蜀，嚣使援往观之。援素与述同里闬^①，相善，以为既至当握手欢如平生。而述盛陈陛卫，以延援入。欲授援以封侯大将军位，宾客皆乐留，援晓之曰："天下雄雌未定，公孙不吐哺走迎国士，与图成败，反修饰边幅，此子何足久稽天下士乎？"因辞归，谓嚣曰："子阳井底蛙耳，而妄自尊大，不如专意东方。"嚣使援奉书洛阳。援至，引见于宣德殿。世祖迎笑谓援曰："卿遨游二帝间，今见卿，使人大惭。"援顿首辞谢，因曰："当今之世，非独君择臣也，臣亦择君矣。臣与公孙述同县，少相善。臣前至蜀，述陛戟而后进臣。臣今远来，陛下何知非刺客奸人，而简易若是？"帝复笑曰："卿非刺客，顾说客耳。"援曰："天下反覆，盗名字者不可胜数。今见陛下，恢廓大度，同符高祖，乃知帝王自有真也。"帝甚壮之，使太中大夫来歙持节送援西归陇右。

隗嚣与援共卧起，问以东方流言及京师得失。援说嚣曰："前到朝廷，上引见数十，每接宴语，自夕至旦，才明勇略，非人敌也。且开心见诚，无所隐伏，阔达多大节，略与高祖同。经学博览，政事文辨，前世无比。"嚣曰："卿谓何如高帝？"援曰："不如也。高帝无可无不可。今上好吏事，动如节度，又不喜饮酒。"嚣意不怿，曰："如卿言，反复胜邪？"然雅信援，故遂遣长子恂入质。援因将家属随恂归洛阳。

会隗嚣用王元计，发兵拒汉。援乃上疏曰："臣援自念归身圣朝，奉事陛下，本无公辅一言之荐，左右为容之助。臣不自陈，陛下何因闻之？夫居前不能令人轾，居后不能令人轩，与人怨不能为人患，臣所耻也。臣与隗嚣，本实交友。初，嚣遣臣东，谓臣曰：'本欲为汉，愿足下往观之。于汝意可，即专心矣。'及臣还反，报以赤心，实欲导之于善，非敢谲以非义。而嚣自挟奸心，盗憎主人。愿听诣行在所，极陈灭嚣之术，得空胸腹，申愚策，退就陇亩，死无所恨。"帝乃召援计事。因使援将突骑五千，往来游说嚣将高峻、任禹之属，下及羌豪，为陈祸福，以离嚣支党。

帝自西征嚣，至漆，诸将多以王师之重，不宜远入险阻，计犹豫未决。会召援，夜至，帝大喜，引入，具以群议质之。援因说隗嚣将帅有土崩之势，兵进有必破之状。又于帝前聚米为山谷，指画形势，开示众军所从道径往来，分析曲折，昭然可晓。帝曰："虏在吾目中矣。"明旦，遂进军至第一，嚣众大溃。

自王莽末，西羌寇边，遂入居塞内，金城属县多为虏有。来歙奏言陇西侵残，非马援莫能定。拜援陇西太守。援乃发步骑三千人，击破先零羌于临洮，斩首数百级，获马牛羊万余头。守塞诸羌八千余人诣援降。诸种有数万，屯聚冦钞，拒浩亹隘。援与杨武将军马成击之。羌因将其妻子辎重移阻于允吾谷，援乃潜行间道，掩赴其营。羌大惊坏，复远徙唐翼谷中，援复追讨之。羌引精兵聚北山上，援陈军向山，而分遣数百骑绕袭其后，乘夜放火，击鼓叫噪，虏遂大溃，凡斩首千余级。援以兵少，不得穷追，收其谷粮畜产而还。是时，朝臣以金城破羌之西，涂远多寇，议欲弃之。援上言，破羌以西城多完牢，易可依固，其田土肥壤，灌溉流通。如令羌在湟中，则为害不休，不可弃也。帝然之。于是诏武威太守，令悉还金城客民。归者三千余口，使各反旧邑。援奏为置长吏，缮城郭，起坞候，开导水田，劝以耕牧，郡中乐业。又遣羌豪杨封譬说塞外羌，皆来和亲。武都参狼羌与塞外诸种为寇，杀长吏。援将四千余人击之，至氐道县，羌在山上，援军据便地，夺其水草，不与战。羌遂穷困，豪帅数千万户亡出塞，诸种万余人悉降。于是陇右清静。

援务开宽信，恩以待下，任吏以职，但总大体而已。宾客故人，日满其门。诸曹时白外事，援辄曰："此诚椽之任，何足相烦。颇衰老子，使得遨游。若大姓侵小民，黠羌欲旅距，此乃太守事耳。"傍县尝有报仇者，吏民惊言羌反，百姓奔入城郭。狄道长诣门，请闭城发兵。援时与宾客饮，大笑曰："烧虏何敢复犯我？晓狄道长归守寺舍，良怖急者，可床下伏。"后稍定，郡中服之。

援善兵策，帝常言："伏波论兵，与我意合。"每有所谋，未尝不用。

交趾女子徵侧及女弟徵贰反，攻没其郡，九真、日南、合浦蛮夷皆应之，寇略岭外六十余城，侧自立为王。于是玺书拜援伏波将军，以扶乐侯刘隆为副。遂缘海而进，堕山刊道千余里。军至浪泊上，与贼战，破之，斩首数千级，降者万余人。援追徵侧等至禁溪，数败之，贼遂散走。斩徵侧、徵贰，传首洛阳。封援为新息侯。将楼船大小二千余艘，战士二万余人，进击九真贼徵侧余党都阳等，自无功至居风，斩获五千余人，峤南悉平。

初，援军还，平陵人孟冀，名有计谋，于坐贺援。援谓之曰："吾望子有善言，反同众人邪？方今匈奴、乌桓尚扰北边，欲自请击之。男儿要当死于边野，以马革裹尸还葬耳，何能卧床上在儿女子手中邪？"冀曰："谅为烈士，当如此矣。"

武威将军刘尚击武陵五溪蛮夷②，深入，军没。援因复请行。时年六十二，帝愍其老，未许之。援自请曰："臣尚能被甲上马。"帝令试之。援据鞍顾盼，以示可用。帝笑曰："矍铄哉是翁也！"遂遣援率耿舒等，将十二郡募士及弛刑四万余人征五溪。援夜谓友人谒者杜愔曰："吾受厚恩，年迫余日索，常恐不得死国事，今获所愿。"军至临乡，遇贼攻县，援迎击，破之，斩获二千余人，皆散走入竹林中。初，军次下隽，有两道可入，从壶头则路近而水崄，从充则涂夷而运远，帝初以为疑。及军至，耿舒欲从充道，援以为弃日费粮，不如进壶头，扼其喉咽，充贼自破。以事上之，帝从援策。进营壶头。贼乘高守隘，水疾，船不得上。会暑甚，士卒多疫死，援亦中病，遂困，乃穿岸为室，以避炎气。贼每升险鼓噪，援辄曳足以观之，左右哀其壮意，莫不为之流涕。耿舒与兄好畤侯弇书曰："前舒上书当先击充，粮虽难运而兵马得用，军人数万争欲先奋。今壶头竟不得进，大众怫郁行死，诚可痛惜。前到临乡，贼无故自致，若夜击之，即可殄灭。伏波类西域贾胡，到一处辄止，以是失利。今果疾疫，皆如舒言。"弇得书，奏之。帝乃使虎贲中郎将梁松乘驿责问援，因代监军。

会援病卒，松遂因事陷之。帝大怒，追收援新息侯印绶。

孙子曰："亲而离之。"援陈祸福以离嚣支党。又曰："计险厄远近,上将之道。"援聚米为山谷,而汉帝谓"虏在吾目中"。又曰:"绝山依谷。"援据水草而羌困败。又曰:"攻其所不戒。"援陈军向山而绕袭其后。又曰:"涂有所不由。"援从壶头而军不利是也。

【注释】

① 闬(hàn):墙垣。

② 五溪蛮夷:即雄溪、门溪、西溪、潕溪、辰溪,为少数民族(古代称"蛮夷")聚居之地,故称"五溪蛮"。

【今译】

马援,字文渊,扶风茂陵(今陕西兴平市东北)人。其祖先为赵国名将赵奢,赵奢号马服君,子孙为避祸,故以马为姓。马援年纪轻却心怀大志。做郡督邮时,解送一囚犯到司命府,囚犯有重罪,马援可怜他将他放了,自己也逃亡北地。后来天下大赦,马援就在当地畜养起牛羊来,游牧于陇汉之间(今甘肃、宁夏、陕西一带)。他常常对宾客们说:"大丈夫的志气,应当在穷困时更加坚定,年老时更加豪壮。"马援种田放牧,能够因地制宜,因而收获颇丰,有马、牛、羊几千头,谷物数万斛。马援慨然长叹,说:"凡是从农牧业中所获得的财产,贵在能施济于人,否则不过是守财奴罢了!"于是,把所有的财产都分给兄弟朋友,自己则只穿着羊裘皮裤,过着清简的生活。

马援在西州时,隗嚣很敬重他,封他为绥德将军,与他共同筹划决策。这时,公孙述称帝于蜀,隗嚣派马援去探听虚实。马援与公孙述本是同乡,而且过去交情很好。马援以为这次见面定会像过去一样握手言欢。然而公孙述却先隆重地陈兵列士,然后才请马援进见。公孙述想要授予马援侯爵和大将军的官位,马援的随从都愿意留下来。

马援却给他们讲道理，说："现在天下胜负未定，公孙述不殷勤礼让以迎国中有才能之士共商成败。反而修饰边幅，骄傲自持，这样的天子怎么会留住天下的人才呢？"因而辞归。回来报告隗嚣说："公孙述只不过是个井底之蛙，而他却妄自尊大，您不如专心经营东部地方吧。"于是，隗嚣派马援奉书到洛阳。马援到达后，光武帝在宣德殿接见他。光武帝出来迎接并笑着对马援说："你奔波游走于二帝之间，现在见到您，使人大感自愧不如。"马援忙叩头辞谢说："当今世上，不只君主要选择臣子，臣子也要选择君主投靠。臣与公孙述为同乡，年少时关系很好，臣之前去蜀地，公孙述令近臣持戟保卫在他两侧后才召臣觐见。臣今日远道而来，陛下怎么知道臣不是刺客奸人，如此轻易地接见臣呢？"光武帝又笑道："你不是刺客，不过是个说客罢了。"马援说："反复争战，天下大乱，冒名顶替的人数不胜数。今日见到陛下与高祖一样的宽宏大量，就知道陛下乃是真正的帝王。"光武帝十分称赞马援的此番话。光武帝特派太中大夫来歙持节相送马援西归陇右。

马援回来后，隗嚣跟他同卧同起，问他在东方的情况及京师的得失。马援对他说："臣到朝廷后，光武帝数十次接见臣，每次与光武帝在宴间谈话都从夜晚谈到清晨，光武帝的才能勇略，无人匹敌，且光武帝坦白诚恳，无所隐瞒。胸怀阔达而有大节，大抵与汉高帝刘邦相同，而且光武帝经学渊博，处理政事和文章辞辩，在前世都无人可比。"隗嚣说："那你说，他比高祖刘邦怎么样？"马援说："不如。高祖刘邦上天入地无所不能为（没什么明确的规矩）。而光武帝喜爱政事，处理政务能恰如其分，而且又不喜欢饮酒。"隗嚣不高兴，说："像你这样说，光武帝倒胜过高祖刘邦了？"话虽如此说，隗嚣到底还是相信马援的。他同意归汉，派长子隗恂到洛阳去做人质，马援也就带领家属一起到了洛阳。

后来，隗嚣听信了部将王元的挑拨，起兵抗拒汉朝。马援就向光武帝上疏说："臣自归顺朝廷后，敬侍陛下，既没有三公辅相为臣推荐，也没有皇上左右的人为臣进言。臣自己不说，陛下何能听到。居前不能令人分高低，居后不能令人分轻重。招人怨不能为人患，这些让臣感到羞耻。臣与隗嚣，本来是朋友。当初，隗嚣派臣来洛阳，对臣说：'我打算归附汉朝，请你先去看看，如果你以为可以，我就一心归顺汉朝了。'等到臣返回后，臣将实际情况如实汇报给隗嚣，本真心实意地诱导他从善，不敢挑唆他去做不义之举。然而隗嚣却内藏奸心，暗自憎恨陛下。臣愿听陛下的调遣安排，并向陛下陈述臣消灭隗嚣的策略。能把想说的话说完，陈述了我的浅见，臣会返回老家种田，到死也没什么悔恨的。"看完信后，光武帝立即召见马援。马援详细说明了自己设计的对付隗嚣的办法。光武帝便派马援率领五千冲锋陷阵的精锐骑兵来往于陇陕之间，游说羌族首领和隗嚣手下将领高峻、任禹等人，向他们陈说祸福利害，以离间隗嚣的党羽。

后来，光武帝亲自统军讨伐隗嚣。军队到漆县时，不少将领认为王师重要，前途又胜负难卜，不宜深入险阻，都犹豫不决，难定计划。正好马援奉命连夜赶来，光武帝大喜，赶忙接见并将诸将领的意见仔细地告诉马援，征询他的意见。于是，马援说出了自己的看法，他认为隗嚣的将领已有分崩离析之势，如果乘机进攻，定获全胜。并在光武帝面前聚米为山谷模型，指点山川形势，标示各路部队进退往来的道路，其中曲折深隐，无不毕现，对战局的分析也透彻明白。光武帝特别高兴，说："敌人已尽在我掌握之中！"第二天，光武帝挥军直进高平第一城。结果隗嚣军溃败。

从王莽末年开始，西羌不断侵扰边境，而且趁乱入居塞内。金城一带属县就多为羌人占据。来歙就此事上书，说陇西屡有侵扰祸害，除马援外，无人能平。光武帝立马任命马援为陇西郡太守。马援一上任，就派步兵骑兵三千人出征。先在临洮击败先零羌，斩首数百人，获马牛羊一万多头。守塞的八千多羌人，向马援归降。羌族叛乱的其余几万人在浩亹占据要隘进行抵抗，马援和扬武将军马成率兵追击，羌人将他们的家小和粮草辎重转移后，在允吾谷阻挡汉军。马援率部暗中抄小路袭击羌人营地，羌人见汉军突如其来，大惊，逃入远处的唐翼谷中。马援挥师追击，羌将把精兵聚集在北山坚守。马援对山摆开阵势以吸引敌人，另派几百名骑兵绕到羌人背后，乘夜放火，击鼓叫喊，羌人以为汉军主力袭来，纷纷溃逃。马援大获全胜，斩首千余人。但因自己兵少，并未穷追敌人，只把羌人的粮谷、牲畜等财物收为汉军所有就撤回了。这时，朝中有大臣因为金城在破羌之西，路途遥远又多盗寇，商议放弃金城。马援上书说："破羌以西的城堡多是完好牢固，易于防守的；那里的土地肥沃，灌溉便利。假如舍弃不管，任羌人占据湟中，那么，以后将有无穷的祸患。所以不可放弃。"光武帝觉得他言之有理，于是下诏令武威太守把金城迁来的百姓放回故里。共放回三千多人，他们都回到了原籍。马援又奏明朝廷，请求设立官吏，修治城郭，建造工事，开导水利。鼓励人们发展农牧业生产，郡中百姓由此开始安居乐业。马援还派羌族豪强杨封说服塞外羌人，让他们与塞内羌族结好，共同开发边疆。后来，武都参狼羌与塞外部族联合发动叛乱，杀死官吏。马援率四千人前去征剿。部队行至氐道县，发现羌贼占据了山头。马援命令部队选择适宜地方驻扎，断绝了羌人水源，控制草地，不与羌贼出战。武都参狼羌因水草乏绝而陷入困境，其首领带领几十万户逃往塞外，剩下的一万多人全部归降汉朝。从此，陇右清静安宁。

马援注重广开恩信，宽待下属，他要求官吏恪尽职守，自己从不过多干预，只把握大体就好。他家里总是宾客盈门，旧交满座。手下的官吏来汇报具体事务，马援会说："这是长史、掾史们的职责，不用告诉我。可怜可怜老夫，老夫想清闲游乐一下。如果是世家大族欺侮平民百姓，或狡黠羌民想要造反，这样的事才是太守的职责所在。"一次，县城附近有乡民结伙械斗仇杀。官吏百姓都误以为是羌人造反，赶忙争先恐后涌入城中。狄道县县长登门，请示关闭城门，整兵戒备。马援当时正与宾客饮酒，大笑道："烧羌怎敢再来进犯我边境。告诉狄道县县长回去守好县城，胆小怕死的话，可躲到床下去。"后来风波平静了，郡中人对马援的胆识都口服心服。

马援善于制定用兵方策，光武帝常对人说："马援论兵，总是与我想法契合。"每每出谋划策，没有不被光武帝采纳的。

交趾贵族女子徵侧及她妹妹徵贰造反，攻下当地的郡城，九真、日南、合浦蛮夷也出兵响应。侵占了岭外六十多座城池，徵侧自立为王。光武帝任命马援为伏波将军，以扶乐侯刘隆为副将，沿海路前进，遇山开道，长驱直入一千余里。马援率军到达浪泊，遭遇敌军并与之大战，大破敌军，斩首数千人，一万余人投降。马援乘胜追击徵侧等人至禁溪，几次打败贼军，敌众四散奔逃。诛杀了徵侧、徵贰，把首级送到洛阳，光武帝封马援为新息侯。接着，马援率大小楼船两千多艘，战士两万多人，进击九阳的征侧余党都羊等人，从无功一直打到居风，斩俘五千多人，最终平定了峤南。

马援率部刚刚凯旋。平陵人孟冀在庆功宴上向他表示祝贺，孟冀素以多智著称，马援说："我本希望你能提好的建议给我，你反而想和众人一样吗？现在匈奴、乌桓还在北部侵扰，我想请求去讨伐，男儿应当战死沙场，以马革裹着尸体运回安葬，哪能卧在床上，守着妻子，等着儿女送终呢？"孟冀说："真正的烈士就应当是这样的。"

武威将军刘尚前去征剿南方武陵五溪蛮的暴动，贸然进军深入，结果全军覆没。马援时年六十二岁，因此事再次请命南征。光武帝考虑到他年事已高，没有答应他的请求。马援当面请战说："臣还能披甲上马。"光武帝让他试试，马援披甲持兵，手扶马鞍，四方顾盼，表示自己还能出战。光武帝笑着说："这个老头真是精神得很啊！"于是派遣马援率领耿舒等人和从十二个郡招募来的士兵以及解除枷锁的刑徒四万多人远征五溪。马援对老友谒者杜倍说："我一直蒙受厚恩，现在年龄大了，余日已经不多，常常以不能死于国事而感到恐惧，现在获得出征机会，就是死了也心甘瞑目了。"马援率部到达临乡时，蛮兵来攻，马援迎击，大败蛮兵，斩俘两千余人，其余蛮兵逃入了竹林中。此前，部队到达下隽时，有两条路可走。一是经壶头山，路近但山高水险；一是经充县，路远，粮运不便但道途平坦。光武帝开始也拿不定主意。等到部队到达时，耿舒想从充县出发，而马援则认为，进军充县，耗日费粮，不如直进壶头，扼其咽喉，击其要害。充县的蛮兵也定会不攻自破。两人上表说明情况，请光武帝裁决，光武帝同意了马援的策略。马援率军进驻壶头。蛮兵据高凭险，紧守关隘。水势湍急，汉军船只难以前进。加上天气酷热难当，好多士兵得了疫病而死。马援也身患重病，部队一时陷入困境。马援命令将河岸山边凿出窟室，以避炎热的暑气。每当敌人登上高山、鸣鼓示威时，马援都拖着重病之躯出来观察敌情。手下将士深为其精神所感动，不少人热泪横流。耿舒却在此时写信给其兄好畤侯耿弇，告了马援一状："上次我上书建议当先攻打充县的蛮兵，粮草虽难运但兵马却得以展开使用，军人也可数万争先地奋进。今困在壶头不得前进，许多人都得病将死，实令人痛惜。此前到临乡，蛮兵无故自己来我阵地，当时如果乘夜攻击，就可消灭他们。马援用兵像西域做生意的胡人，每到一处就停下来，因此失利。现在果然困于疾疫，都如我所预料的一样。"耿弇收到此信，当即奏知光武帝。光武帝派虎贲中郎将梁松乘驿马去责问马援，并命他代监马援的部队。

梁松到时，恰逢马援病逝，梁松因旧恨难消，乘机诬陷马援。光武帝大怒，追收马援新息侯的印绶。

孙子说："要离间内部团结的敌人。"马援通过分析福祸达到离间隗嚣支党的目的。孙子说："研究地形险峻情况，计算路程远近都是将军和统帅的责任。"马援集米成山给光武帝分析所处形势，让最高决策者对局势了然于胸。孙子说："军队要靠近既有肥美水草又有险峻依附的地方行进。"马援占据水草肥美的地方，使得羌贼受困溃败。孙子说："攻击敌人没有防备的地方。"马援在山前驻扎部队，却从山后悄然袭击敌人，从而取得胜利。孙子说："道路选择要慎重。"马援就是因选择从壶口镇进军而导致失利的。

【评析】

马援，战国名将赵奢之后，东汉时期著名军事家。马援善于知人料事，所预言之事多中；他还经常上书提一些行政上的建议，多获采纳。曾依附其好友陇西割据者隗嚣。多次劝其归顺刘秀，但隗嚣最终没有听从他。公元32年刘秀亲征陇西，马援前往投奔，并堆米以示山川地形（类似沙盘），陈述两军形势和陇西地理，为刘秀取陇做出了重大贡献。马援任陇西郡守六年，多次击败、迫降羌人，保卫了陇西一带。公元48年武陵五溪蛮暴动，马援已六十二岁仍主动请战，病死军中。他的"男儿要当死于边野，以马革裹尸还葬"的名言，为后世称道。生前受到权贵的排挤压抑，死后又遭到了严重的诬陷迫害，刘秀对他误解甚深。其女后被立为皇后，因此没上云台二十八将排行榜。

东汉·班超

【原文】

班超，字仲升，扶风平陵人。为人有大志。居家常执勤苦，不耻劳辱。有口辩而涉猎书传。家贫，常为官佣书以供养。久劳苦，尝辍业投笔，叹曰："大丈夫无他志略，犹当效傅介子、张骞，立功异域，以取封侯。安能久事笔砚间乎？"左右皆笑之。超曰："小子安知壮士志哉！"其后行诣相者，曰："当封侯万里之外。"超问其状，相者指曰："生燕颔虎颈，飞而食肉，此万里侯相也。"

奉车都尉窦固出击匈奴，以超为假司马，与从事郭恂俱使西域。超到鄯善，鄯善王广奉超礼意甚备，后忽更疏懈。超谓其官属曰："宁觉广礼意薄乎？此必有北虏使来，狐疑未知所从故也。明者睹未萌，况已著邪。"乃召侍胡诈之曰："匈奴使来数日，今安在乎？"侍胡惶恐，具服其状。超乃闭侍胡，悉会其吏士三十六人，与共饮，酒酣，因激怒之，曰："卿曹与我俱在绝域，欲立大功，以求富贵。今虏使到裁数日，而王广礼意即废，如令鄯善收吾属送匈奴，骸骨长为豺狼食矣。为之奈何？"官属皆曰："今在危亡之地，死生从司马。"超曰："不入虎穴，不得虎子。当今之计，独有因夜以火攻虏，使彼不知我多少，必大震怖，可殄尽也。灭此虏，则鄯善破胆，功成事立矣。"众曰："当与从事议之。"超怒曰："吉凶决于今日。从事文俗吏，闻此必恐而谋泄。死无所名，非壮士也！"众曰："善。"

初夜，遂将吏士往奔虏营。会天大风，超令十人持鼓藏虏舍后，约曰："见火然，皆当鸣鼓大呼。"余人悉持兵弩夹门而伏。超乃顺风纵火，前后鼓噪。虏众惊乱，超手格杀三人，吏兵斩其使及从士三十余级，余众百人许悉烧死。明日乃还告郭恂，恂大惊，既而色动。超知其意，举手曰："掾虽不行，班超何心独擅之乎？"恂乃悦。超于是召鄯善王广，以虏使首示之，一国震怖。超晓告抚慰，遂纳子为质。

还奏于窦固，固大喜，具上超功效，并求更选使使西域。帝壮超节，诏固曰："吏知班超，何故不遣而更选乎？今以超为军司马，令遂前功。"超复受使，固欲益其兵，超曰："愿将本所从三十余人足矣。如有不虞，多益为累。"

是时于阗王广德新攻破莎车，而匈奴遣使监护其国。超既西，先至于阗。广德礼意甚疏，且其俗信巫。巫言："神怒何故欲向汉？汉使有䯄马，急求取以祠我。"广德乃遣使就超请马。超密知其状，报许之，而令巫自来取马。有顷，巫至，超即斩其首以送广德，因辞责之。广德素闻超在鄯善诛灭虏使，大惶恐，即攻杀匈奴使者而降超。超重赐其王以下，因镇抚焉。

时龟兹王建为匈奴所立，攻破疏勒，杀其王，而立龟兹人兜题为疏勒王。超从间道至疏勒，去兜题所居槃橐城九十里，逆遣吏田虑先往降之。敕虑曰："兜题本非疏勒种，国人必不用命。若不即降，便可执之。"虑既到，兜题见虑轻弱，殊无降意。虑因其无备，遂前劫缚兜题。左右出其不意，皆惊惧奔走。虑驰报超，超即赴之，悉召疏勒将吏，说以龟兹无道之状，因立其故王兄子忠为王，国人大悦。忠及官属皆请杀兜题，超不听，欲示以威信，释而遣之。

肃宗初即位，下诏召超。超发还，疏勒举国忧恐。其都尉黎弇曰："汉使弃我，我必复为龟兹所灭耳。诚不忍见汉使去。"因以刀自刭。超还至于阗，王侯以下皆号泣曰："依汉使如父母，诚不可去。"互抱超马脚，不得行。超恐于阗终不听其东，又欲遂本志，乃更还疏勒。乃上疏请兵，曰："臣窃见先帝欲开西域，故北击匈奴，西使外国，鄯善、于阗即时向化。今拘弥、莎车、疏勒、月氏、乌孙、康居复愿归附，欲共并力破灭龟兹，平通汉道。若得龟兹，则西域未服者百分之一耳。前世议者皆曰取三十六国，号为断匈奴右臂。今西域诸国，贡奉不绝，惟焉耆、龟兹独未服从。今宜拜龟兹侍子白霸为其国王，以步骑数百送之，与诸国连兵，数月之间，龟兹可禽。以夷狄攻夷狄，计之善者也。"帝知其功可成，议欲给兵。平陵人徐干素与超同志，上疏愿奋身佐超。遂以干为假司马，将弛刑及义从千人就超。先是莎车以为汉军不出，遂降于龟兹，而疏勒都尉番辰亦复反叛。会徐干适至，超遂与徐干击番辰，大破之，斩首千余级，多获生口。超既破番辰，欲进攻龟兹。以乌孙兵强，宜因其力，乃上言："乌孙大国，控弦十万。可遣使招慰，与共合力。"帝纳之。遣卫侯李邑护送乌孙使者，赐大小昆弥以锦帛。

　　李邑始到于阗，而值龟兹攻疏勒，恐惧不敢前，因上书陈西域之功不可成，又盛毁超。帝知超忠，乃责邑，令邑诣超受节度。诏超："若邑任在外者，便留与从事。"超即遣邑将乌孙侍子还京师。徐干谓超曰："邑前亲毁君，欲败西域，今何不缘诏书留之，更遣它吏送侍子乎？"超曰："是何言之陋也！以邑毁超，故今遣之。内省不疚，何恤人言！快意留之，非忠臣也。"

　　超因发疏勒、于阗兵击莎车。莎车阴通使疏勒王忠，啖以重利，忠遂反从之，西保乌即城。超乃更立其府丞成大为疏勒王，悉发其不反者以攻忠。积半岁，而康居遣精兵救之，超不能下。是时月氏新与康居婚，相亲，超乃使使多赍锦帛遗月氏王，令晓示康居王，康居王乃罢兵，执忠以归其国，乌即城遂降于超。后三年，忠说康居王借兵，还据损中，密与龟兹谋，遣使诈降于超。超内知其奸而外伪许之。忠大喜，即从轻骑诣超。超密勒兵待之，为供张设乐。酒行，乃叱吏缚忠斩之。

超发于阗诸国兵二万五千人，复击莎车。而龟兹王遣左将军发温宿、姑墨、尉头合五万人救之。超召将校及于阗王议曰："今兵少不敌，其计莫若各散去。于阗从是而东，长史亦于此西归，可须夜鼓声而发。"阴缓所得生口。龟兹王闻之大喜，自以万骑于西界遮超，温宿王将八千骑于东界徼于阗。超知二虏已出，密召诸部勒兵，鸡鸣驰赴莎车营，胡大惊乱奔走，追斩五千余级，大获其马畜财物。莎车遂降，龟兹等因各退散，自是威震西域。

初，月氏尝助汉击车师有功，因求汉公主。超拒还其使，由是怨恨。遣其副王谢将兵七万攻超。超众少，皆大恐。超譬军士曰："月氏兵虽多，然数千里逾葱岭来，非有运输，何足忧邪？但当收谷坚守，彼饥穷自降，不过数十日决矣。"谢遂前攻超，不下，又抄掠无所得。超度其粮将尽，必从龟兹求救，乃遣兵数百于东界要之。谢果遣骑赍金银珠玉以赂龟兹。超伏兵遮击，尽杀之，持其使首以示谢。谢大惊，即遣使请罪，愿得生归。超纵遣之。月氏由是大震，龟兹、姑墨、温宿皆降。乃以超为都护，徐干为长史，拜白霸为龟兹王。

西域唯焉耆、危须、尉犁怀二心。超遂发龟兹、鄯善等八国兵合七万人讨焉耆。兵到尉犁界，而遣晓说焉耆、尉犁、危须曰："都护来者，欲镇抚三国。即欲改过向善，宜遣大人来迎，当赏赐王侯已下，事毕即还。今赐王彩五百匹。"焉耆王广遣其左将北鞬支奉牛酒迎超。超诘鞬支曰："汝虽匈奴侍子，而今秉国之权。都护自来，王不以时迎，皆汝罪也。"或谓超可便杀之，超曰："非汝所及。此人权重于王，今来入其国而杀之，遂令自疑，设备守险，岂得到城下哉！"于是赐而遣之。广乃与大人迎超于尉犁，奉献珠物。焉耆国有苇桥之险，广乃绝桥，不欲令汉军入国。超更从他道厉度。到焉耆，去城二十里，止营大泽中。广出不意，大恐，乃欲悉驱其人共入山保。焉耆左侯元孟先尝质京师，密遣使以事告超，超即斩之，示不信用。乃期大会诸国王，因扬声当重加赏赐，于是焉耆王广、尉犁王泛及北鞬支等三十人相率诣超。其国相腹久等十七人惧诛，皆亡入海，而危须王亦不至。坐定，超怒诘广曰："危须王何故不到？腹久等何缘逃亡？"遂叱吏士收广、泛等斩之，传首京师。更立元孟为焉耆王。超留焉耆半岁，慰抚之。于是西域五十余国悉皆纳质内属焉。下诏封超为定远侯。

超自以久在绝域，年老思土，上疏曰："臣闻太公封齐，五世葬周，狐死首丘，代马依风。夫周齐同在中土千里之间，况于远处绝域，小臣能无依风首丘之思哉？臣不敢望到酒泉郡，但愿生入玉门关。"乃诏超还。超在西域三十一岁。至洛阳，拜为射声校尉。超素有胸胁疾，既至，病遂加。卒，年七十一。

初，超被召，以戊己校尉任尚为都护。与超交代，尚谓超曰："君侯在外国三十余年，而小人猥承君后，任重虑浅，宜有以诲之。"超曰："年老失智，任君数当大位，岂班超所能及哉！必不得已，愿进愚言。塞外吏士，本非孝子顺孙，皆以罪过徙补边屯。而蛮夷怀鸟兽之心，难养易败。今君性严急，水清无鱼，察政不得下和。宜荡佚简易，宽小过，总大纲而已。"超去后，尚私谓所亲曰："我以班君当有奇策，今所言平平耳。"尚至数年，而西域反乱，以罪被召，如超所戒。

孙子曰："过则从。"超之吏士谓"死生从司马"。又曰："火人。"超因风纵火而杀虏使。又曰："衢地合交。"超请招慰乌孙而攻龟兹。

又曰："用而示之不用。"超欲击莎车而诡言散去。又曰："以饱待饥。"超收谷坚守而败月氏是也。

【今译】

　　班超，字仲升，扶风平陵（今陕西咸阳东北）人。他为人有大志，不拘小节。班超在家中经常做一些辛勤劳苦的粗活，一点也不感到难为情。他口才好，广泛阅览了许多书籍。由于家中贫寒，班超常常以替官府抄书糊口谋生，长时间工作都很辛苦。他曾经停止工作，将笔扔置一边叹息道："身为大丈夫，我没有什么突出的计谋才略，想学学在西域建功立业的傅介子和张骞，以封侯晋爵，我怎么能够老干这笔墨营生呢？"同事们听后都取笑他。班超说："平凡的人怎么知道壮士的志气呢？"后来，他到相术师那里去，相师说："先生，您现在是布衣之士，可将来必定能万里封侯。"班超想问个究竟。相师指着他说："你额头如燕，颈脖如虎，燕子会飞，虎要食肉，这是个万里封侯的命相。"

　　奉车都尉窦固带兵去与匈奴作战，任命班超为假司马，派遣他随幕僚郭恂一起出使西域。班超一行到达鄯善国，国王广对他们礼遇有加，非常恭敬周到地接待他们，但不久后突然变得疏忽怠慢起来。班超对他的随从人员说："你们难道没觉察到鄯善王广对我们的态度变得淡漠了么？这一定是北方匈奴有使者来到这里，使他犹豫不决，不知道该服从谁好。只要头脑清醒的人都能预见这未发生的情况，何况现在局势已经明朗！"于是找来负责服侍汉使的鄯善人，诳骗他说："我知道匈奴的使者来了好些天了，现在住在哪里？"这侍者见班超道出机密，以为汉使已知底细，因为恐惧，就将实情和盘托出。班超随即关押了该侍从，并召集一同出使的三十六人一起喝酒。等喝到非常痛快的时候，故意用话激怒他们说："你们诸位与我都身处边地异域，都想通过立功来求得富贵荣华。但现在北匈奴的使者来了才几天，鄯善王广对我们便不以礼相待了。如果一旦鄯善王把我们抓起来送到北匈奴去，我们不都成了豺狼口中的食物了么？你们看看该怎么办？"随从都齐声说道："我们现在已处于危亡的境地，是生是死，都由司马您决定吧。"班超于是便说："不入虎穴，焉得虎子。现在唯有趁夜晚出其不意地用火攻击匈奴使者，他们不知道我们究竟有多少人，一定会很惊慌，我们可趁机消灭他们。只要消灭了他们，鄯善王就会吓破肝胆，我们就大功告成了。"众人建议说："此事应与郭从事商量一下。"班超发怒道："是凶是吉就在此一举。郭从事只是个平庸的文官，他听到这事后必定会因害怕而暴露我们的计划，我们就会白白送死还落下坏名声，这就称不上是大丈夫了。"大家说："有道理。"

天一黑，班超就带领兵士们奔袭到匈奴使者的住地。当晚正好刮大风，班超命令十个人拿了军鼓隐藏在使者屋后，并相约道："一见大火烧起，就立刻擂鼓呐喊。"其余的人带上刀剑弓弩，埋伏在大门两旁。于是班超顺风点火，前后的人一起擂鼓呐喊。匈奴人遂乱作一团。班超亲手杀了三人，他的部下也斩杀了匈奴使者及其随从人员三十多人，还有数百人一起被烧死。第二天，班超才告诉郭恂此事。郭恂一听大惊失色，但一会儿脸色又变了。班超看透了他的心思，举起手对他说："你虽未一起行动，但我班超又怎么忍心独占这份功劳呢？"郭恂这才高兴了。接着，班超请来鄯善王广，将匈奴使者的头颅献上，鄯善举国为之震惊。班超趁势晓之以理，安抚宽慰了鄯善王广一番并接纳广的儿子作为人质送往大汉。

班超回去将情况向窦固汇报，窦固十分高兴，上书朝廷详细奏明班超的功劳，并请求选派其他使者继续出使西域。汉明帝很赞赏班超的胆识与气节，就下诏给窦固："你如此器重班超这个得力的使臣，那为什么不派遣他继续出使，而要另选别人呢？现在提拔班超为军司马，继续西行完成出使的任务。"班超再次接受了使命，窦固想增加他出使所带的兵力，他却说道："我只带领原来跟从我的三十余人就足够了，如果遇到不测，人多反而成了累赘。"

当时，于阗王广德刚刚打败莎车国，匈奴却派使者来监护于阗国。班超向西行，首先到达于阗国，于阗王对班超的态度和礼节都十分冷淡简单，而且此地的风俗是相信巫师。巫师对于阗王说："为什么想去归顺汉朝？现在天神发怒了，汉朝的使者有一匹嘴黑毛黄的好马，赶快要来祭祀天神！"于阗王广德听后差人向班超索取那匹宝马。班超已暗中得知这一阴谋，假意答应献出此马，不过他提出须让巫师亲自来取才行。过了一会，巫师就来了。班超立即砍下他的脑袋，亲自送给于阗王广德，并在言辞上有所责备。广德早就听说了班超在鄯善国诛灭匈奴使者的事，因而非常惶恐不安，便下令攻杀匈奴使者后归降了班超。广德投降后，班超重重赐赏了于阗臣民，以安定民心。

当时的龟兹王建是在匈奴扶持下称王的，他依仗匈奴的势力攻破疏勒国，杀死国王，另立龟兹人兜题为疏勒王。班超带领部下取道小路，来到疏勒国。在距兜题所居住的盘橐城九十里处驻扎，派部下田虑先去劝降兜题。还吩咐田虑道："兜题本不是疏勒人，疏勒国民一定不会为他尽忠效命，如果他不肯投降，就当场抓住他。"田虑到达盘橐后，兜题见他势单力微，没有丝毫归降之意。田虑乘其不备，突然上前擒获兜题并将其捆绑起来。兜题的手下未预料会发生这样的事，都吓得趁乱逃走了。田虑派人飞马疾驰地向班超报告，班超立即赶到城中，召齐疏勒的文武百官，历数龟兹王兜题的条条罪状，另立疏勒人都信服的原来国王的侄子忠为新疏勒王。新国王忠和官员们都请求杀掉兜题，班超不同意，为了显示威信于西域，反把他释放送走了。

　　肃宗（汉章帝）即位后，立刻下诏召回班超。得知班超要回国，疏勒全国上下都很惶恐，这时，疏勒都尉黎弇进言道："汉使若弃我们而去，我们必定会再次被龟兹灭亡。我实在不愿意看到汉使离去。"说罢就拔刀自杀了。班超归国途经于阗国，沿途王侯以下的百姓全都痛哭道："大汉使者如同再生父母，实在不希望你们离去。"甚至还紧紧抱住班超的坐骑的腿，不让其离去。班超看到于阗国民坚决不让他东行归汉，又想实现自己最初的壮志，于是改变主意返回疏勒。于是上奏朝廷，请求派兵说："臣下私自认为先帝想打通西域，因而向北进击匈奴，向西派出使者，鄯善国和于阗国当即就归附了汉朝。现在拘弥、莎车、疏勒、月氏、乌孙、康居等国又愿意归顺汉朝，几国欲共同出力，攻灭龟兹，开辟通往汉朝的道路。如果我们攻下了龟兹，那么西域尚未归服的国家就屈指可数了。先前议论西域形势的人都说联合了三十六个国家，就称得上折断了匈奴的右臂。现在，西域各个国家中自愿进贡的国家络绎不绝，只有焉耆、龟兹二国还未臣服我们。现在我们应该封龟兹国的侍子白霸为龟兹国王，派几百步兵和骑兵护送他回国，然后我们再与其他诸国联合作战。不出数月，就可以擒获现在的龟兹王。以夷狄攻打夷狄，这是多好的计策啊。"奏章上达以后，肃宗（汉章帝）觉得此计可行，就商议派兵支援班超。平陵人徐干一向与班超志同道合，他上书给皇上，自告奋勇前去帮助班超。建初五年，肃宗封徐干为假司马，让他率领减刑的罪犯和自愿出塞的兵士一千人与班超汇合。刚开始，莎车国以为汉兵不会到来，便投降了龟兹国，而疏勒国的都尉番辰也因此反叛，恰巧这时徐干率军赶到，班超先与他一起进攻番辰，大获全胜，杀敌一千余人，活捉很多俘虏。班超攻破番辰之后，想乘胜进攻龟兹国，考虑周边诸国中乌孙兵力强大，可借助其力量困住龟兹，于是便上书朝廷道："乌孙是西域大国，拥有十万军队，现在朝廷可派遣使者前去招抚，以使乌孙国能与我们联合，一同攻打龟兹。"肃宗采纳了这个建议，他派遣卫侯李邑护送乌孙使者回国，并赠送给大小乌孙王许多绫罗绸缎。

李邑刚行至于阗国，正巧碰上龟兹在攻打疏勒国，他吓得不敢继续前进，而且上书说自己开通西域的事业难以成功，同时极力诽谤班超。肃宗知道班超一向忠诚，所以严厉地斥责了李邑，命令他前往班超驻地并听从班超的指挥调遣。还另外下诏给班超："若李邑愿在西域任职，便留他共事。"班超得令后就立刻派李邑带领乌孙国的侍子返回京城洛阳。徐干对班超说："李邑曾对皇上说您的坏话，想要败坏打通西域的大业。你何不依照皇上的命令把他留在这里，另外派官员护送乌孙国侍子回洛阳呢？"班超说："你怎能讲这样没有见识的话？正因为李邑毁谤过我，所以今天才让他回去。只要我问心无愧，为什么害怕人家说坏话呢？如果为了泄私愤而留他，就不是忠臣所为了。"

班超联合疏勒、于阗两国军队攻打莎车。莎车私下派使者串通疏勒王忠，以重利诱惑他，疏勒王忠便决定反叛，勾结莎车王向西作乱，固守乌即城。班超于是另立疏勒王室的府丞成大为疏勒王，调动全部不愿谋反的人攻打忠，双方相持了半年，因为康居王派精兵援救忠，导致班超一下子难以攻破乌即城。这时，月氏王刚与康居王联姻不久，关系还很密切，班超派使者带上很多金银锦帛赠送给月氏王，让他劝止康居王。最后，康居王不但撤了兵，还生俘了叛王忠，并把他押回疏勒国，乌即城守军只好向班超投降了。又过了三年，忠又去游说康居王，向他借兵，并占领了损中，还暗中与龟兹勾结。又派使者向班超诈降，班超虽明白他们的阴谋，却假装答应接受投降。叛王忠一听大喜，马上带领轻骑来见班超。班超暗中埋伏好军队等候，并设下营帐，奏乐接待，畅饮正欢时，班超突然高声喝令部下将叛王忠捆起来拉出去斩首。西域南道从此才畅通无阻。

随后，班超联合于阗等国的军队两万五千人，再次攻打莎车。得到消息后，龟兹王派左将军纠合了温宿、姑墨、尉头等国五万军队去援救莎车王。面对这种局面，班超召来部属和于阗王商议道："眼下我们寡不敌众，唯一的办法不如表面上各自散去，于阗军从这里向东而去，我军就从这里向西而去，待天黑之后听到鼓声后分头出发。"还暗中放松了对俘虏的看管。逃回的俘虏向龟兹王汇报了汉军的动向，龟兹王亲自率领一万骑兵赶到西边去拦截班超，另派温宿王带领八千骑兵赶到东边去阻击于阗军。班超得悉敌军已经分兵而出，便秘密地把各部兵力召集一起，在鸡叫时分飞驰奔袭莎车军营，莎车军一片惊乱，四方奔逃，班超追击歼敌五千多人，缴获了大量的牲畜财物，莎车王只好投降。龟兹等国只好各自撤退。班超从此威震西域。

当初，大月氏（今阿富汗境内）曾经帮助汉朝进攻车师有功。国王派遣使者，来到班超驻地，向汉朝提出要迎娶汉朝公主为妻。班超拒绝了这要求，大月氏王遂怨恨起汉朝。大月氏王派副王谢率兵七万攻打班超。班超部下认为己方兵力弱，都很恐慌。班超对部下说："大月氏的兵虽多，但从数千里外翻山越岭而来，又没有粮草的供给，有什么可怕的？我们只需要坚守就可以了，大月氏的士兵因饥饿难耐必定会投降的。我估计，数十天后就可取胜。"谢先率兵进攻班超军队的驻地，久攻不下，又掠夺不到任何东西。班超估计谢军的粮草已经用尽，他们必定会向龟兹王求救，于是就在东界埋伏数百人。谢果然派兵带金银珠宝去龟兹求援。班超伏兵突然杀出，杀死了使者，并把人头展示给谢看。谢十分害怕，进退无据，只好遣使向班超请罪，希望能放他们一条生路，班超这才放他们回国，大月氏由此惊惧，遂与汉朝和好如初。随后，龟兹、姑墨、温宿等国都归顺了汉朝。朝廷于是任命班超为都护，徐干为长史，封白霸为龟兹王。

此时，西域诸国，只剩焉耆、危须（今新疆焉耆东北）、尉犁（今新疆库尔勒东北）三国尚未归汉。班超随后联合龟兹、鄯善等八国的部队七万人，进攻焉耆。大军行到尉犁，班超派使者通告三国国王："大汉军队此次前来，目的是安抚三国，三国的大王若想改过向善，应派王公贵族前来迎接。汉朝还要赏赐王侯以下的人，事完之后，他们就可返回，现在赏赐每个大王彩帛五百匹。"焉耆王派遣他的左将北鞬支带着酒肉前去迎接班超。班超责备他说："你虽为匈奴的侍子，但掌握着国家大权。我这个都护亲自来这里，你们大王却不来迎接，说到底这些都是你的罪过呀。"班超手下的人劝他杀了北鞬支，班超不同意，他说："并非所想这么简单，此人权力比他们大王还要大，如果进城把他给杀了，焉耆的百姓肯定会怀疑我们，继而加强防守。那样的话，我们还能攻下此城吗？"于是班超送给北鞬支不少礼物并释放他回国。焉耆王广见北鞬支平安无事，就亲率王公贵族在尉犁迎接班超，奉上礼物。不过，他并非真想让班超进入他的国境。焉耆国地势险要，只有一座苇桥可以到达都城。焉耆王广斩断了苇桥，阻止汉军通过。班超却从别的道路进入焉耆，在距王城二十里的大泽驻扎部队。焉耆王见班超突然到来，大呼意外，十分惊恐，想带领自己的军队逃入山中负隅顽抗。焉耆国左侯元孟，曾在京师洛阳为质，他悄悄派使者向班超报信。班超为了稳住焉耆国的贵族，斩杀了元孟的使者，以示对使者的不信任。班超定下时间宴请三国国王及大臣，并扬言届时将会厚加赏赐赴宴者。焉耆王广、尉犁王况及北鞬支等三十多人信以为真，一起拜见班超。焉耆国相腹久等十七人害怕被杀，逃跑了，危须王也没敢来。宴会开始，大家坐定，班超突然变了脸色，责问焉耆王广说:"危须王为什么没有来?腹久等人为什么逃跑?"说完喝令武士把广、况等人一举捉获,全部斩杀,并将他们的首级送往京师。班超另立了元孟为焉耆国王,为稳定局势和安抚百姓,班超在那里又停留半年。至此,西域五十多个国家全部归顺了汉王朝。汉景帝知道后,下诏封班超为定远侯。

班超因为常年生活在西域,年老时开始思念故乡,向穆宗(汉和帝)上书说:"臣曾听说当年姜太公在齐地受封,可子孙五代却都葬在周境,正所谓狐死首丘,代马依风,何况周、齐同在中原,相距不过千余里。而臣远在偏远的西域,怎能没有思乡之情呢?臣不敢妄想回到酒泉郡,只愿能回到玉门关就心满意足了。"汉和帝看到奏折后深受感动,下诏让班超回京。至此,班超一共在西域待了三十一年。班超回到洛阳后,被任命为射声校尉。班超患有胸胁疾病多年,回到洛阳不久就病情加重,最后不治身亡,时年七十一岁。

班超被召回后,汉和帝命戊己校尉任尚出任西域都护。任尚上任前曾去拜会班超。任尚对班超说:"君侯在西域待了三十多年,肯定有小人不断陷害您,您处理得这么好,应该有什么经验吧,可以传授给我吗?"班超说:"我已年老糊涂了,您又屡居高位,我哪里能够比得上您呀!现在您既然真心请教,我愿进几句愚言。塞外的官吏,原本就是不肖子孙,更谈不上孝顺,都是因罪贬去屯边的。而蛮夷也怀有不轨之心,容易叛乱。您的性子严苛急躁,水至清而无鱼。到西域后应宽容部下和蛮夷的过错,不要深究细小的过失,把握住大的原则就行了。"班超去世后,任尚不以为然地对亲近的人说:"我以为班超会有什么奇策呢,他所说的也不过如此。"任尚到任几年后,西域果然发生叛乱。任尚因罪召回,正如班超所告诫的那样。

孙子说:"士兵身陷险境才听从指挥。"在危急情况下,部下都说

"一切听从司马安排"才使行动取得胜利。孙子说:"用火烧敌人的人马。"班超趁着风势放火,结果灭掉了匈奴使者。孙子说:"在各国毗邻的要塞处,需分清敌友,结交友国为自己提供支援。"班超招抚安慰乌孙一起攻击龟兹才取得了胜利。孙子说:"想要攻打某地时,要装出不打它的样子。"班超打算攻打莎车却谎称要班师回朝来迷惑敌军。孙子说:"用自己的粮食充足对付敌人的粮尽人饥。"班超聚集粮食坚守不出,最终月氏因饥饿而战败。

【评析】

　　班超,东汉著名军事家。他为人有大志,不修细节,但内心孝敬恭谨,并能明察事理。他又以非凡的政治和军事才能,在西域的三十一年中,正确地执行了汉王朝"断匈奴右臂"的政策,自始至终立足于争取多数,分化、瓦解匈奴势力,因而战必胜,攻必取。班超不仅维护了祖国的安全,而且加强了与西域各族的联系,为我国多民族国家的形成、巩固和发展,做出了卓越贡献。他是著名史学家班彪的次子,其长兄班固、妹妹班昭都是著名的史学家。

东汉·虞诩

【原文】

虞诩，字升卿，陈国武平①人也。初，辟太尉李修府，拜郎中。永初中，羌胡反乱，残破并、凉，大将军邓骘以军役方费，事不相赡，欲弃凉州，拿力北边，乃会公卿集议。骘曰："譬若衣败，坏一以相补，犹有所完。若不如此，将两无所保。"议者咸同。诩闻之，乃说李修曰："窃闻公卿定策当弃凉州，求之愚心，未见其便。先帝开拓土宇，劬劳后定，而今惮小费，举而弃之。凉州既弃，即以三辅为塞；三辅为塞，则园陵单外。此不可之甚者也。谚曰：关西出将，关东出相。观其习兵壮勇，实过余州。今羌胡所以不敢入据三辅，为心腹之害者，以凉州在后故也。其土人所以摧锋执锐，无反顾之心者，为臣属于汉故也。若弃其境域，徙其人庶，安土重迁，必生异志。如使豪雄相聚，席卷而东，虽贲、育为卒，太公为将，犹恐不足当御。议者喻以补衣犹有所完，诩恐其疽食侵淫而无限极。弃之非计。"修曰："吾意不及此。微子之言，几败国事。然则计当安出？"诩曰："今凉土扰动，人情不安，窃忧卒然有非常之变。诚宜令四府九卿，各辟彼州数人，其牧守令长子弟皆除为冗官，外以劝厉，答其功勤；内以拘致，防其邪计。"修善其言，更集四府，皆从诩议。于是辟西州豪桀为掾属，拜牧守长吏子弟为郎，以安慰之。

邓骘兄弟以诩异其议，因此不平，欲以吏法中伤诩。后朝歌贼宁季等数千人攻杀长吏，屯聚连年，州郡不能禁，乃以诩为朝歌长。故旧皆吊诩曰："得朝歌何衰！"诩笑曰："志不求易，事不避难，臣之职也。不遇盘根错节，何以别利器乎？"始到，谒河内太守马棱。棱勉之曰："君儒者，当谋谟庙堂，反在朝歌邪？"诩曰："初除之日，士大夫皆见吊勉。以诩筹之，知其无能为也。朝歌者，韩、魏之郊，背太行，临黄河，去敖仓百里，而青冀之人流亡万数。贼不知开仓招众，劫库兵，守成皋，断天下右臂，此不足忧也。今其众新盛，难与争锋。兵不厌权，愿宽假辔策，勿令有所拘阂而已。"及到官，设令三科以募求壮士，自掾史以下各举所知，其攻劫者为上，伤人偷盗者次之，带丧服而不事家业为下。收得百余人，诩为飨会，悉贳其罪，使入贼中，诱令劫掠，乃伏兵以待之，遂杀贼数百人。又潜遣贫人能缝者，佣作贼衣，以彩线缝其裾为识，有出市里者，吏辄禽之。贼由是骇散，咸称神明。

后羌寇武都，邓太后以诩有将帅之略，迁武都太守。羌乃率众数千，遮诩于陈仓、崤谷，诩即停军不进，而宣言上书请兵，须到当发。羌闻之，乃分钞傍县。诩因其兵散，日夜进道，兼行百余里。令吏士各作两灶，日增倍之，羌不敢逼。或问曰："孙膑减灶，而君增之。兵法日行不过三十里，以戒不虞，而今日且二百里。何也？"诩曰："虏众多，吾兵少。徐行则易为所及，速进则彼所不测。虏见吾灶日增，必谓郡兵来迎。众多行速，必惮追我。孙膑见弱，吾今示强，势有不同是也。"既到郡，兵不满三千，而羌众万余，攻围赤亭数十日。诩乃令军中，强弩勿发，而潜发小弩。羌以为矢力弱，不能至，并兵急攻。诩于是使二十强弩共射一人，发无不中，羌大震，退。诩因出城奋击，多所伤杀。明日悉陈其兵众，令从东郭门出，北郭门入，贸易衣服，回转数周。羌不知其数，更相恐动。诩计贼当退，乃潜遣五百余人于浅水设伏，候其走路。虏果大奔，因掩击，大破之，斩获甚众，贼由是败散，南入益州。诩乃占相地势，筑营壁百八十所，招还流亡，假赈贫人，郡遂以安。

先是运道艰险，舟车不通，驴马负载，僦五致一。诩乃自将吏士，案行川谷，自沮至下辨，数十里中，皆烧石翦木，开漕船道，以人僦直雇借佣者，于是水运通利，岁省四千余万。

永和初，迁尚书令，卒。临终，谓其子恭曰："吾事君直道，行己无愧。所悔者，为朝歌长时杀贼数百人，其中何能不有冤者。自此二十余年，家门不增口，斯获罪于天也。"

孙子曰："强弱形也。"诩增灶示强，而羌不敢逼。又曰："形人而我无形。"诩贸易衣服，而羌不知其数是也。

【注释】

① 武平：今鹿邑武平，虞诩墓犹存，现位于鹿邑县高集乡前楼东北。

【今译】

虞诩，字升卿，陈国武平（今河南鹿邑西北）人。开始被征召到太尉李修府中任郎中。永初中，羌胡起兵，摧残破坏攻掠并、凉两州。大将军邓骘认为军费耗费太多，路途又远，无法兼顾。想丢弃凉州，集中力量保守北边。于是召集公卿商议。邓骘说："譬如衣服坏了，毁掉一件去补另一件，还可以有一件完好的。如果不这样，将是两无所保。"与会的人也同意他的看法。虞诩闻后，对李修说："听说公卿决定放弃凉州，在我看来是不合适的。先帝辛苦开辟疆土，现在却因怕浪费财务而丢掉它。凉州既然丢了，那三辅就算边塞了，那祖宗的园陵坟墓就在界外了，这是万万不行的。俗话说：'关西出将，关东出相'，凉州素来习兵练勇，超过他州。现在羌胡所以不敢入侵三辅，因凉州在他的后方，是他的心腹之患啊！凉州老百姓拿起武器，保卫凉州，毫无反叛之心，因为凉州是汉朝的啊！如果放弃它，迁走老百姓，人民又安于故土，不愿意迁徙，这样，一定会发生变故。假使地方枭雄集合起来，向东进攻，虽有贲、育那样的勇士，太公那样的将领，但恐怕也抵挡不住呢。大家以补衣还有所完作比方，我却担心会如疽般溃烂，越烂越宽，没有所止。故放弃凉州不是好计策。"李修认为他言之有理，说："我没有想到这点。不是你说，几乎坏了国家大事。那么，有什么好计策呢？"虞诩说："今凉州骚动，人心不安，我担心突然发生事变。应该下令四府九卿，各选出所属州数人为官；对牧守令长子弟，皆授散官，表面上是奖励他们的功勋，实际上监视他们，防止他们捣乱。"李修依议，召集四府会商后，布置安排都照虞诩之计办事。于是征召两州豪杰为掾属，授牧守长吏子弟为郎，安慰他们。

但虞诩的这一建议却得罪了邓骘的兄弟，他们不服，想利用吏法诬陷虞诩。正好朝歌（今淇县）宁戚等数千人杀死官吏，连年不散，州郡都无法平定。于是，他们推荐虞诩任朝歌长，前去平乱。虞诩的故旧纷纷赶来慰问，不无遗憾地对虞诩说："去朝歌真倒霉！"虞诩笑着说："志向不求容易的，事情不避困难的，这是臣子的本分。不遇盘曲的根和错乱的节，哪能识别出好利器呢？"虞诩一到任，就去拜谒河内太守马棱。马棱勉励他说："你是有学问的人，应当在朝廷谋划国家大事，怎会长期待在朝歌呢？"虞诩说："受命那天，不少有地位的官员都来勉励过我。但我想，贼人应该不足为惧。朝歌在韩、魏两国交界处，背靠太行山，面临黄河，离敖仓（粮仓）一百多里，从青州、冀州流亡到这里的有几万人。逆贼不知开仓募众，抢库藏兵器，不知守城皋，从而断掉天下的右手，这就不足为忧了。现在，贼众气势正盛，不好与之较量。可兵不厌诈，希望太守大人多给兵马，不要有所为难就行。"上任后，设令三科寻找壮士，掾史以下都可以举荐；抢劫的为招募首选，伤人偷盗的次之，戴丧服却不事家业的为下。共募得一百余人，虞诩设宴招待他们，赦免他们的罪过，让他们混入逆贼中，引诱他们劫掠，并设伏兵见机击杀，利用这种办法，杀死了几百名叛乱者。虞诩还派会缝纫的贫苦百姓去叛乱者队伍中做佣工，给他们缝制衣服时，悄悄在衣襟上缝上彩线作暗记，这样一来，叛乱者一进入街市，差役们就可以根据暗记逮捕他们。叛乱者不明就里，纷纷败散，以为虞诩有神明相助。

后来羌入侵武都，邓太后认为虞诩有将帅的谋略，升为武都太守。羌人首领便率领几千人马，在陈仓道上的崤山凭险设防，想在这里堵住虞诩军队前进。虞诩立即停止前进，并且宣称已上奏朝廷请兵增援，要等援军到来再一起进发。羌人闻知这一消息后，分头到邻近的县城去抢掠。趁逆贼兵力分散，虞诩日夜兼行百余里。并且命令将士们每人挖两个灶坑。以后每人每天再增挖两个。羌人见灶坑天天增加，以为汉军有了援军，便不敢逼近他们。有人不解其意，问虞诩："孙膑减灶，你增灶，兵法不过要日行三十里，以防不测，你现在日行二百里，这都为什么呢？"虞诩说："羌寇兵多，我兵少。走慢了，就容易被羌寇追上，行进快速，羌寇就料不到我方情况。又看见我方灶坑天天增加，定以为郡兵来援助我了。人多而行进迅速，羌寇定不敢再追我了。孙膑是要装着自己弱，我今是要装着自己强，只因情势不同。"虞诩到武都郡时，部队还不满三千人，被羌寇数万人围于赤亭数十日。虞诩命令将士不要发射强弩,只用小弩射击。羌寇见汉军箭力很弱,射不到自己,以为没有危险,便集中兵力加紧攻城。当羌寇冲到城下时,虞诩命令二十副强弩同时射一个羌人,发无不中。羌寇大震,连忙退却。虞诩见敌退兵,趁势纵兵杀出城去,杀伤很多敌军。

  虞诩总结上次战斗的情况,感到暴露了实力,估计羌军可能会再来进攻。次日,虞诩让所有的官兵排长队,耀武扬威地从东边城门出去,转一圈,再从北边城门进城。进城后更换衣服,又从这个城门出发,那个城门进来,并不断更换衣服,来回周转数次,以迷惑羌人。羌人见汉军服饰不同,源源不绝地出入城门,猜不透有多少人马,愈发惊惧,军心动摇。虞诩估计羌人要退兵,偷偷派遣五百余人设伏于在敌人撤退的必经之道——河流浅水处。羌寇果然逃走,汉军伏兵突起,截击掩杀,大获全胜。羌寇混乱地向南逃窜到益州去了。虞诩察看地形,构建一百八十多所营垒,把流亡到外地的民众招回,救助贫苦民众。武都郡也逐渐安定下来。

  虞诩到武都郡之前,该地运输道路艰险,舟车不通,租赁驴负马驮的费用五倍于所运物资。鉴于此种情况,虞诩亲自带领将士视察武都山谷河流,从沮地到下辩数十里行程中砍伐树木,凿烧石头,开通了一条船路,用原来租赁人畜的钱雇佣船工。于是,水运通达便利,每年节省费用四千余万。

  永和初年,虞诩曾升任尚书令。再次召任时,不巧他去世了。临终,他对儿子虞恭说:"我为朝廷办事,从来正直无私,凡事无愧于心。唯一后悔的是做朝歌长时杀的那数百名贼人,里面肯定有被冤枉的。此后二十余年,咱家没有增加一口人,就是获罪于天的缘故啊!"

  孙子说:"强弱可通过表象传达与人。"虞诩以增加行军灶来表示自己军队强大,起到迷惑羌寇的作用,使之不敢进攻。孙子说:"了解敌人真实情况,还要让敌人无法得知我方真实情况。"虞诩让士兵来回更换衣服在两个城门出出进进,使羌寇摸不透虞诩的部队实力。

【评析】

　　虞诩,东汉名将,著名军事家、政治家。他一生文韬武略,战功卓著;为官清正廉明,刚正不阿。虞诩最大的战绩是与羌人的武都之战,增灶行军,以三千破万余,打了个漂亮的歼灭战。其事迹被载入《后汉书·虞诩列传》,可谓是名垂青史。虞诩喜欢举劾官吏,讥刺朝政,一点都不回护宽容,屡次忤怒权要与贵戚。因此,他一生九次被谴责审治,三次遭到刑罚,然而刚正之性,至老不屈。永和初年,他升任尚书令,后因公事离职。他临终对儿子虞恭说:"我一生做事正直,无愧无悔,唯一的遗憾,就是任职朝歌时,杀了几百个盗贼,很难保证其中没有冤杀之人。"那个时代的高官,能有这样的反省与觉悟,真是让人感叹!

东汉·皇甫规

【原文】

皇甫规,字威明,安定朝歌人也。永和中,西羌大寇三辅,围安定。征西将军马贤将诸郡兵击之,不能克。规虽在布衣,见贤不恤军士,审其必败,乃上书言状。寻而贤果为羌所没。郡将知规有兵略,乃命为功曹,使率甲士八百,与羌交战,斩首数级,贼遂退却。举规上计掾。其后羌众大合,攻烧陇西,朝廷患之。规乃上疏求乞自效,曰:"臣比年以来,数陈便宜。羌戎未动,策其将反,马贤始出,颇知必败。误中之言,在可考校。臣每恨贤等拥众四年,未有成功,久师之费且百亿计。夫羌戎溃叛,不由承平,皆因边将失于绥御。乘常守安则加侵暴,苟竞小利则致大害,微胜则虚张首级,军败则隐匿不言。军士劳怨,困于猾吏,进不得快战以徼功,退不得温饱以全命,饿死沟渠,暴骨中原。徒见王师之出,不闻振旅之声。酋豪泣血,惊惧生变。是以安不能久,败则经年。臣所以搏手叩心而增叹者也。愿假臣两营二郡,屯列坐食之兵五千,出其不意,与护羌校尉赵冲共相首尾。土地山谷,臣所晓习;兵势巧便,臣已更之。可不烦方寸之印,尺帛之赐,高可以涤患,下可以纳降。若谓臣年少官轻,不足用者,凡诸败将,非官爵之不高,年齿之不迈。臣不胜至诚,没死自陈。"桓帝不能用。

时泰山贼叔孙无忌侵乱郡县，中郎将宗资讨之未服。公车特召规，拜泰山太守。规到官，广设方略，寇贼悉平。

延熹四年秋，叛羌零吾等与先零别种寇钞关中，护羌校尉段颎坐召。后先零诸种陆梁，覆没营坞。规素悉羌事，志自奋效，乃上疏曰："臣生长邠岐，年五十有九。昔为郡吏，再更叛羌，豫筹其事，有误中之言。臣素有固疾，恐犬马齿穷，不报大恩。愿乞冗官，备单车一人之使，劳来三辅，宣国威泽，以所习地形兵势，佐助诸军。"

至冬，羌遂大合，朝廷为忧。三公举规为中郎将，持节监关西兵，讨零吾等，破之，斩首八百级。先零诸种羌慕规威信，相劝降者十余万。规因发其骑兵讨陇右，而道路隔绝，中军大疫，死者十三四。规亲入庵庐，巡视将士，三军感悦。东羌遂遣使乞降，凉州复通。先是安定太守孙儁受取狼籍，属国都尉李翕、督军御史张禀多杀降羌，凉州刺史郭闳、汉阳太守赵熹并老弱不堪任职，而皆倚恃权贵，不遵法度。规到州界，悉条奏其罪，或免或诛。羌人闻之，翕然反善。沈氏大豪滇昌、饥恬等十余万口，复诣规降。拜度辽将军，至营数月，上书荐中郎将张奂以自代，曰："臣闻人无常俗，而政有治乱；兵无强弱，而将有能否。伏见中郎将张奂，才略兼优，宜正元帅，以从众望。若犹谓愚臣宜充军事者，愿乞冗官，以为奂副。"朝廷从之，以奂代为度辽将军，规为使匈奴中郎将。再转为护羌校尉。熹平三年，以疾召还。未至，卒。

孙子曰："良将警之。"规以马贤不恤军士而知其必败。又曰："进不求名。"规举张奂自代，而身为之副是也。

【今译】

皇甫规，字威明，安定朝歌（今甘肃灵台）人。永和年间，西羌大举在三辅（今陕西关中一带）作乱，包围了安定。征西将军马贤率领各郡兵讨伐羌寇，未得胜。皇甫规此时虽为布衣，见马贤不懂军事，不爱恤士兵，料其必败，于是上书说明马贤必败的情势。不久，马贤果然被羌寇所消灭。郡守才知道皇甫规懂兵略，就任命他为功曹，让他率领八百名士兵与羌寇交战。斩首数级，羌军赶紧退却。郡守推举皇甫规为上计掾。后来羌贼大联合，攻击烧掠陇西，朝廷认为这是祸患。皇甫规上疏朝廷，自己请求报效国家，说："我近年以来，多次陈述关于对付西羌的措施。羌戎还没有动静，臣就料到他会反叛，马贤刚刚出兵臣就知道他一定要吃败仗。偶然说中的这些话，倒处处有事实可做证。臣常常遗恨于马贤等人拥兵四年却未获成功，而驻师所用军资要以百亿来计算，羌戎反叛，不会在天下太平之时，都是因为边将没有抚慰治理好。本应平安无事，却去侵暴他们，为了求得小小的好处，终于引来大害。打了胜仗，往往虚报斩首敌人的数量，打了败仗就瞒了不说。士兵劳苦，一肚子怨气，却被奸诈的官长困逼，进不得快战以取功名，退不得温饱以活命，只能饿死沟渠，暴尸四野，白白地看着王师出兵，却不见王师凯旋。羌寇首领常常害怕发生变故。所以平安时期是很少的，一败乱下来，就是很多年。这是我拍掌叩心所叹息的啊。希望给我以马贤、赵冲两营的兵力和安定、陇西两郡之地，率领坐食的兵士五千，趁羌戎不注意，与护羌校尉赵冲首尾相应。土地山谷的形势，是我所熟悉的；兵势巧便，我已加以整顿。可以不烦用一颗方寸之印，发布文书，一尺之帛作为赏赐，高可以涤除忧患，下可以纳降。如果说我年少官轻，不可以用，那些败兵之将，不是官爵不高，年龄不大。我极为诚恳，冒死自陈。"可汉桓帝最后没有采用他的建议。

这时，泰山叛贼叔孙无忌侵扰周围郡县，中郎将宗资前去征讨，但没有取得成功。公车特征召皇甫规，任命他为泰山太守。皇甫规到任后，开展实施各种征讨方略，终将寇贼全部平定。

延熹四年秋，叛羌零吾等与先零率领羌军侵扰掳掠关中，护羌校尉段颎获罪被召回。后来，羌军将领陆梁带军攻占营坞。皇甫规平常熟悉羌事，有志奋发效力，于是上疏自荐说："臣生长于幽岐，现年五十九岁了，从前作郡吏时，经历过诸羌几次叛乱，且经过事先筹划，常有说对了的话。我向来身体不好，害怕犬马之身，一旦死去，无法报效皇上的大恩，请任我以散官，备单车一介之使，抚慰三辅，宣传国家的威信与恩泽，用所熟习的地形兵势，帮助诸军。"

到冬天，诸羌大合，蠢蠢欲动，朝廷以为忧患。三公推举皇甫规为中郎将，持天子符节监关西兵，征讨零吾等部，打败了他们，斩首八百级。先零诸种羌仰慕皇甫规的威信，互相劝降的有十余万人。第二年，皇甫规趁机发动骑兵，共同讨伐陇右，但道路阻隔，军中发生疾疫，十个人中病死的就有三四个。皇甫规亲身进入庵庐，慰问将士，三军感激喜悦。这时，东羌派使者乞降，凉州便没有阻隔了。先时，安定太守孙隽受贿贪污，十分严重，属国都尉李翕、督军御史张禀滥杀投降的羌军，凉州刺史郭闳、汉阳太守赵熹都因年纪过大，无法履行任职，但是他们倚靠权势贵戚，不遵守国家的法度。皇甫规到达州界，一条条地上奏了他们的罪行，有的免去官职，有的处以极刑。羌人听说后，很快就归附，沈氏首领滇昌、饥恬也带领十余万人，向皇甫规投降。朝廷任命皇甫规为度辽将军，任职几个月后，皇甫规上书推荐中郎将张奂代替自己。他说："我听说无不变的风俗，为政有利弊之别，兵没有所谓强兵弱兵，但将领有能力强弱之分。中郎将张奂，才气与谋略都极好，应当正位元帅，以符合大家所希望的。如果说愚臣还可以担任军事，愿给愚臣一个散官，作为张奂的助手。"朝廷批准了他的请求，以张奂代为度辽将军，皇甫规为出使匈奴的中郎将。后来，皇甫规又转任护羌校尉。熹平三年，皇甫规因生病而召回，还未回到洛阳就去世了。

孙子说："即使打了胜仗，优秀的将领也要提高警惕。"皇甫规从马贤不体恤军士的做法中，看到了马贤逢战必败。孙子说："不要刻意追求自己在战场上的功名。"皇甫规举荐张奂替代自己成主将，而自己甘愿为副将。

【评析】

皇甫规，东汉名将，他出身于世代武官家庭，有见识，熟习兵法。祖父皇甫棱，曾任度辽将军；父亲皇甫旗，任扶风都尉。皇甫规一生的最大功绩是招抚羌人，安定羌变，缓解东汉朝廷与羌人之间的矛盾。他素习羌事，反对对羌人一味镇压和杀戮，主张采用招抚政策。他认为若求猛将，不如抚以清平之政；明习兵书，不如郡守奉法，使之无反。他上书奏免了一批多杀降羌、不遵法度的官员。羌人由是感慕，前后相归降者逾二十万人。这对汉羌之间的融洽十分有利，更使边疆地方得以安宁。皇甫规一身清正，廉洁奉公，刚直不阿，不畏权奸，曾数次遭权幸奸党的陷害，但仍毫无畏惧，刚正不渝。他爱才惜才，荐贤委位，年迈时即举荐德才兼备的张奂代替自己的职务，自己则愿作为副手效命。皇甫规的言行，都足以成为我们的一面镜子。

东汉·张奂

【原文】

张奂,字然明,敦煌酒泉人也。举贤良,擢①拜议郎,迁②安定属国都尉。初到职,而南匈奴左薁鞬台耆、且渠伯德等七千余人寇③美稷,东羌复举种应之。而奂壁唯有二百许人,闻即勒兵而出。军吏以为力不敌,叩头争止之。奂不听,遂进屯长城,收集兵士,遣将王卫招诱东羌,因据龟兹,使南匈奴不得交通④东羌。诸豪遂相率与奂和亲,共击薁鞬等,连战破之。伯德惶恐,将其众降,郡众以宁。

羌豪帅感奂恩德,上马二十匹,先零酋长又遗金镦八枚。奂并受之,而召主簿于诸羌前,以酒酹地曰:"使马如羊,不以入厩;使金如粟,不以入怀。"悉以金马还之。羌性贪而贵吏清,前有八都尉率好财货,为所患苦,及奂正身洁己,威化盛行。

迁使匈奴中郎将。时休屠各及朔方乌桓并同反叛,烧度辽将军门,引屯赤坑,烟火相望。兵众大恐,各欲亡去。奂坐帷中,与弟子讲诵自若,军士稍安。乃潜诱乌桓阴与通和,遂使斩屠各渠帅,袭破其众。诸胡悉降。

延熹元年,鲜卑寇边,奂率南单于击之,斩首数百级。迁度辽将军。数载间,幽、并清静。九年春,召拜大司农。鲜卑闻奂去,其夏,遂招结南匈奴、乌桓数道入塞,或五六千骑,或三四千骑,寇掠缘边九郡，设杀百姓。秋，鲜卑复率八九千骑入塞，诱引东羌与共盟诅⑤。于是上郡沈氏、安定先零诸种共寇武威、张掖，缘边大被其毒。朝廷以为忧，复拜奂为护匈奴中郎将，以九卿秩⑥督幽、并、凉三州及度辽、乌桓二营。匈奴、乌桓闻奂至，因相率还降，凡二十万口。奂但诛其首恶，余皆慰纳之。司隶校尉王寓，出于宦官，欲借宠公卿，以求荐举。百僚畏惮，莫不许诺，唯奂独拒之。寓怒，因此遂陷以党罪，禁锢归田里。

奂少立志节，尝与士友言曰："大丈夫处世，当为国家立功边境。"及为将帅，果有勋名。董卓慕之，使其兄遗缣百匹。奂恶卓为人，绝而不受。光和四年卒，年七十八岁。

孙子曰："威加于敌，则其交不得合。"奂使羌不得交通而败奠鞬。又曰："廉洁可辱。"奂正身洁己，而先零不能以货⑦动。又曰："军扰者，将不重⑧也。"奂坐帷讲诵而众心安是也。

【注释】

① 擢：提拔，选拔。

② 迁：调动官职，一般是升官。

③ 寇：劫掠，入侵。

④ 交通：交往，联系。

⑤ 诅：盟誓。

⑥ 秩：官吏的俸禄。引申为官吏的品级第次。

⑦ 货：行贿。

⑧ 重：庄重，威严。

【今译】

　　张奂,字然明,敦煌酒泉(渊泉)人,东汉大将。因贤良被推举为议郎。后调任安定属国都尉。张奂到职不久,南匈奴统治者左薁鞬台耆与且渠伯德等七千余人起兵反汉,进攻美稷(今内蒙古准格尔旗西北),当时张奂营中只有二百多人。张奂听到叛军进攻的消息后,便马上带领军士出击。当时一些军吏认为力不敌众,叩头阻止,张奂不听,率兵进驻长城。他一面收集兵士;一面派遣将领王卫招降东羌。因为汉军占据了龟兹,断绝了南匈奴与东羌的联系,所以诸豪相继率众来降张奂,并同汉军一起攻打薁鞬等所率的南匈奴叛军,连连取得胜利。另一首领且渠伯德见此情景后十分惶恐,便率众向张奂投降,这样郡内百姓又获得安宁、和平的生活了。

　　东羌首领为了感激张奂的恩德,献上马二十匹,先零酋长也送来金铬八枚。张奂都接受了,张奂把主簿叫到各羌面前,他当众举起酒杯,将酒倒于地上说:"我的马多如羊,所以我不能把马收入厩内;我的金子如粟米一样多,所以不能将金铬收入怀中。"说完当场将羌人所献的全部金、马还给羌人。羌人本性贪婪,却对清廉的官吏最为尊敬,以前的八位都尉都贪财爱货,羌人被他们害得很苦,张奂正身洁己,于是威德大行。

　　朝廷不久升张奂为中郎将。这时休屠各及朔方乌桓同时反叛,焚烧了度辽将军的军营,引兵进驻在赤坑。一时间与张奂率领的汉军烟火相望,官兵们大恐,许多人都想逃跑。张奂却安然坐在帷帐中,与部下自如地讲诵典籍。士兵看主帅如此镇定,才稍稍安定下来。他暗暗地引诱乌桓与他和好;对南匈奴诸部叛军,却采用袭击战略,将其击败,诛杀了休屠各各部首领,其余部众全部投降。东汉王朝的北部沿边地区暂时得到安宁。

延熹元年（158年），鲜卑大举侵掠边境，张奂率领南单于攻击他们，斩首数百级。朝廷升任他为度辽将军。多年之内，幽、并两州久无战事。延熹九年（166年）春，又调张奂担任九卿之一的大司农，掌管粮食、货币等国家经济。这时北部边境的鲜卑，听到张奂的调离消息，便勾结南匈奴、乌桓数道入塞，或五六千骑，或三四千骑，攻掠沿边九郡，杀掠百姓；同年秋天，鲜卑人又率八九千骑入塞，联结东羌、上郡沈氏、安定先零等羌人部落共攻张掖、酒泉，沿边各郡深受其害。为了平息叛乱，朝廷又封张奂为护匈奴中郎将，其职能是监督幽、并、凉三州及度辽、乌桓二营。南匈奴和乌桓听到张奂率兵来到前线时，便率众二十万人投降。张奂诛其首恶，对降众采取安抚策略。司隶校尉王寓，宦官出身，想借宠公卿，以求荐举，百官畏怕他，没有不答应的，只有张奂一个人反对。王寓发怒，以党罪陷害他，禁止他做官，送归田里。

张奂少立志节，常对朋友说："大丈夫处世，应当为国家在边境立功。"后来张奂成为将帅，富有功名，战功赫赫。董卓非常仰慕他，派他的哥哥送缣帛百匹给张奂。由于张奂认为董卓人品恶劣，所以拒不接受他的礼物。光和四年（181年）去世，时年七十八岁。

孙子说："威加于敌国，就能使敌国不能缔结盟友。"张奂使羌人之间不能相互联系，结果打败了羌人。孙子说："将领要是廉洁好名，就可能落入敌人故意侮辱他的圈套。"张奂洁身自好，先零不能用财物去打动他。孙子说："士兵惊扰无序，是因为统帅没有威严。"军中大乱时，张奂却坐在帷帐中安心地讲诵典籍，这让众人的心安定了下来。

【评析】

张奂，东汉时期著名将领。少时学习《欧阳尚书》，他嫌年长所著的《尚书章句》（又名《牟氏章句》）太冗长，就把原书四十五万余字删节成九万字，表现出了在学术上的创新精神。后来在大将军梁冀幕府任职时，他把删节本《章句》献给汉桓帝，后因对策获得第一名，被任为议郎。张奂因少时生活在民族矛盾很突出的地方，所以后来他长期戍守边关时，在边疆贯彻抚威并举的政策，使边陲获得了长期的和平与安宁。张奂虽为东汉政权的稳定立下了汗马功劳，却官场失意。灵帝建宁元年（168年），张奂奉命率领军队回到京城洛阳。张奂论功当封，却因得罪宦官、权贵而未获封；后又遭人陷害，削职回家。从此，张奂便结束了他的仕宦生涯，回到家乡弘农，闭门不出，与弟子千人讲诵儒经，著《尚书记难》三十余万字。张奂少立大志，常对朋友说："大丈夫处世，当为国家立功边境。"后为将帅，果有功名。

东汉·段纪明

【原文】

段颎①，字纪明②，武威姑臧人也。少便习弓马，尚游侠，轻财贿，长乃折节好古学。初举孝廉，为宪陵园丞，迁辽东属国都尉。

时鲜卑犯塞，颎即率所领驰赴之。既而恐贼惊去，乃使驿骑诈赍玺书召颎，颎于道伪退，潜于还路设伏。虏以为信然，乃入追颎。颎因大纵兵，悉斩获之。

延熹二年，迁护羌校尉。会烧当、烧何、当煎、勒姐等八种羌寇陇西、金城塞，颎将兵及湟中义从羌万二千骑出湟谷，击破之。追讨南渡河，使军吏田晏、夏育募先登，垂索相引，复战于罗亭，大破之，斩其酋豪以下二千级，获生口万余人，虏皆奔走。

四年冬，上郡沈氏、陇西牢姐、乌吾诸种兵共寇并、凉二州，颎将湟中义从讨之。凉州刺史郭闳贪共其功，稽固颎军，使不得进。义从役久，恋乡旧，皆悉反叛。郭闳归罪于颎，颎坐召下狱，输作左校。羌遂陆梁，覆没营坞，转相招结，唐突诸郡，于是吏人守阙讼颎以千数。朝廷知颎为郭闳所诬，诏问其状。颎但谢罪，不敢言枉，京师称为长者。起于徒中，复拜议郎，迁并州刺史。

八年夏，进军击当煎种于湟中，颎兵败，被围二日，用隐士樊志张策，潜师夜出，鸣鼓还战，大破之，首虏数千人。颎遂穷追，展转山谷间，自春及秋，无日不战，虏遂饥困败散。颎凡破西羌，斩首二万三千级，获生口数万人，马牛羊八百万头，降者万余落。封颎都乡侯。

永康元年，当煎诸种复反，合四千余人，欲攻武威。颎复追击，杀其渠帅，斩首三千余级，西羌于此弭定。而东羌先零等，自覆没征西将军马贤后，朝廷不能讨，遂数寇扰三辅。其后度辽将军皇甫规、中郎将张奂招之连年，既降又叛。桓帝诏问颎曰："先零东羌造恶反逆，而皇甫规、张奂各拥强众，不时辑定。欲移兵东讨，未识其宜。可三思术略。"颎因上言曰："臣伏见先零东羌虽数叛逆，而降于皇甫规者，已二万许落，善恶既分，余寇无几。今张奂踌躇久不进者，当虑外离内合，兵往必惊。且自冬践春，屯结不散，人产疲羸，自亡之势，徒更招降，坐制强敌耳。臣以为狼子野心，难以恩纳，势穷虽服，兵去复动。唯当长矛挟胁，白刃加颈耳。计东种所余三万余落，居近塞内，路无险折，非有燕、齐、秦、赵从横之势，而久乱并、凉，累侵三辅、西河、上郡，已各内徙，安定、北地复至单危，自云中、五原，西至汉阳二千余里，匈奴、种羌并擅其地，是为拥疽伏疾，留滞胁下。如不加诛，转就滋大。今若以骑五千，步万人，车三千两，三冬二夏，足以破定，无虑用费为钱五十四亿。如此，则可令群寇破尽，匈奴长服，内徙郡县得反本土。伏计永和中，诸羌反叛，十有四年，用二百四十亿；永和之末，复经七年，用八十余亿。费耗若此，犹不诛尽，余孽复起，于兹作害。今不暂疲人，则永宁无期。臣庶竭驽劣，伏待节度。"帝许之，悉听如所上。建宁元年春，颎将兵万余人，赍十五日粮，从彭阳直指高平，与先零诸种战于逢义山。虏兵盛，颎众恐。颎乃令军中张镞利刃，长矛三重，挟以强弩，列轻骑为左右翼。激怒兵将曰："今去家数千里，进则事成，走必尽死，努力共功名！"

因大呼，众皆应声腾赴，颎驰骑于傍，突而击之，虏众大溃，斩首八千余级，获牛马羊二十八万头。

拜颎破羌将军。夏，颎复追羌出桥门，至走马水上。寻闻虏在奢延泽，乃将轻兵兼行，一日一夜二百余里，晨及贼，击破之。余虏走向落川，复相屯结。颎乃分遣骑司马田晏将五千人出其东，假司马夏育将二千人绕其西。羌分六七千人攻围晏等，晏等与战，羌溃走。

颎急进，与晏等共追之于令鲜水上。颎士卒饥渴，乃勒众推方夺其水，虏复散走。颎遂与相连缀，且斗且引，及于灵武谷。颎乃被甲先登，士卒无敢后者。羌遂大败，弃兵而走。追之三日三夜，士皆重茧。既到泾阳，余寇四千落悉散入汉阳山谷间。时张奂上言："东羌虽破，余种难尽。宜以恩降，可无后悔。"诏书下颎。颎复上言："臣本知东羌虽众，而软弱易制，所以比陈愚虑，思为永宁之算。而中郎将张奂，说虏强难破，宜用招降。又言羌一气所生，不可诛尽。案奂为汉吏，身当武职，驻军二年，不能平寇，虚欲修文戢戈，招降仳敌，诞辞空说，僭而无证。何以言之？昔先零作寇，赵充国徙令居内；煎当乱边，马援迁之三辅。始服终叛，至今为鲠。故远识之上，以为深忧。今傍郡户口单少，数为羌所创毒，而欲令降徒与之杂居，是犹种枳棘于良田，养虺蛇于室内也。故臣奉大汉之威，建长久之策，欲绝其本根，不使能殖。本规三岁之费，用五十四亿，今适期年，所耗未半，而余寇残烬，将向殄灭。臣每奉诏书，军不内御，愿卒斯言，一以任臣，临时量宜，不失权便。"

二年，诏遣谒者冯禅说降汉阳散羌。颎以春农，百姓布野，羌虽暂降，而县官无廪，必当复为盗贼，不如乘虚放兵，势必殄灭。夏，颎自进营，去羌所屯凡亭山四五十里，遣田晏、夏育将五千人据其山上。羌悉众攻之，厉声问曰："田晏、夏育在此不？湟中义从羌悉在何面？今日欲决死生。"军中恐。晏等劝激兵士，殊死大战，遂破之。羌众溃，东奔，复聚射虎谷，分兵守诸谷上下门。

颎规一举灭之，不欲复令散走，乃遣千人于西县结木为栅，广二十步，长四十里，遮之。分遣晏、育等将七千人，衔枚夜上西山，结营穿堑，去虏一里许。又遣司马张恺等将三千人上东山。虏乃觉之，遂攻晏等，分遮汲水道。颎自率步骑进击水上，羌却走，因与恺等挟东西山，纵兵击破之，羌复败散。颎进至谷上下门穷山深谷之中，处处破之，斩其渠帅以下万九千级，获牛马驴骡毡裘庐帐什物，不可胜数。冯禅等所招降四千人，分置安定、汉阳、陇西三郡，于是东羌悉平。凡百八十战，斩三万八千六百余级，获牛马羊驴骡骆驼四十二万七千五百余头，费用四十四亿，军士死者四百余人。更封新丰县侯。

颎行军仁爱，士卒疾病者，亲自瞻省，手为裹创。在边十余年，未尝一日蓐寝，与将士同苦，故皆乐为死战。

光和二年，为太尉。会日食自劾，有司举奏，诏收印绶，诣廷尉。时司隶校尉阳球奏诛王甫，并及颎，就狱中诘责之，遂饮鸩死。初，颎与皇甫威明、张然明，并知名显达，京师称为"凉州三明"云。

孙子曰："用而示之不用。"纪明欲击鲜卑而诈为召还。又曰："料敌制胜，上将之道。"纪明谓三冬二夏足以破定。又曰："死地，吾将示之以不活。"纪明谓士卒进则事成，走必尽死。又曰："将能而君不御者，胜。"纪明每奉诏书，军不内御是也。

【注释】

① 颎（jiǒng）：光明；警枕。

② 纪明因与皇甫规（字威明）、张奂（字然明）皆籍隶凉州，合

称"凉州三明"。

【今译】

段颎，字纪明，武威姑臧人。段颎自小练习骑马射箭，崇尚侠客，轻财好施；长大之后好诵读，服膺古学。因孝顺父母，廉洁自律，段颎任职宪陵园丞，后升迁为辽东属国都尉。

鲜卑侵犯边塞，段颎率领军队前去讨伐。段颎担心鲜卑军劫掠一番后逃走，便让驿骑假传朝廷命令召他回朝。于是段颎佯装奉旨撤军，却在路上设下埋伏。鲜卑首领以为他的军队确实要撤退，就率军追击。段颎趁机纵兵进击，斩杀了全部敌人。

延熹二年，段颎升任护羌校尉。烧当、烧何、当煎、勒姐等八个羌人部落联合作乱，进犯陇西、金城塞。段颎率军兵出湟谷攻打羌寇，取得胜利。段颎率军追击渡黄河南逃羌军，派军吏田晏、夏育招募勇士先行渡河，用绳索吊引，又同羌军在罗亭交战，取得大胜，斩杀自羌军首领以下两千士兵，活捉俘虏一万多人，其余的羌军士兵都逃跑了。

延熹四年（161年）冬天，上郡的沈氏、陇西的牢姐和乌吾各部落羌军联合侵犯并、凉二州，段颎率领湟中地区归顺的羌军出兵征讨。凉州刺史郭闳贪图和段颎共享战功，拖延阻止段颎军，使其不得前进。归顺羌军征战太久，思念家乡旧友，全部反叛。郭闳把罪责推到段颎身上，段颎因此入狱，被罚服劳役。羌军于是更加猖獗，扫除营垒，又互相勾结，在各郡中横冲直撞。守在皇城外为段颎申诉的官吏和百姓数以千计。朝廷知道段颎被郭闳诬陷，皇帝下诏询问段颎的情况。段颎只是谢罪，不敢说受了冤枉，京城中人们称段颎是有德行的人。皇帝命人将段颎从囚犯中放出来，再次任为议郎，后升任并州刺史。

延熹八年的夏天，段颎在湟中地区率军攻打当煎羌军，段颎被打败，被围困了两天，后采用隐士樊志张的计策，趁夜悄悄出兵，击鼓再战，大破羌军，斩杀俘虏了几千人。段颎穷追猛打，在山谷间辗转作战，从春天到秋天，没有一天不在作战，敌人因此又饥又困，各自逃散。段颎将西羌军各部一一击败，共斩首两万三千人，俘获几万人，缴获马牛羊共八百万头，一万多人投降。朝廷封段颎为都乡侯。

永康元年（167年），当煎各部羌军再次谋反，集合四千多人，想进攻武威，段颎继续追击，杀了羌军主帅，斩首三千余人，从此平定西羌。而东羌、先零等部羌军自从大胜征西将军马贤以后，见朝廷难以出兵征讨，就经常侵扰三辅地区。后来度辽将军皇甫规、中郎将张奂连年招降羌军，但投降后复又反叛。桓帝下诏问段颎说："先零羌军造反作恶，而皇甫规、张奂各自有强大的兵力，不能按时平定。想要你带兵东讨，不知怎样才合适，可不可以提出些策略呢？"段颎上言说："我看到先零东羌虽然多次叛变，但已经大约有二万个部落向皇甫规投降。谁好谁恶，已经分清，剩下的反叛先零羌已经不多了。现在张奂迟迟不能进军，可能是怕敌人外离内合，派兵前去攻打，投降的就会惊恐。并且先零羌从冬天到春天，集结驻扎一直不散，人马疲乏病弱，这是自我灭亡的形势，只要抓紧招降，就可以不发一兵而制服强大的敌人。我认为狼子野心，不容易用恩德收复，他们走投无路时，虽然降服，但待我撤军后，他们又会骚动起来。只有用长矛相威胁，将刀架在脖子上，他们才会害怕。估计东种羌剩余的三万多部落，居住的地方靠近塞内，道路平坦，没有燕、齐、秦、赵纵横的形势，但他们长期在并州、凉州作乱，多次侵犯三辅、西河、上郡地区，已经各自迁入塞内，安定、北地又处于危险的境地，从云中、五原，西至汉阳两千多里的范围内，被匈奴和种羌全部占据。这好比毒瘤暗疾，留在胁下，如果不加诛灭，很快就会长大。现在如果用五千名骑兵，一万名步兵，三千辆战车，用上两三年的时间，完全可以平定他们，大约要耗费五十四亿。这样，就可以扫平诸羌，降服匈奴。迁入塞内郡县的羌人，可以返回故土。从永和中年，诸羌反叛，已有十四年了，平叛费用已用去了二百四十亿；永和末年，又经七年，用掉了八十多亿。花了这么多金钱与时间，还没有杀尽叛羌，其余羌族势力又起来作乱，至今为害，现在如果暂时不劳累一下百姓，那么就永远无安宁之日了。我愿意竭尽驽钝之才，敬候调度指挥。"皇帝同意了他的说法，完全按照他说的去做。建宁元年（168年）春天，段颎带兵一万多人，携带十五天的给养，从彭阳直接前往高平，与先零各部羌军在逢义山交战。先零羌气焰嚣张，段颎的部队害怕起来。段颎命令士兵拉紧弓弦，磨快刀枪，手持三重长矛，携带强弩，将轻骑兵布置在左右两侧，激励将士说："现在我们离家几千里，前进，事业就成功，逃走，死路一条，大家努力作战共取功名吧！"于是大声呐喊，众将士应声跳跃而出，段颎在侧面骑马出击，突然袭击使羌军崩溃，段颎的部队斩杀了八千多人，缴获牛马羊二十八万头。

朝廷任命段颎为破羌将军。这年夏天，段颎再次从桥门出兵追击羌军，到走马水上。不久，听说敌军在奢延泽（今陕西靖边县西北，在奢延县界），于是率部队轻装快速前进，一天一夜走了二百多里，早晨同敌军相遇，击败了他们。剩下的羌军，逃到了落川（在奢延水南），又集合起来。段颎于是分派骑司马田晏率五千人从东面出击，假司马夏育带两千人迂回到西面，羌军派六七千人围攻田晏等人，田晏等人率军与羌军交战，羌军溃散而逃。

段颎急行军，与田晏等人一起在令鲜水上（甘肃张掖县界，一名合黎水）追击羌军。段颎的士卒又饥又渴，于是命令部队继续进攻，抢夺敌军水源，羌军又溃散而逃。段颎率军尾追其后，羌军边战边退，一直追到灵武谷。段颎身披铠甲亲自上阵，士兵没有敢退后的。羌军大败，丢弃武器逃走。段颎又追击三天三夜，战士的脚走得起了层层厚茧。追到泾阳，羌军余部的四千部落全部四散进入汉阳山谷之间。这时张奂说："东羌虽然被打败，剩余力量还不易消灭。应当用恩惠招降，才不会出现羌军反悔的情况。"朝廷下诏给段颎。段颎又上奏说："我本来知道东羌虽然兵力众多，但软弱容易制服，所以我的愚见，是想着为长久的安宁做打算。而中郎将张奂说东羌不易击败，应当招降。又说羌人是秉天之一气所生，是杀不尽的，张奂身为汉朝官吏，身为武将，在外驻军两年，不能平定羌军叛乱，只想修文，不想动武，招降凶猛的羌军，真是荒诞无稽的空话，狂妄而难以令人信服。为什么这么说呢？从前先零羌侵犯边境，赵充国把他们迁到内地，煎当羌骚扰边境，马援把他们迁徙到三辅地区。开始时归服了，最后又叛变了，至今为害。所以有远大眼光的人，认为这是最令人忧患的。现在边境上人口稀少，百姓多次受到羌军侵害，想要让投降的羌人与平民杂居，正如将多刺的枳木和棘木种植于良田中，也如在室内饲养毒蛇一样，多么危险啊！所以我遵奉大汉的声威，用长久的策略，要斩断羌军根本，不能让其再度生长壮大。原来计划三年花费五十四亿，现在还刚刚一年，花销还不到一半，剩余羌军就已苟延残喘，不久就会灭亡。我每次奉诏出兵，军队在外征战，不可由内指挥，希望完全如这句话说，由我全权负责，临机应变，不失权宜。"

建宁二年，朝廷下诏派谒者冯禅劝说汉阳散羌投降。段颎认为正是春播时间，百姓都在田野劳动，汉阳散羌虽然暂时投降，而官府粮仓中没有粮食，羌人一定再要为强盗，不如乘虚出兵，势必将其消灭。二年夏天，段颎亲自率军安营，距离羌军驻扎的凡亭山有四五十里，派田晏、夏育率领五千人据守山上。羌军全体出动，发动攻击，厉声问道："田晏、夏育在这里吗？湟中义从羌都在对面么？今天要决一生死。"段颎的部队中士兵感到害怕，田晏等人激励士兵，拼死作战，击败了羌军。羌军溃散，向东逃跑，又聚集在射虎谷，分兵把守各谷的上下门。

段颎计划一举消灭他们，于是派一千士兵在西县用木材建造棚栏，宽二十步，长四十里，阻拦他们。段颎又派田晏、夏育等人率七千士兵，衔枚趁夜进入西山，穿越壕沟安营，离羌军阵地大约有一里远，又派司马张恺等人率三千士兵进入东山。羌军方才发觉，于是向田晏等人发起进攻，堵住了汲水道。段颎亲率步兵、骑兵进击水上。羌军撤退，段颎趁机和张恺等人从东西山夹击而出，羌军再次战败溃散。段颎率军从山谷上下门进入深山，将各处羌军一一击败。斩其主帅以下一万九千人，缴获牛马骡驴毡裘庐帐等日常用品和其他零碎物品，不计其数。冯禅等人所招降的四千羌人，被分别安置在安定、汉阳、陇西三郡，至此东羌全部平定。共历经一百八十场战斗，斩杀三万八千六百多人，缴获牛马羊骡驴骆驼四十二万七千五百多头，耗费四十四亿，段颎军队将士阵亡四百多人。段颎改封为新丰县侯。

段颎以仁爱治军，对于患病的士兵，他亲自慰问并为其包扎创伤。在边境十多年，没有睡过一晚好觉。和将士同甘共苦，所以将士都愿为他拼死而战。

光和二年（179年），段颎又担任太尉。因出现日食而上奏检举自己的过失，官吏上奏检举，朝廷下诏收回了他的印信和官爵，送廷尉受审。这时司隶校尉阳球上奏诛杀王甫，牵连到段颎，就到狱中质问责备他，段颎于是服毒酒自杀。以前，段颎与皇甫威明、张然明，都声名显达，在京城被人们称为"凉州三明"。

孙子说:"要打,却装着不想打。"段颎在攻打鲜卑之前却欺骗敌人让其认为段颎奉诏撤军。孙子说:"判明敌情、制定制胜方略,这是主将必须履行的职责。"段颎称三年时间足以击败平定羌军。孙子说:"在绝境之地,要向士卒展示必死的决心。"段颎告诉士兵出击就会成就事业,逃跑则一定全军覆没。孙子说:"将领富于才能而君王又不干预的,才能取得胜利。"段颎每次奉诏出兵,朝廷均不干预军中事务。

【评析】

段颎,东汉时期著名军事家。他戍边十余年,先后与羌军交战一百八十次,屡立战功,斩杀近四万敌人。汉灵帝时,官至太尉。在处理少数民族矛盾上与同一时代的皇甫规和张奂的主张不同,当时张奂与段颎分别与羌人作战都取得胜利。张奂认为,要消灭一个民族是不可能的,应该趁战胜之威,对羌人好好安抚,恩威并施,可以让羌人不再反叛。段颎却不以为然,认为最合适的办法是彻底地把羌族斩光杀净。东汉政府采用了段颎的屠杀方案,段纪明一共进行了"百八十战,斩三万八千六百余级"。最终彻底消灭了东羌,绝了后患。后因得罪权贵,饮鸩自杀。

东汉·皇甫嵩

【原文】

皇甫嵩，字义真，安定朝那人。少有文武志介，好诗书，习弓马。灵帝公车召为议郎，迁北地太守。初，钜鹿张角起，皆著黄巾为标帜，时人谓之"黄巾"。所在燔烧官府，州郡失据，长吏多逃亡。旬日之间，天下响应，京师震动。于是博选将帅，以嵩为左中郎将，持节，与右中郎将朱儁，共发五校、三河骑兵及募精勇，合四万余人，嵩、儁各统一军，共讨颍川黄巾。儁前与贼波才战，战败，嵩因进保长社。波才引大众围城，嵩兵少，军中皆恐，乃召军吏谓曰："兵有奇变，不在众寡。今贼以草结营，易为风火。若因夜纵烧，必大惊乱。吾出兵击之，四面俱合，田单之功可成也。"其夕遂大风，嵩乃约敕军士皆束苣乘城，使锐士间出围外，纵火大呼，城上举燎应之，嵩因鼓而奔其陈，贼惊乱奔走。会帝遣骑都尉曹操将兵适至，嵩、操与朱儁合军更战，大破之，斩首数万级。封嵩都乡侯。

时北中郎将卢植及东中郎将董卓讨张角，并无功而还，乃召嵩进兵计之。嵩与角弟梁战于广宗。梁众精勇，嵩不能克。明日，乃闭营休士，以观其变。知贼意稍懈，乃潜夜勒兵，鸡鸣驰赴其陈，战至晡时，大破之，斩梁，获首三万级，赴河死者五万许人。复与钜鹿太守冯翊郭典攻角弟宝于下曲阳，又斩之。首获十余万人，筑京观于城南。

即拜嵩为左车骑将军，领冀州牧，封槐里侯。嵩奏请冀州一年田租，以赡饥民。帝从之。百姓歌曰："天下大乱兮市为墟，母不保子兮妻失夫，赖得皇甫兮复安居。"嵩温恤士卒，甚得众情，每军行顿止，须营幔修立，然后就舍帐，军士皆食尔乃尝饭。吏有因事受赂者，嵩更以钱物赐之，吏怀惭，或至自杀。

梁州贼王国围陈仓，复拜嵩为左将军，督前将军董卓，各率二万人拒之。卓欲速进赴陈仓，嵩不听。卓曰："智者不后时，勇者不留决。速救则城全，不救则城灭。全灭之势，在于此也。"嵩曰："不然。百战百胜，不如不战而屈人之兵。是以先为不可胜，以待敌之可胜。不可胜在我，可胜在彼。彼守不足，我攻有余。有余者动于九天之上，不足者陷于九地之下。今陈仓虽小，城守固备，非九地之陷也。王国虽强，而攻我之所不救，非九天之势也。夫势非九天，攻者受害；陷非九地，守者不拔。国今已陷受害之地，而陈仓保不拔之城，我可不烦兵动众，而取全胜之功，将何救焉！"遂不听。王国围陈仓，自冬迄春，八十余日，城坚守固，卒不能拔。贼众疲敝，果自解去。嵩进兵击之。卓曰："不可。兵法：穷寇勿迫，归众勿追。今我追国，是追归众，追穷寇也。困兽犹斗，蜂虿有毒，况大众乎！"嵩曰："不然。前吾不击，避其锐也；今而击之，待其衰也。所击疲师，非归众也。国众且走，莫有斗志。以整击乱，非穷寇也。"遂独进击之，使卓为后拒。连战大破之，斩首万余级，国走而死。卓大惭恨，由是忌嵩。

卓拜为并州牧，诏使以兵委嵩，卓不从。嵩从子郦时在军中，说嵩曰："卓被诏委兵，而上书自请，此逆也。又以京师昏乱，踌躇不进，此怀奸也。大人今为元帅，仗国威以讨之，上显忠义，下除凶害，此桓文之事也。"嵩曰："专命虽罪，专诛亦有责也。不如显奏其事，使朝廷裁之。"于是上书以闻。帝谪卓，卓又增怨。

及后秉攻，乃召嵩为城门校尉，欲因而杀之。嵩将行，长史梁衍说曰："今召将军，大则为祸，小则困辱。今卓在洛阳，天子来西，以将军之众，精兵三万，迎接至尊，奉令讨逆，发命海内，召兵群帅，袁氏逼其东，将军迫其西，此成禽也。"嵩不从，遂就召。

有司奉旨，奏嵩下吏，将遂诛之。嵩子坚寿与卓素善，自长安亡走洛阳，归投于卓。卓方置酒欢会，坚寿直前责以大义，叩头流血，坐者感动，皆离席请之。卓乃起，牵与共坐，使免嵩囚。及卓被诛，以嵩为征西将军。病卒。

孙子曰："凡火攻，必应火变而应之。"①嵩外方纵火而出兵以奔其阵。又曰："强而避之。"嵩则闭营休士以观其变。又曰："不战而屈人之兵。"嵩不救陈仓而走王国。又曰："避其锐气，击其堕归。"嵩初不击贼，及其走而击之是也。

【注释】

①《孙子兵法》中原文为："凡火攻，必因五火之变而应之。"

【今译】

皇甫嵩，字义真，是安定朝那（今宁夏固原东南）人。少年时就有文韬武略，喜爱阅读诗词歌赋，熟习骑马射箭。汉灵帝时入京应试，被征召为议郎，后升任北地太守。先前，钜鹿张角起义，起义军都头戴黄巾为标志，当时人们称为"黄巾"。起义军所到之处，焚烧官府，抢劫村邑，州郡相继失守，长吏大多逃亡。十天之内，天下响应，京城震动。于是朝廷广选将帅，任命皇甫嵩为左中郎将，持符节，与右中郎将朱隽，一同率领五校尉手下的骑兵、三河地区的骑兵和征募来的精兵，共计四万多人，皇甫嵩、朱隽各自率领一支部队，合力讨伐在颍川的黄巾军。朱儁先前刚和黄巾军将领波交战过,被打败,皇甫嵩于是进军保卫长社。波才率领大批黄巾军士兵围城,皇甫嵩兵力少,军中士兵害怕起来,于是他召集军吏说:"作战贵在出奇制胜,不在于兵力多少。现在黄巾军用草结营搭寨,容易因风起火。如果趁夜放火焚烧,他们一定惊恐散乱,我们出兵攻击,四面合围,正可再现田单的战功啊。"这天晚上,正好大风,皇甫嵩于是令军士都身绑火炬翻上城墙,派精锐勇猛之士走小路到敌军营帐外,点火大喊,城上举火把相呼应,皇甫嵩乘机击鼓率军杀向敌人阵地,敌军惊慌失措地逃走了。这时灵帝派骑都尉曹操带兵赶到,皇甫嵩、曹操与朱儁三路人马联合作战,大败黄巾军,斩首数万人。因此皇甫嵩被封为都乡侯。

当时北中郎将卢植和东中郎将董卓讨伐张角,都无功而归,朝廷于是诏令皇甫嵩带兵讨伐。皇甫嵩与张角的弟弟张梁在广宗交战,张梁的部队精锐勇猛,皇甫嵩难以取胜。第二天,皇甫嵩关闭营门,让战士休息,观察敌军的变化。皇甫嵩得知张梁的士兵有所懈怠,于是晚上悄悄地集合部队,在鸡鸣时分,发起冲锋,攻打张梁军营,战斗一直持续到黄昏时分,大破敌军,斩杀张梁,斩首三万黄巾军,跳到黄河里淹死的有五万人左右。皇甫嵩又与钜鹿太守冯翊、郭典前往下曲阳(今河北晋县西)进攻张角的弟弟张宝,又斩杀了他。斩首十几万人,后在城南将叛军士兵尸体封土堆积成京观。

朝廷任皇甫嵩为左车骑将军,兼任冀州牧,封为槐里侯。皇甫嵩奏请减免冀州一年的田租,用来救济饥民。灵帝准许了。老百姓有歌唱道:"天下大乱啊,城市变成了废墟,母亲不能保儿子啊,妻子失了丈夫,多亏了皇甫啊,百姓能再度安居。"皇甫嵩爱护体贴士卒,深得人心,每次行军休息时,要等军营棚帐搭起来了,然后才进自己的棚帐。将士们都吃过饭后,自己才吃饭。军中有官员接受贿赂的,皇甫嵩更赏赐给他钱财物品，官员更加惭愧，有的甚至自杀了。

凉州的叛军头领王国包围了陈仓（今陕西宝鸡东），朝廷再次任皇甫嵩为左将军，和督前将军董卓一起，各率领两万人前去迎敌。董卓想急行军前往陈仓，皇甫嵩不同意。董卓说："聪明的人不失时机，勇敢的人不迟疑。火速前去营救，城池就可以保全；如不及时营救，城池将会被攻破。是保全还是覆灭就在此一举了。"皇甫嵩说："不是这样的。百战百胜，不如不战而令敌军屈服。所以要先创造条件使自己处于不可战胜的地位，然后等待敌人能被我战胜的时机。做到不可战胜，关键在于自己创造充分的条件；可以战胜敌人，关键在于敌人出现可乘之隙。敌人防御出现弱点，而我方进攻游刃有余。占据主动的一方，调动兵力如同由天而降一般；弱势一方，则应隐藏实力，使敌人难以窥探虚实。现在陈仓虽然小，守城的工事坚固完备，并非处于不利的形势。王国兵力虽强，但却进攻我方不会发兵救援的地方，这不是有如天助之势。没有神兵天降之势的话，进攻的一方就要遭受损失。没有处于绝境自救的形势时，防守的一方就不会被攻破。王国现在已经处于两难的不利境地，陈仓可确保不被攻破。我们无须兴兵动众，即可获得全胜之功，为什么要发兵营救呢！"还是不听从董卓的提议。王国将陈仓包围，自冬天一直围到春天，持续了八十多天，城池坚固守备稳固，王国的军队难以将陈仓拿下。王国的军队疲惫不堪，果然自行解围而去。皇甫嵩率军出击。董卓说："不可以啊。兵法说，不要追赶被打败了的敌人，不要逼迫撤退中的军队。现在，我们追击王国，是逼迫撤退中的军队，是追击被打败的敌人。被围困的野兽，尚且还要挣扎，蜂和虿的刺都有毒，更何况是大股叛军部队呢！"皇甫嵩说："不是这样。先前我不出击，是躲避他的锐气，现在出击，是等到敌军衰弱的时候了。我们追击的是疲惫的敌人，不是撤退中的部队。王国手下的士兵正准备逃走，没有斗志了。用阵容严整的部队去追击一支混乱的叛军，这不是追击战败的敌人。"于是皇甫嵩就独自率军出击，派董卓殿后防御，接连交战，斩首万余人，王国在逃跑时死掉。董卓感到十分惭愧又十分嫉恨，自此忌恨皇甫嵩。

董卓被任为并州牧，朝廷诏令要他把部队交给皇甫嵩，董卓不听从朝廷的命令。皇甫嵩的侄儿皇甫郦这时在军中，劝皇甫嵩说："朝廷下诏命董卓将部队移交给您，董卓上书不听从，这是逆反的行为。他又以京城政治黑暗、社会混乱为理由，迟迟不行，这是心怀奸诈的表现。大人现今为元帅，依靠国威讨伐他，对上显露了您的忠义，对下为民除害，这是齐桓公与晋文公所做过的事情啊！"皇甫嵩说："董卓不听从朝廷诏令虽然有罪，但我独自一人兴兵讨伐也是有罪责的。不如正大光明地上奏朝廷，让朝廷来裁决。"于是上书灵帝。灵帝对董卓严加责备，董卓更加怨恨皇甫嵩。

等到董卓后来执掌政权，征召皇甫嵩为城门校尉，想趁机杀掉他。皇甫嵩准备前去赴任，长史梁衍劝他说："如今董卓征召将军，严重地说会遭遇祸害，轻微地说会受到委屈侮辱。现在董卓在洛阳，天子正在向西行进，用将军的三万精兵，迎接至尊陛下，然后奉令讨伐叛逆，向天下发布诏令，征集兵员，集合众将领，袁氏从东面攻打他，将军就从西面率军逼迫他，就可活捉董卓。"皇甫嵩没有采纳，于是应召前往洛阳。

官吏奉董卓的命令，上奏朝廷弹劾皇甫嵩，即交付司法官吏审讯，准备杀掉他。皇甫嵩的儿子皇甫坚寿与董卓向来交情不错，皇甫坚寿从长安逃出赶到洛阳，投奔董卓。董卓设酒席欢迎他，坚寿走到董卓面前，以大义责备董卓，叩头都磕出血了，在座的人都为之感动，都起身请董卓不要杀害皇甫嵩。董卓于是起身，拉着皇甫坚寿和他坐在一起,派人将皇甫嵩释放。等到董卓被杀时,皇甫嵩受任为征西将军。之后因病去世。

孙子说:"大凡火攻,一定根据五种不同的情况变化采取相应的应对措施。"皇甫嵩派人在敌军营外刚刚点火便率军出击冲杀进敌军营地。孙子说:"敌人部队精锐强大,就要注意避开他的锋芒。"皇甫嵩关闭营门令士兵休整,以静观敌军变化。孙子说:"要不使用交战的方式来使敌人屈服。"皇甫嵩不发兵救援陈仓从而令王国主动撤军。孙子说:"作战时要避开敌军的锋芒兵力,趁敌军士气低落撤退时出击。"皇甫嵩刚开始不发兵出击,待敌军回撤时突然出击。

【评析】

皇甫嵩,东汉末军事家。他平黄巾之乱时居功至伟,官至太尉,封槐里侯。他一生仁爱谨慎,尽忠职守,有谋略,有胆识。曾在治理冀州时要求朝廷减免一年田税,为百姓所称道。董卓原是皇甫嵩的副手,后来升了地方官,朝廷让他把手中的部队交给皇甫嵩后再去上任。董卓不听,自己带军队去上任。侄子皇甫郦对皇甫嵩说:董卓如此悖逆朝廷,显然是心存叛逆,您现在身为部队最高首长,应该堂堂正正去讨伐他,"上显忠义,下除凶害"。皇甫嵩没有采纳,认为这些事应该由朝廷来处理,自己的责任只是把事情检举出来。他在位期间,上表陈辞、劝谏或有所补益,一共五百多次,每次都亲手书写,而且毁掉草稿,一点也不宣露于外。他善于治军,抚恤士卒,深受士卒爱戴;每次部队停顿、宿营,他都要等到营幔修立妥当,才回自己的军帐;等将士们全部吃完饭后,他才吃饭。皇甫嵩还折节下士,门无留客,有才德之士纷纷归附,不愧是一位汉末救国救民的英雄人物。

东汉·朱儁

【原文】

朱儁，字公伟，会稽上虞人也。本县长山阳度尚见而奇之，荐于太守韦毅，稍历郡职。后太守尹端以儁为主簿。后端坐讨贼许昭失利，为州所奏，罪应弃市。儁乃羸服间行，轻赍数百金到京师，赂主章吏，遂得刊定州奏，故端得输作左校①。端喜于降免而不知其由，儁亦终无所言。交阯部群贼并起，牧守软弱不能禁。又交阯贼梁龙等万余人，与南海太守孔芝反叛，攻破郡县。光和元年，即拜儁交阯刺史，令过本郡简募家兵及所调，合五千人，分从两道而入。既到州界，按甲不前，先遣使诣郡，观贼虚实，宣扬威德，以震动其心。既而与七郡兵俱进逼之，遂斩梁龙，降者数万人，旬月尽定。以功封都定侯②。及黄巾起，公卿多荐儁有才略，拜为右中郎将，持节，与左中郎将皇甫嵩讨颍川、汝南、陈国诸贼，悉破平之。嵩乃上言其状，而以功归儁，于是进封西乡侯，迁镇贼中郎将。时南阳黄巾张曼成起兵，称"神王使"③，众数万，杀郡守褚贡，屯宛下百余日。后太守秦颉击杀曼成，贼更以赵洪④为帅，众浸盛，遂十余万，据宛城。儁与荆州刺史徐璆及秦颉合兵万八千人⑤围洪，自六月至八月不拔。有司奏欲召儁。司空张温上疏曰："昔秦用白起，燕任乐毅，皆旷年历载，乃能克敌。儁讨颍川，已有功效，引师南指，方略已设，临军易将，兵家所忌，宜假日月,责其成功。"灵帝乃止。隽因急击洪,斩之。贼帅韩忠复据宛拒隽。隽兵少不敌,乃张围结垒,起土山以临城内围,鸣鼓攻其西南,贼悉众赴之。隽自将精卒五千,掩其东北,乘城而入。忠乃退保小城,惶惧乞降。司马张超及徐璆、秦颉皆欲听之,隽曰:"兵有形同而势异者。昔秦项之际,民无定主,故赏附以劝来耳。今海内一统,惟黄巾造逆,纳降无以劝善,讨之足以惩恶。今若受之,更开逆意,利则进战,钝则乞降,纵敌长寇,非良计也。"因急攻,连战不克。隽登土山望之,顾谓张超曰:"吾知之矣。贼今外围周固,内营逼急,乞降不受,欲出不得,所以死战也。万人一心,犹不可当,况十万乎!其害甚矣。不如撤围,并兵入城。忠见围解,势必自出,自出则意散,易破之道也。"既而解围,忠果出战,隽因击,大破之。乘胜逐北数十里,斩首万余级,忠等遂降。而秦颉积忿忠,遂杀之。余众惧不自安,复以孙夏为帅,还屯宛中。隽急攻之。夏走,追至西鄂精山,又破之,复斩万余级,贼遂解散。明年春,遣使者持节拜隽右车骑将军,更封钱塘侯。初平中,以病卒。

孙子曰:"将能而君不御者,胜。"隽得假日月而破赵洪。又曰:"善攻者,敌不知其所守。"隽攻西南而掩东北。又曰:"围师必阙。"隽解围而降韩忠是也。

【注释】

① 输作左校:是汉代对犯罪官员的一种刑罚,指服劳役刑。
② 都定侯:应为都亭侯。
③ 神王使:多作神上使。
④ 赵洪:同"赵弘"。
⑤ 万八十人:应为万八千人。

【今译】

朱儁，字公伟，会稽上虞（今浙江上虞）人。本县县令山阳人度尚认为他有奇才，就推荐给会稽太守韦毅，朱儁就开始在郡里供职。后任太守尹端提拔朱儁为主簿。后来尹端因为讨伐本郡起义的许昭失利，被州里的刺史（或州牧）举报上奏到朝廷，按罪应当被处死。朱儁就带了数百金秘密赶赴京师，贿赂了掌管奏章的官吏，将州里上奏的奏章更改了一下，所以尹端得以免死改为贬官和服劳役。尹端能够免死，发现自己只是被免职而十分高兴，却不知其中原由，朱儁也不提此事。交阯部（今越南北部）盗贼蜂起，州牧和郡守软弱无法禁止。交阯的梁龙等聚集了万人和南海（今广东广州附近）太守孔芝一起叛乱，攻破了郡县。光和元年，朝廷任命朱儁担任交阯刺史，命令他到自己所在的郡招募家兵并征调军队，共计得到五千士卒，于是就率军兵分两路向交阯进军。到达州界之后，朱儁命令部队驻屯下来，暂时停止前进，先派遣使者到南海郡里去打探一下叛军的虚实，并宣扬朝廷的威德，以震慑和动摇叛军的军心。随即就会合七郡的兵马共同进军，斩杀了梁龙，被迫投降的敌军有数万人，一个月之内叛乱就被平定下来。因为平叛有功，朱儁被封为都定侯。黄巾起义暴发之后，公卿以朱儁有才略而多有推荐，皇帝就任命他为右中郎将，持节，与左中郎将皇甫嵩一起征讨颍川、汝南和陈国等地的黄巾军，将这些地方全部平定。皇甫嵩就向朝廷上报了平叛的情况，并将功劳归于朱儁，于是朱儁就又被封为西乡侯，并升迁为镇贼中郎将。当时南阳的黄巾军首领张曼成起兵造反，自称为"神王使"，聚集了起义军数万人，杀死了郡守褚贡，屯兵在宛城一百多天。后任南阳太守秦颉击杀张曼成，黄巾军就推举赵洪为首领，起义军人数也越来越多，达到了十余万人，占据着宛城。朱儁与荆州刺史徐璆和太守秦颉合兵一万八千人包围了赵洪，自六月到八月都没有取得胜利。朝中有关部门就上奏皇帝要把朱儁召回京城。司空张温上书称："当年秦国任用白起，燕国任用乐毅，都是经过几年才取得的胜利。朱儁征讨颍川，已经取得了成功，现在率军南下，已经定好了方略，而临阵换将则是兵家大忌，应该再给他些时间，督促他打败敌人。"汉灵帝才没有召朱儁回京。朱儁也趁机猛攻赵洪，将其斩杀。黄巾军另外一个首领韩忠继续占据宛城抵御朱儁。朱儁的兵少比不上韩忠，就解除了城围，转而构筑营垒，堆起土山对着城池示意要强攻，之后击鼓佯攻城池之西南角，黄巾军就全奔赴城的西南角去抵御朱儁的进攻。朱儁亲率精兵五千人，奇袭城之东北角，登城而入。韩忠退守内城，十分惊慌害怕，就向汉军乞降。司马张超和徐璆、秦颉等人都想接受投降，朱儁却说："兵有形同而势异者。当年秦末之时，民无定主，所以赏赐归附的人来劝诫他人也来降。现在海内一统，只有黄巾军造反，纳降无以劝善，讨之足以惩恶。如果接受他们的投降就会助长他们造反，如果形势对他们有利他们就作战，如果形势不利他们就投降，这样会放纵和助长敌人，不是好计策。"于是就猛攻宛城，但是多次作战却没有取胜。朱儁就登上土山观察敌军营垒和战场形势，之后对张超说："我知道为什么无法取胜了。敌军现在在外侧被团团围住，而内营被大军紧逼，想投降我们却不接受，想要突围又没有办法，所以才拼死力战。万人一心，就无法抵挡，何况敌人有十万人！这种进攻方法危害太大。不如撤除外侧的包围，集中兵力进攻内城。韩忠看到外围的包围解除，必定突围，突围的话坚守的战斗意志就会消散，就容易打败他们了。"官军随即解除了外围的包围，韩忠果然率军突围，朱儁趁机攻击，大败黄巾军。官军乘胜追杀黄巾军数十里，斩杀一万多人，韩忠等人向官军投降。太守秦颉对韩忠怀恨在心，竟然将韩忠杀死。黄巾军剩下的人都因此事而感到害怕自危,就又推举孙夏为首领,返回宛城据守。朱儁就猛攻黄巾军。孙夏败走,朱儁率军追杀至西鄂精山(今河南南阳北),再次大败黄巾军,又斩杀了一万多人,黄巾军就四下散开。第二年春天,汉灵帝派遣使者持节拜朱儁为右车骑将军,改封为钱塘侯。汉灵帝初平中,朱儁因病去世。

孙子说:"将帅贤能通晓军事而君主又不加干预的就能获胜。"朱儁得到皇帝信任有充足的时间才得以击败赵洪。孙子说:"善于进攻的人让敌人不知道守哪里,该怎么守。"朱儁佯攻宛城西南而率军突袭东北。孙子还说:"围师必阙。"朱儁解除包围而韩忠投降就是如此。

【评析】

朱儁,东汉末年和皇甫嵩齐名的名将。年轻之时好义轻财,这样的性格使其能够招揽众心,而他对形势的判断则是他成名的关键。朱儁以平交阯乱而起家,此次平叛过程中,他采取的是稳扎稳打,攻心为上的策略,很快就平定了叛乱。攻宛城时,他对"形同势异"的独到见解,以及观察战场形势后对敌军军情的判断成就了他的军功。朱儁后来因不附董卓,并讽刺其迁都之事表现出了气节。朱儁在镇压黄巾起义时杀心过重,也表现了其残忍的一面。

魏·张辽

【原文】

张辽,字文远,雁门马邑人也。汉末,以兵属董卓。卓败,以兵属吕布。太祖破吕布于下邳,辽将其众降,拜中郎将,赐爵关内侯。数有战功,迁裨将军。与夏侯渊围昌豨于东海,数月粮尽,议引军还,辽谓渊曰:"数日已来,每行诸围,豨辄属目视辽。又其射矢更稀,此必豨计犹豫,故不力战。辽欲挑与语,倘可诱也?"乃使谓豨曰:"公有命,使辽传之。"豨果下与辽语,辽为说:"太祖神武,方以德怀四方,先附者受大赏。"豨乃许降。辽遂单身上三公山,入家,拜妻子。豨欢喜,随诣太祖。太祖遣豨还,责辽曰:"此非大将法也。"辽谢曰:"以明公威信著于四海,辽奉圣旨,豨必不敢害故也。"

从讨袁谭,谭破,别将徇海滨,破辽东贼柳毅等。还邺,太祖自出迎辽,引共载,以辽为荡寇将军。时荆州未定,复遣辽屯长社。临发,军中有谋反者,夜惊乱起火,一军尽扰。辽谓左右曰:"勿动。是不一营尽反,必有造变者,欲以动乱人耳。"乃令军中,其不反者安坐。辽将亲兵数十人,中阵而立。有顷定,即得首谋者杀之。

太祖既征孙权还,使辽与乐进、李典等将七千余人屯合肥。太祖征张鲁,教与护军薛悌,署函边曰:"贼至乃发。"俄而权率十万众围合肥,乃共发教,教曰:"若孙权至者,张、李将军出战;乐将军守,护军勿得与战。"诸将皆疑。辽曰："公远征在外，比救至，彼破我必矣。是以教指及其未合逆击之，折其盛势，以安众心，然后可守也。成败之机，在此一战。诸君何疑？"李典亦与辽同。于是辽夜募敢从之士，得八百人，椎牛飨将士，明日大战。平旦，辽被甲持戟，先登陷阵，杀数十人，斩二将，大呼自名，冲垒入，至权麾下。权大惊，众不知所为，走登高冢，以长戟自守。辽叱权下战，权不敢动，望见辽所将众少，乃聚围辽数重。辽左右麾围，直前急击，围开，辽将麾下数十人得出，余众号呼曰："将军弃我乎！"辽复还突围，拔出余众。权人马皆披靡，无敢当者。自旦战至日中，吴人夺气，还修守备，众心乃安，诸将咸服。权守合肥十余日，城不可拔，乃引退。辽率诸军追击，几复获权。太祖大壮辽，拜征东将军。孙权称藩。辽还屯雍丘，得疾。孙权复叛，帝遣辽乘舟，与曹休至海陵，临江。权甚惮焉，敕诸将："张辽虽病，不可当也。慎之！"是岁，辽与诸将破权将吕范。辽病遂笃，薨于江都。

　　孙子曰："以利动之。"辽谕以先附受赏，而昌果降。又曰："以静待哗。"辽安坐中阵而定军中之乱。又曰："三军可夺气。"辽折权盛势，以夺吴人之气是也。

【今译】

　　张辽，字文远，雁门马邑（今山西朔州）人。东汉末年，率军从属于董卓。董卓败亡之后，又率军从属于吕布。魏太祖曹操在下邳击破吕布之后，张辽率其军投降曹操，拜为中郎将，赐爵关内侯。张辽随曹操征战四方，多有战功，升为裨将军。建安六年（201年），与夏侯渊一道包围昌豨于东海，数月之后，军粮用尽，诸将商议撤军而还。张辽对夏侯渊说："数日以来，我每次巡视围城军情之时，昌豨都两眼死盯着我看。而且他的士兵射出来的箭也日益稀少，此必是昌豨心怀犹豫，所以并未力战。我想试探一下，或许可以劝降昌豨。"于是命人向昌豨传话说："曹公有命，派张辽为他传达。"昌豨果然下山与张辽对话。张辽便对他说："曹公神武，正欲以德行兼并四方之众，先依附者可受大赏。"于是昌豨便答应投降。张辽于是只身上三公山，入昌豨家中，并拜见其妻子儿女。昌豨见此心中欢喜，便随之去见曹操。曹操先遣昌豨回东海，随后责备张辽说："这不是大将所应采用的方法。"张辽却拜谢道："因为张辽我凭借的是明公加于四海的威信，既是奉旨前往，昌豨必不敢加害。"

张辽跟从曹操征讨袁谭，袁谭败亡后，又受命巡抚海滨一带，击破辽东柳毅等人的军队。班师回邺都之时，曹操亲自出迎，并和张辽共乘一辆车，任命张辽为荡寇将军。当时荆州尚未平定，曹操命张辽屯驻长社。大军临出发之际，军中有人谋反作乱，半夜惊乱起火，全军一片混乱。此时张辽对左右说："不可妄动。这绝非全军都造反，必是有小股叛乱之人，想借此来惑乱他人。"于是传令军中，只要不是叛乱者都安坐勿动。张辽率领亲兵数十人，守立于阵中。不久情况稳定下来，军中随即擒获首谋者，并将其杀掉。

曹操征讨孙权无功而还时，命张辽与乐进、李典等将领率七千余人马驻守合肥。建安二十年（215年）曹操征张鲁，便派护军薛悌到合肥送给张辽一封写有镇守之策的文书信函，署函边上写有"贼至乃发"的字样。不久东吴孙权率领十万大军包围合肥，合肥守将就共同拆信看曹操所留下的文书，信中写道："若孙权大军来犯，张辽、李典二位将军出战；乐进将军守城，守城之军不得与敌交战。"诸将皆对此感到疑惑。张辽说："曹公远征在外，待其救兵来时，敌军必已攻破我等。所以曹公命我等待敌军尚未会合之际便主动出击，挫其锐气，以安众人之心，然后方可坚守城池。成败之机，在此一战，诸君有什么疑惑的吗？"李典与张辽意见相同。于是张辽在夜间招募敢于逆击敌军的精锐之士八百人，杀牛让将士们饱食，准备明日大战。第二天天还未亮，张辽披甲持戟，独自率先直冲敌阵，杀数十人，斩二将，并于阵中自报家门，然后突入重垒，直至孙权麾旗之下。孙权见状大惊，手下的将士手足无措，不知所为，孙权只得逃到一座土丘大冢之顶，手下将士以长戟守卫。张辽喝叱孙权要他下来决一死战，孙权恐惧不敢动；看到张辽所率兵少，就召集人马将张辽重重包围。张辽于吴军阵中左突右冲，一路向前猛冲，突破重围，张辽麾下仅有数十人跟随其突围成功。还有很多人被困在吴军军阵之中，就大呼曰："将军抛弃我们了吗！"张辽又再次杀入重围，救出被困之人。孙权人马皆望风披靡，无人敢挡。两军自早晨大战至中午，吴军锐气已失，曹军就返回军营修整城池和守备之具，将士们的心方才安定下来，诸将都叹服张辽所为。孙权围攻合肥十余日，无法攻破城池，于是撤军还师。张辽率诸军乘势追击，差点擒获孙权。曹操深为赞赏张辽的表现，拜张辽为征东将军。建安二十四年（219年）孙权向曹操称藩属，不足为患，张辽就返回屯兵雍丘。之后张辽生重病，孙权再次叛变，魏文帝曹丕派遣张辽乘舟，与曹休到海陵（今江苏泰州）临江驻防。孙权知张辽至此，极为忌惮，敕令诸将："张辽虽抱病在身，但仍勇不可挡的，诸将当小心谨慎！"同年，张辽与诸将共同击破吴将吕范。不久张辽病重，逝于江都（今江苏扬州）。

　　孙子说："以小利来引诱敌人。"张辽对昌狶说先归降的受封赏，昌狶就投降了。孙子说："以稳定来对付敌人的躁动不安。"张辽安坐中军大阵而平定军中骚乱。孙子还说："可以挫伤敌人三军的锐气。"张辽挫伤孙权的锐气，从而挫伤吴军的士气就是如此。

【评析】

张辽，三国时期曹魏著名将领，原属吕布，后降曹操，立下赫赫战功。张辽威名大震是在合肥郊外逍遥津率领八百勇士大败孙权十万大军，且差点活捉孙权，创造了三国时期以少胜多的著名战例。张辽与乐进、于禁、张郃、徐晃被后人并称为曹魏的"五子良将"。曹操在向汉帝上书时称乐进、于禁和张辽时说道："武力既弘，计略周备。质忠性一，守执节义，每临战攻，常为督率，奋强突固，无坚不陷，自援枹鼓，手不知倦。又遣别征，统御师旅，抚众则和，奉令无犯，当敌制决，靡有遗失。论功纪用，宜各显宠。"张辽不仅以勇猛著称，而且治军严格，精于权变。他说降昌狶，体现出的是勇气和对自己判断的信心；军中叛乱，处乱不惊，体现出其掌控局势的能力；对部下不离不弃，体现出其大将有节有义的品质。张辽符合孙子所说的智、信、仁、勇、严的将帅五德标准，是三国时期不可多得的优秀将领。

魏·张郃

【原文】

张郃,字儁①义,河间鄚人也。以兵归袁绍,绍以郃为校尉。太祖与袁绍相拒于官渡,绍遣将淳于琼等督运屯乌巢,太祖自将急击之。郃说绍曰:"曹公兵精,往必破琼等。琼等破,则将军事去矣。宜急引兵救之。"郭图曰:"郃计非也。不如攻其本营,势必还,此为不救而自解也。"郃曰:"曹公营固,攻之必不拔。若琼等见禽,吾属尽为虏矣。"绍但遣轻骑救琼,而以重兵攻太祖营,不能下。太祖果破琼等,绍军溃。图惭,更潜②郃曰:"郃快军败,出言不逊。"郃惧,乃归太祖。太祖得郃甚喜,谓曰:"昔子胥不早寤,自使身危。岂若微子③去商、韩信归汉邪?"拜郃偏将军,封都亭侯。

诸葛亮出祁山,加郃位特进④,遣督诸军,拒亮将马谡于街亭。谡依阻南山,不下据城。郃绝其汲道,击,大破之。亮复出,急攻陈仓,帝驿马召郃到京都。帝自幸河南城,置酒送郃,遣南北军士三万及分遣武卫、虎贲使卫郃,因问郃曰:"迟将军到,亮得无已得陈仓乎!"郃知亮孤军无谷,不敢久攻,对曰:"比臣未到,亮已走矣,屈指计亮粮不至十日。"郃晨夜进至南郑,亮退。诏郃还京都,拜征西车骑将军。

郃识变数,善处营阵,料战势地形,无不如计,自诸葛亮皆惮之。

亮复出祁山，诏郃督诸将西至洛阳。亮还保祁山，郃追至木门，与亮军交战，飞矢中郃右膝，薨。

孙子曰："绝山依谷。"郃以马谡不下据城而绝其汲道。又曰："归师勿遏。"郃追亮归军，而败覆得也。

【注释】

① 儁：通"俊""隽"。
② 谮：进谗言，诬陷，说坏话。
③ 微子：商朝大臣，后归顺周朝。
④ 特进：一种荣誉，只加官，却并无实职，以示恩宠。

【今译】

张郃，字俊义，河间郑（今河北任丘北）人。起初，张郃率兵归附袁绍，袁绍任命张郃为校尉。曹操与袁绍在官渡交战，袁绍派遣将领淳于琼等人督运粮草屯于乌巢，曹操留将守营而亲率大军奔袭乌巢。张郃劝诫袁绍说："曹公军队精锐，往乌巢必可击败淳于琼等。淳于琼若败，则将军大势已去，必败无疑。为今之计应当火速率军前往乌巢救援。"袁绍的谋士郭图却说："张郃之计不妙。我军不如直取曹操大本营，曹操必率军回救，这才是不救乌巢而解乌巢之急的计策。"张郃说："曹操大营坚固异常，难以攻克。如果淳于琼等人被擒，我们都要成为曹操的俘虏。"袁绍不听张郃之计，只派轻骑兵去救援淳于琼，而自己率领重兵猛攻曹操的大本营，却无法攻克。曹操果然大败淳于琼等人，袁绍之军也因此大败溃散。郭图羞愧于自己的计谋，就向袁绍进谗言诬陷张郃说："张郃作战不利，我军大败，而张郃却非常高兴，还出言不逊。"张郃害怕遭袁绍加害，就率军归降曹操。曹操得张郃大喜，说："往昔伍子胥不醒悟，结果使自己身处绝境。君之来犹如微子弃殷商，韩信归强汉啊！"曹操拜张郃为偏将军，封为都亭侯。

蜀相诸葛亮第一次出兵北伐，兵出祁山（今甘肃礼县东）。魏明帝曹叡加张郃特进，派其指挥各路兵马，在街亭（今甘肃秦安县）抵挡蜀将马谡。马谡将部队拉到南山之上安营扎寨，却不下山据守城池。张郃截断山上水源，蜀军受困，张郃率军与马谡交战，大败蜀军。后诸葛亮第二次出兵北伐，兵出散关（今陕西宝鸡境内），猛攻陈仓。魏明帝曹叡命人飞马急召张郃回京师洛阳，将南北两军共计三万人马交由其指挥，并特别派遣皇帝的侍卫军武卫和虎贲护卫张郃。皇帝亲自到河南城（今河南洛阳附近）设酒相送，魏明帝问张郃："等将军到陈仓之时，恐怕诸葛亮已经攻陷陈仓了吧？"张郃料定蜀军孤军深入，粮草缺乏，必不敢久攻，就向皇帝回答说："不等臣率大军赶到，诸葛亮已经撤军了，臣计算诸葛亮之军粮不足十日之用。"张郃率军连夜赶到南郑（今陕西汉中境内），诸葛亮果然退兵，皇帝下诏令张郃还于京都，并拜张郃为征西车骑将军。

张郃懂得行军打仗的变数，善于安营扎寨和行军列阵，判断战场形势和利用地形也都非常准确，没有他不能预料到的，蜀军自诸葛亮以下对他都非常忌惮。诸葛亮再次出祁山北伐，魏明帝下诏由张郃指挥各路人马西至洛阳迎敌，诸葛亮退守祁山，张郃追击至木门谷，与蜀军交战，结果被飞矢射中右膝而死。

孙子说："通过山地，必须依靠有水源的山谷。"张郃利用马谡没有下山据城固守而断其水源。孙子又说："对于败退逃亡之敌，不要穷追猛打。"张郃追击诸葛亮撤退的军队，结果遭到了失败。

【评析】

张郃,三国时期名将,曹魏"五子良将"之一。张郃与张辽一样都是后来归降曹操的将领,也同样独当一面,为曹操立下了汗马功劳。张郃在官渡归降曹操,成为曹操能够战胜袁绍的重要原因之一。张郃在街亭大败马谡,更是使诸葛亮形势最好的一次北伐功败垂成。在诸葛亮六出祁山过程中,张郃多次抵御蜀军的进攻,连诸葛亮都承认张郃勇武过人,是蜀国大患。张郃用兵以"巧变"著称,善于审时度势,对行军列阵、山川地理等都烂熟于胸。在看到袁绍刚愎自用必将败亡之后,他果断投降曹操;而在街亭之战中,更是巧妙地利用地形,设置营阵,最终大败马谡。《三国志》作者陈寿对张郃的评价是:"郃识变数,善处营陈,料战势地形,无不如计,自诸葛亮皆惮之。"

魏·徐晃

【原文】

徐晃，字公明，河东杨人也。太祖围邺，破邯郸。易阳令韩范伪以城降而拒守，太祖遣晃攻之。晃至，飞矢城中，为陈成败。范悔，晃辄降之。既而言于太祖曰："二袁未破，诸城未下者倾耳而听，今日灭易阳，明日皆以死守，恐河北无定时也。愿公降易阳以示诸城，则莫不望风。"太祖善之。

韩遂、马超等反关右，遣晃屯汾阴以抚河东。太祖至潼关，恐不得渡，召问晃。晃曰："公盛兵于此，而贼不复别守蒲阪，知其无谋也。今假臣精兵，渡蒲阪津，为军先置，以截其里，贼可禽也。"太祖曰："善。"使晃以步骑四千人渡津。作堑栅未成，贼梁兴夜将步骑五千余人攻晃，晃击走之，太祖军得渡。遂破超等。

复遣晃助曹仁讨关羽，屯宛。会汉水暴溢，于禁等没。羽围仁于樊，又围将军吕常于襄阳。晃所将多新卒，以羽难与争锋，遂前至阳陵陂屯。太祖复还，遣将军徐商、吕建等诣晃，令曰："须兵马集至，乃俱前。"贼屯偃城。晃到，诡道作都堑，示欲截其后。贼烧屯走，晃得偃城，南面连营，稍前，去贼围三丈所。未攻，太祖前后遣殷署、朱盖等凡十二营诣晃。贼围头有屯，又别屯四冢。晃扬声当攻围头屯，而密攻四冢。羽见四冢欲坏，自将步骑五千出战，晃击之，退走，遂追陷与俱入围，破之，或自投沔水死。太祖令曰："贼围堑鹿角十重，将军致战全胜，遂陷贼围，多斩首虏。吾用兵三十余年，及所闻古之善用兵者，未有长驱径入敌围者也。且樊、襄阳之在围，过于莒、即墨，将军之功，逾孙武、穰苴。晃振旅还摩陂，太祖迎晃七里，置酒大会。太祖举卮酒劝晃，且劳之曰："全樊、襄阳，将军之功也。"时诸军皆集，太祖案行诸营，士卒咸离阵观，而晃军营整齐，将士驻阵不动。太祖叹曰："徐将军可谓有周亚夫之风矣。"

晃将军常远斥候，先为不可胜，然后战，追奔争利，士不暇食。常叹曰："古人患不遭明君，今幸遇之，当以功自效，何用私誉为！"终不广交援。太和元年，薨。

孙子曰："拔人之城而非攻。"晃飞矢城中而降韩范。又曰："由不虞之道，攻其所不戒。"晃因贼不守蒲阪津而潜军以渡。又曰："善攻者，敌不知其所守。"晃扬声攻围头而密攻四冢。又曰："军扰者，将不重也。"晃军营整齐，虽太祖案行而将士不动是也。

【今译】

徐晃，字公明，河东杨（今山西洪洞）人。曹操率军围攻邺城，又攻破邯郸。易阳（今河北永年）令韩范诈称投降实际却据城自守，曹操派徐晃前去攻打，徐晃兵临城下，给韩范写了封书信，用箭射入城中，陈明利害，劝韩范投降。韩范见信之后后悔，决意投降，徐晃得以降服韩范。之后徐晃向曹操报告说："如今袁绍二子袁谭、袁尚还未被击败，尚未攻下的城池都在到处打探消息，如果今日强攻灭了易阳，明天那些城池就会拼死守城，恐怕河北将再无安定之日。希望明公您招降易阳给各个城看，如此一来其他城池便会望风而降。"曹操采纳了他的意见。

韩遂、马超在关右地区（潼关以西）叛乱，曹操派徐晃屯守汾阴（山西荣河汾水南岸），以镇抚河东。曹操到达潼关后，担心无法渡过黄河，召徐晃问计。徐晃说："明公今率大军至此，而敌人却不再分兵把守蒲阪（今山西永济境内），可见他们缺乏谋略。请给臣一支精兵，渡过蒲坂津（蒲坂以西之黄河渡口，即今山西永济、陕西大荔朝邑之间的黄河渡口），为大军作先导，截断敌人的后路，就可生擒他们了。"曹操说："此计甚妙。"曹操派徐晃率步骑兵精锐四千人从蒲坂津乘虚渡过黄河，徐晃大营的堑壕、栅栏等防御工事尚未完成，敌将梁兴夜里就率步骑兵五千余人攻打徐晃，徐晃将其击退，曹军得以顺利渡河，并最终大败马超等人。

曹操又派徐晃协助曹仁征讨镇守荆州的蜀将关羽，驻军于宛城。正赶上天降暴雨，汉水暴涨，于禁等人遭关羽水淹七军导致全军覆没。关羽将曹仁包围在樊城，又在襄阳包围了将军吕常等几支部队。当时徐晃率领的多为新兵，难以与关羽抗衡，于是前出至阳陵陂（在樊城以北）驻扎。曹操回军之后，又派将军徐商、吕建等到徐晃那里传令说："须等到各路兵马集结完成之后，一起前进。"当时关羽的前军驻扎在偃城（樊城北的一座小城），徐晃到达后假装修筑堑壕，显示出要切断蜀军后路的样子。蜀军恐惧被包围，烧营撤出偃城，徐晃军得以占据偃城，两面连营，渐渐向围城的蜀军逼近，徐晃军营距关羽营垒仅三丈。攻击尚未发起之时，曹操又先后派殷署、朱盖等共计十二营兵马进至偃城，听候徐晃调遣。关羽军主力屯驻围头，另外在四冢也屯驻部分兵马。徐晃就声东击西，扬言要攻打围头，之后突袭四冢。关羽见四冢难以抵挡，恐其有失，亲率步骑兵五千出战，被徐晃击退。徐晃乘胜尾随追击败退的蜀军，利用混乱与蜀军一同冲入围头，蜀军大败，很多人投沔水而死。曹操在文书中说："敌人的堑壕鹿角有十重之多，将军却大获全胜，攻陷敌营，斩杀甚多。我用兵三十余年，以及所听说过的古代善于用兵之人，没有能如将军这般长驱直入敌围的。况且樊城、襄阳之围障，超过以前的莒、即墨之围，将军之功，胜过孙武与司马穰苴。"徐晃凯旋至摩陂（今河南郏县东南），曹操亲自出营七里迎接徐晃，并设宴慰劳。曹操举杯对徐晃说："保全樊城、襄阳，都是将军你的功劳啊。"当时各路大军云集于摩陂，曹操巡视诸营，各营的士卒都出阵围观，唯有徐晃军营整齐，将士驻阵不动。曹操叹道："徐将军可谓有周亚夫之风啊！"

徐晃率军打仗，多向远方派遣斥候侦察兵搜集情报，先使自己立于不败之地，然后再和敌军交战，追击敌军、抢夺战机之时，士卒常无暇吃饭。徐晃常感慨："古人常担心难遇明君，今我幸而遇之，当尽心竭力报效明公，不需要什么私誉。"徐晃从不去四下交游，结交众人。太和元年（227年），徐晃去世。

孙子说："不通过攻城就使敌城投降。"徐晃以箭缚书射入城中，韩范见信而降。孙子说："走敌人没有想到的道路，攻击敌人没有戒备的地方。"徐晃趁敌军没有守卫蒲阪津而率军悄悄渡过黄河。孙子说："善于进攻的人让敌人不知道该防守哪里，不知道该如何防守。"徐晃扬言攻打围头，实际上却悄悄攻打四冢。孙子还说："军营扰乱纷繁的，是将领没有威严的表现。"徐晃的军营整齐，虽然曹操来巡视但将士们也坚守岗位就是如此。

【评析】

徐晃，三国时期曹魏名将，"五子良将"之一。徐晃虽是后来投靠曹操的。但由于曹操知人善任，徐晃自认为遇到明主，对曹氏政权可谓是忠心耿耿，先后参与官渡、赤壁、关中和汉中几次大战役，立下赫赫战功。陈寿在《三国志》中评论"五子良将"时写道:"于禁最号毅重,张郃巧变为称,乐进以骁勇显名,张辽果敢沉稳,徐晃却以严谨著称。"徐晃治军用兵严谨体现得非常明显,在樊城之战后被曹操称赞治军"有周亚夫之风"。用兵时,徐晃讲究"先为不可胜,然后战",但是徐晃并非一味求稳,而是在关键时刻敢于进行军事冒险,因此在解樊城之围时,长驱直入,直捣敌军重心,一举击退蜀军,立下大功。曹操称赞此次作战时说:"将军之功,逾孙武、穰苴。"也在历史上留下了"长驱直入徐公明,一箭双雕长孙晟"的美名。

魏·李典

【原文】

李典,字曼成,山阳钜野人也。太祖击谭、尚于黎阳,使典与程昱等以船运军粮。会尚遣魏郡太守高蕃将兵屯河上,绝水道,太祖敕典、昱:"若船不得过,下从陆道。"典与诸将议曰:"蕃军少甲而恃水,有懈怠之心,击之必克。军不内御,苟利国家,专之可也。宜破击之。"昱亦以为然。遂北渡河,攻蕃,破之。水道得通。

刘备北侵,至叶,太祖遣典从夏侯惇拒之。备一旦烧屯去,惇率诸军追击之,典曰:"贼无故退,疑必有伏。南道窄狭,草木深,不可追也。"惇不听,与于禁追之,与留守。惇等果入贼伏里,战不利,典往救。备望见救至,军散退。

典宗族部曲三千余家,居乘氏,自请愿徙诣魏郡。太祖笑曰:"乡欲慕耿纯邪?"典谢曰:"典驽怯功微,而爵宠过厚,诚宜举宗陈力。加以征伐未息,宜实郊遂之内,以制四方,非慕纯也。"遂徙部曲宗族万三千余口居邺。太祖嘉之,迁破虏将军。

与张辽、乐进屯合肥,孙权率众围之,辽欲奉教出战。进、典、辽皆素不睦,辽恐其不从,典慨然曰:"此国家大事,顾君计何如耳,吾不可以私憾而忘公义也!"乃率众与辽破走权。

典好学问,贵儒雅,不与诸将争功。敬贤士大夫,恂恂若不及,军中称其长者。年三十六薨。

孙子曰:"战道必胜,主曰无战必战可也。"典不从太祖之命而破高蕃。又曰:"佯北勿追。"典谓贼无故退而不可追。又曰:"上下同欲者,胜。"典不以私憾害公,而率众破权是也。

【今译】

李典,字曼成,山阳钜野(今山东巨野)人。曹操率军至黎阳攻击袁谭、袁尚。命李典和程昱负责押运粮草,当时走的是水路。袁尚派魏郡太守高蕃率军驻守在河上,断绝水道。曹操对李典、程昱说:"如果水路不能,就走陆路。"李典和诸将商议说:"高蕃军缺少甲胄,并且倚仗河流,自恃地利,防守松懈,攻之必克。内廷的命令军队可以不听从,只要对国家有利,大将可以专制做主。我们应当击破高蕃。"程昱也同意。两人率军向北渡过河,将高蕃击败。水路得以通行。

刘备北侵魏国,到达了叶城。曹操派李典跟随夏侯惇去抵御刘备。刘备见大军到,就把军营烧掉退兵。夏侯惇领兵追击,李典劝谏道:"敌军无故退兵,怀疑他们必有埋伏,南道狭窄,而且草木茂盛,不可追击。"夏侯惇不听,和于禁追击刘备,命李典留守军营。夏侯惇等中了埋伏,战况不利,李典带着兵去救夏侯惇。刘备看到救兵赶到,就撤军而走。

李典有宗族和部曲三千余家,本来在乘氏居住,自愿请求迁徙至魏郡。曹操笑着说:"你也想学耿纯?"李典说:"我驽钝而且功劳微薄,但受主公封爵恩宠过厚,应当举宗族之力为主公效力。再加上如今征伐不断,应当充实都城附近的地方,方便控制四方,并非是李典想效法耿纯。"李典遂将部曲宗族三千人迁居至叶城。太祖嘉奖李典,升迁他为破虏将军。

李典后来与张辽、乐进屯驻合肥，孙权率众将合肥包围，张辽想奉曹操的方略出战。乐进、李典、张辽几人平时多不和睦，因此张辽恐他二人不从。李典慨然说："这是国家大事，君只管做出决定，我不会因私怨而忘公义！"李典就率众同张辽一道将孙权击退。

李典好学问，喜欢儒雅，不和诸将争功。敬重贤能的士大夫，非常谦虚谨慎，军中称其为长者，李典三十六岁去世。

孙子说："根据分析有必胜把握的，即使国君主张不打，坚持打也是可以的。"李典不听从曹操的命令而击败高蕃。孙子说："敌人伪装战败，不要追击。"李典认为敌军无故撤退，因此不可追击。孙子说："全军上下和睦一致的能够取胜。"李典不因为个人恩怨而有损公事，率领将士击败孙权就是如此。

【评析】

李典，三国时期曹魏大将。他是曹操手下大将当中为数不多的儒将，《三国志》载："典好学问，贵儒雅，不与诸将争功。敬贤士大夫，恂恂若不及，军中称其长者。"李典不与人争功，也不因个人恩怨而影响到公事。在抵御孙权的作战中，他抛开个人感情，主动听从和配合张辽的指挥，从而大破孙权，体现出了长者风范，在道德上占据了高地。用兵上，李典也是有勇有谋，眼光独到，能够以敏锐的洞察力识破敌人的计谋。他敢于依据实际情况，机断处置，具备大将独当一面的素质，而领会到"将在外，君命有所不受"的真谛，却没有骄兵悍将的飞扬跋扈，也使他不会引起曹操的猜疑。陈寿称赞他："李典贵尚儒雅，义忘私隙，美矣。"

魏·邓艾

【原文】

邓艾，字士载，棘阳人也。每见高山大泽，辄规度指画军营处所，时人多笑焉。后见司马宣王，宣王奇之，辟之为掾，迁尚书郎。

时欲广田畜谷，为灭贼资，使艾行陈、项已东至寿春。艾以为："良田水少，不足以尽地利，宜开河渠，可以引水浇溉，大积军粮，又通运漕之道。"乃著《济河论》以喻其指。又以为："昔破黄巾，因为屯田，积谷于许都以制四方。今三隅已定，事在淮南，每大军出征，运兵过半，功费巨亿，以为大役。陈、蔡之间，上下田良，可省许昌左右诸稻田，并水东下。令淮北屯二万人，淮南三万人，十二分休，常有四万人，且田且守。水丰常收三倍于西，计除众费，岁完五百万斛以为军资。六七年间，可积三千万斛于淮上。此则十万之众五年食也。以此乘吴，无往而不克矣。"宣王善之，事皆施行。

正始二年，乃开广漕渠。每东南有事，大军兴众，泛舟而下，达于江、淮，资食有储而无水害，艾所建也。

嘉平元年，与征西将军郭淮拒蜀偏将军姜维。维退，淮因西击羌。艾曰："贼去未远，或能复还，宜分诸军以备不虞。"于是留艾屯白水北。三日，维遣廖化自白水南向艾结营。艾谓诸将曰："维令卒还，吾军人少，法当来渡而不作桥，此维使化持吾，令不得还。维必自东袭取洮城。"洮城在水北，去艾屯六十里。艾即夜潜军径到，维果来渡，而艾先至据城，得以不败。

赐爵关内侯，后迁城阳太守。是时并州右贤王刘豹并为一部，艾上言曰："戎狄兽心，不以义亲，强则侵暴，弱则内附。故周宣有狯狁之寇，汉祖有平城之困。每匈奴一盛，为前代重患。自单于在外，莫能牵制去卑①。诱而致之，使来入侍。由是羌夷失统，合散无主。以单于在内，万里顺帆。今单于之尊日疏，外土②之威浸重，则胡虏不可不深备也。闻刘豹③部有叛胡，可因叛割为二国，以分其势。去卑功显前朝，而子不继业，宜加其子显号，使居雁门。离国弱寇，追录旧勋，此御边长计也。"又陈："羌胡与民同处者，宜以渐出之，使居民表崇廉耻之教，塞奸宄④之路。"大将军司马景王⑤新辅政，多纳用焉。迁汝南太守，所在荒野开辟，军民并丰。

迁兖州刺史。上言曰："国之所急，惟农与战。国富则兵强，兵强则战胜。然农者，胜之本也。今使考绩之赏，在于积粟富民，则浮华之原塞矣。"

毌丘俭作乱，遣健步赍书，欲疑惑大众，艾斩之，兼道进军，先趣乐嘉城，作浮桥。司马景王至，遂据之。文钦以后大军破败于城下，艾追之至丘头。钦奔吴。

艾解王经围于狄道，姜维退驻钟提，乃以艾为安西将军，假节、领护东羌校尉。议者多以为维力已竭，未能更出。艾曰："洮西之败，非小失也，破军杀将，仓廪空虚，百姓流离，几于危亡。今以策言之，彼有乘胜之势，我有虚弱之实，一也。彼上下相习，五兵犀利，我将易兵新，器仗未复，二也。彼以船行，吾以陆运，劳逸不同，三也。狄道、陇西、南安、祁山，各当有守，彼专为一，我分为四，四也。从南安、陇西，因食羌谷，若趣祁山，熟麦千顷，为之垂饵，五也。贼有黠数，其来必矣。"顷之，维果向祁山，闻艾已有备，乃回从董亭趣南安，艾至武城山以相持。维与艾争险，不克，其夜，渡渭东行，缘山趣⑥上邽，艾与战于段谷，大破之。

景元四年，诏诸军征蜀，大将军司马文王⑦皆指授节度，使艾与维相缀连，雍州刺史诸葛绪要维，令不得归。艾遣天水太守王颀等直攻维营，陇西太守辛弘等邀其前，金城太守杨欣等诣甘松。维闻钟会诸军已入汉中，引退还。欣等追蹑于强川口，大战，维败走。闻雍州已塞道，屯桥头，从孔函谷入北道，欲出雍州后。诸葛绪闻之，却还三十里。维入北道三十余里，闻诸军却，寻还，从桥头过。绪趣截维，较一日不及。维遂东引，还守剑阁。

钟会攻维未能克。艾上言："今贼摧折，宜遂乘之，从阴平由邪径汉德阳亭趣涪，出剑阁西百里，去成都三百余里，奇兵冲其腹心。剑阁之守必还赴涪，则会方轨而进，剑阁之军不还，则应涪之兵寡矣。军志有之曰：攻其不备，出其不意。今掩其空虚，破之必矣。"

艾自阴平道行无人之地七百余里，凿山通道，造作桥阁。山高谷深，至为艰险，又粮运将匮，频于危殆。艾以毡自裹，推转而下。将士皆攀木缘崖，鱼贯而进。先登至江油，蜀守将马邈降。蜀卫将军诸葛瞻自涪还绵竹，列陈待艾。艾遣子忠等出其右，司马师纂等出其左。忠、纂战不利，并退还，曰："贼未可击。"艾怒曰："存亡之分，在此一举，何不可之有？"乃叱忠、纂等，将斩之。忠、纂驰还更战，大破之，斩瞻。

进军到雒，刘禅遣使请降。艾至成都，禅诣军门，艾受而宥⑧之。检御将士，无所虏略，缓纳降附，使复旧业，蜀人称焉。辄依邓禹故事，承制拜禅行骠骑将军。于绵竹筑台以为京观⑨，用彰战功。士卒死事者，皆与蜀兵同共埋藏。艾深自矜伐，谓蜀士大夫曰："诸君赖遭某,故得有今日耳。如遇吴汉之徒,已殄灭矣。"又曰:"姜维自一时雄儿也,与某相值,故穷耳。"有识者笑之。诏曰:"艾耀威奋武,深入虏庭,斩将搴旗,枭其鲸鲵,而使僭号之主,稽首系颈,历世通诛⑩,一朝而平。兵不逾时,战不终日,云彻席卷,荡定巴蜀。虽白起破强楚,韩信克劲赵,吴汉禽子阳⑪,亚夫灭七国,计功论美,不足比勋也。其以艾为太尉。"

艾言司马文王曰:"兵有先声而后实者,今因平蜀之势以乘吴,吴人震恐,席卷之时也。然大举之后,将士疲劳,不可便用,且徐缓之。留陇右兵三万人,蜀兵二万人,煮盐兴冶,为军农要用,并作舟船,豫为顺流之事,然后发使告以利害,吴必归化,可不征而定也。今宜厚刘禅以致孙休,安士民以来远人。"文王监军卫瓘喻艾:"事当须报,不宜辄行。"艾重言曰:"衔命征行,奉指授之策,元恶既服,至于承制拜假,以安初附,谓合权宜。今蜀举众归命,地尽南海,东接吴会,宜早镇定。若待国命,往复道途,延引日月。春秋之义,大夫出疆,有可以安社稷,利国家,专之可也。今吴未宾,势与蜀连,不可拘常以失事机。兵法:进不求名,退不避罪。艾虽无古人之节,终不自嫌以损于国也。"钟会、胡烈、师纂等皆曰艾所作悖逆,变衅以结。诏书槛车召艾。艾本营将士追出艾槛车,迎还。瓘遣田续等讨艾,遇于绵竹西,斩之。子忠与艾俱死。

孙子曰:"以饱待饥。"艾谓"积五年之食,则无往而不克"。又曰:"善守者,敌不知其所攻。"艾先据洮城而姜维不能败。又曰:"我专而敌分。"艾请割二国以分刘豹之势。又曰:"以虞待不虞。"艾有备而姜维退于祈山。又曰:"出其不意。"艾行无人之地七百里。又曰:"毁人之国而非久。"艾兵不逾时而灭蜀。又曰:"进不求名,而退不避罪。"艾事不拘常而终不自嫌是也。

【注释】

① 去卑：是匈奴支系铁弗部首领，南匈奴之右贤王（魏书作左贤王），曹操扣押匈奴呼厨泉单于之后，由其监管匈奴五部。

② 外土：亦作外士。

③ 刘豹：自称是南匈奴于夫罗单于之子，曹操将南匈奴分为五部之后，以刘豹为左部帅。

④ 宄（guǐ）：内部作乱或窃夺称为宄。

⑤ 景王：指司马师。

⑥ 趣：通"趋"。

⑦ 司马文王：指司马昭。

⑧ 宥：宽待。

⑨ 京观：古代战争后，胜利方聚集敌人尸体，封土堆成的高冢大坟，用以炫耀武功。

⑩ 历世通诛：应为"历世逋诛"，逋，逃亡，奴隶逃亡。

⑪ 子阳：指公孙述。

【今译】

邓艾，字士载，义阳棘阳（今河南新野）人。邓艾每见高山大河，就依据地形规划军营的位置，常遭他人讥笑。后来见到司马懿（当时在洛阳担任太尉之职），司马懿很赏识他的才能，征召他为太尉府的掾属，后升任尚书郎。

魏国准备在东南一带进行屯田，积储军粮，为对付吴国准备军粮，因此就派邓艾前往视察。邓艾从陈县（今河南淮阳）、项县（今河南沈丘）一直巡视到寿春。巡视完毕之后，邓艾认为："这些地区良田众多，但缺水，因此难以用上地利的优势，应当开挖河渠，既可以引水灌溉，囤积军粮，还可以开通漕运的水道。"邓艾就写了篇《济河论》来阐述这件事情。邓艾还认为："当年能够击败黄巾军，是因为屯田，能够在许都（今河南许昌）存储大量粮食以控制四方。如今三个方向都已经平定了，只有淮南有事，每次大军出征，超过一半的军队都要负责运粮，耗费巨大，成为一项很大的负担。而陈、蔡之间，都是良田，可以节省许多许昌附近的稻田，而开凿运河可以引水东下。还可以在淮北屯两万人，在淮南屯三万人，十分之二的人轮休，因此常备屯田士卒有四万人，可以一边屯田，一边守备。淮水一带，水量充沛，收成是西部的三倍，再除去人员的消耗，每年可以提供五百万斛粮食作为军粮。六七年之内，就可以存储下三千万斛军粮在淮上。这可以供给十万大军五年的用粮。凭借这样的供给来攻打吴国，可以无往而不胜。"司马懿同意他的计划，全部采纳。

正始二年（241年）起，魏国在淮南、淮北开凿广漕渠。每当东南有战事，大军便可乘船而下，直达江淮。军用物资和粮食有储备，又没有水害。这些，都是邓艾的功劳。

嘉平元年（249年）秋，邓艾与征西将军郭淮抵御蜀国的偏将军姜维。姜维退兵之后，郭淮趁机攻打羌人部落。邓艾说："姜维离开尚未走远，还可能返回，应当分派军队以备不测。"郭淮就留邓艾屯白水（今甘肃白龙江）北岸，以防蜀军反攻。三天后，蜀军突然回师，姜维派廖化在白水南岸扎营，和邓艾对峙。邓艾对诸将说："姜维突然回击我军，我军如今兵少，按兵法应当渡河向我军攻击，而不造桥，如今姜维命廖化与我军相持，是意图将我军牵制在此。姜维必定从东面去袭击洮城（今甘肃临潭西南）。"洮城在白水之北，距邓艾驻地六十里。邓艾于当夜秘密派军抢占洮城。不久，姜维果然率兵突袭洮城。而邓艾因为抢先占据了洮城，因此得以立于不败之地。

邓艾后因功被封为关内侯，后迁为城阳太守（今诸城东北）。当时，并州的匈奴右贤王刘豹把匈奴合成一部。邓艾上表说："戎狄兽心，不以恩义而对朝廷亲近，其势强则侵暴，势弱则内附，因此周宣王时有猃狁入寇，汉高祖时在平城被困。每当匈奴强盛，就成为前朝重患，自从单于内附之后，匈奴国内就没有人能牵制实际的统治者去卑。可以将他引诱前来入侍朝廷。这样羌夷失去统一领导，合散无主。又因为单于在朝廷之中，万里都会归顺。如今单于的尊号日渐疏远，而外面权臣之威却日渐加重。因此不可不对胡虏有所防备。听闻刘豹部有叛乱的部落不服从刘豹，可趁机将匈奴分割为两个国家，来分散他们的势力。去卑在前朝有功（去卑曾派兵协助汉献帝逃出洛阳），但现在子孙却没有可继承的家业，应当给他儿子加封号，使其居于雁门。使他们的首领离开其部众，削弱其实力，追授以前的功劳，这才是御边的长远之计。"邓艾还说："羌胡与内地民众杂居相处，应当渐渐让他们出塞，使居民崇尚礼义廉耻的教化，而堵塞他们内部作乱的道路。"大将军司马师（当时为景王）新出任辅佐政事，对邓艾的建议多有采纳实行。不久，邓艾改任汝南太守。邓艾每到一地，就提倡垦荒，军民都获利颇丰。

不久，邓艾升迁为兖州刺史。他上书说："国家的要务在于耕种和战争，国富则兵强，兵强则战胜。农业是战争胜利之根本。孔子曰'足食足兵'，食在兵之前。如今应当把积粟富民定为考察官员和赏赐的标准，这样就能阻断那些浮华不实的行为。"

正元二年（255年），魏镇东将军毌丘俭和扬州刺史文钦一同叛乱，派遣使者到各州郡传递檄书，以迷惑众人。邓艾杀使者，兼程进军，抢先奔赴乐嘉城（今河南商水），建造浮桥，这样司马师到达后，才得以占据乐嘉。文钦因落在大军后面而战败于城下。邓艾追击文钦至丘头。文钦逃奔吴国。

邓艾在狄道（今甘肃临洮）将被姜维包围的雍州刺史王进解救出来，姜维退守钟堤（今甘肃临洮南）。于是，朝廷任命邓艾为安西将军，持节，兼任护东羌校尉。魏军多数人认为姜维已经力竭，不可能再出兵向北进军。邓艾却说："我军洮西之败，损失巨大。破军杀将，仓廪空虚，百姓流离，几近危亡。如今要是建言献策的话，姜维有乘胜之势，我有虚弱之实，此其一也。敌人上下熟识，兵器犀利，而我军将易兵新，器杖未复，此其二也。彼以船行，吾以陆军，劳逸不同，此其三也。狄道、陇西、南安、祁山，各有防守，彼专为一，我分为四，此其四也。从南安、陇西，可就食羌谷，若趋近祁山，则有熟麦千顷，为引诱敌军之诱饵，此其五也。敌军诡计多端，必会前来。"不久，姜维果然兵出祁山（今甘肃东南部山地），听闻邓艾已有戒备，就改从董亭（今甘肃武山南）攻南安（今甘肃陇西东南）。邓艾则率军抢占武城山（今甘肃武山西南）据险固守，与之相持。姜维与邓艾争夺险地，强攻不克，于当夜渡渭水东进，沿山路进取上邽（今甘肃天水）。两军战于段谷（今甘肃天水西南），邓艾大败蜀军。

景元四年（263年），魏帝下诏伐蜀。大将军司马昭统一指挥诸军。邓艾率军牵制姜维主力；雍州刺史诸葛绪切断姜维退路，使其无法回撤。邓艾命天水太守王颀等人直攻姜维营地，命令陇西太守牵弘等人截击姜维的前部，命令金城太守杨欣进击甘松（甘松当在今临潭以东、迭山以北、枹罕以南的地域）。姜维听闻钟会等诸军已入汉中，率军回撤。杨欣等人追击，直到强川口（今甘肃南部的白龙江源头），双方大战，姜维败走。姜维听说雍州刺史诸葛绪已经切断了退路，就抢占桥头（今阴平东南）。姜维从孔函谷佯装向北欲绕道而东，做出出兵攻击诸葛绪后部的样子。诸葛绪立即回师离开桥头三十里向北堵击。姜维进入北道三十多里，听说诸葛绪离开桥头，趁机迅速回师通过桥头。诸葛绪赶去阻截，差了一天，没有赶上。姜维才得以率军向东，退守剑阁。

钟会被姜维阻于剑阁，进展不利。邓艾上书说："今贼连遭败绩，我军宜乘胜进军。从阴平走小路出汉德阳亭（汉德县境内之阳亭）到涪城（今四川绵阳），出剑阁西百里，去成都三百余里，如果我们用奇兵冲其腹心。剑阁守军必回师救涪，则钟会就可以趁其空虚而攻剑阁。若是剑阁之军不回师救援，则守备涪城之兵就少。军志有云曰：'攻其无备，出其不意。'今攻其空虚，破之必矣。"

邓艾率军自阴平攀登小道，凿山开路，修建栈桥，越过七百多里无人烟的山地。山高谷深，极为艰险。途中，粮运困难，曾多次陷入困境。部队走到马阁山，道路断绝，一时进退不得，邓艾身先士卒，用毛毡裹身滚下山坡，将士们也都爬树攀登悬崖，鱼贯而进。邓艾率军出其不意地直抵江油，守将马邈投降。蜀国卫将军诸葛瞻从涪城回师绵竹，列阵等待邓艾。邓艾派其子邓忠攻打诸葛瞻的右翼，司马师纂攻其左翼。邓忠、师纂作战失利，退回，对邓艾说："敌军不可攻打。"邓艾大怒，说："存亡之分，在此一举，有什么不可以的？"邓艾大声叱责二将，并要将其斩首。二将策马回军挥师再战，大破蜀军，斩蜀将诸葛瞻等人。

邓艾攻陷雒县（今四川广汉北），逼近成都。蜀后主刘禅遣使请降。邓艾率军进入成都，刘禅至军门拜见，邓艾受降并宽待刘禅。邓艾约束部众，进城后，没有发生抢掠。他安抚投降的人员，使他们复任旧业，受到蜀人的拥护。邓艾擅自循东汉将军邓禹的做法，依制拜刘禅为骠骑将军，派人把在绵竹作战中死亡的战士跟蜀兵死者一起埋葬，修筑京观，用以宣扬自己的战功。邓艾建此大功，深感骄傲，并且对蜀国的士大夫夸耀说："诸君幸好是遇上了我，才得以有今日。如果遇到吴汉一类的人物,早已被杀了。"邓艾还说:"姜维只是一时的英雄,与我相遇,因此才落败。"有识之士都讥笑他。皇帝下诏说:"邓艾耀威奋武,深入虏庭,斩将搴旗,枭其鲸鲵,使僭号之主,稽首系颈,历世逋诛,一朝而平。兵不逾时,战不终日,云彻席卷,荡定巴蜀。虽白起破强楚,韩信克劲赵,吴汉擒子阳,亚夫灭七国,计功论美,不足比勋也。其以艾为太尉。"

邓艾对司马昭说:"用兵有先扬声而后再进兵者,如今应趁平定蜀地之势来进攻吴国,吴人震恐,这正是平定东吴之时。但平蜀之后,将士疲劳,不可立即使用,要稍稍休整一番;可留陇右兵二万人,蜀兵二万人,煮盐,冶炼金属,发展军事和农业生产,并作舟船,为沿江东下做准备,然后派遣使者告以利害,吴必归化,可不征伐而平定吴地。如今应当厚待刘禅以招致孙休,安抚士民以招降远方的人。"司马昭派监军卫瓘告诫邓艾说:"事情应当上报,不应自作主张。"邓艾再次上书,称:"受命出征,奉指授之策,敌首恶已服。至于承旧制封蜀地原官员之事,只是为了安抚新归附之人,是权宜之计。如今蜀地举众归命,地尽南海,东接吴会,应当及早安定下来。如果等待朝廷的命令,来回交通,耗费时日,春秋之义,大夫出疆,如果能够安社稷,利国家,就可以专断行事。如今东吴尚未归附,且与蜀地相连。因此不能拘泥于常法而失去机会。孙子兵法说:进不求名,退不避罪。邓艾虽没有古人的气节,但也不会为自己避嫌而有损于国家的利益。"钟会、胡烈和师纂等人都说邓艾所作所为是悖逆之举,是叛乱的先兆。皇帝就下诏用囚车将邓艾押回京师。邓艾营中的将士追出将邓艾救了回来。卫瓘派田续等征讨邓艾,与邓艾在绵竹以西相遇,将邓艾和他的儿子邓忠处斩。

孙子说:"以饱待饥。"邓艾认为:储存下一年的军粮,就会无往而不克。孙子说:"善于防守的,使敌人不知道从哪进攻。"邓艾先占据洮城，而姜维无法取胜。孙子说："我军兵力集中而敌人兵力分散。"邓艾请将匈奴分为两国以减弱刘豹的势力。孙子说："以有准备来对付毫无准备的。"邓艾有所准备而姜维退守祁山。孙子说："出其不意。"邓艾在无人的山间行军七百里。孙子说："摧毁敌国不需要很长的时间。"邓艾很快就灭亡了蜀国。孙子还说："进不求名，退不避罪。"邓艾不拘泥于常规行事，也不为自己避嫌就是如此。

【评析】

邓艾，三国时期曹魏杰出的军事家、将领。邓艾出身平凡，却自幼胸怀大志，能够不顾他人的讥笑而积攒地理知识，为以后担任将领打下良好的基础。邓艾不同于一般的猛将，而是像诸葛亮和司马懿一样具备治国平天下的军政才能。他因出色的战略筹划能力而被司马懿所器重，制定的屯田政策使魏国在江淮一带打下了坚实的经济和军事基础，奠定了进行战争的物质基础。邓艾在政治上的远见卓识体现在他对形势发展变化的准确预料上，防备匈奴刘豹，预言诸葛恪被杀，灭蜀之后对蜀国旧臣的政治安排体现的都是他对未来长远发展的考虑。邓艾在战略上见解不凡，而在作战中更是能身先士卒，料敌如神，掌握主动权。灭蜀之战中，他偷袭阴平，率先进入成都，灭亡了蜀国，成为我国古代平蜀作战中的经典一仗。司马昭上奏魏帝的表章中称他灭蜀之功"虽白起破强楚，韩信克劲赵，吴汉擒子阳，亚夫灭七国，计功论美，不足比勋也"。此次作战中，他更是率先身裹毛毡，滚下山崖，展现出名将带兵的素质。只是邓艾长于战略战术却短于人际关系，不懂自保之法。在处理与钟会关系和揣摩司马昭意图方面，表现得比较拙劣，加之他屡立大功之后形成的自矜意识，终于使他在复杂的政治斗争当中成为牺牲品，留给后人无尽的叹惋。

魏·司马懿

【原文】

司马懿，字仲达，河内温县人。少有奇节，聪明多大略，博学洽闻，服膺儒教。

汉末大乱，常慨然有忧天下心。魏武帝闻而辟之。从讨张鲁，言于魏武曰："刘备以诈力虏刘璋，蜀人未附而远争江陵，此机不可失也。今若耀威汉中，益州震动，进兵临之，势必瓦解。因此之势，易为功力。圣人不能违时，亦不失时矣。"魏武曰："人苦无足，既得陇右，复欲得蜀！"言卒不从。又言荆州刺史胡修粗暴，南乡太守傅方骄奢，并不可居边。魏武不之察。及蜀将关羽围曹仁于樊，于禁等七军皆没，修、方果降羽，而仁围甚急焉。是时汉帝都许昌，魏武以为近贼，欲徙河北。懿谏曰："禁等为水所没，非战守之失，于国家大计未有所损，而便迁都，既示敌以弱，又淮沔之人大不安矣。孙权、刘备外亲内疏，羽之得意，权所不愿也。可谕权，劝令掎其后，则樊围自解。"魏武从之。权果遣将吕蒙西袭公安，拔之，羽遂为蒙所获。

魏武薨，文帝即位。孙权帅兵西过，朝议以樊、襄阳无谷，不可以御寇。时曹仁镇襄阳，请召仁还宛。懿曰："孙权新破关羽，此其欲自结之时也，必不敢为患。襄阳水陆之冲，御寇要害，不可弃也。"言竟不从。仁遂焚弃二城，权果不为寇。

蜀将孟达之降也，魏朝遇之甚厚。懿以达言行倾巧不可任，骤谏不见听，乃以达领新城太守，封侯，假节。达于是连吴固蜀，潜图中国。蜀相诸葛亮恶其反覆，又虑其为患。达与魏兴太守申仪有隙，亮欲促其事，乃遣郭模诈降，过仪，因漏泄其谋。达闻其谋漏泄，将举兵。懿恐达速发，以书谕之曰："将军昔弃刘备，托身国家，国家委将军以疆场之任，任将军以图蜀之事，可谓心贯白日。蜀人愚智，莫不切齿于将军。诸葛亮欲相破，惟恐无路耳。模之所言，非小事也。亮岂轻之而令宣露，此殆易知耳。"达得书大喜，犹豫不决。懿乃潜军进讨。诸将言达与二贼交构，宜观望后而动。懿曰："达无信义，此其相疑之时也，当及其未定促决之。"乃倍道兼行，八日到其城下。吴、蜀各遣其将向西城安桥、木阑塞以救达，懿乃分诸将以拒之。初，达与亮书曰："宛去洛八百里，去吴[①]一千二百里，闻吾举事，当表上天子，比相反覆，一月间也，则吾城已固，诸军足办。则吾所在深险，司马公必不自来，诸将来，吾无患矣。"及兵到，达又告亮曰："吾举事八日，而兵至城下，何其神速也！"上庸城三面阻水，达于城外为木栅以自固。懿渡水破其栅，直造城下。八道攻之，旬有六日，达甥邓贤、将李辅等开门出降。斩达，首传京师。俘获万余人。

天子访问："二虏宜讨，何者为先？"对曰："吴以中国不习水战，故敢散居东关。凡攻敌，必扼其喉而舂[②]其心。夏口、东关，贼之心喉。若为陆军以向皖城，修[③]引权东下，为水战军向夏口，乘其虚而击之。此神兵从天而堕，破之必矣。"天子并然之。

诸葛亮攻天水，围将军贾嗣、魏平于祁山。天子曰："西方有事，非君莫可付者。"乃使懿西屯长安，都督雍、梁二州诸军事，统车骑将军张郃、后将军费曜、征蜀护军戴凌、雍州刺史郭淮等拒亮。张郃劝懿分军驻雍、郿为后镇，懿曰："料前军独能当之者，将军言是也。若不能当。而分为前后，此楚之三军所以为黥布禽也。"遂进军隃麋。亮闻大军且至，乃自帅众将芟上邽之麦。诸将皆惧，懿曰："亮虑多决少，必安营自固，然后芟麦，吾得二日兼行足矣。"于是卷甲晨夜赴之，亮望尘而遁。懿曰："吾倍道疲劳，此晓兵者之所贪也。亮不敢据渭水，此易与耳。"进次汉阳，与亮相遇，懿列阵以待之。使将牛金轻骑饵之，兵才接而亮退，追至祁山。亮屯卤城，据南北二山，断水为重围。懿攻，拔其围，亮宵遁，追击破之。

后，亮又帅众十余万出斜谷，垒于郿之渭水南原。天子忧之，遣征蜀护军秦良督步骑二万，受懿节度。诸将欲住渭北以待之，懿曰："百姓积聚皆在渭南，此必争之地也。"遂引军而济，背水为垒。因谓诸将曰："亮若勇者，当出武功，依山而东。若西止五丈原，则诸军无事矣。"亮果止原，将北渡渭，懿遣将军周当屯阳遂以饵之。数日，亮不动。懿曰："亮欲争原而不向阳遂，此意可知也。"遣将军胡遵、雍州刺史郭淮，共备阳遂，与亮会于积石。临原而战，亮不得进，还于五丈原。会有长星坠亮之垒，懿知其必败，遣奇兵掎亮之后，斩五百余级，获生口千余，降者八百余人。

时朝廷以亮侨军远寇，利在急战，每命懿持重，以候其变。亮数挑战，懿不出，因遗懿巾帼妇人之饰。懿怒，表请决战，天子不许，乃遣骨鲠臣卫尉辛毗杖节为军师以制之。后亮复来挑战，懿将出兵以应之，毗杖节而立军门，懿乃止。初，蜀将姜维闻毗来，谓亮曰："辛毗杖节而至，贼不复出矣。"亮曰："彼本无战心，所以固请者，以示武于其众耳。将在军，君命有所不受，苟能制吾，岂千里而请战邪！"懿弟子④书问军事，懿复书曰："亮志大而不见机，多谋而少决，好兵而无权，虽提卒十万，而堕吾画中，破之必矣。"与之对垒百余日，会亮病卒，诸将烧营遁走，百姓奔告，懿出兵追之。亮长史杨仪反旗鸣鼓，若将距懿者。懿以穷寇不之逼，于是杨仪结阵而去。经日，乃行其营垒，观其遗事，获其图书、粮谷甚众。懿审其必死，曰："天下奇才也。"

辛毗以为尚未可知，懿曰："军家所重，军书密计、兵马粮谷，今皆弃之，岂有人捐其五藏而可以生乎？宜急迫之。"关中多蒺藜，懿使军士三千人著软材平底木履前行，蒺藜悉著履，然后马步俱进。追到赤岸，乃知亮死。时百姓为之谚语"死诸葛走生仲达"。懿闻而笑曰："吾便料生，不料死故也。"先是亮使至，懿问曰："诸葛公起居何如，食可几米？"对曰："三四升。"次问政事，曰："二十罚已上皆自省览。"懿既而告人曰："诸葛孔明其能久乎！"竟如其言。

辽东太守公孙文懿反，召懿诣京师。天子曰："此不足以劳君，事欲必克，故以相烦耳。君度其作何计？"对曰："弃城预走，上技也。据辽水以距大军，次计也。坐守襄平，此成禽耳。"天子对曰："其计将安出？"对曰："惟明者能深度彼己，预有所弃，此非其所及也。今孤军远征，将谓不能持久，必先距辽水而后守，此中、下计也。"天子曰："往还几时？"对曰："往百日，还百日，攻百日，以六十日为休息，一年足矣。"遂进师，经孤竹，越碣石，次于辽水。文懿果遣步骑数万阻辽隧，坚壁而守，南北六七十里，以拒懿。懿盛兵多张旗帜出其南，贼尽锐赴之。乃泛舟潜济以出其北，与贼营相迫，沉舟焚梁，傍辽水作长围，弃贼而向襄平。诸将言曰："不攻贼而作围，非所以示众也。"懿曰："贼坚营高垒，欲以老吾兵也。攻之，正入其计，此王邑所以耻过昆阳也。古人曰：敌虽高垒，不得不与我战者，攻其所必救也。贼大众在此，则巢窟虚矣。我直指襄平，必人怀内惧，惧而求战，破之必矣。"遂整阵而过。贼见兵出其后，果邀之。懿谓诸将曰："所以不攻其营，正欲致此，不可失也。"乃纵兵逆击，大破之，三战皆捷，贼保襄平，进军围之。

初，文懿闻魏师之出也，请救于孙权。权亦出兵遥为之声援，遗文懿书曰："司马公善用兵，变化若神，所向无前，深为弟忧之。"会霖潦，大水平地数尺，三军恐，欲移营。懿令军中敢有言徙者斩。都督张静犯令，斩之，军中乃定。贼恃水，樵牧自若。诸将欲取之，皆不听。司马陈珪曰："昔攻上庸，八部并进，昼夜不息，故能一旬之半，拔坚城，斩孟达。今者远来而更安缓，愚窃惑焉。"懿曰："孟达众少而食支一年，文懿将士四倍于达而粮不淹月，以一月图一年，安可不速？以四击一，正令失半，犹当为之。是以不计死伤，与粮竞也。今贼众我寡，贼饥我饱，水雨乃尔，功力不设，虽当促之，亦何所为？自发京师，不忧贼攻，但恐贼走。今贼粮罄尽，而围落未合，掠其牛马，抄其樵采，此故驱之走也。夫兵者诡道，善因事变。贼凭众恃雨，故虽饥困，未肯束手，当示无能以安之。取小利以惊之，非计也。"朝廷闻师遇雨，咸请召还。天子曰："司马公临危制变，计日禽之矣。"既而雨止，遂合围。起土山地道，盾橹钩橦，发矢石雨下，昼夜攻之。时有长星，色白，有芒鬣，自襄平城西南流于东北，坠于梁水，城中震慑。文懿大惧，乃使其所立相国王建、御史大夫柳甫乞降，请解围面缚。不许，执建等，皆斩之。檄告文懿曰："昔楚郑列国，而郑伯犹肉袒牵羊而迎之。孤为王人，位则上公，而建等欲孤解围退舍，岂楚国之谓邪？二人老耄，必传言失旨，已相为斩之。若意有未已，可更遣年少有明决者来。"文懿复遣侍中卫演乞克日送任。懿谓演曰："军事大要有五，能战当战，不能战当守，不能守当走，余二事惟有降与死耳。汝不肯面缚，此为决就死也，不须送任。"文懿攻南围突出，懿纵兵击破之，斩于梁水之上星坠之所。

时有兵士寒冻，乞襦，懿弗之与。或曰："幸多故襦，可以赐之。"

懿曰："襦者官物，人臣无私施也。"

吴将全琮寇芍陂，朱然、孙伦围樊城，诸葛瑾、步骘掠柤中，懿请自讨之。议者以为贼远来围樊，不可卒拔，挫于坚城之下，有自破之势，宜长策以御之。懿曰："边城受敌而安坐庙堂，疆场骚动，众心疑惑，是社稷之大忧也。"乃督诸军南征，车驾送出津阳门。懿以南方暑湿，不宜持久，使轻骑挑之，然不敢动。于是休战士，简精钝，募先登，申号令，示必攻之势。吴军夜遁走，追至三州口，斩获万余人。

懿寝疾，薨于京师，时年七十三。晋国初建，追尊宣王。

孙子曰："其次伐交。"懿令孙权掎刘备之后。又曰："兵之情主速。"懿攻孟达，八日到其城下。又曰："形人而我无形。"懿以陆军出皖城而以水军向夏口。又曰："以分合为变。"懿不分军为前后。又曰："怒而挠之。"懿虽敌以巾帼挠之而不动。又曰："知战之日。"懿讨辽东谓一年足矣。又曰："攻其必救。"懿弃贼而向襄平。又曰："兵闻拙速。"懿讨孟达，不计死伤与粮竟。又曰："能而示之不能。"懿讨文懿，不取小利以示无能。又曰："形之，敌必从之。"懿示必攻而吴师夜遁是也。

【注释】

① 吴：应为"吾"。

② 舂：通"捲"。

③ 修：疑为"诱"之误。

④ 弟子：史书记载写信的人为司马懿的弟弟司马孚。

【今译】

司马懿，字仲达，河内郡温县（今河南温县）人。司马懿年少之时就有奇特的节操，聪明而通晓大道理，博学多闻，受儒教影响很深。

汉末天下大乱，司马懿慨然而有忧天下之心。曹操为丞相以后，征辟司马懿为掾属。司马懿随曹操征讨张鲁，向曹操建议说："刘备使诈占据了刘璋的地盘，蜀人人心尚未归附，现在刘备又远去争夺江陵（今湖北荆州），现在机不可失。如今如果我们显示军威于汉中，益州必会震动，我们趁机进兵蜀地，敌军势必瓦解。趁此形势，易于成功。圣人不违天时，亦不失时机。"曹操说："人苦于不知足，既得陇，复望蜀！"曹操没有听从司马懿的建议。司马懿还提醒曹操荆州刺史胡修粗暴、南乡（今河南淅川东南）太守傅方骄奢，都不应作为封疆大吏驻守边防，曹操未予重视。等到蜀将关羽将曹仁包围在樊城，而于禁的七军又全军覆没，胡修和傅方二人果然投降了关羽，这样曹仁被包围的形势更加严峻。当时汉献帝以许昌为都城，曹操认为距离樊城太近，想迁都到河北。司马懿劝谏说："于禁等人被水所淹，并非是作战不利失败，对国家大计而言损失不大，如果迁都，就是向敌示弱，还会令淮、沔之人心中不安。孙权、刘备二人外亲内疏，孙权必然不愿关羽称心如意。我们可以游说孙权，令他牵制关羽后方，则樊城之围自解。"曹操听从了这个建议。孙权果然派大将吕蒙向西偷袭公安，将其攻克，关羽被吕蒙擒获。

曹操去世，曹丕即魏王位。时孙权率军向西。朝臣商议认为樊城、襄阳缺乏粮草，不能抵御吴军，请召守将曹仁回驻宛城。司马懿不赞同，说："孙权新破关羽，这正是他想要了解战事之时，必不敢生事入侵。襄阳是水陆之要冲，御寇之要害，不可放弃。"曹丕未依其言。曹仁就放火烧毁二城。后来孙权果然没有入侵。

当初蜀将孟达降魏之时，魏朝廷对待他非常优厚，司马懿认为他言行不一，不可信任，多次向皇帝进谏，但皇帝不听，任命孟达为新城太守，封侯，持节。魏文帝死后，孟达与蜀丞相诸葛亮暗中通信，图谋叛魏。诸葛亮恐他言行反复无常，又担忧他成为外患。孟达与魏兴太守申仪有矛盾。诸葛亮想敦促孟达速速叛魏，便派郭模到申仪处诈降，有意泄露孟达谋反之事。孟达闻听谋反之事已泄露，准备马上起兵。司马懿怕他突然发难，给他去信，说："将军当年抛弃刘备，托身于魏国，将守卫边陲的重任交给将军，又把谋取蜀汉的大业也托付给将军，可以说此心如太阳一样光明磊落。蜀人愚智，对将军无比痛恨。诸葛亮欲破将军，只是苦于无路。郭模所言，并非小事，诸葛亮怎会轻易泄露，这不过是其计谋而已，容易识破。"孟达见信大喜，犹豫不决。司马懿则暗中率军进讨。诸将见孟达与吴蜀两国交接，劝司马懿先观望一下再行动。司马懿说："孟达无信义，如今正是他犹豫不决之时，应当趁未定而赶紧将其解决。"司马懿率军倍道兼行，八天之后就到孟达驻扎的新城城下。吴、蜀两国分别派出援兵解救孟达，被司马懿派人分别拦阻于西城的安桥、木兰塞等地。此前，诸葛亮告诫孟达加紧防范，不要上当，孟达写信给诸葛亮，认为："宛城距离洛阳八百里，距离我一千二百里，闻听说举事出兵，要向天子上表，来回反复，需要一个月的时间，到时我的城池已经加固，各种人员器械也都准备完毕。我所在之地既远又险，司马公必不亲自率军前来；其他诸将前来，我没有什么可担忧的。"等到司马懿兵临城下，孟达又写信给诸葛亮，惊叹："我刚刚举事，司马懿八天就兵临城下，何其神速也！"上庸城三面环水，孟达在城外树立木栅，加固城防。司马懿挥师渡水，攻破其木栅，直逼城下。司马懿兵分八路攻城，十六天后，孟达的外甥邓贤、部将李辅开城投降。魏军入城，擒斩孟达，传首京师,俘获万余人。

魏明帝召司马懿进京,向他咨询讨伐吴、蜀的方略:"应当先征讨吴、蜀两国中的哪一个?"司马懿回答说:"吴国认为魏国不习水战,所以才敢散居东关(今安徽含山县西南濡须山上)。攻打吴国,应当扼其咽喉而直捣其心。夏口(今湖北武汉汉口境内)、东关都是吴国的心腹咽喉要地。如果以步军向皖城(今安徽潜山)进发,诱使孙权东下,再派水军向夏口,趁其空虚而击之。这样犹如神兵天降,一定可以击破东吴。"魏明帝同意他的意见。

蜀汉丞相诸葛亮率军第四次出祁山,进攻魏国的天水,将贾嗣、魏平包围在祁山。魏明帝对司马懿说:"西方有事,除君之外没有人可以应对。"皇帝就派他西驻长安,都督雍州和梁州的军事,统率车骑将军张郃、后将军费曜、征蜀护军戴凌、雍州刺史郭淮等抵御诸葛亮。张郃劝司马懿分兵驻扎雍、郿两地,以作大军后镇。司马懿不同意,说:"如果前军单独能抵御蜀军,将军的建议是对的。如果不能抵挡,而将大军分为前后两部,这就是西楚之三军被黥布所擒的原因。"于是挺进喻縻(今陕西宝鸡境内)。诸葛亮听闻魏国大军将至,便亲率蜀军乘势抢先收割邽(今甘肃天水)地成熟的麦子,获得军粮。魏军诸将都十分害怕军粮为蜀军所得,司马懿说:"诸葛亮为人顾虑太多而决断较少,必会先扎营自固,然后才去割麦子,我们有两天的行程加紧赶路足够用了。"于是魏军卷甲轻装出击,诸葛亮望风而逃。司马懿说:"我军倍道兼行,十分疲劳,通晓军事的人都会利用这一点。现在诸葛亮不敢占据渭水与我军交战,这样就容易对付了。"魏军进驻汉阳,与诸葛亮遭遇,司马懿列阵与蜀军交战。司马懿派牛金以轻骑为饵引诱蜀军,两军刚刚交锋,诸葛亮就率军后撤,魏军追击至祁山。诸葛亮屯驻在卤城(今甘肃天水南),占据南北两座山,并修筑了木制围障。司马懿进攻,攻克蜀军围障,诸葛亮连夜逃窜,魏军追击并大败蜀军。

后来诸葛亮率军十余万出斜谷攻魏。诸葛亮至郿县(今陕西眉县),进驻渭水之南。魏明帝十分担忧此事,派征蜀护军秦良率步骑兵两万前去御敌,归司马懿指挥。诸将想在渭北与诸葛亮隔水相持,司马懿说:"百姓的积聚都在渭南,那里才是必争之地。"司马懿就率军渡渭水背水扎营。司马懿对诸将说:"诸葛亮若是勇猛之人,应当出武功依山向东。如果诸葛亮西上五丈原(今陕西眉县西南),则诸军就可无事。"诸葛亮果然上五丈原,并将北渡渭水。司马懿派遣将军周当率军进驻阳遂(今陕西眉县西之渭水北)以引诱诸葛亮。但诸葛亮一连数日都按兵不动。司马懿说:"诸葛亮想争夺五丈原却不向阳遂进攻,可以知道他的意图了。"司马懿派将军胡遵、雍州刺史郭淮共同防守阳遂,与诸葛亮在积石山相遇。两军挨着五丈原交锋,诸葛亮无法进军,退守五丈原。夜里有流星坠落诸葛亮的营垒,司马懿知其必败,就派遣奇兵去攻击诸葛亮的后卫部队,斩五百人,俘虏一千多人,蜀军还有八百多人投降。

当时魏朝廷由于诸葛亮率军远道而来,急切想寻找魏军决战,就命令司马懿稳固防守,以待其变。诸葛亮多次派人前来挑战,司马懿都拒不出战。诸葛亮就派人给司马懿送来女人的衣服,讥笑他胆小。司马懿大怒,上表请求与蜀军决战,皇帝不许,并派遣忠臣卫尉辛毗持节为军师来制止司马懿出战。后来诸葛亮再次前来挑战,司马懿率军准备出战,辛毗就持节立于军门,司马懿才没有出战。起初,蜀将姜维听说辛毗前来,就对诸葛亮说:"辛毗持节前来,司马懿不会出战了。"诸葛亮说:"他本来就不打算出战,之所以不断请战,只是要做样子给众人看。将在外,君命有所不受。如果真能制止他,还用得着他千里上表请求决战吗？"司马懿的弟弟司马孚写信来问战事，司马懿回信说："诸葛亮志向远大，却不会见机行事，多谋划而少决断，好用兵而无实权，虽提兵十万来犯，也都在我掌握之中，必可破之。"司马懿与诸葛亮对峙一百多天，诸葛亮病逝，其手下将领烧营后撤走，百姓发现之后报告魏军，司马懿出兵追击。诸葛亮的长史杨仪返旗鸣鼓，做出回击的样子。司马懿认为穷寇勿追，就收军退回，杨仪就安然撤退。第二天，司马懿到诸葛亮的营垒巡视，观察他留下的遗物，缴获了诸葛亮的图书和大量蜀军的粮食。司马懿判断诸葛亮一定是死了，称赞诸葛亮"天下奇才也"。

虽然司马懿认定诸葛亮必是死了，但辛毗认为此事尚未可知，司马懿说："兵家所看重的是军书密计，兵马粮草，如今蜀军将其全部抛弃，哪有人抛弃了五脏还能生存的？应当迅速追击。"关中地区有很多蒺藜，司马懿派三千士兵脚穿软材料做成的平底木屐，在大军前行走，蒺藜都刺在木屐上，然后大军马步军一起前进。一直追到赤岸，这才得到诸葛亮的确切死讯。当时人有谚语说："死诸葛吓走生仲达。"司马懿笑着说："我推测活着的人或事是可以的，但是判断死去的就不行了。"早先，诸葛亮的使者到达魏营，司马懿问使者："诸葛公的起居生活状况如何，吃多少米？"使者回答："吃三四升米。"之后司马懿才问蜀军政事。使者回答说："二十罚以上的丞相都自己审查。"司马懿不久就对人说："诸葛孔明难以久活。"后来果如其言。

魏辽东太守公孙渊背叛魏国。魏明帝召司马懿回京，命他率兵讨伐。明帝说："此事本不足以劳君，只是一定要将其剿灭，所以才请你出征。你判断一下公孙渊会如何行事？"司马懿说："他若是弃城而走，这是上计。占据辽水抵御征剿大军，这是次计。坐守襄平（今辽宁辽阳），这是坐以待毙。"明帝又问："他会怎么办呢？"司马懿回答："只有明智的人能考虑自己和对手的实力，有所舍弃，这不是公孙渊所能达到的。如今我军孤军远征，无法持久作战，他必定先占据辽河等待我军前往，这是中、下策。"皇帝问："此次出征往返需要多长时间？"司马懿说："去一百天，回一百天，作战一百天。还有六十天用来休整，一年足矣。"司马懿率军从京师出发，经孤竹，越碣石，大军进至辽水。公孙渊果然派步骑兵数万在辽水修筑围堑，南北六七十里，坚壁高垒，阻击魏军。司马懿先在南线多张旗帜，虚张声势，佯攻围堑，敌军主力精锐果然被吸引过去。而司马懿趁机以主力隐蔽渡过辽水，从北面逼近敌营。接着，魏军将船毁掉，之后也开始临着辽水修筑长围，不去进攻辽水旁的敌营，却挥师直取公孙渊老巢襄平（今辽宁辽阳）。部将不解地问道："不向敌军进攻却修造长围，这不是用来向大家展示的吧。"司马懿解释说："敌军坚营高垒，想要让我军疲惫。如果进攻，正中其计，这也是王邑以过昆阳为耻的原因。古人说：敌军虽有高大的壁垒，但却不得不与我交战，是因为我们攻其所必救。敌大军在此，则巢穴空虚。我直指襄平，则人人恐惧，惧而求战，一定可将其击败。"司马懿率军绕过敌军的营垒。敌军见司马懿从其后出兵，果然前来截击。司马懿对众将说："我之所以不攻敌营，正是要让敌军出战，机不可失。"司马懿纵兵逆击敌军，三战三捷，敌军退守襄平，司马懿进军将其包围。

起初，公孙渊听说魏军前来讨伐他，就向孙权求救。孙权也出兵与之相呼应，还给公孙渊写信说："司马懿善于用兵，变化多端，所向披靡，我很为弟担忧。"正赶上天降大雨，平地积水三尺，三军恐慌，想要搬迁营地。司马懿下令军中有敢言搬迁营地者斩。都督张静违反禁令，司马懿下令将其斩杀，军中才安定下来。敌军倚仗大水，每天伐木牧马一如往常。诸将想要前去进攻，司马懿不同意。司马陈圭问司马懿："当年攻打上庸，八路大军并进，昼夜不息，因此才得以十五天就攻克坚城，斩杀孟达。如今远道而来却进军迟缓，我们都很迷惑。"司马懿说："孟达人少，军粮充足，可供一年之用。而我军将士四倍于孟达，但粮食却不足一月之用，以一月图一年，怎能不速攻？而以四击一，即便是少了一半的人，也还是占优势，之所以不计死伤，是因为军粮不足的原因。如今敌众我寡，敌人缺乏粮草而我军粮草充足，如今下雨积水如此严重，强攻难以用得上劲，即便强攻，也难有所作为。自从京师出发，不担忧敌军前来进攻，而担心敌军逃跑。如今敌军粮草用尽，但围堑未合拢，如果劫掠其牛马，抄其砍柴之人后路，这是故意要驱赶敌人逃跑。夫兵者诡道，善于根据情况实行变化。敌军倚仗人多，又逢大雨，故虽饥困，不肯束手就擒，应当示无能以安之。取小利以惊吓敌人，不是好计谋。"朝中大臣听说大军为雨所困，都请求回师撤军。皇帝说："司马懿临机应变，不多久就会生擒叛贼。"不久雨停，魏军完成对襄平的包围，起土山、挖地道、造楼车、钩梯等攻城器具，昼夜强攻。时偶有流星，发白光，有尾迹，自城西南向东北划过，坠落在梁水附近，城中愈发震恐。公孙渊也很惊惧，派他的相国王建、御史大夫柳甫前来乞降，请求魏军解围，然后两手反绑于背而面朝前归降。司马懿不许，斩杀使者，发布檄文严责公孙渊："昔楚郑均是列国，而郑伯犹肉袒牵羊而迎之。今孤为王人，位则上公，而建等欲孤解围退舍，岂楚郑之谓邪！二人老耄，必传言失旨，已相为斩之。若意有未已，可更遣年少有明决者来。"公孙渊又派侍中卫演来请求定日期送人质。司马懿对卫演说："军事大要有五，能战当战，不能战当守，不能守当走，余二事惟有降与死耳。汝不肯面缚，此为决就死也，不须送人质。"公孙渊想从城南突围，司马懿纵兵击破其军，斩杀公孙渊于梁水边上流星坠落之地。

当时司马懿军中有的士兵衣单寒冷，向他乞要襦衣，司马懿不给。有人说："所幸还有很多旧襦衣，可以赐给军士。"司马懿说："襦衣是公物，人臣不能私自施舍。"

吴将全琮入侵芍陂（今安徽寿县南），朱然、孙伦围攻樊城，诸葛瑾、步骘侵掠柤中，司马懿自请出兵征讨。朝臣认为，敌兵远来攻坚，当待其自破，司马懿则说："边城受敌而大臣安坐朝堂，疆场骚动，众心疑惑，是社稷之大忧。"就亲率诸军南征，皇帝亲自送出津阳门。司马懿知南方暑热潮湿，大军不宜久留，先派轻骑挑战，朱然不敢动。于是，便休养士卒，挑选精锐，招募勇士，申明号令，摆出攻城的架势。吴军惊惧，连夜撤退。在三州口（荆、豫、扬三州之接合处），为魏军追及，吴军被歼万余人。

司马懿病重，在京师洛阳去世，时年七十三岁。晋国建立之后，追尊其为宣王。

孙子说："比用谋略制胜次一等的是在外交上挫败敌人。"司马懿用计使孙权袭击刘备的后方。孙子说："兵贵神速。"司马懿攻打孟达，八天就至其城下。孙子说："使敌军处于暴露状态而我军处于隐蔽状态。"司马懿以步军出皖城而以水军向夏口。孙子说："根据双方情势或分兵或集中为主要变化。"司马懿不分前军后军。孙子说："对方暴躁易怒就可以撩拨使他发怒而失去理智。"虽然诸葛亮给司马懿送来了女人的衣服，但司马懿不为所动。孙子说："要预知交战的时间。"司马懿认为征讨辽东，一年的时间就足够了。孙子说："要攻敌所救。"司马懿舍弃辽河边的敌军大营率军直扑襄平。孙子说："只听说将领缺少高招难以速胜。"司马懿征讨孟达，不计死伤，而与粮食争时间。孙子说："有能力却要显示出没有能力的样子。"司马懿征讨公孙渊，不取小利以显示出无能的样子。孙子说："向敌军展示一种或真或假的军情,敌军必然据此判断而跟从。"司马懿摆出攻城的样子,而吴军连夜逃窜就是如此。

【评析】

　　司马懿,三国时期曹魏杰出的政治家、军事家、权谋家,西晋王朝的奠基人,与诸葛亮齐名。司马懿"少有奇节,聪明多大略,博学洽闻,伏膺儒教"。身处乱世,他"常慨然有忧天下心"。纵观其一生,前期为曹魏政权尽心尽力,是魏国三代托孤辅政之重臣,而后期却执掌朝政,专权跋扈,常有不臣之举,为子孙篡权奠定了基础。司马懿堪称一代枭雄,无论是政治上还是军事上都极富才能。他治理魏国,朝廷肃然,而由他主要负责的曹魏屯田计划,更是为后来晋统一中国奠定了物质基础。他用兵奇诡,对敌人用兵特点和情况的判断非常准确,多次准确预见到战争发展的前景。他对诸葛亮等人的评价也反映出他知人善任的特点。说他精于权谋则是道出了他性格上的特点,他"内忌而外宽,猜忌多权变",同时又深谙保身之道。虽然当时很多人都看出他"有雄豪志",但司马懿高明的自保技巧和计谋则使他多次转危为安。他对中国古代权谋灵活应用,加上他的残忍狡诈使他最终为子孙铺平了篡权的道路,开创了一个新的朝代。

蜀·诸葛亮

【原文】

　　诸葛亮，字孔明，琅邪阳都人也。躬耕陇亩，好为《梁父吟》。身长八尺，每自比于管仲、乐毅，时人莫之许也。惟博陵崔州平、颍川徐庶元直与亮友善，谓为信然。时先主屯新野。徐庶见先主，先主器之，谓先主曰："诸葛孔明者，卧龙也，将军岂愿见之乎？"先主曰："君与俱来。"庶曰："此人可就见，不可屈致也。将军宜枉驾顾之。"由是先主遂诣亮，凡三往，乃见。因屏人曰："汉室倾颓，奸臣窃命，主上蒙尘。孤不度德量力，欲信大义于天下。君谓计将安出？"亮答曰："曹操比于袁绍，则名微而众寡，然操遂能克绍，以弱为强者，非惟天时，抑亦人谋也。今操已拥百万之众，挟天子而令诸侯，此诚不可与争锋。孙权据有江东，已历三世，国险而民附，贤能为之用，此可以为援而不可图也。荆州北据汉沔，利尽南海，东连吴会，西通巴蜀。此用武之国，而其主不能守。此殆天所以资将军，将军岂有意乎？益州险塞，沃野千里，天府之地，高祖因之以成帝业。刘璋暗弱，张鲁在北，民殷国富而不知存恤，智能之士思得明君。将军既帝室之胄，信义著于四海，总览英雄，思贤如渴。若跨有荆、益，保其岩阻，西和诸戎，南抚夷越，外结好孙权，内修政理，天下有变，则命上将将荆州之军以向宛洛，将军身率益州之众，出于秦川，百姓孰敢不箪食壶浆以迎将军者乎？诚如是，则霸业可成，汉室可兴矣。"先主曰："善。"于是与亮情好日密。关羽、张飞等不悦，先主解之曰："孤之有孔明，犹鱼之有水也。愿诸君勿复言。"羽、飞乃止。

刘表长子琦亦深器亮。表卒，琮闻曹公来征，遣使请降。先主在樊闻之，卒其众南行，为曹公所破。先主至于夏口，亮曰："事急矣，请奉命求救于孙将军。"时权拥军在柴桑，观望成败。亮说权曰："将军起兵据有江东，刘豫州亦收众汉南，与曹操并争天下。今操芟夷大难，略已平矣，遂破荆州，威震四海。英雄无所用武，故豫州遁逃至此。将军量力而处之：若能以吴、越之众与中国抗衡，不如早与之绝；若不能当，何不案兵束甲，北面而归之！今将军外托服从之名，而内怀犹豫之计，事急而不断，祸至无日矣！"权曰："苟如君言，刘豫州何不遂事之乎？"亮曰："田横，齐之壮士耳，犹守义不辱，况刘豫州王室之胄，英才盖世，众士慕仰，若水之归海。若事之不济，此乃天也，安能复为之下乎！"权勃然曰："吾不能举全吴之地，十万之众，受制于人。吾计决矣！非刘豫州莫可以当曹操者，然豫州新败之后，安能抗此难乎？"亮曰："豫州军虽败于长阪，今战士还者及关羽水军精甲万人，刘琦合江夏战士亦不下万人。曹操之众，远来疲弊，闻追豫州，轻骑一日一夜行三百余里。此所谓强弩之末，势不能穿于鲁缟者也。故兵法忌之，曰必蹶上将军。且北方之人，不习水战；又荆州之民附操者，逼兵势耳，非心服也。今将军诚能命猛将统兵数万，与豫州协规同力，破操军必矣。操军破，必北还，如此则荆、吴之势强，鼎足之形成矣。成败之机，在于今日。"权大悦，而遣周瑜、程普、鲁肃等水军三万，随亮诣先主，并力拒曹公。曹公败于赤壁，引军归邺。

先主遂收江南，以亮为军师中郎将，使督零陵、桂阳、长沙三郡，调其赋税，以充军实。建安十六年，益州牧刘璋遣法正迎先主，使击张鲁。亮与关羽镇荆州。先主自葭萌还攻璋，亮与张飞、赵云等率众溯江，分定郡县，与先主共围成都。成都平，以亮为军师将军。先主外出，亮常镇守成都，足食足兵。

先主即帝位，策亮为丞相。章武三年春，先主于永安病笃。召亮于成都，属以后事，谓亮曰："君才十倍曹丕，必能安国，终定大事。若嗣子可辅，辅之；如其不才，君可自取。"亮涕泣曰："臣敢不竭股肱之力，效忠正之节，继之以死！"先主又为诏敕后主曰："汝与丞相从事，事之如父。"建兴元年，封亮武乡侯，开府①治事。顷之，又领益州牧。政事无巨细，咸决于亮。

南中诸郡，并皆叛乱，亮以新遭大丧，故未便加兵。且遣使聘吴，因结和亲，遂为与国。三年春，亮率众南征，其秋悉平。军资所出，国以富饶，乃治戎讲武，以俟大举。

五年，率诸军北驻汉中，临发，上疏曰："先帝创业未半，而中道崩殂。然侍卫之臣不懈于内，忠志之士忘身于外者，盖追先帝之殊遇，欲报之于陛下也。侍中、侍郎郭攸之、费祎、董允等，此皆良实，志虑忠纯，是以先帝简拔以遗陛下。愚以为宫中之事，事无大小，悉以咨之，然后施行，必能裨补阙漏，有所广益。将军向宠，性行淑均，晓畅军事，试用于昔日，先帝称之曰能，是以众议举宠为督。愚以为营中之事，悉以咨之，必能使行阵和睦，优劣得所。臣本布衣，躬耕于南阳，苟全性命于乱世，不求闻达于诸侯。先帝不以臣卑鄙，猥自枉屈，三顾臣于草庐之中，咨臣以当世之事，由是感激，遂许先帝以驱驰。后值倾覆，受任于败军之际，奉命于危难之间，尔来二十有一年矣。先帝知臣谨慎，故临崩寄臣以大事。受命以来，夙夜忧叹，恐托付不效，以伤先帝之明，故五月渡泸，深入不毛。今南方已定，兵甲已足，当奖率三军，北定中原，庶竭驽钝，攘除奸凶，兴复汉室，还于旧都。此臣所以报先帝，而忠陛下之职分也。"遂行，屯于沔阳。

六年春，扬②声由斜谷道取郿，使赵云、邓芝为疑军，据箕谷，魏大将军曹真举众拒之。亮身率诸军攻祁山，戎阵整齐，赏罚肃而号令明，南安、天水、安定三郡叛魏应亮，关中响震。魏明帝西镇长安，令张郃拒亮。亮使马谡督诸军在前，与战于街亭。谡违亮节度，举动失宜，大为所破。亮拔西县千余家，还于汉中，戮谡以谢众。上疏曰："臣以弱才，叨窃非据，亲秉旄钺③以厉三军，不能训章明法，临事而惧，至有街亭违命之阙，箕谷不戒之失，咎皆在臣授任无方。臣明不知人，恤事多暗，春秋责帅，臣职是当。请自贬三等，以督厥咎。"于是以亮为右将军，行丞相事，所总统如前。冬，亮复出散关，围陈仓，曹真拒之，亮粮尽而还。魏将王双率骑追亮，亮与战，破之，斩双。

七年，亮遣陈戒④攻武都、阴平。魏雍州刺史郭淮率众欲击蜀，亮自出至建威，淮退还，遂平二郡。诏策亮曰："街亭之役，咎由马谡，而君引愆，深自贬抑，重违君意，听顺所守。前年耀师，馘⑤斩王双；今岁受征，郭淮遁走，降集氐、羌，兴复二郡，威震凶暴，功勋显然。方今天下骚扰，元恶未枭，君受大任，干国之重，而久自抑损，非所以光扬洪烈矣。今复君丞相，君其勿辞。"

九年，亮复出祁山，以木牛运，粮尽退军，与魏将张郃交战，射杀郃。

十二年春，亮悉大众由斜谷出，以流马运，据武功五丈原，与司马宣王对于渭南。亮每患粮不继，使己志不申，乃以分兵屯田，为久驻之基。耕者杂于渭滨居民之间，而百姓安堵，军无私焉。相持百余日。其年八月，亮疾病，卒于军，时年五十四。及军退，宣王按行其营垒处所，曰："天下奇才也！"谥为忠武侯。

亮性长于巧思，损益连弩，木牛流马，皆出其意。推演兵法，作八阵图，咸得其要云。

孙子曰："衢地合交。"亮谓孙权可与为援。又曰："百里而争利者，禽三军。"亮谓曹公强弩之末不能穿鲁缟。又曰："胜敌而益强。"亮破南夷，即其渠帅而用之。又曰："敌不得与我战者，乖其所之。"亮开门却洒而宣王遁。又曰："法令孰行。"亮以马谡违命而戮之。又曰："令素信者，与众相得。"亮不留代兵而军士感悦是也。

【注释】

① 开府：设立办事机构。

② 杨：应为"扬"。

③ 旄钺：本意为旗帜和兵器，代指军权。

④ 陈戒：应为"陈式"。

⑤ 馘（guó）：古代战争中割取敌人的左耳用以计数报功。

【今译】

诸葛亮，字孔明，琅邪阳都（今山东临沂市沂南）人。诸葛亮后来在南阳郡的隆中（一说在今湖北襄阳，一说在今河南南阳）种地，喜好吟颂《梁父吟》。诸葛亮身高八尺，每每将自己比作管仲、乐毅一样的人物，当时的人对他都不屑一顾，只有好友博陵的崔州平和颍川的徐庶（字元直）等好友相信他的才干，与他友善。当时刘备正好屯驻在新野。徐庶去见刘备，刘备十分器重徐庶，徐庶就对刘备说："诸葛孔明是卧龙，将军想结识他吗？"刘备说："请先生和他一起来见我。"徐庶说："此人只能是将军前去拜见，而不能让他屈就来见将军。将军最好是枉驾屈尊前往拜见。"刘备因此才三顾茅庐，得以见到诸葛亮。刘备将其他人支走，对诸葛亮说："如今汉室倾颓，奸臣当道，皇帝受辱。我不自量力，想行大义于天下。君有何高见？"诸葛亮回答说："曹操与袁绍相比，虽然名微众寡，但却最终战胜袁绍，之所以能够以弱胜强，不仅仅是依赖天时，也是人谋划的结果。如今曹操拥百万之众，挟天子以令诸侯，此时确实不能与他争锋。孙权占据江东，已经经历三代，国险民附，任用贤能，可以用他来做外援，但不能对此地有所图谋。荆州北据汉沔，利尽南海，东连吴会，西通巴蜀。这正是用武之地，但其主却不能守卫此地。这正是上天用以资助将军完成大业的地方啊，将军对此难道无意吗？益州地势险要，沃野千里，号称天府之国，高祖也是靠此地成就的帝业。目前占据此地的刘璋暗弱，张鲁在北面，人民兴旺、国家富足却不知道爱惜，有智有才之士思得明君、将军既然是帝室后裔，信义著于四海，招揽英雄，思贤若渴。若据有荆、益二州，据险固守，西和诸戎，南抚夷越，外结好孙权，内修政务，一旦天下有变，就命一上将军率荆州之军进攻宛洛，将军则亲率益州之众，出秦川，百姓怎会不箪食壶浆来迎接将军？若果真如此，则霸业可成，汉室可兴矣。"刘备说："太好了。"刘备从此和诸葛亮的关系日渐密切。关羽、张飞等有所不满，刘备劝解他们说："我拥有孔明，就像鱼有了水一样。希望诸君不要再多说什么了。"关羽和张飞才不再与诸葛亮为难。

　　刘表长子刘琦也很器重诸葛亮。刘表去世之后，刘琮听闻曹操前来征讨，就派使者向曹操投降。刘备在樊城听说后，率众南逃，被曹操击败。刘备逃到夏口，诸葛亮说："现在情况紧急，请派我去东吴向孙将军求救。"当时孙权大军屯驻于柴桑，观望两边的成败。诸葛亮游说孙权说："将军起兵，如今据有江东，刘豫州也在汉水以南收集军队，与曹操争夺天下。如今曹操已基本平定北方，又攻破荆州，威震四海。英雄无用武之地，因此刘豫州才逃到此地。将军应当量力而为；

如果能以吴、越之众与曹操抗衡，不如早与之绝交；若不能抗衡，就干脆案甲束兵，向其投降。而将军现在却外托服从之名，内怀犹豫之计，事情紧急却不做决断，恐怕灾祸马上就要到了！"孙权说："真如先生所言，刘豫州为何不投降曹操？"诸葛亮说："田横是当年齐国的壮士，他尚且守义不肯向高祖称臣而自尽，更何况刘豫州是王室后裔，英才盖世，众士仰慕，就像水要归于大海一样。如果事情不成功，那也是天意，怎能屈尊向曹操投降呢！"孙权勃然大怒："我不能让全吴之地，十万之众，受制于人。我已经决定了。抵挡曹操非刘豫州不可，但豫州最近刚被曹操击败，如何才能抵御曹操呢？"诸葛亮说："刘豫州军虽败于长坂，但现在收容回来的战士及关羽统领的水军精锐还有一万人，刘琦聚集的江夏战士也不下一万人。曹操之众，远道而来，师老兵疲，听说为了追击刘豫州，轻骑兵一天一夜行军三百多里。这就是所谓强弩之末其势不能穿于鲁缟者也。因此兵法忌讳这类事情，称此举必折损上将军。况且北方之人，不习水战；荆州依附曹操的人都是被曹操的兵势所逼，并非心服口服。如今将军要是能命猛将统领数万雄兵，与刘豫州齐心协力，一定可以击破曹操。曹操失败后，一定北还，如此则荆、吴就会强盛，这样就形成了三足鼎立之势。成败之机，就在将军今日的决定。"孙权大悦，派遣周瑜、程普、鲁肃等率水军三万，随诸葛亮去见刘备，合力抗曹。曹操在赤壁之战中战败，率军北还邺。

刘备乘机占据了江南之地（荆南四郡，今湖南北部地区），任命诸葛亮为军师中郎将，统领零陵、桂阳、长沙三郡，负责调整赋税，充实军资。建安十六年（211年），益州牧刘璋派法正请刘备助攻张鲁。诸葛亮便与关羽等镇守荆州。第二年，刘备与刘璋决裂，刘备自葭萌（今四川广元西南）还师攻刘璋，至次年十二月，刘备还攻成都。

诸葛亮便与张飞、赵云等溯江而上入蜀，分兵平定各郡县，与刘备一起围成都。至建安十九年（214年），成都平定，刘璋投降，刘备入主益州。刘备任命诸葛亮为军师将军。每当刘备出兵征伐，诸葛亮便负责镇守成都，为刘备提供军粮和兵员。

刘备即皇帝位之后，任命诸葛亮为丞相。章武三年（223年）春，刘备在永安病重，从成都召诸葛亮来托孤。刘备对诸葛亮说："君才能超曹丕十倍，必能安定国家，成就大事。如果太子能够辅佐，你就辅佐他；如果太子不才，你可以自立为王。"诸葛亮哭着说："臣当竭尽全力，誓死效忠。"刘备又下诏给太子刘禅说："你和丞相共事，要像对待父亲一样对待丞相。"建兴元年（223年），后主刘禅封诸葛亮为武乡侯，设立办事机构处理政务。不久，诸葛亮又兼任益州牧。蜀中政事无论大小都由诸葛亮决定。

南中的几个郡，一起叛乱，诸葛亮因为先主新死，故未加兵讨伐。诸葛亮先派使者去东吴讲和。建兴三年（225年）春天，诸葛亮率军南征，到秋天就平定叛乱。蜀汉在南中安定后，经过发展生产，国家富饶，物资丰富，就开始准备军事，等待机会北伐。

建兴五年（227年），诸葛亮率军向北进驻汉中，临出发前，向后主上《出师表》，书曰："先帝创业未半，而中道崩殂。然侍卫之臣不懈于内，忠志之士忘身于外者，盖追先帝之殊遇，欲报之于陛下也。侍中、侍郎郭攸之、费祎、董允等，此皆志虑忠纯，是以先帝简拔以遗陛下。愚以为宫中之事，事无大小，悉以咨之，然后施行，必能裨补阙漏，有所广益。将军向宠，性行淑均，晓畅军事，试用于昔日，先帝称之曰能，是以众议举宠为督。愚以为营中之事，悉以咨之，必能使行阵和睦，优劣得所。臣本布衣，躬耕于南阳，苟全性命于乱世，不求闻达于诸侯。先帝不以臣卑鄙，猥自枉屈，三顾臣于草庐之中，谘臣以当世之事，由是感激，遂许先帝以驱驰。后值倾覆，受任于败军之际，奉命于危难之间，尔来二十有一年矣。先帝知臣谨慎，故临崩寄臣以大事。受命以来，夙夜忧叹，恐托付不效，以伤先帝之明，故五月渡泸，深入不毛。今南方已定，兵甲已足，当奖率三军，北定中原，庶竭驽钝，攘除奸凶，兴复汉室，还于旧都。此臣所以报先帝，而忠陛下之职分也。"之后诸葛亮率军北伐，大军屯驻于沔阳。

建兴六年（228年）春天，诸葛亮扬言走斜谷道（秦岭中的一条山道）取郿（今陕西眉县），让赵云、邓芝设置疑兵，占据箕谷，吸引曹真重兵进行防御，诸葛亮自己率大军攻祁山（今甘肃省西和县西北），蜀军军容严整，赏罚明信，号令严明。陇右的南安、天水和安定三郡叛魏附蜀，整个关中震动。魏明帝曹睿亲自坐镇长安，命大将张郃率军前往抵御诸葛亮。诸葛亮命马谡率军先行，与张郃在街亭大战。马谡没有听从诸葛亮的劝告，指挥失误，被张郃击败。诸葛亮被迫迁徙西县千余家返回汉中，并将马谡斩首以向众人谢罪。诸葛亮向后主上书称："臣才能不高，却占据了重要职位，亲自指挥大军出征北伐，但是却没有能够严明章程训令，临事又没有能够警惕，警示三军，以致马谡有街亭违抗军令，在箕谷又没有及时告诫赵云的失误。责任都在于臣教授任务不当。臣明不知人，考虑事情又多不周全。《春秋》中责罚统帅的记载应该用在臣的身上，臣自请贬职三等，以申明臣的罪过。"于是后主就降诸葛亮为右将军，代行丞相之职，所处理的公务一如以前。冬季，诸葛亮再次率军出散关（今陕西省宝鸡市西南），包围陈仓（今陕西省宝鸡市东），曹真前来抵挡，后蜀军粮尽而退还汉中。魏将王双率骑兵追击诸葛亮，被诸葛亮击败，王双被斩杀。

建兴七年（229年），诸葛亮派遣陈式攻武都（今甘肃省成县周边)、阴平(今甘肃省文县周边)二郡。魏国雍州刺史郭淮率兵来救,诸葛亮自己率军出至建威(今甘肃省西和县西),郭淮退军,蜀军得到二郡。后主下诏给诸葛亮,称:"街亭之役,咎在马谡,而君引愆,深自贬抑,重违君意,听顺所守。前年耀师,馘斩王双;今岁受征,郭淮遁走,降集氐、羌,兴复二郡,威震凶暴,功勋显然。方今天下骚扰,元恶未枭,君受大任,干国之重,而久自抑损,非所以光扬洪烈矣。今复君丞相,君其勿辞。"

建兴九年,诸葛亮率大军二出祁山,开始以木牛运输军粮。因粮尽而退军。与魏将张郃交战,蜀军射杀张郃。

建兴十二年(234年)春,诸葛亮率大军出斜谷道,以流马运输军粮,蜀军占据武功五丈原(今陕西省岐山南),与司马懿在渭南对峙。诸葛亮担心军粮不足,使自己难成北伐大业,就分兵屯田,以此为久驻之基。屯田的士卒散在渭河之滨的居民之中,而百姓安居乐业,军队也不骚扰百姓。双方对峙一百余天。该年八月,诸葛亮病重,在军中去世,时年五十四岁。蜀军退兵之后,司马懿巡视蜀军的营垒,感叹说:"诸葛亮真是天下奇才啊!"诸葛亮的谥号为忠武侯。

诸葛亮常有奇思妙想,损益连弩,木牛流马都是他所设计。他还推演兵法,作八阵图。

孙子说:"四方通达之地应当与属地诸侯结交。"诸葛亮认为孙权可以引为后援。孙子说:"奔袭百里去争利,三军的将领就有可能被擒获。"诸葛亮认为曹操是强弩之末其势不能穿鲁缟。孙子说:"这就是战胜敌人而使自己更加强大的方法。"诸葛亮南征,而后任用他们的首领。孙子说:"敌人无法与我军交战,原因是我设法改变了敌军进攻的方向。"诸葛亮摆空城计而司马懿撤退。孙子说:"哪一方实行的法令更加严明。"诸葛亮因马谡违抗军令而将其处斩。孙子说:"平时命令能贯彻执行的，表明将帅同士卒之间相处融洽。"诸葛亮不留代兵而军士们感恩高兴就是如此。

【评析】

　　诸葛亮，三国时期蜀国丞相，我国古代著名的政治家、军事家和文学家。其一生为匡扶蜀汉政权，可谓是呕心沥血、鞠躬尽瘁，真正实现了他所做的承诺。康熙帝就曾称赞他说："诸葛亮云：鞠躬尽瘁，死而后已。为人臣者，惟诸葛亮能如此耳。"他辅佐刘备，对三分天下准确判断形势，提出战略规划。建国之后，治理蜀国，发展经济，功绩卓著，史载"诸葛亮之为相国也，抚百姓，示仪轨，约官职，从权制，开诚心，布公道"。后来辅佐后主刘禅，明知不可为而为之，六出祁山北伐，最后是"出师未捷身先死，长使英雄泪满巾"。诸葛亮还是一位文学家和书法爱好者，其代表作《前出师表》、《后出师表》、《诫子书》等都是广为流传的作品。诸葛亮的政治才能大于他的军事才能。单纯从军事上看，他主持的北伐存在一定的争议。蜀汉的北伐是以弱击强，本身的胜算就非常小，而诸葛亮一生谨慎求稳，不敢采取直捣长安一类冒险的方案，因此导致六出祁山都无功而返。司马懿对其评价说："亮志大而不见机，多谋而少决，好兵而无权。"由于诸葛亮高尚的道德情操和巨大的功绩，在后世受到极大的尊崇，成为忠臣的楷模，智慧的化身。

蜀·关羽

【原文】

关羽，字云长，河东解人也。亡命奔涿郡，先主于乡里合徒众，而羽与张飞为之御侮。先主之袭徐州，使羽行太守事。曹公东征，先主奔袁绍，曹公禽羽以归，拜为偏将军，礼之甚厚。绍遣大将军颜良攻东郡太守刘延于白马，曹公使张辽及羽为先锋击之。羽望见良麾盖，策马刺良于万众之中，斩其首还。绍诸将莫能当者，遂解白马围。曹公即表封羽为汉寿亭侯。

初，曹公壮羽为人，而察其心神无久留之意，谓张辽曰："卿试以情问之。"既而辽以问羽，羽叹曰："吾极知曹公待我厚。然吾受刘将军厚恩，誓以共死，不可背之，吾终不留。吾要当立功以报曹公乃去。"辽以羽言白，曹公义之。及羽杀颜良，曹公知其必去，重加赏赐。羽尽封所赐，拜书告辞而奔先主于袁军。左右欲追之，曹公曰："彼各为其主，勿追也。"

先主收江南诸郡，拜羽为襄阳太守、荡寇将军，驻江北。先主西定益州，拜羽董督荆州事。羽闻马超来降，旧非故人。羽书与诸葛亮，问超人才可谁比类。亮知羽护前，乃答之曰："马超兼资文武，雄烈过人，一世之杰，黥、彭之徒。当与翼德并驱争先，犹未及髯之绝伦逸群也。"羽美须髯，故亮谓之髯。羽省书，大悦，以示宾客。

羽尝为流矢所中贯其左臂，后疮虽愈，每至阴雨，骨常疼痛。医曰："矢镞有毒，毒入于骨，当破臂作疮，刮骨去毒，然后此患乃除耳。"羽便伸臂，令医劈之。时羽适请诸将饮食相对，臂血流离，盈于盘器，而羽割炙引酒，言笑自若。

先主为汉中王，拜羽为前将军。是岁羽率众攻曹仁于樊，曹公遣于禁助仁。秋霖雨，汉水泛溢，禁所督七军皆没，禁降羽，羽又斩将军庞德。梁郏、陆浑群盗或遥受羽印，号为之支党。羽威震华夏。曹公议徙许都以避其锐，司马宣王、蒋济以为关羽得志，孙权必不愿也。可遣人劝权蹑其后，许割江南以封权，则樊围自解。曹公从之。先是，权遣使为子索羽女，羽骂辱其使，不许婚，权大怒。又南郡太守麋芳在江陵，将军傅士仁屯公安，素皆嫌羽轻己。羽之出军，芳、仁供给军资，不悉相及。羽言："还当治之。"芳、仁咸怀惧不安。于是权阴诱芳、仁，芳、仁使人迎权。而曹公遣徐晃救曹仁。羽不能克，引军退还。权已据江陵，尽虏羽士众妻子，羽军遂散。权遣将逆击羽，斩羽于临沮。

孙子曰："强而避之。"羽威震华夏，而曹公议徙许都。又曰："大吏怒而不服。"羽将芳、仁怀惧而叛是也。

【今译】

关羽，字云长，河东解（今山西运城）人。因在家乡犯了命案而亡命涿郡（今河北涿州），遇上刘备在乡里招兵买马，关羽和张飞两人成为其手下大将。刘备攻下徐州，命关羽代行太守之职。曹操东征，刘备被迫投奔袁绍，曹操擒获关羽，拜其为偏将军，对他十分礼遇。袁绍派遣手下大将颜良在白马向东郡太守刘延发动攻击，曹操命张辽和关羽为先锋前往御敌。关羽看到颜良的麾盖，就策马冲进颜良的军阵，在万马军中取颜良首级而还。袁绍手下众将无人敢当，于是解除了白马的包围。曹操上表汉帝封关羽为汉寿亭侯。

刚开始，曹操欣赏关羽，但观察其心神发现他无久留之意，就对张辽说："卿试着用人情去问问关羽的想法。"张辽就去问关羽。关羽对张辽叹息道："我知曹公对我十分厚爱，但我受刘备将军的大恩，发誓同生共死，不可背弃主公。我终究是不会留下的。我再为曹公立下功劳后便会离去。"张辽将这些告诉了曹操，曹操赞赏关羽的义气。等到关羽斩杀颜良之后，曹操知道关羽必会离去，反而加大了赏赐。但关羽将曹操的赏赐全部封存，留下书信告辞，自己开始到袁绍处去找刘备。曹操左右想要追杀关羽，曹操说："关羽不过是各为其主，不要追了。"

刘备取得荆南四郡（长沙、零陵、武陵、桂阳），关羽被任命为襄阳太守、荡寇将军，关羽驻军于江北，防备曹军乐进。刘备平定蜀地后，拜关羽为董督荆州事，授权掌管荆州。

关羽听说马超投降了刘备，因马超并非是刘备原来的故人。关羽就写信给丞相诸葛亮，问马超的才能有谁可以相比。诸葛亮知道关羽逞强好胜，不许别人争先居其前，就回信说："马超文武全才，英雄过人，为当世豪杰，乃是黥布、彭越一类的人物。马超可以与张飞并驾齐驱，但比起云长你这样超凡绝伦的美髯公，还差得远。"因关羽有一口漂亮的胡须，所以诸葛亮称其为美髯公。关羽看到诸葛亮的书信，非常高兴，将书信给宾客们看。

关羽一次被流矢击中左臂，后来伤口虽然好了，但每到阴雨天，骨头经常疼痛。医生说："箭头有毒，毒药进到骨头里了，须割开皮肉，刮去骨头的毒，才能根除。"关羽便伸出胳膊，让医生割开皮肉，刮骨疗伤，此时关羽还请诸将对坐饮酒吃东西。关羽胳膊上鲜血直流，滴满了接血的盘子,而关羽却割肉饮酒,谈笑自若。

刘备当上了汉中王,拜关羽为前将军。同年关羽率军进攻由曹仁镇守的樊城(荆州北部),曹操派大将于禁率七军救援曹仁。当时秋天大雨,导致汉水暴涨,于禁所率领的七军都被大水所淹,于禁向关羽投降,关羽斩杀曹将庞德。关羽大胜于禁之后,梁、郏、陆浑(均在今河南中部地区)一带的武装势力都接受关羽的印信号令,号称是其党羽。关羽威震华夏。曹操甚至同大臣商议要迁出许都以避开关羽的锐势。司马懿、蒋济认为孙权必然不愿看到关羽得志,可以用答应将江南封给孙权为条件让他从背后出兵攻击关羽,这样樊城之围可不战自解。曹操听从了这个建议。此前,孙权派遣使者向关羽提亲,想让自己的儿子娶关羽的女儿,关羽辱骂使者,不同意这门婚事,孙权大怒。同时南郡(今湖北荆州)太守糜芳镇守江陵、公安守将傅士仁因关羽一向轻视看不起他们而对关羽不满。关羽出兵,糜芳、傅士仁负责后勤保障,两人供给不及时,关羽说:"等回军之后再治你们的罪。"糜芳和傅士仁都十分恐惧不安。孙权又秘密使人利诱糜芳和傅士仁,二人就投降了孙权并派人迎接孙权。曹操此时也派徐晃去救曹仁。关羽进攻不能取胜,只好撤军。而此时孙权已占据江陵,俘虏了关羽所部将士的妻子和儿女,关羽的军队就逐渐溃散。孙权派遣将领逆击关羽,在临沮(今湖北省襄樊市南漳县)斩杀关羽。

孙子说:"敌人强大了就要避其锋芒。"关羽威震华夏之时,曹操商议迁出许都。孙子说:"偏将与主帅相仇怨,不服从指挥。"关羽的部将糜芳、傅士仁因恐惧而投降孙权,背叛关羽就是如此。

【评析】

关羽,三国时期蜀国最著名的将领。他去世后,逐渐被民间神化,尊为"关公",并被加封了许多封号和光环。关羽被神化主要是因为其"忠义"受到中国老百姓的推崇和爱戴。而在军事上,关羽有勇有谋,斩颜良、诛文丑,勇冠三军;镇守荆州,水淹七军,更是出奇制胜。只是由于长期的胜利再加上关羽个人性格的原因,让他最后败走麦城,被孙权所杀。而孙权背盟偷袭和关羽被杀也象征孙刘联盟的彻底破裂,蜀汉也在随后与东吴的夷陵之战中战败,从此彻底失去对于荆州的控制权。《三国志》作者陈寿评价说:"关羽、张飞皆称万人之敌,为世虎臣。羽报效曹公,飞义释严颜,并有国士之风。然羽刚而自矜,飞暴而无恩,以短取败,理数之常也。"

蜀·张飞

【原文】

张飞,字翼德,涿郡人也。少与关羽俱事先主,羽年长数岁,飞兄事之。先主从曹公破吕布,随还许,曹公拜飞为中郎将。先主背曹公,依袁绍、刘表。表卒,曹公入荆州,先主奔江南。曹公追之一日一夜,及于当阳之长阪。先主闻曹公卒至,弃妻子,使飞将二十骑拒后。飞据水断桥,瞋目横矛曰:"身是张翼德也,可来共决死。"敌皆无敢近者,故遂得免。先主既定江南,以飞为宜都太守。先主入益州,还攻刘璋。飞与诸葛亮等溯流而上,分定郡县。至江州,破璋将巴郡太守严颜,生获颜。飞呵颜曰:"大军至,何以不降而敢拒战?"颜答曰:"卿等无状,侵夺我州,我州但有断头将军,无有降将军也。"飞怒,令左右牵去斫头,颜色不变,曰:"斫头便斫头,何为怒邪!"飞壮而释之,引为宾客。飞所过战克,与先主会于成都。益州既平,以飞领巴西太守。曹公破张鲁,留夏侯渊、张郃守汉川。郃别督诸军下巴西,欲徙其民于汉中。进军,与飞相拒五十余日。飞率精卒万余人,从他道邀郃军交战,山道窄狭,前后不得相救,飞遂破郃。弃马缘山,独与麾下十余人从间道退,引军还南郑,巴土获安。先主为汉中王,拜飞为右将军。

初,飞雄壮威猛,亚于关羽,魏谋臣程昱等咸称羽、飞万人之敌也。羽善待卒伍而骄于士大夫,飞爱敬君子而不恤小人。先主常戒之曰："卿刑杀既过差，又日鞭挞健儿，而令在左右，此取祸之道也。"飞犹不悛。先主伐吴，飞当率兵万人，自阆中会江州。临发，其帐下将张达、范强杀飞，持其首，顺流而奔孙权。飞营都督表报先主，先主闻飞都督之有表也，曰："噫！飞死矣。"

　　孙子曰："由不虞之道。"飞从他道而邀张郃。又曰："视卒如爱子。"飞反不恤小人，而为帐下所杀是也。

【今译】

　　张飞，字翼德，涿郡（今河北涿州）人。年轻时与关羽一同跟随刘备，因为关羽年长几岁，张飞就将关羽当哥哥对待。刘备跟随曹操击破吕布，相随回到许都，曹操任命张飞为中郎将。刘备背离曹操，投靠袁绍、刘表等人。刘表去世之后，曹操占据荆州，刘备逃往江南。曹操追击了一天一夜，追兵到达当阳长阪坡的时候。刘备听说曹操追兵突然到达，就抛弃妻子儿女，派张飞率领二十名骑兵断后。张飞阻断小桥，立于水边，瞋目横矛大声吼道："我乃张翼德是也，可来与我决一死战。"曹军没有人敢上前挑战。刘备才得以逃脱。刘备在江南安身之后，任命张飞为宜都太守。刘备进入益州，攻打刘璋。张飞和诸葛亮沿长江逆流而上，平定郡县。到达江州，击败刘璋守将巴郡太守严颜，生擒严颜。张飞呵斥严颜说："大军到来，为何不降，还敢抗拒？"严颜说："你们无理，侵夺我的州郡。我州只有断头将军，没有投降将军。"张飞大怒，命左右拉出斩首。严颜脸色没有变化，说："砍头就砍头，有什么可生气的。"张飞欣赏其勇气就将其释放，并引为自己的幕宾。张飞所过之处攻无不克，与刘备在成都会师。益州平定之后，就任命张飞为巴西太守。曹操击败张鲁之后，留夏侯渊、张郃镇守汉川。张郃率军南下巴西，想将当地百姓迁徙到汉中。进军与张飞交战，双方相持五十余日。张飞率领精锐士卒一万多人，从小路截击张郃，由于山道狭窄，张郃所部前后不能相救，张飞击败张郃。张郃舍弃马缘山，率麾下十几人从小路逃走。张飞引军回南郑（今汉中南郑），巴地安定下来。刘备自立为汉中王后，拜张飞为右将军。

　　起初，张飞威武勇猛，仅次于关羽，魏国的谋臣程昱等人都称关羽、张飞为万人敌。关羽善待士卒却对士大夫很骄横。张飞尊敬君子却不体恤士卒。刘备经常劝诫张飞说："你处罚士卒过重，动辄杀人，还每天鞭打士卒，但命令却由左右之人执行，这是取祸之道啊。"张飞却不听从。刘备讨伐东吴，张飞率领万人，自阆中向江州进军。出发前，被帐下将领张达、范强所杀。二人携带张飞的首级，顺流而下投奔孙权。张飞大营中的都督上报刘备，刘备听闻张飞营中都督有表上报，就说："噫！张飞死了。"

　　孙子说："走敌人没有想到的道路。"张飞从小路突袭张郃。孙子说："要视士卒如自己的爱子一样。"张飞不体恤士卒，被部下所杀就是如此。

【评析】

　　张飞，三国时期蜀汉名将。其雄壮威武，颇有胆识，被称为"万人敌"，又因为他的鲁莽和脾气暴躁，被称为"莽张飞"。张飞的勇猛在长坂坡吓退曹军时表现得最为明显。时势造英雄，凭借着勇武和粗中有细，在三国的乱世之中张飞也成为一位著名的将领。张飞的缺点是非常明显的，他脾气暴躁，对士兵非常严厉，缺乏名将治军和协调各方的技巧和艺术。就连刘备都要劝张飞："卿刑杀既过差，又日鞭挞健儿，而令在左右，此取祸之道也。"而事实也证明了张飞的个性成为他最后悲剧的根源。